現代の形而上学

新古典派
経済学の批判

小澤勝徳

新生出版

まえがき

　新古典派経済学は現代の形而上学である。この経済学の取り扱う諸概念、経済的カテゴリーは現実の市場経済に対応したものではない。理論の個々の部分だけでなく理論の全体が現実の市場経済と無縁である。

　限界概念は商品の使用価値を価値（交換価値）に結びつけるために考え出された概念であり、現実の市場経済の効率性や合理性とは無縁である。

　新古典派は同一の効用水準をあらわす消費財の組み合わせを考え、無差別曲線というものを考案した。人は生きていくためにじつに多種多様な消費財を一定の割合で必要とするが、新古典派によれば、生活に必要不可欠な消費財を減じたとき、同一の効用水準を維持するためには不要な消費財をよりいっそう多く消費すればよいということになる。使用価値の「代替」ではなく、「代替的評価」を問題にする限界代替率という概念は成立しない。

　新古典派の生産理論の基本概念である「限界生産力」は、それぞれの生産要素の投入量の変化にたいする産出量の変化の割合を考えたものであるが、他の生産要素を不変にしたままである一つの生産要素だけを変化させるという概念操作そのものが形而上学的である。商品は価値物であるまえに素材的に規定された具体的な有用物である。投入される生産要素の比率は素材的、技術的条件によって規定されている。その素材的条件を無視して有用物を生産することはできない。

　商品の価値は純粋に社会的であり、そこには人々の労働の社会的関連ということ以外の何も含まれていない。限界生産力の概念は、そのような商品の価値に素材的要因、物の使用価値を混入させようとする試みであるが、逆に商品が具体的な有用物であることを否定している。

　新古典派経済学が取り扱う生産物とは素材的に規定されない無規定な抽象物である。新古典派は、投入と産出のあいだに素材的に規定された物量関係以上の数量的関係を想定し、「投入・産出」の形而上学をつくりだしたのである。

　新古典派の市場分析、あるいは「需要と供給が一致するように決まる」という価格決定論は、現実の市場メカニズムとはまったく関係ない。

　新古典派の市場分析は、「セリ値の形成」を想定したものであるが、セリ値の形成は市場経済の流れの一断面にすぎない。セリ値の形成は売り手と買い手の合意であるが、それは需要と供給の一致をあらわすものではないし、市場の均衡をあらわすものでもない。それは個々の独立した私的生産者の思惑によって生産され、市場に放出された供給量の大きさを反映した一つの市場価格の形成をあらわしたものである。

　現実の市場メカニズムは時間経過をともなう経済の流れのなかで一つの社会過程としてあらわれる。市場における需給関係を新古典派が想定するようなセリ値の形成過程としてではなく、再生産を含む交換のくり返しの一つの社会過程としてみれば、「需要と供給の作用」とは、社会の需要量に対する供給量の大きさをあらわすにすぎない。売り手と買い手の総体としての相互作用が商品の価格変動を引き起こす。この価格変動が次の生産に影響を与え、生産の拡大、縮小を引き起こす。それは社会の需要量に見合った供給量につねに引き戻そうとする作用である。

　市場経済における規律性や規則性、つまり市場の均衡は、この作用のなかで再生産を含む交換のくり返しのなかから生産の諸変動を通じて一つの社会過程としてあらわれる。新古典派が考えるように、均衡は静的世界のある一時点や一つの定常状態としてあらわれるのではない。

　新古典派の均衡分析は市場における需給関係を考察したものではなく、再生産を含む経済の流れのある一断面にすぎないセリ値の形成過程を考察したものにすぎない。新古典派は市場における需要と供給の一致という状態を見誤ったのである。

　ハイエクやミーゼスなどの市場主義者、自由主義者が賞賛してやまない「市場の価格機構」や「市場メカニズム」、あるいはアダム・スミスの「みえざる手」とは、じつは彼らが忌み嫌う価値法則の貫徹のことにほかならない。労働時間による価値規定の法則が、社会の需要量に対応する供給量をつねにつくりだし、たえず市場の不均衡を均衡へと引き戻そうとするのである。

　新古典派理論の全体を貫く基本的な考えは、商品の価格と数量のあいだに規定されるような一定の関係が存在するという想定である。ある価格を与えてやれば、それに応じて需要量と供給量が一つの規定された大きさとしてあらわれる、この想定によって新古典派理論の全体は成立している。限界原理にもとづく消費者行動と生産者行動の分析も、さらに市場均衡を分析したワルラスの一般均衡論もこの想定のもとに成立している。

　その論理的手続きに必要な条件が、価格を独立変数として取り扱う「完全競争の前提」であり、価格と数量の関係を結びつけるのが限界理論である。そして価格の関数としてあらわされた需要量と供給量を数式として等値するのが市場分析である。新古典派が想定する「価格が高ければ、需要が少なく供給が多い、あるいは価格が低ければ、需要が多く供給が少ない」という市場メカニズム、「需要と供給が一致するように価格が決まる」という価格決定論は、商品の価格と数量のあいだに規定されるような一定の関係があるという想定を前提としている。

　また、新古典派が「経験科学」としての経済学のために強調する「経験科学的にとらえられ相互依存的な経済諸量の関係」、さらに、市場経済の成り立ちを個々人の振る舞いに還元して理解しようとする要素還元主義、方法的個人主義も価格と数量のあいだに想定されたこの数量関係のことを意味している。

　新古典派は商品の価格と数量のあいだに一定の関係があり、限界概念を通じて価格に商品の数量を対応させることができると考えた。だが、その試みは、新古典派の論法にしたがってもうまくいかない。限界原理自体が現実の市場経済と無縁であるが、そればかりでなく、限界原理にもとづく消費者行動と生産者行動の分析によっても、新古典派の論理体系のなかで需要、供給という経済量はあくまでも無規定な数量として存在することが示されてしまうからである。

　そもそも市場に存在する商品の価格と数量のあいだには規定されるような関係は存在しない。また、需要と供給の作用は、新古典派が考えるような価格の関数関係として規定された需要量と供給量の関係にもとづく作用ではない。

　一般に信じられているのとちがって、限界理論と市場均衡分析のあいだには論理的関連がない。市場均衡の分析とされる一般均衡論の主要内容は、「均衡解の存在」と「市場均衡の安定性」の分析であるが、そのために新古典派の基本命題である限界理論——商品の価格にその数量を対応させること——が利用されることは一度もないからである。

　ワルラスの一般均衡論は新古典派にとって都合がよい。限界理論と市場分析のあいだに何らかの論理的関連があるような外観を与えるからである。一方で限界原理を用いた消費者行動と生産者行動の分析を行い、他方で市場均衡の存在と安定性分析を行う。両者のあいだには実は何の関連もないが、あるように見せかけるための理論的枠組みが一般均衡論である。

　新古典派はパレート最適と呼ばれる「希少資源の効率的配分」や「市場均衡」という問題を是非とも論じるべき重要な課題として取り扱ってきたが、それは市場経済の事実について述べたものではなく、限界原理をこわさない限りで扱える問題を経済学の課題とみなしてきた結果にすぎない。しかも、この理論の内部で「パレート最適」と「市場分析」のあいだには何の論理的関連もないのである。

　新古典派の市場分析は「予定調和」である。新古典派の世界では市場メカニズムは、さまざまな財が生産される前に市場の機能としてあらかじめ作用する。生産が行われるのは、市場メカニズムが働き、需要量と供給量が調整された後である。

　商品の価格と数量のあいだに一定の関係があるという想定からは、必然的に「予定調和」や「静的均衡」という考えが生まれる。新古典派の市場分析はしばしば「予定調和」であるといわれるが、それはこの経済学が想定する価格と経済量の性格のあらわれにすぎない。

　商品の価格と数量は一定の関係にあると想定されているから、需要量と供給量はつねにある価格に対応する一つの規定された大きさとして、つまり価格の変化とともに瞬時にある値をとる経済量として存在する。価格はあくまでも「呼称価格」であり、この価格に対応して規定される需要量や供給量は、「予想量」や「計画量」という架空の経済量ということになる。

　新古典派の「需要と供給が一致するように価格が決まる」という価格理論、市場分析とされるワルラスの一般均衡論とは、このような架空の経済——さまざまな財が生産される前に、市場メカニズムが働き、需要量と供給量があらかじめ調整される経済——を描きだしたものである。

　この経済学は、個人の主観的価値判断を「経済の絶対的本質」と考え、市場経済の成り立ちを個人の合理的行動に還元して説明するが、そもそも新古典派経済学が主張する個人の合理的行動そのものが、限界原理にしたがうという意味であり、現実の市場経済とは何の関係もない架空の経済行動を論じたものである。

　新古典派経済学が文化的、歴史的、社会的などの「非経済的要因」を無視して、完全競争のもとで市場経済を「純粋」に分析しているというのは正確ではない。新古典派経済学は現実経済をあまりにも理想化したものでも、市場経済の理想像を純粋に追求したものでもない。また、経済計算だけをこととする純粋に抽象的な経済人を論じているのではない。

　新古典派が理想化しているようにみえる経済概念がことごとく市場経済と無縁なのである。新古典派は、現実の市場経済をあらわす諸カテゴリーを、それとはまったく無縁の「限界」とか「代替」とか「完全競争」という概念におき換えたのである。新古典派の「合理的行動」、「効率性」、「競争」は現実の市場経済の「合理的行動」や「効率性」、「競争」とは何の関係もないこの経済学の内部でのみ意味をもった架空の概念である。

　新古典派は「非経済的要因」を無視しているのではなく、市場経済の「経済的要因」を無視しているのである。市場経済を理想化しているのではなく、市場経済と無縁の議論を行っているのである。新古典派理論の個々の部分だけでなく、理論の全体が現実の市場経済とは何の関係もない。新古典派理論とは純然たる虚構であり、現代の形而上学である。

　どうみても事実と無縁の経済学が全世界を蔽っているのである。だが、この事実は驚くにあたらない。いつの時代でもそうであったように支配的な思想とは、支配的な物質的諸関係の表現以外のなにものでもない。これは自

由、平等、民主主義の発達した現代の社会でも変わらない。

　資本主義生産の基礎にあるのは商品生産である。資本主義は商品生産、商品交換から生まれる人々の関係、「自由と平等」の関係を前提としている。この自由と平等な商品取引者としての関係、交換価値の制度のもとで、他人の労働をわがものとすることができるのである。

　「交換価値自体と交換価値を生産する生産とが支配するのは、交換価値としての他人の労働力能」（マルクス『経済学批判要綱』Ⅲ p445）である。

　資本主義生産のもとにおける支配隷属の形態は純粋に経済的である。これまでの歴史上の社会のように身分的、政治的に固定された強制関係、また国家や君主などの直接の暴力による強制関係ではない。その形態は自由であり、形式的には自発的である。

　このように支配隷属の形態もこれまでの生産様式とはずいぶんちがう。資本主義生産のもとでは、平等な権利をもっている人々が自由意思のもとに互いに関連するのであって、そこに支配隷属関係が存在しているとはみえない。だが、それは、われわれが純粋に経済的な支配隷属関係を否定するほどの自由と平等の観念をいまだ獲得していないということのあらわれにすぎない。

　資本は物ではなく、一定の歴史的な社会構造に属する生産関係である。労働者に対する労働条件の一定の関係、労働者が労働条件の所有者に対して結ぶ一定の関係を前提とする。しかし、資本は一つの物において表示され、この物に一つの社会的性格を与える。資本は生産手段ではないが生産手段としてあらわれる。

　賃労働は、歴史的に規定された一つの労働制度である。これまでの歴史上のさまざまな労働制度、たとえば奴隷制度、農奴制度、賦役労働制と同じように一定の社会形態をもった労働である。しかし、賃労働は過去のそのような労働とはちがって、その社会形態がみえない。資本・賃労働関係を規定する一定の生産関係が見失われ、資本が生産過程ではたす物としての役割にもとづくものとみえるとき、賃労働は労働そのもの、労働の自然形態とみえるのである。

　商品の価値は純粋に社会的であり、生産の素材的要因は価値の生産に関係ない。資本の価値増殖の秘密は、他人の労働の領有にある。生産手段は人間労働を吸収することによって価値増殖するからである。

　だが、資本が労働過程をわがものとし、労働者が自分のためではなく資本のために労働するからといって、労働過程がその一般的な性格を変えるわけではない。労働過程の一般的な諸契機はどのような特定の歴史的形態にもかかわりのない共通なものである。土地、労働、労働手段、労働対象は歴史上のさまざまな生産形態に関係のない、人間と自然との一般的な物質代謝を示す労働過程に属する要素である。

　資本、賃労働は、その素材的形態においてはすべての生産様式に共通な労働過程の要素である。生産手段、原材料はその素材的な側面からみれば、新たに使用価値をつくり出す物としての規定である。その社会的形態にかかわらない、いつの時代にも共通な人間労働の客体的条件である。

　資本主義生産のもとで生産手段や原材料は資本をあらわすとはいえ、これらの生産要素は資本であるという規定とは何の関係もない。たとえば IC プラントは IC をつくり出すための生産設備であって、それ自身資本という規定とは何の関係もない。同じように労働が賃労働としてあらわれるとはいえ、賃労働という規定は一般的な生産要素としての労働とは何の関係もない。そして有用物をつくり出す生産活動としての労働は、社会的形態をもった生産手段に関係するのではなく、ただ素材的にのみ、使用価値としての生産手段に関係する。

　このように生産過程のなかで、使用価値の形態であらわれる資本の姿は、新たな生産物をつくり出す生産手段の姿である。そのため、生産手段はそれ自身で価値増殖する資本とみなされることになる。物としての物質的生産条件としての不可分な属性として、生産要素に生まれながらそなわっている属性として、つまり、生産過程で演ずる物的、素材的役割として、生産過程の一要素としての性質によって生産手段はそれ自身で資本とみえるのである。

　富の素材的要素が一定の社会関係のもとでうけとる社会的性格を、物の素材的性質にもとづくものと考え、人と人との一定の社会関係がそこに前提さ

れているとはみえない。新古典派経済学が人と物との関係から生じる、あるいは物の素材的性質から生じるとみえる経済的諸カテゴリーこそ一定の社会関係のもとで諸物がうけとる社会的性格のことにほかならない。

　素材的な生産関係と歴史的に規定された社会的形態が混同されているのである。生産の素材的要素が一定の社会関係のもとでうけとる独自の形態、その社会的性格が見失われている。歴史的に規定された一つの社会関係が「物」として把握され、価値に対して比例関係におかれる。マルクスが指摘したように地球の直径にたいするボンド、黄色の対数を考えるようなものである。互いに通約されない物を価値として比例関係に置く。これが新古典派経済学の本質である。

　最後に本書を出版するにあたって、新生出版編集本部の武田英太郎氏には多岐にわたってたいへんお世話になった。厚くお礼を申し上げたい。

2006 年 4 月

小澤　勝徳

現代の形而上学　新古典派経済学の批判　目次

第1章　新古典派理論の性格と本質

（1）新古典派理論の性格と本質

　新古典派の経済学に取り組むと誰でもある種の特別の世界に入り込んでしまい、現実の世界を忘れてしまう。頭のなかで思考が二分され、新古典派の世界がそれだけで独立の世界を形成してしまう。新古典派理論はあまりにも多くの普及手段をもち、あらゆる機会を通してくり返され、いまでは現代の形而上学とはみえないほど人々のあいだに浸透している。

　新古典派経済学は要素還元主義、方法的個人主義に立脚しているといわれているように、社会的な現象である市場経済を個人の振る舞いに還元して説明する。この経済理論の基本的内容は、個人の主観的判断から市場均衡の成立を論理的に導く点にある。

　ロビンズ、ポパー、ハイエクなどはその点を特に強調した。ロビンズは『経済学の本質と意義』において要素還元主義的方法に意味を与えようとした。ポパーは方法的個人主義、漸次工学的な方法が経済学の分野における唯一科学的な方法であると主張した。ハイエクはケインズ流の「集計量」は全体主義的な傾向に入りこむと非難した。

　新古典派によれば商品経済は「限界原理」によって成立している世界である。「経済の絶対的本質」としての「主観的価値判断」が市場経済を律する。評価の主体としての個人、個人の評価にたいする与件としての財、両者の関係を考察することが市場経済の成り立ちを明らかにすることだと考える。個々の経済主体は、ある選好関係によって表現される主観的価値基準のもとで合理的行動を選択する。この個々人の行動が経済原理として個々人の行動を規定するだけではなく、市場経済そのものを「律する」と主張する。もっとも新古典派のいう合理的行動とは、この経済学の内部でのみ意味する限界原理にしたがうということであり、現実の市場経済における合理的行動とは別の意味をもっている。新古典派が考える「経済の本質」としての「主観的

価値判断」も限界原理にしたがうという意味である。

　新古典派理論は大きく分けて二つの部分から構成されている。

　①経済人の合理的行動の分析と②市場均衡の分析である。

　①は消費者行動の分析と生産者行動の分析である。そこで主要な役割を果たすのは限界原理である。消費者は自己の効用満足を最大化するために与えられた商品の価格に対して消費量の組み合わせを決める。無差別曲線を用いた議論において消費者は限界代替率（MRS）が商品の価格比に等しくなるように消費財の消費量を決定する。生産者は利潤を最大化するために生産量を決める。生産関数を用いた議論において生産者は限界費用が生産物価格に等しくなるように生産量を決定する。個々人の消費量、生産量を「価格」の関数として規定し、それを社会全体に集計して総需要、総供給を導く。

　②の市場均衡の分析の中心にあるのはワルラスの一般均衡論である。①の分析によって価格の関数として規定された総需要と総供給を連立方程式としてあらわし、需要と供給が一致するように均衡解の存在を確認することである。そのとき、価格と数量が同時決定されることになる。

　新古典派の基本命題である限界原理は与えられた価格に対応して商品の数量が一意的に規定されることを主張する。しかし、のちほどみるように価格と数量のあいだに規定されるような関係は存在しない。たとえ新古典派の論法にしたがっても、価格に対応して商品の数量を規定する新古典派の試みはうまくいかない。新古典派の論理体系のなかで需要、供給という経済量はあくまでも無規定な数量として存在することが示されてしまうからである。

　市場均衡の分析とされる一般均衡論の主要内容は、「均衡解の存在」と「その安定性」の分析である。それは純粋に数学的な議論であって、そこには市場経済の事実を説明する経済的内容はなにも含まれていない。不動点定理などを用いてその「均衡解の存在」が確認されればその議論は終了する。

　しかも、実際には市場均衡の分析（市場均衡が生まれる「模索過程」や市場均衡の安定性の分析）のために新古典派の基本命題である限界理論が利用されることはない。一般に信じられているのとちがって、限界理論と市場均衡分析のあいだには論理的関連がないのである。市場経済の成り立ちを個人の「合理的行動」に還元してとらえるという新古典派の方法は新古典派自身

によって否定されている。

　新古典派理論の全体を貫く基本的な考えは、商品の価格と数量のあいだに一つの必然的関係が存在すると想定することである。限界原理にもとづく消費者と生産者の経済行動の分析も、市場均衡の分析もこの想定のもとに成立している。人々のあいだに広く受け入れられている需要量と供給量をそれぞれ価格の関数としてあらわす需要曲線、供給曲線もこの想定のもとに成立している。

　商品の価格と数量のあいだに一つの必然的関係があるという想定は、「価格」と「経済量」に特別の性格をもたせる。価格は「完全競争」の名のもとに、「所与」として与えられ、自由に任意の値をとりうる独立変数の性格をもつものとしてあらわれる。価格は人々に対して「所与」としてではなく、市場に対しても「所与」としてあらわれる点に特徴がある。

　「需要量」と「供給量」は、独立変数として変化する価格に応じて規定される経済量として存在する。それは価格の変化に対応してある値をとる経済量、任意の値をとる価格にたいして瞬時にある値をとる経済量として存在する。それは市場にあらわれる需要量と供給量ではなく、商品の取引に先だって、ある価格にたいして人々が応じるであろうと予想される「計画量」、ただ人々の観念のなかにのみ存在する架空の経済量のことである。

　新古典派理論はこのような性格をもった「価格」と「経済諸量」によって構成されている。新古典派の論ずる世界とは、「ミクロの静学」といわれるように、経済の流れを切り取った静的世界のなかで価格と数量の関係を想定したものである。新古典派の限界原理も市場メカニズムも、この抽象化された静的世界のなかで作用する。

　新古典派経済学とは虚構であり、現代の形而上学である。新古典派の取り扱う経済的諸カテゴリーのなかで現実の市場経済に対応しているものは一つもない。理論の個々の部分だけでなく理論の全体が現実の市場経済と無縁である。新古典派の基本概念である「限界」と「代替」は純粋な架空物であり、また、新古典派の市場分析も現実の市場メカニズムとは何の関係もない。

　そのような新古典派理論の性格を端的に示すのが市場均衡の分析である。新古典派の価格理論は本質的に静止状態を扱う。経済諸量の相互依存的な変化が停止する究極の状態、これ以上変化への傾向を示さないような状態、静的均衡状態を構想する。その世界では価格調整メカニズムがすみやかに働き、均衡が驚くべき速さで達成される。さまざまな生産要素が瞬時に別の用途に転用され、生産は瞬時に完了する。

　ワルラスの一般均衡論の特徴は「予定調和」にある。一般均衡論では、均衡が達成されるまで取引は許されない、取引は均衡状態のみで許されると仮定されている。その仮定は新古典派の暗黙の前提である。

　新古典派の世界では価格調整メカニズムである需要と供給の作用は、さまざまな財が生産される前に市場の機能として作用する。生産される前に市場メカニズムが需要と供給の作用として働き、生産量があらかじめ確定するのである。生産が行われるのは、市場で均衡が実現した後である。新古典派は生産や取引に先だって需要量と供給量があらかじめ調整される経済学を構想しているのである。

　このような経済理論は現実の経済に対応したものではない。それはしばしば指摘される新古典派のあれこれの理論的前提の問題ではない。生産手段の可塑性や市場の非摩擦性、生産期間がゼロであるという瞬時性、市場価格の調整がただちにおこなわれるという価格調整機構の瞬時性などの、新古典派理論におかれている仮定や前提の現実妥当性の問題ではない。

　問題は新古典派が扱う「価格」と「経済量」概念の形而上学的性格にある。新古典派理論の全体は商品の価格と数量のあいだに一定の関係が存在するという想定のもとに成立している。限界原理も市場分析もこの想定に立脚している。これが新古典派理論の最大の特徴である。価格は独立変数の性格をもち、需要量と供給量はこの価格の関数関係として規定される経済量として存在する。そして新古典派が想定する市場の価格調整メカニズムも、この「価格と数量の関係」のもとに考えられた作用のことである。

　商品の価格と数量のあいだに一定の関係があるという想定からは、必然的に「予定調和」や「静的均衡」という考えが生まれる。なぜなら、価格と数量は関数関係にあると想定されているから、需要量と供給量はつねにある価

格に対応する一つの規定された大きさとして、つまり価格の変化とともに瞬時にある値をとる経済量として存在するからである。そこには時間の流れが入りこむ余地はない。「それは時間と密接に結びついた現実取引」を論じたものではなく、「時間を抽象した仮想取引の系列」を構成したものである[*1]。

　パレートが「経験科学」としての経済学の確立のために、少しも主観的な要素を含まない純粋に客観的な経験的な数量関係だけを経済学は問題にするというとき、それは商品の価格と数量のあいだに想定された関係を指している。新古典派が強調する「経験科学的にとらえられる相互依存的な経済諸量の関係」とは、価格と数量のあいだに想定された架空の関係のことである。

　このような「相互依存的な経済諸量の変化」を問題にする経済学が行き着く先は、必然的に「静的一般均衡状態」という仮想世界である。つまり、商品の価格と数量のあいだに規定されるような関係をみる経済学は、経済諸量の間の相互依存的な変化が結局停止する究極の状態、これ以上変化への傾向を示さないような状態、静的均衡状態を構想するほかはないのである。

　「そしてこのような一般均衡的状態こそ、経済生活において認識せられうべき斉一的な事実である」（杉本栄一『近代経済学の解明』上、p.161）ということになる。それはロビンズが「経済学の本質と意義」を強調したように、自らの学問の意義と目的をことさらに主張しなければならない経済学であるという点にも示されている。

　新古典派はなぜこのようなおかしな経済学をつくりだしたのか。限界原理を擁護するためである。マルクスの労働価値説に対抗するためである。新古典派は商品の価格と数量のあいだに一定の関係があるという架空の想定をつくりだし、限界理論を擁護しようとしたのである[*2]。

　　*1　「それは時間と密接に結びついた現実取引の結果を理論的に整理しようとするのではなく、時間を抽象した仮想取引の系列を理論的に整理したものにすぎません。」「それは、均衡状態がどのように成立するかという、現実の動的過程を明らかにする動態理論ではなく、仮想取引の系列を整理することによって静的均衡状態の構造を説明するところの、一種の静態理論なのです。」（杉本栄一『近代経済学の解明』上、p.174）

　　*2　マルクスの労働価値説を否定する理論であれば何でもよい。これが経

済学者の本心である。経済学者はそのための理論を追い求める。70年代以降盛んになったスラッファの「商品による商品の生産」をはじめとする新リカード学派の議論もその例である。スティードマンなどが、生産の技術的条件のばかげた数字例をもちだしてマルクスを批判するのはそのことを示している。

　「需要と供給が一致するように価格が決まる」という新古典派の命題はドグマである。この命題は商品の価格と数量のあいだに規定されるような一定の関係が存在することを前提に成立している。マーシャル流の鋏状曲線に示される右上がりの供給曲線、右下がりの需要曲線、あるいはワルラスの一般均衡論で想定されている超過需要関数（価格体系の関数としてあらわされた需要量と供給量の差）もこの想定のもとに成立している。そこでは「需要と供給の作用」は、ある価格に対する需要量と供給量の関係にもとづくものと理解されている。

　新古典派の市場メカニズムは、「価格調整メカニズム」といわれるように、価格が需要量と供給量を均衡させる媒介的な調整役割をもつと考えられている。市場が超過需要であれば価格が上がり、超過供給であれば価格が下がるというように、価格を媒介として需要と供給の調整がおこなわれる。この価格を媒介とする市場の調整メカニズムによって需要と供給の一致の状態がつくりだされる。つまり「需要と供給が一致するように価格が決まる」ことになる*1。

　だが、市場メカニズムの重要な働きである「需要と供給の作用」とは、新古典派が考えるような商品の価格と数量のあいだに一定の関係があることにもとづく作用ではない。需要と供給の作用は、市場価格の上下への変動を通じて社会の欲望にたいして生産量をたえず均整のとれた水準に引き戻そうとする作用のことである。

　市場経済のもとで生産は、独立した私的生産者による生産であり、分権的で無政府的である。この独立した私的生産者による生産が、たえず均整のとれた水準に保たれるのは、市場価格の変動を通じて、社会の欲望に適合するように生産量が調整されるからである。これが需要と供給の作用である。

　需要と供給の作用は、新古典派が考えるようなある価格に対する需要量と供給量の関係ではなく、社会の需要量にたいする供給量の大きさをあらわすにすぎない。需要量に対する供給量の大きさによって、より高い、あるいはより低い市場価格が形成される[*2]。この市場価格の高低が生産に反作用して生産数量を調整するのである。需要と供給の作用は商品の価格も数量も規定しない。そもそも市場に存在する商品の価格と数量のあいだに規定されるような関係は存在しない。たしかに需要と供給が一致したときに商品の適正な価格、いわゆるその自然価格（新古典派が「均衡価格」と呼ぶもの）があらわれるが、その価格の大きさは需要と供給の作用とは別の事情によって規定されている。

　　[*1]　「需要と供給が一致するように価格が決まる」という命題に前提されているのは商品の価格と数量のあいだに規定されるような必然的関係があるという想定である。そしてこの命題には、「予定調和」とい均衡概念が必然的に付随する。市場ではつねに需要と供給が一致する状態でのみ取引されるというように供給量があらかじめ調整されるからである。供給過剰や供給不足の状態で商品が取り引きされることは、そもそもはじめから問題にならないのである。

　　[*2]　新古典派は生産に先だってあらかじめ調整される経済を描き出している。マーシャルの分析もワルラスの分析も、経済の流れを切り取ったある一時点における静的世界で価格と数量の関係を想定したものである。「需要と供給が一致するように価格が決まる」という新古典派の価格決定論は、この架空の静的世界での出来事である。それは現実の市場経済の流れのなかで、一つの社会過程としてあらわれる需要と供給の関係、市場メカニズムを扱ったものではない。

　ある価格にたいして一意的に規定される需要量や供給量を想定することは、時間の流れを伴わないある架空の静的世界で構想されたものである。しばしばマーシャルの経済学は動学的だといわれるが、価格と数量のあいだに一定の関係を想定すること自体がすでに静学的である。なぜなら、ある価格に対応して一つの値としてあらわれる需要量、供給量、あるいは逆に、ある需要量、供給量に対応してあらわれる価格とは、その関数関係のなかで瞬時にあ

る値として、つまり価格変動に応じてつねにある大きさの値をもつ経済量として存在しなければならないからである。それゆえ、価格にたいして規定される需要量や供給量とは、その価格に対して応じようとする予想量や計画量として存在する。つまり人々の意識のうちにある「架空量」のことである。

　現実の市場ではつねに取引がおこなわれ、需要と供給の関係にもとづいてある市場価格が形成される。その価格変動自体が社会の需要にたいして供給された商品量の大きさによって規定されている。それは新古典派が想定するような、ある価格にたいする需要量と供給量の関係、つまり商品の価格と数量のあいだに想定された一定の関係ではなく、需要量にたいして、生産され市場に放出された供給量の大きさをあらわすからである。

　需要と供給の作用は、経済の流れのなかで一つの社会過程として作用する。市場の均衡はたえず揺れ動く生産の諸変動を通じて維持される。新古典派が考えるように、あらかじめ一連の調整過程があって、その後ある一つの定常状態として均衡が生まれるのではない。調整過程と均衡は時間的にもその機能する場面としても切り離されて存在するのではない。市場経済における規則性や規律性、あるいは新古典派が「均衡」と呼ぶ市場の秩序は、時間と結びついた経済の流れのなかで一つの社会過程としてあらわれるのである。

　新古典派の市場メカニズムは商品の価格と数量のあいだに一定の関係を想定し、ある価格にたいする需要量と供給量の関係に「需要と供給の作用」をみいだしたものである。このような新古典派の市場メカニズムはセリ市（あるいはワルラスが想定した模索過程（後述））を模倣したものといわれている。競売人の価格提示に応じる売り手と買い手のやりとりに「価格調整メカニズム」をみいだし、売り手と買い手の合意に「需要と供給の一致」を見いだしたものである。

　だがこれは、大きなとり違えである。セリ値の形成は一般に需要と供給の一致をあらわしていないからである。セリ値は社会の需要量にたいする供給量の大きさをあらわすにすぎない。供給過剰であれば低価格が形成され、供給不足であれば高価格が形成される。市場経済のもとで生産は、独立した私

的生産者による生産であり、あくまで分権的で無政府的である。生産はそれ
ぞれの独立した私的生産者の思惑によって生産され、供給量がどれほどの大
きさであるか、市場全体にとってあらかじめ規定されたものではない。

　供給量の大きさが社会の需要量にたいしてどのような大きさであるか。適
合したものであるか、過剰であるか、不足であるか、それがセリ値、市場価
格の高低となってあらわれるのである。新古典派が考えるように、セリ市で
は決して「需要と供給が一致するように価格が決まる」のではない。

　新古典派は市場メカニズムをとり違えたのである。セリ市という市場経済
の流れのなかの一断面にすぎない場面に需要量と供給量を調整する「需要と
供給の作用」を見いだしたのである。セリ市における売り手と買い手のやり
とりは需要と供給の作用のあらわれであるが、それは需要量と供給量を調整
するのではなく、社会の需要量にたいする供給量の水準をあらわす。つま
り、セリ市での需要と供給の作用は売り手と買い手との経済行為（ある価格
に応じようとする供給量と需要量の関係）ではなく、セリ市で形成されるセ
リ値価格の高低に示されるのである。そしてこのセリ値価格の大きさが次の
生産に反作用し、生産量を調整する点に需要と供給の作用の働きがある。

　新古典派の市場分析、あるいは「需要と供給が一致するように決まる」と
いう価格決定論は、現実の市場メカニズムとはまったく無縁の世界で構想さ
れたものである。セリ値の形成を「需要と供給の一致」ととり違えると、セ
リ値の形成過程である売り手と買い手のやりとりが「需要と供給の作用」と
いうことになる。それは競売人が提示する価格に応じようとする需要量と供
給量の関係ということになる。

　新古典派の市場分析は、商品の価格と数量のあいだに規定されるような一
定の関係があるという想定のもとに成立しているが、セリ値の形成過程に需
要と供給の作用を見いだす新古典派にとっては当然のことである。需要量と
供給量が価格にたいして規定された一つの大きさとしてあらわれる、つまり
需要関数や供給関数が構成できるという想定は、セリ値の形成過程に市場メ
カニズムをみいだす新古典派の誤った考えから生まれてくるのである。

　新古典派の議論はすべてある特別の世界を想定し、その世界のなかの出来
事を考察したものである。経済の流れをある一時点で切り取った、時間の経

過も存在しないある架空の静的世界である。新古典派による商品の価格と数量の関係とはその世界のなかでのみ意味あるものである。この静的世界のなかで、価格は自由に任意の値をとって変化する「独立変数」という性格をもち、需要量と供給量はこの独立変数としての価格に対応する経済量、その価格に応じようとする「予想量」や「計画量」としての性格をもつ。

　こうしたことはすべて、セリ値の形成を「需要と供給の一致」と取り違え、セリ値の形成過程を「需要と供給の作用」と取り違えた帰結である。セリ値の形成は市場経済の流れの一断面にすぎず、ある市場価格の形成を述べたものにすぎない。セリ値の形成は売り手と買い手の合意であるが、それは需要と供給の一致をあらわすものではないし、市場の均衡をあらわすものではない。それは個々の独立した私的生産者の思惑によって生産され、市場に放出された供給量の大きさを反映したものである。

　市場の均衡をつくりだす市場メカニズム、社会の需要量にたいして均斉のとれた供給量をつくりだす需要と供給の作用は、このセリ値の高低がふたたび次の生産に影響を与える点にある。新古典派は市場メカニズムの重要な働きである「需要と供給の作用」をとり違え、現実の市場経済とは無縁の分析をもちこんだのである。

　この経済学の特徴は、財の需要や供給を考える際に、個々の経済主体の主観的満足という要因に着目し、自己の満足が最大になるように交換量を決定すると考える点にある。つまり、市場における均衡の条件はすべての経済主体の最大満足、主体的均衡ということにある。ここで大きな役割を果たすのが限界原理である。

　だが、「限界」の概念自体、事実を説明するのに何の意味をもたない。それは純粋に形而上学的な概念である。消費者の合理的行動の分析とされる無差別曲線を用いた効用最大化の議論は、形而上学である。効用満足の点で同一水準をもたらすような二財の組み合わせを考えることは、たとえば栄養のバランスを考えずにタンパク質を一単位減ずれば、何単位の脂肪を増加させれば、同一の効用が得られるかということを論じるようなものである。しかも、新古典派が想定する無差別曲線の性質（原点に凸であるという限界効用

逓減に対応した性質）によれば、タンパク質を減ずれば減ずるほどますます
多くの脂肪を摂取しなければ同一の効用が得られないということになる。

　個々の経済主体の主観的価値判断をあらわす選好関係——同一の効用水準
をあらわす二財の組み合わせ——を想定すること自体が、現実の意味をもた
ない。人はさまざまな有用物をある一定の比率でバランスよく組み合わせる
から効用が大きくなるのであり、そのバランスを欠けば効用は低下する。同
一の効用水準、選好関係をあらわす無差別曲線によれば、ある一財を減ずれ
ばよりいっそう多い他財でその効用を埋め合わせることができると考える
が、そのような考え自体が、現実とは無縁である。

　「限界生産力」の概念も同じである。新古典派の生産理論の基本概念であ
る「限界生産力」は、それぞれの生産要素の投入量の変化にたいする産出量
の変化の割合を考えたものであり、生産にたいする生産要素の貢献度をあら
わすものとみなされている。だが、他の生産要素を不変にしたままである一
つの生産要素だけを変化させるという概念操作そのものが形而上学的であ
る。

　商品は価値物であるまえに具体的な有用物である。それは素材的、技術的
に規定された有用物である。たとえばICチップを生産するためにはそれに
必要な原材料と生産手段が必要である。そして多くの生産行程を経ねばなら
ない。ICチップの材料となるシリコンウエハーをつくるためにはイレブ
ン・ナインといわれる99.999999999と9が11個もならぶ高純度のシリコン
結晶が必要である。この作業工程だけで高度の技術と管理制御された多くの
作業工程を必要とする。それはすべて科学技術の応用であり、厳密に素材
的、技術的に規定された条件のもとでおこなわれる。

　このように現実の生産をみれば、他の生産要素を不変にしたままである一
つの生産要素だけを変化させるという考えは問題になりもしない。有用物の
生産にはそれぞれの有用物にしたがって必要とされる生産要素と技術的条件
のもとで生産されなければならない。この素材的、技術的条件を無視して生
産要素のなかのある一つだけの要素を変化させるという概念操作そのものが
成立しない。

　限界生産力の概念は純粋に形而上学的である。それは人々の社会関係をあ

らわす商品の価値をその素材的要素に結びつけたいあまりに生みだされた概念であるが、逆に商品が具体的な有用物であることを否定しているのである。

　新古典派はそれぞれの生産要素の投入量の変化にたいして産出量がどのように変化するのかを考え、投入量と産出量のあいだに素材的、技術的に規定される物量関係以上の「数量的関係」を構想する。ICチップを生産するために、たとえば不純物であるリンや砒素、アンチモンなどの投入量だけを変化させると全体としてのICチップの産出量がどれだけ変化するかというばかげたことを考え、これを「投入・産出」関係として生産理論の中心に据える。新古典派の生産理論は投入量と産出量のあいだに素材的に規定された物量関係以上の数量的関係を想定し、「投入・産出」の形而上学をつくりだしたのである。

　限界原理は財（商品）が素材的に規定された具体的な有用物であるということを否定したうえに成立している。新古典派の取り扱う財とはこの世のどこにも存在しない純然たる抽象物、「ある物」であり、純粋思惟の産物である。

　「他の生産要素を不変にしたままである一つの生産要素だけを変化させる」という「限界生産力」は、この「ある物」という抽象物についてのみ適用される概念である。しかもこの経済学は、このありもしない限界原理にしたがうことを「効率的」で「合理的」と呼ぶ。この経済学にとって人々の合理的行動とは限界原理にしたがって行動すること、現実にはどこにも存在しない新古典派の架空の世界で意味する行動のことである。

　初期の限界効用理論は商品の価格を説明しようとしたが、現在の新古典派理論は、与えられたある価格に対応して需要量と供給量が規定されることを主張する。限界原理にもとづく消費者の効用最大化行動、生産者の利潤最大化行動の分析によって、与えられた価格（この価格自体がすでに形而上学的な性格をもったものである）に需要と供給という経済量（この経済量も消費予想や生産予想として各経済主体の意識のうちに存在する形而上学的な性格をもったものである）を対応させることを意味している。

　だが、限界原理にもとづいて、与えられた価格に対応して需要量と供給量

が規定された大きさとしてあらわれるという主張もこの理論の内部でも破綻
している。数学的な手続きを少し変えるだけでこの分析が数量的に無規定で
あることが示されてしまうからである。無差別曲線や生産関数が概念的に規
定されないかぎり、微分係数とそのときの関数の値に必然的な関係をみるこ
とができないという単純な数学的な理由による。

　この議論の特徴は商品の価格と数量を直接に関連づけることはできない
が、限界量（限界代替率 $-\Delta y/\Delta x$ や限界生産力 $\Delta F/\Delta x$）を通じて商品の価
格と数量を関連づけることができると考える点にある。このことがこの議論
にもっともらしさを与え、かつ不毛性をあらすのである。無差別曲線が原点
に対して凸であるという性質、生産が収穫逓減であるという性質（この性質
そのものが経済的に成り立たないがその点を不問にしても）を損なうことな
く、限界原理が成り立つように与えられた価格に対して任意の数量を対応さ
せることができるからである。

　もし、価格と数量のあいだに対応関係をつけるとすれば、無差別曲線、生
産関数が概念的に規定される必要があるが、われわれが知っていることは無
差別曲線が原点に対して凸であること、生産が収穫逓減であるということで
しかない。無差別曲線、生産関数の性質を規定するそれ以上の内容はなにも
ないのである。限界原理にもとづく分析は数量的に無規定である。そこには
なんらかの物量的な単位は存在しないし、また無差別曲線や生産関数が経済
的に意味あるものとして概念的に規定されない限り数量はどのようにも規定
される。

　新古典派の議論にしたがっても価格に対応させて個々の需要量と供給量を
規定することはできない。そこには規定されているようにみえる外観がある
だけである。さらに個々の需要量と供給量を社会全体に集計した総需要、総
供給はますます規定されない無規定の量として存在する。たとえば新古典派
自身が認めている「規模にかんする収穫不変」の命題は、与えられた価格に
対応して産出量を規定するという限界生産力理論にもとづく分析が無効であ
ることを示す。

　事実、ワルラスの一般均衡論は限界原理を用いた分析から演繹された商品
の価格と数量の関係を前提としているが、一般均衡論の連立方程式体系に

は、限界原理から導かれるいかなる内容も性質も含まれていないのである。それは「均衡解の存在」と「市場均衡の安定性」の分析のために一度も限界原理が利用されないことによっても示されている。

　そもそも、市場に存在する商品の価格と数量のあいだには規定されるような必然的な関係は存在しない。そして、市場の均衡をつくりだす需要と供給の作用とは、新古典派が考えるような商品の価格と数量の関係にもとづく作用ではない。

　新古典派経済学のもっとも中心的な役割、その理論的枠組みを与えているのはワルラスの一般均衡論である。「完全競争」のもとでの経済諸量の分析、一般均衡を競争経済の本質としてとらえたものといわれ、市場経済の「均衡」と「予定調和」が証明されるとみなされている。

　ワルラスの一般均衡論は数学的な審美さをそなえていると経済学者自身から賞賛されているが、市場経済の事実を説明する経済的な内容をもちあわせていない。それは二重の意味で誤っている。

　一般均衡論の眼目は「需要と供給が一致するように価格が決まる」という点にあるが、それはある種の同義反復にすぎないということである。「均衡解の存在」や「市場均衡の安定性」が純粋な数学的議論として展開されるが、その結論はおそろしく貧困である。商品の価値が何によって規定されるかはまったく説明されない。なぜ、自動車一台の価格が100万円であり、ボールペン一本の価格が100円であるか。両者の間には一万倍の価格差があるが、それは何にもとづいているか。あるいは、パソコンの価格が年々低下するのは何にもとづいているか。市場での自由競争はつねに技術力ある企業に軍配を上げるがなぜか。企業は市場での競争に打ち勝つためにつねに技術力を高めようとする。生産の技術的条件の向上によって、商品価格が低下するからである。ではなぜ、技術革新、生産方法の改良は商品価格を低下させるか。

　ワルラスの一般均衡論は主張する。すべての財について需要と供給が一致するように価格が決まる。たしかにそうであろう。商品の価格は需要と供給が一致したところで決定される。しかし、それは「価格が決定される」とい

う事態を示したものであっても、商品価格の大きさを説明するものではない。ワルラスの一般均衡論はそうした単純な事実を説明することができないのである。同じことはマーシャルによる需要曲線、供給曲線を用いたた議論にもいえる*1。

　*1　新古典派の市場分析の特徴は「均衡分析」にある。その特徴は商品の価格と数量のあいだに規定されるような一定の関係が存在すると想定する点にある。ワルラスやパレートをはじめとするローザンヌ学派だけでなく、ケンブリッジ学派のマーシャルもその本質も同じである。需要関数や供給関数という価格と数量のあいだに一定の関係が存在するという想定のもとに理論が成立しているからである。
　「需要と供給が一致するように価格が決まる。」この命題の特徴は、「一致するように決まる」という以上の内容が含まれていない点にある。「一致するように決まる」というが、価格そのものについては何もいっていない。なぜ、その大きさであるか、新古典派は何も説明しない。
　　新古典派は論点を変えたのである。重要なのは「市場の均衡」であり、「均衡をもたらす条件」であるとされ、これこそが経済学の論じるべき課題だとされたのである。価格が決定される状態、需要と供給が一致するという状態（静態的均衡）、均衡状態と均衡をもたらす条件を記述することに論点が移されたのである。ワルラスが交換者の欲望最大満足と呼び、のちに「パレート最適」と呼ばれる均衡条件が重要視され、これこそが経済学の「本質と意義」とされたのである。それは限界原理に合致するという意味であり、新古典派は自らの限界原理を壊さない限りで、問題を設定し、そこに経済学の意義と課題を見いだしたのである。

　もっとも新古典派は、経済学の課題を市場均衡の予定調和と安定性にあるとみなしているから、商品の価格や価値を説明しなくても一向に不都合を感じることはない。新古典派自身つねに強調しているように、自ら設定した経済学の意義と課題に答えればそれでよいのである。
　このような新古典派理論の性格を特に示しているのは、ワルラスの一般均衡論と限界理論との関係である。ワルラスの一般均衡論にとって重要である

のは「均衡解の存在」と「市場均衡の安定性」の証明であるが、その分析のために、限界原理が何の役割も果たしていないことである。

　ワルラスの一般均衡論じたいが経済的に無意味な命題であるが、そればかりではなく新古典派の基本原理である限界理論とも関係がないことを経済学者自らが示している。サミュエルソンやアロー＝デブリュー論文をはじめとする一般均衡論にかんする数学的議論は限界原理との関連を一切もっていない。「均衡解の存在」と「市場均衡の安定性」のために限界原理が利用されることは一度もないからである。

　ワルラスの一般均衡論と限界理論の関係は、新古典派理論の全体構造にかかわる問題である。ワルラスの一般均衡論の基礎に据えられるのは限界原理にもとづく分析から導かれた商品の価格と数量の関係である。だが、一般に信じられているのとは違って、ワルラスの一般均衡論と限界理論のあいだに何ら論理的関連は存在しない。新古典派理論はその内部で論理的に破綻しているのである。

　新古典派理論はミクロの価格理論といわれているが、価格そのものについて何の説明もしない。限界理論が主張するのは、ただ商品の数量比の組み合わせにかんするものでしかない。市場均衡分析が主張するのは、ただ「需要と供給が一致するように価格が決まる」という命題をくり返すのみで、この命題から一歩進んで価格の大きさが何によって規定されているかを説明するのではない。しかも、限界理論と市場均衡分析のあいだには何の論理的関連もない。それは「経済の本質」としての主観的価値判断から出発し、個々人の振る舞いから市場経済の成り立ちを説明する新古典派の考えそのものを否定することになる。この経済学の基本である「限界」概念は、市場経済を説明するために何の役割もはたしていない。

　新古典派経済学はあまりにも市場経済を理想化している、あるいはその前提におかれる条件があまりにも現実離れしているといわれているが、その前提条件の恣意性だけでなく、その結論も不毛である。ミクロの価格理論が現実の市場経済の分析に一度も利用されたことがないからである。

　たしかに、日本において 1960 年代から新古典派の考えが普及し、計量経

済学による統計学的処理方法が発展したが、それはミクロの価格理論とは関係がない。政府や企業、民間の経済研究所などのいわゆる実践派エコノミストが、現実の市場経済を分析するためにワスラスの一般均衡論やパレート最適の理論を適用したことは一度もない。新古典派の基本命題である限界原理が利用されて商品の価格と消費量の関係、あるいは価格と生産量との関係が分析されたことはない。金森久雄が「経済学は飾りである」と批判したが、事実、新古典派の価格理論が現実経済の分析に適用されることはないからである。

新古典派経済学の代表であるサミュエルソンが現実の経済に向かっているとき、彼は自己の理論にもとづいて発言するのではなく、実践派エコノミストの言葉で語る。サミュエルソンが経済学に向かっているとき、彼は現実の経済を忘れている。彼の頭のなかで現実経済にたいする思考と純粋経済学にたいする思考がきれいに二分され、使い分けられている。もちろんサミュエルソンがそのような矛盾を気にかける様子はない。ただ次のように主張すればそれでよい。われわれの経済学は、「所与の条件のもとで、希少資源の最適配分を、あるいは市場均衡の予定調和を研究する科学である」と。

新古典派理論にしたがえば、市場経済のどのような状態であってもつねに新古典派が市場経済の重要な働きとみなす個人の「合理的行動」によって市場の均衡とパレート最適の状態が形成される。なぜなら、新古典派が主張するようにそこでは限界原理がつねに成立しているからである。

そして、市場ではつねに需要と供給が一致している。なぜなら、新古典派によれば市場ではつねに需要と供給が一致するように価格が決まるのであり、需給が一致したときにのみ価格が形成され、商品の取引は許されるからである。新古典派の市場機構は「予定調和」である。商品の生産、取引に先立って、あらかじめ市場メカニズムが働き、生産量が調整されてしまう。そうした経済を描き出しているのである。

アイクナーは新古典派理論の特徴を次のように述べた。

「正統派理論は、事実を説明するのではなく、むしろ諸行動の最適化基準にかかわっている。実際、正統派理論がやっていることは、さまざまな仮説的状態のもとで、資源が仮に最適に配分されるとした場合、そこで満たされる

　　べき条件を確定することとさして変わらない。」（アイクナー『なぜ経済学は
　　科学ではないのか』p.318）
　また、佐和隆光は次のように述べる。
　　「新古典派経済学は、合理的個人（経済人）の行動を前提として、個人の集
　　合としての社会の予定調和を『証明』する経済学である。」（佐和隆光『経済
　　学とは何だろうか』p.57）
　　「新古典派の経済理論は、完全競争などの仮定のもとに、『市場機構』が最適
　　な資源配分に導くことを数学的に〈証明〉し、表向きは〈科学〉としての没
　　価値性を装いながら、自由主義経済が最適体制であることを暗々裏に主張し
　　てきた。」（同上、p.13）
　現代の発展した資本主義経済のもとで、大量生産、大量消費、大量廃棄が
一般的な特徴である。生産量は新古典派がいう限界生産力にもとづいて決定
されるのではなく、生産量は投下された資本の大きさにもとづいて決定され
る。企業は一定の操業水準で生産設備を稼働せねばならない。企業は資本の
大きさに見合った水準で生産しなければ利潤をあげることができないからで
ある。ますます巨大化する資本の集中、集積は、資本蓄積とともに資本主義
生産の一般的傾向である。資本を拡大すること、生産能力を高めることは資
本の至上命令であり、競争社会の強制でもある。そして資本はその生産能力
に応じて生産し、供給量をつくりだす。
　生産要素の「限界生産力」が問題なのではなく、技術革新や生産方法の不
断の改良、あるいは生産規模の拡大による生産性の向上が問題である。新古
典派の重要命題の一つである「収穫逓減の法則」があてはまるのは自然的条
件が生産の制約として直接に生産者を左右する場合だけであろう*1。かつ
ての農耕社会でそうした傾向があったかもしれないが、現代のアグリビジネ
スは、ここで述べた資本主義の一般的傾向のもとにある。激化し国際化する
企業の競争は商品の価格と品質にかんするものである。より良い商品をより
安く提供できるか、そのために企業は、品質の向上、生産性の向上などの努
力を続けている。（競争は価値法則の貫徹のあらわれである。労働時間によ
る価値規定の法則が個々の生産者にたいして競争の外的法則として強制す
る。技術革新などによる労働生産性の向上は商品の価値を低下させる。つま

り、その商品を生産するのに必要な労働時間を短縮させる。この価値規定の法則が個々の生産者を技術革新に駆り立て、商品価値を低下させるように強制するのである。)

　限界生産の概念は、新古典派が想定する架空の世界のみで妥当する。それはさまざまな生産物が素材的、技術的に規定された具体的な有用物であることを否定しているからである。新古典派経済学が取り扱う生産物とは素材的に規定されない無規定な抽象物、純粋思惟の産物である。

　このような事実は新古典派経済学にとって都合が悪い。新古典派理論は市場経済の事実を一片たりとも説明しないからである。それはよく考えてみれば、たんなる前提の恣意性とか結論の不毛性の問題ではなく、そこで取り扱われている経済的諸概念の問題であることを示している。新古典派の経済的概念が市場経済とは無縁なのである。

　普通いわれているように新古典派経済学は市場機構を絶対視し、市場経済に市場にかぎりない信頼をおいているのではない。あるいは歴史的、文化的要因を無視して合理的行動だけをこととする純粋の「経済人」を想定しているのではない。新古典派は非経済的要因を無視しているのではなく、経済的要因を無視しているのである。新古典派は市場経済を理想化しているのでなく、市場経済と無縁の議論をやっているのである。新古典派理論とは、市場メカニズムと自由競争を否定したうえに成り立つ虚構である。

　*1　第4章でみるように、正確には「収穫逓減」も「収穫逓増」も問題にならない。生産要素の投入量の増大にともなって産出量がより増大する、あるいは減少するという考えそのものが形而上学的である。投入量と産出量のあいだには素材的、技術的に規定された物量関係があるだけであって、生産に特別の不具合や技術上の欠陥がないかぎり、投入量と産出量は物量的に比例する。

　　農地の拡大とともに「収穫が逓減する」のは生産条件の低い劣等地へ生産が拡大されたからであり、それは生産条件が低下したことを意味している。また、規模の拡大によって工業製品などが大量に生産されることを「収穫逓増」と呼ぶことも正しくない。大量に生産されるようになったのは、生産規模の拡大によって生産条件が向上したからである。そこには投入量にたいし

て産出量がより増大するという「投入・産出の数量関係」があるわけではない。

　この経済学が市場経済の重要問題とみなしているものは二つある。パレート最適と呼ばれる「資源の効率的配分」の問題と市場均衡を論じたワルラスの一般均衡論である。そしてそれには一つの付属物がつく。所得分配理論である。メンガーの帰属理論として知られる新古典派の所得分配理論、これこそがこの経済学がもっとも主張したい内容である[*1]。

　「パレート最適」は、限られた資源をさまざまな用途にどのように配分すれば、与えられた目的をもっとも効率的に達成することができるかという「資源配分の効率性」を論じたものである。限界理論によれば限界代替率＝価格比となるように消費財の数量を組み合わせたとき各個人の効用が最大となる。社会のどの個人についても効用水準が最高の状態にあることを「パレート最適」は主張する。新古典派の論理にしたがえば、市場経済において効率的であるのは、人々が限界原理にもとづいて行動するときである。このことが論理的前提としてあらかじめ想定されているから、この行動を社会全体について考えても各個人の効用水準が最適の状態であるのは当然である。パレート最適の問題とは、限界原理をただ別の文脈のなかでくり返したことがらにすぎない。

　新古典派の提出した「資源の効率的（合理的）配分」とは、この経済学に独自の限界原理にしたがうという意味であり、現実経済の効率性とは何の関係もない概念である。しかも新古典派の「効率性」は、個々人が得る効用の程度、満足度にかかわるものとされているが、実際には各個人の効用満足にもかかわりのない架空の概念である。現実世界のどこにも存在しない「効率性」を資源配分の問題として提出し、それを経済学の中心問題だとみなしている。新古典派は「限界原理という経済概念」にあわせて問題を提出しているのであり、「パレート最適」とは新古典派理論の内部でのみ意味する形而上学的問題である。

　また、ワルラスの一般均衡論が特別視され、近代経済学のなかで重要な位置を占めるのも同じ事情にもとづいている。新古典派は商品の価格を説明す

るのではなく、市場における「均衡の成立」を説明する。この経済学が取り
扱う「市場均衡」とは、新古典派自身が想定するある架空の静的世界で意味
する均衡である。それは商品交換に先だってあらかじめ調整される均衡、い
わゆる「予定調和」であり、およそ現実の市場経済における「均衡」とは別
の抽象物のことである。一般均衡論は市場経済の事実を少しも説明すること
なく、均衡解の存在を数学的に確認すればこの理論は終了する。しかも、ワ
ルラスの交換理論でもっとも重要な役割を果たす均衡条件、個々人が最大満
足を実現する条件、つまり、個々人の最大満足は交換における二財の限界効
用の比が価格比に等しいときに実現されるという交換の本質をなすといわれ
る均衡条件が、「均衡解の存在」の分析と結びつけられることはない。

　それにもかかわらず、市場における一般均衡を論じることが市場経済の重
要課題だと考えているのなぜか。それはこの理論内容そのものの必然的な帰
結である。新古典派は現実の経済課題を説明するために理論をつくりだそう
とするのではなく、彼らの理論が取り扱える内容に応じて経済課題を設定す
るからである。新古典派は現実を説明するために必要な概念を追求するので
はなく、自ら保持する理論にあわせて経済課題を設定する。それがこの経済
学の最大の特徴である。要するに、新古典派は自らの限界理論を壊さない限
りで取り扱える問題を経済学の課題だとみなしてきたのである。そのために
異常なほどに「経済学の本質と意義」、「科学性」を強調してきた。それは彼
らの理論が少しも現実の市場経済にあらわれる諸現象を説明する内容をもち
合わせていないことの証である。

　ロビンズはわざわざ『経済学の本質と意義』を著したが、それは経済学者
自らが、自分たちの理論が現実にたいしてなんの意義をもたないことを告白
しているようなものである。事実を取り扱うのではなく、現存する経済秩序
の安定性、最適性、正当性を訴える理論を擁護しなければならない。そのた
めに事実と無縁の諸概念をつくりだし、その諸概念に「競争」や「均衡」、
「効率性」や「最適性」という言葉を与えたのである。

　*1　新古典派の所得分配理論はメンガーの帰属理論である。新古典派は財の
　　価値は最終消費者の主観的評価によって決まるが、その価値を財の生産に用
　　いれられたさまざまな生産要素に帰属させるという問題を提出した。生産さ

れた財の総価値が、生産要素に対する帰属価値の合計に等しくなることが、数学上の議論として示されるのである。

　新古典派は各生産要素の限界生産力をもって一単位当たりの帰属価値とした。生産関数が同次関数であるとき、オイラーの定理を利用して各生産要素の生産にかんする機能に応じてその所有者に生産物価値が帰属することが数学的に証明される。つまり、生産要素の貢献度に応じて、年々生産される価値量がさまざまな生産要素に結びつけられ、労働分配率、資本分配率が要素報酬として規定されることになる。ここで生産要素の貢献度とは、それぞれの生産要素の限界生産力のことであり、この「限界生産力」に応じて、年々の生産物価値をその所有者のあいだで分け合うという考えが証明されることになる。これこそじつはこの経済学が本当に主張したいことであろう。それは価値概念の否定とともに、資本の利潤の源泉を覆い隠すには都合のよい論理であるからだ。

　新古典派は、新たに創造される価値については何も述べない。価値がどのように創造されるか、そのような問題はそもそも新古典派理論には存在しない。初期の限界効用理論を別とすれば、価値概念は不用なものとして（本当は不都合なものとして）放棄されたのであった。新古典派が語るのは商品の価格であり、価値概念は存在しない。新古典派が語るのは、価値の創造ではなく、価値の分配についてであり、その分配が何によって規定されるかを主張したいのである。そのために各生産要素の限界生産力にもとづく帰属価値というものを考え出したのである。

　新古典派経済学は「科学」であったから普及したのではなく、ちょうど中世の封建的社会で「スコラ学」や「神学」、「朱子学」などが正当な学問として人々の間に受け入れられたのと事情は同じである。ポパーやハイエク、サミュエルソンが重んじられるのは、中世においてトマス・アクィナスや朱子が重んじられるのと変わりない。

　新古典派経済学は資本制的生産様式の理論的表現である。商品、貨幣、資本という経済的カテゴリーををそれ自身の関連のなかで概念的に展開するのではなく、商品、貨幣、資本のもつ機能をそれらのものの社会属性として語

るのが新古典派理論である。新古典派理論の主要点はワルラスの一般均衡論
や「パレート最適」ではなく、限界理論にある。なぜなら、新古典派が真に
擁護したいのはマルクスの「労働価値説」に対抗する限界理論であるから
だ。ワルラスの一般均衡論や「パレート最適」は限界理論にもっともらしい
装いを与える山車である。（実際には一般均衡論と限界理論のあいだには何
の論理的関連もない。）要するにマルクスの「労働価値説」を否定する理論
が構成できれば何でもよいのである。

　限界理論は生産の素材的要素を価値に結びつけるために考案された投入産
出の形而上学である。投入された生産要素と産出量のあいだに、素材的、技
術的に規定された物量関係とは別の関係を想定することによって、「財」が
具体的な有用物であることを否定している。そうすることによって、資本の
価値増殖の秘密に触れなくてすむ。資本がそれ自身で価値増殖する玄妙な性
質をそなえたものであるという観念を合理化するには都合がよいからであ
る。

　しかし、錯覚しがちである。新古典派経済学は事実について、それなりの
説明を与えているようにみえるからである。理由は二つある。

　①　新古典派の主張のある一部分が資本主義社会における人々の思考形態
と一致するからである。とくに収入形態。資本主義生産のもとで、年々生産
される価値の一定部分がその所有者に収入として帰属するという形態が自明
となり、生産要素と収入にかんする日常観念に一致するからである。

　生産される価値が資本や労働、土地などの生産要素に関連させられて、そ
の所有者に収入形態として帰属する。それは生産された価値の諸部分がそれ
ぞれの生産要素の所有者に帰属する形態、分配形態にすぎないが、価値の諸
部分が生産要素に結びつけられることによって、逆に生産要素のそれぞれの
部分が均等に価値を生みだしているようにみえるからである。新古典派の言
葉でいえば、財の価値をその生産に用いられる各生産要素の限界生産力に応
じてその生産要素に帰属させる——生産要素の生産にたいする貢献度に応じ
て価値を生み出す——ということになる。これはマルクスが「資本の物神
性」と呼んだものであるが、それはこの生産様式のもとで生産諸条件が受け
取る不可分の一属性である。

②　数学的手法、統計学的方法である。事実の全体を統一的に説明する内
的論理とは関係なく、われわれは統計学処理の方法で、たとえば100個のデ
ータを結びつけることができる。それはニュートン力学を知らずに、物体の
運動を最小2乗法や回帰分析によって統計学的に処理すれば、物体の運動を
短期間に狭い範囲で「説明」することができるのと事情は同じである。事
実、プトレマイオスの天動説は煩雑であったが、それなりに天体運動を説明
したのである。

　近代経済学の基本的な枠組みは、ケインズの所得理論（一般理論）を新古
典派経済学に接木した、いわゆる新古典派総合である。サミュエルソンを中
心にアメリカ経済学会で唱えられ、全世界に拡がった。主要先進国における
経済政策の基本はマクロ経済学の枠組みにもとづいたものである。GDPや
金利、インフレーションなどの経済変数が、統計学的手法を中心とする「計
量経済学」によって分析され、それが財政政策や金融政策として実施され
る。経済政策や金融政策によって市場経済をどの程度「制御」できるか、あ
るいは資本主義に固有な景気循環、とくに行き過ぎた好況や停滞をどの程度
緩和できるか等々が問題にされてきた。そこにマクロの経済学が果たしてき
た役割があるといえる。

　それに対して新古典派理論はミクロの価格理論といわれるが、新古典派理
論そのものが現実経済にかかわることはないということである。限界原理に
よって価格に対応してさまざまな商品にたいする需要量が決定される。ある
いは、生産要素の価格に対応して生産要素の組み合わせ方が規定され、産出
量が決定される。そうした限界原理にもとづく分析が現実の市場経済の分析
に生かされることは一度もないのである。

　新古典派理論を基礎にしている近代経済学が、多少なりにも「科学的」に
みえ、現実の経済にそれなりの分析を与えているようにみえるのは、この経
済学の中心理論である「限界原理」のせいではない。それは回帰分析や最小
2乗法という統計学的処理による計量経済学による国民経済の分析のためで
ある。国民経済の分析に利用されるのは純粋に統計学的方法であって、限界
原理やワルラスの一般均衡論を利用した市場分析ではない。事実、計量経済
学のなかであらわれる投資関数、生産関数、効用関数等々は経済的に意味を

もって概念的に規定されたものではない。

　　「（新古典派理論に）投資の理論が欠如しているというのは、実証分析にもと
　づく経験的な投資関数は存在しても、企業行動にかんする斉合的な理論分析
　をもとにして投資関数が導き出されたものではないという意味である。」（宇
　沢弘文『近代経済学の再検討』p.96）

　現実の分析にかかわる投資関数は企業行動にかんする理論分析から導き出
されたものではなく、統計学的処理による経験的な実証分析によるものであ
る。『経済財政白書』などで経済成長率の推計にコブ・ダグラス型生産関数
がよく利用されるが、この生産関数そのものが経済的に意味をもつからでは
ない。生産関数はたんなるダシであり、統計学上の処理の点から都合のよい
関数──たとえばいくつかの変数が対数関数 log をもちいてあらわせるなど
──規定されればよいのである。成長率の推計に重要なのは、時系列データ
から取り出されたトレンドであり、そのトレンドと実際の時系列データにか
んする統計処理である。生産関数や効用関数などが限界原理にもとづいて分
析され、商品の価格と数量の関係が問題にされることはない。そもそもある
価格を想定し、その価格に対応する需要量や供給量を考えること自体、現実
の経済にとって何の意味ももたないからである。

(2)　新古典派による抽象化・理想化の本質
──市場経済と無縁な経済的諸カテゴリー：
「価格」と「経済量」の形而上学的性格

　新古典派経済学は、市場に絶対的な信頼をおき、徹底した自由競争が効率
性を高め、経済の発展をもたらすと考える。政府の介入や規制を廃し、市場
における自由な競争にまかせれば市場の機能によってすべてうまくいく。資
本、モノ、人の自由な移動、あとは経済主体の効率を追求する合理的行動に
よって市場経済は順調に発展していく。「自由競争」「合理的行動」「効率
性」、これが市場原理主義の合い言葉であり、新古典派経済学が好んで扱う
用語でもある。

　だが、ふつうに信じられているのとはちがって、新古典派理論は市場機構

を理想化したものでも、それに絶対の信頼をおくものでもない。「自由競争」
「合理的行動」「効率性」「市場メカニズム」等々、この経済学が取り扱う経
済的諸概念はすべて現実の市場経済とは無縁である。新古典派が用いる経済
的カテゴリーはすべてこの経済学の内部でのみ通用する特別の概念に加工さ
れている。

　これまでみたようにこの経済学が「合理的行動」と呼ぶものは、「限界原
理」にしたがって行動するということであり、それは現実経済の効率性を追
求する合理的行動を示しているわけではない。それは個々の経済主体の価値
判断にかかわる概念であり、「与えられた商品の価格」に応じて消費財や生
産物の量を対応させることである。この経済学自身がつくりあげた「限界原
理」に合致することを、この経済学は「合理的」で「効率的」と呼ぶ。

　「競争」の概念も同じである。新古典派は「完全競争」という概念をつね
に強調するが、新古典派の「競争」とは、商品の品質や価格をめぐって生産
者が互いにしのぎを削る競争のことではなく、人々が市場で価格を「所与」
のものとして受け入れることを意味している。それは商品の価格と数量のあ
いだに規定されるような関係を想定する新古典派理論に必要な手続きであっ
て、価格に独立変数の性格を与えるためにある。価格が個々人に対して「所
与」としてあらわれるだけではなく、市場にたいしても「所与」としてあら
われるという点に「完全競争」の意味がある。

　「市場メカニズム」も同じである。市場メカニズムの重要な働きである需
要と供給の作用も、新古典派が想定する架空の価格と数量の関係のあらわれ
である。新古典派は「需要と供給の作用」をとり違え、現実の市場メカニズ
ムとは無縁の議論をおこなっている。それは市場経済の流れのなかの一断面
にすぎないセリ値価格の形成を「需要と供給の一致による価格形成」と誤解
し（これが新古典派の均衡概念である）、そのセリ値の形成に至る売り手と
買い手とのやりとり（これを新古典派は模索過程という）を「需要と供給の
作用」ととり違えたものである。

　このように新古典派は、現実の経済をあらわす経済的諸カテゴリーをこと
ごとくこの経済学の内部でのみ通用する特別の概念に変えている。それは決
して現実の経済をあらわさない概念である*1。この経済学は、市場経済に

ついて述べているつもりであるが、実は、市場経済とは無縁の架空の経済を
論じ、それを「市場経済」と呼んでいるのである。新古典派理論とは、市場
機構と自由競争を否定したところに成り立つ虚構、現代の形而上学である。

*1　新古典派の用語はきわめてわかりにくいといわれる。マルクスの用語も
日常用語からかけ離れた、独特のわかりにくさをもっているが、新古典派の
用語は、それとは別の意味でわかりにくい。(佐和隆光『経済学とは何だろう
か』参照。)「限界効用逓減の法則」「顕示選好の理論」「市場の失敗」等々。
こうした専門用語のすわりの悪い表現は、しばしば日本語訳の問題とされる
が、その原因は別のところにある。新古典派は現実をあらわす経済的諸カテ
ゴリーをそれとは無縁の形而上学的概念に加工しているのである。

新古典派理論の方法——要素還元主義、方法的個人主義

　新古典派は個人の主観的価値判断を「経済の絶対的本質」と考え、市場経
済の成り立ちを、個々人の振る舞い、合理的行動に還元して理解する。その
ため新古典派経済学は要素還元主義とか方法的個人主義に立脚しているとい
われている。

　　「個人を社会の最小構成要素とみなし、その個人の振舞いの〈集計〉として
　　社会を理解しようとする…。」(佐和隆光『経済学とは何だろうか』p.17)

　新古典派の要素還元主義的な思考は個人の振る舞いの「集計」として市場
経済の成り立ちを考える社会認識における数量的方法と結びついている。そ
れは商品の価格と数量のあいだに規定されるような一定の関係が存在すると
いう想定によって成立している。

　　「限界効用説は与えられた財量の評価から出発するから、生産過程を無視し、
　　且つこの財量の生起を説明しえないとしばしば繰返し言われている。しかし
　　この与えられた財量なる仮定は単に限界効用法則の緒論的証明にのみ役立っ
　　ているに過ぎない。更に一歩を進めるときにはこの財量は未知数となり、そ
　　の決定根拠の研究が、特にワルラスの体系に明快に示されているように、主
　　要問題となるのである」(シュムペーター『経済学史』p.352)

　新古典派理論の全体的枠組みはワルラスに起源をもっている。メンガーや
ジェボンズの限界効用理論は、主観的価値を商品の価格に直接結びつけよう

としたがワルラスの方法は巧妙である。

　ワルラスの交換理論の特徴は商品の価格を限界効用に直接に結びつけるのではなく、商品の価格が限界効用（ワルラスは希少性と呼ぶが内容は同じである）に等しくなるようにさまざまな財・サービスを需要すると考える点にある。

　価格を独立変数とし、その価格の関数として需要量と供給量を規定する。財の数だけ連立方程式が立てられ、そこにワルラス法則と呼ばれる条件が付けられ、未知数の数と方程式の数を一致させる。その連立方程式を解くことによって商品の価格と数量が決定されると考えた。問題はより巧妙化されたといえるが、同時にここにドグマが生まれたのである。

　すべての利用可能な生産資源量を所与とし、生産の技術条件を所与とし、各個人の欲望を所与とした場合、資源はどのような用途のあいだに配分されるか。それらの資源に対する価格はどのように決定されるか。また、生産される財、サービスの価格がどのように決定されるか。新古典派はこのような問を提出した。

　消費者は自らの効用を最大化するためにさまざまな消費物資をどのように需要するか、生産者は利潤を最大化するためにさまざまな生産要素をどのように組み合わせ、また、その生産量をどれだけにするか。そうしたことが限界原理を用いた分析によってあきらかにされ、さまざまな財の需要量と供給量が価格に対応して規定されると考える。そして新古典派の市場分析は、価格に対応して（価格をパラメーターとして）あらわされた需要量と供給量の関係のなかに存在する。価格が需要量と供給量を均衡させる媒介的調整の役割を果たし、すべての財について需要と供給が一致したところで市場均衡が生まれると考える。

　およそ以上のようなことが一般均衡論の内容である。一般均衡論は市場経済の成り立ちを個人の振る舞いに還元して考える要素還元主義、方法的個人主義に立脚しているといわれているが、その本質は商品の価格と数量のあいだに一定の関係を想定する点にある。新古典派の基本概念である限界原理にもとづいて価格に需要と供給という経済量を対応させる。そしてその個々人の経済量を社会全体に「集計」して経済を理解しようとする数量的方法であ

る。

　新古典派が「経験科学」としての経済学のために強調する「客観的、経験的な数量関係」「経験科学的にとらえられ相互依存的な経済諸量の関係」も、商品の価格と数量のあいだに想定された関係のことを意味している。

　新古典派理論の全体を貫く基本的な考えは、商品の価格と数量のあいだに規定されるような関係が存在するという想定である。ある価格を与えてやれば、それに応じて需要量と供給量が一つの規定された大きさとしてあらわれる。この想定によって新古典派理論の全体は成立している。限界原理にもとづく消費者行動の分析も生産者行動の分析も、さらに市場均衡を分析したワルラスの一般均衡論もこの想定のもとに成立している。その論理的手続きに必要な条件が、価格を独立変数としてとりあつかう「完全競争の前提」である。そして、価格と数量の関係を結びつけるのが限界理論であり、価格の関数関係としてあらわされた需要量と供給量を数式として等値するのが市場分析である。

　しかし、実際には商品の価格と数量のあいだには規定されるような必然的な関係はない。需要量と供給量を価格の関数として表すことができないのである。しかも、新古典派が論ずる「価格と数量の関係」とは、経済の流れをある一時点で切り取った静的世界で価格と数量の関係を想定したものであり、それは任意の値をとって変動する独立変数としての価格に「計画量」や「予想量」としての経済量を対応させたものである。それは純然たる架空の価格と経済量の関係である。

　しかも、新古典派の論理展開にしたがっても商品の数量が規定されることはない。新古典派のあつかう財とはあくまで抽象的な「物」であり、それは素材的にも技術的にも規定される性格をもたない。そこに何らかの物量的な単位をもちこむことは許されないし、また、限界原理は商品の価格と数量を結びつける論理構造をもっていない。需要や供給という経済量はあくまで無規定な経済量として存在する。

　新古典派の市場メカニズム、需要と供給の作用も、商品の価格と数量のあいだに一定の関係をみることによって成立している。この理論にとって、価格と数量は本質的に同時決定である。それは商品の価格と数量のあいだには

一定の関係を想定する新古典派の必然的な帰結である。価格の関数としてあらわされた需要量と供給量を数式として等値する点に新古典派の均衡概念があるからである。新古典派の「需要と供給の作用」とは、商品の価格と数量のあいだに一定の関係にもとづく作用、つまりある価格に対する需要量と供給量の関係ということになる。

　このような新古典派の市場分析は、新古典派が考える「セリ値の形成」という市場経済の一場面に当てはまることであっても、市場メカニズムの全体、市場経済のもとで生産が均衡のとれた水準に還元されていくそのメカニズムを扱ったものではない。市場の均衡、あるいは商品生産の規則性や規律性は、再生産を含む交換のくり返しのなかから一つの社会過程としてあらわれるからである。決して一度きりの交換や、セリ値の形成のなかに市場の均衡があらわれるのではない。需要と供給の作用は、需給関係によって形成された市場価格が次の生産に影響を与えてその生産量を調整する点にある[*1]。市場価格の変動を通じて社会の需要量に対応する供給量をつねにつくりだそうとする作用である。新古典派は現実の市場メカニズム、需要と供給の作用を取り違えたのである。

　新古典派の要素還元主義、方法的個人主義は、商品の数量と価格とのあいだに想定された一定の関係、その数量的方法のことを意味しているが、この数量的方法は、市場メカニズムの取り違えと結びつくことによってもっともらしい外観を与えるのである。

　*1　ハイエクやミーゼスなどの市場主義者、自由主義者が賞賛してやまない「市場の価格機構」や「市場メカニズム」、あるいはアダム（A）・スミスの「みえざる手」とは、じつは彼らが忌み嫌う価値法則の貫徹のことにほかならない。労働時間による価値規定の法則が、たえず市場の不均衡を均衡へと引き戻すのである。ちなみに、市場の不均衡を均衡へと引き戻すそのもっとも強力で暴力的な作用が恐慌である。

　新古典派経済学において、理論のはじめから抜け落ちていることは、人々が相互依存関係にあるのは、市場を通じて互いに取り結んでいるのだということである。自分の行動が市場経済のなかに組み込まれ、自分の行動は市場の状況によって制約をうけ、同時にまた、自分の行動が市場を構成する一部

分になっていることが抜け落ちている。人々は市場の機能に従わねばならないのである。

　ところが、新古典派によれば人々は限界原理に従って行動する。人々は互いに無関係で独立して存在し、市場経済を律するのは各個人と物との関係、各個人の物に対する主観的価値判断である。消費者の効用最大化行動、それは経済人の意識の内にある価値判断であるが、その価値判断が、市場経済の調和と均衡をもたらすと説明するのである。

　そこにあるのは限界原理にもとづく数量的方法である。商品の価格と数量のあいだに規定されるような一定の関係があるという想定、この想定が個人の行動と市場経済を結びつけるのである。それは「計画量」や「予想量」として存在する経済量を、任意の値をとって変動する独立変数としての価格に対応させる関係、純然たる架空の価格と経済量の関係である。このような形而上学的な価格と数量によって構成されている新古典派の市場分析とは、「市場の均衡」を論ずるというより、むしろ「均衡の予定調和」にかんする議論であり、この「予定調和」には、新古典派の取り扱う商品の価格と数量という経済的概念が対応しているのである。

新古典派の合理的行動──理想的な経済人

新古典派の理論的前提は、次のようなものである。

各個人は自らおこなう生産活動なり、消費活動の結果について、それぞれ主観的価値基準にもとづいて判断する。

　「生産手段の私有制という前提条件は、個々の経済主体が自ら所有する生産要素、財・サーヴィスを自分の主観価値基準のもとでもっとも望ましいと思われるように使用あるいは処分することを包含するものである。」(宇沢弘文『近代経済学の再検討』p.79)

　「国民経済の基本的な構成要素としての抽象的な経済人としての個人という前提条件である。この経済人としての個人は文化的、歴史的、社会的な側面から切り離された、経済的計算だけを中心としたものであり、それぞれ自らの主観的な価値基準にしたがってもっとも望ましいと思われる行動を選択するという理論前提である。」(同上、p.79)

簡単にいいかえると次のようになる。

　「各経済主体がそれぞれ、自ら所有する希少資源、財、サービスを、自由に使用したり、あるいは市場で交換することができる…。」（宇沢弘文『経済学の考え方』p.77）

　「経済を構成する基本的な経済主体が、抽象的な経済人であって、それぞれある選好関係によって表現される主観的価値基準のもとで合理的な行動を選択する…。」（同上、p.79）

　個々人に着目すれば、たしかに個々人は自らの判断で行動する。それを「主観的価値基準のもとで、もっとも望ましいと思われる行動」と呼んでもさしつかえないであろう。たしかに、資本主義社会は交換価値が優位を占める社会、物質的利害が主要である社会である。その基礎にあるのは商品経済である。個々人は自由意思にもとづき、自らの主観的判断にもとづいて行動する。自らの私的利益を追求し、自らの効用を高めるように行動する。

　新古典派は個人の主観的価値判断を「経済の絶対的本質」と考え、市場経済の成り立ちを個人の振る舞い（合理的行動）に還元して考える。しかし、この経済学が主張する「価値判断」や「望ましい行動」とは、「限界原理」にしたがって行動するというこの経済学に独自の意味をもっている。それは人と財との関係であり、人が財に下す判断のことである。個々の消費者が自らの効用を最大化するために消費物資をどのように需要するか。個々の生産者が利潤を最大化するためにさまざまな生産要素をどのように組み合わせ、生産量をどれだけにするか。「限界原理」にもとづいて「与えられた商品の価格」に対応してさまざまな消費財や生産物の量を決定する行動のことである。それは現実の市場経済の「合理的行動」とは無縁の概念であり、新古典派が主張する「効率性」の概念も「限界原理」にしたがうという意味である。

　現実経済の合理的行動や効率性は「経済学」ではなく、むしろ「経営学」の教科書に見いだすことができる。そこでは、経営効率、あるいは生産効率を高めるには何をなすべきかが述べられている。経営の効率化、生産工程の効率化が、各生産者の競争力を高め、利潤を高める。それはまた、「限界原理」が絵空事でしかないことを示す格好の例でもある。新古典派は現実経済

で少しも合理的でない行動を「合理的行動」と呼んでいるのである。

　資本主義生産は本質的に資本の生産であり、資本の蓄積、集中、集積を引きおこす。資本は自分自身の欲求を実現するためにつねに拡大された規模での生産を要求する。資本間の競争は技術革新、生産方法の改良による商品の質の向上と価格の低下を要求する。生産方法の革新による労働生産性の向上、このことが唯一商品の価格を低下させ、各商品の競争力を高める。と同時に社会の消費需要を拡大する。不断の技術革新、生産方法の改良は資本主義生産の一般的傾向である。この資本主義生産の一般的傾向のなかに効率性と人々の合理的行動があらわれている。合理的行動とは一言でいえば、生産システムの革新・改良によって生産性を高めることであり、効率性の意味もここにある。

　この経済学は、個人の主観的価値判断を「経済の絶対的本質」と考え、市場経済の成り立ちを個人の合理的行動に還元して述べているが、そもそも新古典派経済学が主張する個人の合理的行動そのものが、限界原理にしたがうという意味であり、現実の市場経済とは何の関係もない架空の経済行動を論じたものにすぎない。限界概念は商品の使用価値を価値に結びつけるために考え出された架空の概念であり、現実の市場経済の効率性や合理性とは無縁である。

　新古典派の経済理論も自然科学の理論と同様に理想化の仮定を含んでいる。たとえば、完全競争の概念、消費者行動、企業者行動の概念などは、人間の行為に影響する非経済的要因が無視され、理想化されている。国民経済の基本的な構成要素としての抽象的な経済人としての個人、この個人は文化的、歴史的、社会的な側面から切り離された経済計算だけを中心としたものであり、それぞれ自らの主観的価値基準にしたがってもっとも望ましいと思われる行動を選択する。

　このように新古典派の経済学は、人々が合理的で最適な行動をすると想定している。この新古典派の理想化、抽象化は現実的でない。現実経済をあまりにも理想化しすぎている。個々の経済主体の行動は多様であり、新古典派が想定するように、それを確実な状況下での合理的行動に還元することは不可能である。このように新古典派の仮定の現実性について懐疑的な見解は少

なくない。

　だが、こうした批判は適切ではない。逆である。新古典派経済学は現実経済をあまりにも理想化したものでも、市場経済の理想像を純粋に追求したものでもない。また、新古典派はさまざまな「非経済的要因」を無視し、経済計算だけをこととする純粋に抽象的な経済人を論じているのではない。

　問題は新古典派が理想化しているようにみえる経済概念がことごとく市場経済と無縁の架空の概念であるところにある。新古典派は現実の市場経済とは無縁の概念——その最たるものは限界原理である——をこしらえて、それに「競争」とか、「合理的」とか、「効率的」とか、「最適」とかという名称を付けているだけである。新古典派は現実をあらわす経済的カテゴリーをそれとは無縁のまったく別の概念に加工している。新古典派は「非経済的要因」を無視しているのではなく、市場経済の「経済的要因」を無視しているのであり、市場経済を理想化しているのではなく、市場経済とは無縁の議論をおこなっているのである。

新古典派の想定する市場——完全競争の前提：
独占、摩擦性のない理想的な市場

　新古典派の想定する独占や摩擦性のない理想的な市場をあらわす「競争」概念も同じである。新古典派の市場均衡分析は「完全競争のもとでの経済諸量の分析」「一般均衡を競争経済の本質」としてとらえたものである。市場に独占や寡占という状況がない、誰もが価格支配力をもたない、また「外部経済」という不純なものが存在しない理想的な市場を追求したものといわれている。「完全競争の前提」は、だれも価格支配力をもたず、価格を「所与」として受け入れることを想定したものとされているが、その本質は、個々の人々に対して価格が「所与」としてあらわれるのではなく、市場そのものにとっても価格が「所与」としてあらわれる点にある。つまり価格に「独立変数」の性格を与えるためにある。それは商品の価格と数量のあいだに規定されるような一定の関係を見いだし、需要量や供給量という経済諸量を価格の関数として取り扱う新古典派に特有な方法のために必要な前提条件である。

　新古典派によれば、「完全競争の前提」は原子論的な考え方にもとづいて

いる。いわば物質に対する原子のごとく、各個人は社会の一分子として振る
舞い個々人の行動は市場に影響を与えないという想定である。個々の人にと
って価格が「所与」であるのは、消費者や生産者が大量に存在し、各経済主
体は全体のごく一部しか占めず、個々人の消費量や生産量の変化は全体に影
響を与えないからである。

　新古典派はこのように述べながら、個々の需要や供給を社会全体に集計し
たものを、市場経済の全体をあらわす総需要、総供給と規定している。総需
要、総供給にも価格が「所与」であるという前提をそのままもちこんでい
る。新古典派にとって価格は個々人にとって「所与」としてあらわれるだけ
でなく、市場に対しても「所与」のものとして、つまり市場に外部から与え
られる独立変数の性格――自由にそれ自身で任意の値をとって変動できる性
格――をもったものとしてあらわれるのである。

　たしかに、個々の人にとって価格は市場から与えられる「所与」とみなせ
るであろう。だが、市場にとってはそうではない。その総計である総需要、
総供給も市場価格に影響を与えないと考えることは正しくない。全体のごく
一部しか占めない個々人の消費量や生産量の変化は全体に影響を与えないと
しても、需要と供給の社会全体の総計は集合力として作用し、価格の変動を
もたらすからだ。新古典派は市場価格の変動それ自体が需給関係の反映であ
ること見落としているのである。

　このように完全競争の前提そのものが、すでに論理矛盾に陥っている。
「完全競争」の条件は需要と供給の相互作用が市場の集合力として価格変動
を引きおこすことを否定しているのである。

　新古典派の「完全競争」とは、決して市場に独占や寡占という状態がない
という理想的な市場を想定したものでも、商品の品質や価格をめぐって生産
者どうしがしのぎを削る競争をあらわす概念でもない。それは価格にそれ自
身で任意の値をとる独立変数という形而上学的な性格を与えるための前提で
あり、現実の市場経済の競争とは何の関係もない概念である[*1]。新古典派
理論は商品の価格と数量のあいだに規定されるような一定の関係を見いだす
ことによって成立している。そのために価格はパラメーターの役割を果たさ
なくてはならない。価格はそれ自身で任意の値をとる独立変数として存在し

なければならないのである。

「完全競争」の概念には、このような価格の性格だけでなく市場の摩擦性にかんする意味も含まれている。市場での財・サービスの自由な取引を妨げる制限や支障がいっさい存在せず、財・サービスがさまざまな用途のあいだに自由に移動できるという摩擦性のない「理想的な市場」という意味である。人々が財・サービスの取引者として自由に行動できるだけでなく、財・サービスが特定の用途に固定されることなく、そのときどきの条件に対応して一つの用途から他の用途に転用できる、しかもすぐさま転用できることが想定されている。いわゆる生産手段の可塑性、可変性の前提である。さらに、この生産手段の可塑性の前提には、生産期間がゼロであって、すべての生産過程が瞬時的に完了するという意味も含まれている。

このように、新古典派が想定する「摩擦性のない理想的な市場」も、現実の市場とは何の関係もない概念である。それは市場経済を純粋に論ずるためにおこなわれた抽象でも、「市場の理想像」を追求したものでもない。それは新古典派の理論構成にあわせた想定にすぎない。商品の価格と数量のあいだに規定されるような一定の関係を見いだし、需要量や供給量という経済諸量を価格の関数として取り扱う新古典派に特有な方法の必然的帰結である。

市場にとって「所与」として与えられる価格、つまり独立変数としての価格に応じてあらわれる需要や供給という経済量とはなにか。それは独立変数である価格の自由な変化とともに、それに応じて変化できる経済量として存在する。つまり、現実の市場にあらわれる需要量と供給量ではなく、仮にある「価格」を与えたとき、それに応じるであろうと予想される経済量である。消費者の「消費計画」や「消費予想」として、生産者の「生産計画」や「生産予想」として存在する架空の経済量のことを意味している。

新古典派理論では需要量と供給量は、価格の関数として扱われるから、それは価格の自由な変化とともに規定される一つの大きさとして、つまり瞬時にある一定量をとる経済量として存在する。だから、新古典派が唱える「摩擦性のない理想的な市場」とは、市場における「摩擦性」や「自由な取引」を考えたものではなく、商品の価格と数量のあいだに規定されるような一定

の関係を見いだす新古典派の理論構成のための架空の抽象のことである。独立変数としての価格、この価格変化とともに変幻自在に変化する経済量、これが新古典派理論を構成する経済的カテゴリーの性格である*2。

＊1　新古典派は「完全競争の世界」に対して、外部経済、外部不経済という概念を用いるが、これも現実の市場経済とは無縁の概念である。それは新古典派が想定する「完全競争」という架空の世界の外部に存在する架空の世界のことである。

＊2　「完全競争」の「競争」という言葉には、この言葉のもつイメージとはまったく別の意味が含まれている。それは市場において人々が価格支配力をもつかどうかという点から述べたものであり、人々にとって価格が所与としてあらわれることを意味している。新古典派の「競争」とは、日米の自動車や半導体をめぐる国際競争に示されるような、より高い品質の商品をより安く供給するという生産者どうしの競争をあらわす用語ではない。価格を独立変数として取り扱うという意味である。

だから、新古典派が市場分析について次のように述べるときにも注意が必要である。

「競争を徹底して行わせると市場均衡が実現される。」

「競争の結果、需要と供給が等しいところで価格が決まる。」

徹底した「競争」とは、各生産者が商品の品質と価格をめぐってしのぎをけずる競争ではなく、独立変数である価格を自由に変化させ、それに応じると予想される需要量と供給量を次々と描き出すことである。

セリ値の形成過程という市場経済の流れの一場面に市場メカニズムをみるというとり違えをした新古典派にとって、セリ市における売り手と買い手のやりとりが競争ということになる。それはちょうど商品の価格と数量のあいだに一定の関係を想定する新古典派の方法に符合している。新古典派の想定する市場メカニズムとは、価格との関数関係にあるとされる需要量と供給量の関係であるから、新古典にとっての「競争」とは、独立変数としての価格の自由な変化とともに需要量と供給量が一つの大きさとして規定される、つまり価格の変化にともなって瞬時にある値をとる経済量として存在する点にある。

　価格が独立変数として変動できること、需要量と供給量がこの価格変化とともに変幻自在に変化できること、これらのことが支障なくできることが「競争」の意味である。それは価格と数量のあいだに一定の関係を想定した世界での純粋な理論操作であり、「時間を抽象した仮想取引の系列を整理する」ことである。

　新古典派は「競争」という用語に、およそ現実の市場競争とは無縁の意味をもたせている。それはちょうどこの経済学が、「効率性」や「合理性」に特別の意味をもたせているのと同じである。新古典派はさまざまな経済的カテゴリーをその言葉の意味を越えて別の概念に加工しているのである。

(3)　この経済学の『本質と意義』

　経済学は経験科学として独立しなければならない。経済学としての科学を強調したのはロビンズである。ロビンズは経験的に確定できない主観的な効用判断や所得分配の公正を取り扱うことは、検証可能な事実についての判断というより経済学の外部にある価値判断であるとして、経験的に確定できる数量関係を取り扱うことを主張した[*1]。

　ロビンズは、『経済学の本質と意義』において次のように述べた。

　　「経済学は、諸目的と代替的用途をもつ希少な諸手段との間の関係としての
　　人間行動を研究する科学である」(ロビンズ『経済学の本質と意義』p.25)

　経済学はさまざまな希少資源をさまざまな用途にどのように配分すれば、与えられた目的をもっとも効率的に達成することができるかを考察の対象とする。ロビンズは市場経済を批判的に考察すること、あるいは、逆にその正当性を考察することは価値判断の問題としてしりぞけ、経済学の対象は「効率性」の問題に限るとした。経済学は限られた希少資源をどのように配分すればもっとも「効率的」であるか、ということだけを問題にする。

　新古典派にとって、「諸目的と代替的用途をもつ希少な諸手段との間の関係」とは、各個人の効用の程度、満足感にかかわる概念である。それは人と物との関係、ある目的（効用の満足を最大化するようにさまざまに消費財を組み合わせること）を達成するために希少資源を代替的用途として取り扱う

人間行動のことである。

　このようにロビンズが述べることは新古典派にとって適切である。現実の市場経済の一片たりとも説明しない限界理論が取り扱える問題とは、まさにロビンズ自身が述べるように「希少資源の最適配分」という問題でしかないからである。もちろんこの場合の「最適」配分とは、限界原理に一致するという意味であって、現実の市場経済の配分とは何の関係もない。新古典派にとって資源配分の「効率性」とは、各個人の効用の程度、満足感にかかわる概念である。（実際には、効用の程度、満足感ににもかかわらない純粋に架空の概念である。新古典派は限界原理という架空の原理にしたがうことを「効率的」、「合理的」と呼んでいるにすぎないのである。）

　　「社会的に所与の希少資源を配分することによって、各個人がそれぞれ主観的価値基準のもとである満足感を得たとする。もし、同じだけの希少資源を別の方法で配分したときに、各人の得る満足感が前よりも低くはなっていないで、少なくとも一人については、実際に高くなっているとする。このとき、はじめの資源配分よりも後者の資源配分の方がより効率的であるという。ある資源配分について、他により効率的な配分が存在しないときに、効率的、あるいはパレート最適という。」（宇沢弘文『近代経済学の再検討』p.86）

　新古典派によれば、パレート最適は市場均衡の「最適性」や「効率性」に関わる概念である。一般均衡論分析は競争的市場均衡を問題としている。そこで実現する市場均衡の状態では、普通パレート最適と呼ばれる性質が満たされ、各人の効用水準がもっとも満たされる。もちろんここで各個人がそれぞれ自らの主観的価値基準のもとである満足感を得るとは、新古典派に独自の限界原理にしたがって行動するという意味である。

　生産については、各生産要素の限界生産がその市場価格に等しくなるように生産規模および生産要素の組み合わせが選択される。消費については、各消費主体について、すべての財の組み合わせにたいする限界代替率が価格比に等しくなるように決定される。この限界原理にしたがうことが、希少資源の「効率的な配分」なのである。この経済学にとって「効率性」とは、限界原理にしたがって、消費者が最大効用の状態になるように、消費物資の数量を組み合わせること、また生産者が利潤最大となるように生産量を決めるこ

とである*2。

　＊1　新古典派によれば、経験科学としての経済学の確立のために、経験的に
確定できる数量関係だけが問題にされることになった。効用の可測性を前提
とした効用関数は経験的に確定できないものとしてしぞけられ、ある状態の
方が他の状態に比べてより選好されるという選好順序だけを前提とした無差
別曲線が採用された。基数的効用は経験的に確定できないものとして否定さ
れ、序数的効用が経験的に確定できるものと考えられた。しかし、この新古
典派の主張は正しくない。新古典派は決して経験的に確定できる数量関係を
扱っているわけではない。

　「正統派の消費者需要に関する理論が依拠する無差別曲線については、個々
人であれ個々人からなるグループであれ、そのいずれにとっても、手に入る
経験的データからこれらの曲線群を導き出しえないことが判明しているので、
疑わしいものとされている。それゆえ、無差別曲線という理論構成概念は、
一角獣、幽霊、そしてかつて人間に生命を吹き込んでいると考えられた「生
気」が形而上学的であるのと同じ意味で、形而上学的である。そのようなも
のが実在するという経験的事実は何もない。」（アイクナー『なぜ経済学は科
学ではないのか』p.309）

　＊2　この経済学によれば各人の効用水準が最適であるのは、それぞれの商品
の限界代替率が価格比に等しくなるように消費パターンを選択することであ
る。だが、この主張には意味がない。新古典派理論の思惑と違って、数学的
手続きを少し変えるだけで、どのような消費パターンに対しても限界代替率
が価格比に等しくなるようにすることができるからである。限界生産力にも
とづいて生産量を規定する議論も同じである。

　だが、こうした議論は現実の市場経済とは一切関係ないつくりものであ
る。そもそも限界原理そのものが現実の市場経済とは無縁の形而上学的な構
成物である。パレート最適と呼ばれる「希少資源の効率的配分」とは、この
限界原理という架空の抽象物に対応して生まれた問題である。その本質は、
限界理論を壊さない限りで取り扱える問題を自らの経済学の課題とみなして
いるということである。

　新古典派が提出した、さまざまな資源をどのような用途に振り向けるかという問題をもし本当に論じるとすれば、その要点は資源の配分ではなく、さまざまな財を生産するために振り向けられる労働の社会的配分にある。さまざま資源をどのような用途に振り向けるか。それは同時にどのような財をどれだけ生産するかという問題であるからだ。

　社会の欲望に対応してさまざまな財、有用物が生産されねばならない。そのために社会の総労働を一定の割合で分割し、さまざまな生産部面に振り向ける。資源を採掘、精錬、加工し、社会が必要とする有用物を作り上げるために社会は一定の労働をさまざまな生産部面に振り向けねばならない。

　社会で必要とされる財がバランスのとれたものとして生産されねばならない。しかも社会の発展とともにさまざまな財に対する欲望は変化する。その変化する欲望に対して供給量は見合ったものでなければならない。それがさまざまな財の生産に振り向けられる労働の分割・配分によって実現されるのである。この労働の社会的配分、分割の割合が均整のとれたものであるか。つまり、社会の欲望に対応してさまざまな財の供給量が適正なものであるか。それが価値法則を通じて実現し、そしてこの労働の社会的配分、分割の割合が商品の価値を規定するのである。

　そもそも新古典派経済学の「本質と意義」はこの経済学自身が設定した「最適化基準」にかんすることだ。しかも、この経済学の主張する「合理的行動」「最適化」とはこの経済学に独自の限界概念にしたがうという意味である。この経済学は自らが取り扱う理論内容に合わせて、「本質と意義」を設定しているのであって、こうした「本質と意義」をことさらに強調しなければならない点にこの経済学の性格がよくあらわれている。

　新古典派の提出した主要な問題は二つある。パレート最適と呼ばれる「希少資源の最適配分」の問題と市場均衡の問題である。そして、この経済学の目的は、この問題を限界原理にもとづいて証明することである。ワルラスの一般均衡論において、市場均衡の「予定調和」が「均衡解の存在」によって証明され、さらに市場均衡の「安定性」にかんする議論によって、市場価格の調整機構が安定的であり、均衡状態が必ず成立することが示されることになっている。しかし、どちらも限界原理と関連をもたないことは後ほど見る

とおりである。

　経済学の本質と意義をことさらに設定しなければならない点にこの経済学の本質がよく示されている。逆にいえば、自ら設定した以外の問題を取り扱えないことを示している。その本質は、限界理論を壊さない限りで取り扱える問題を自らの経済学の課題とみなしているということである。

　しかし、こうした本質と意義を強調しなければならないこと自体奇妙なことである。それは新古典派理論が市場経済の事実を統一的に説明する議論でないことを自ら告白しているようなものである。それでも経済学の本質と意義をことさらに設定し、市場経済の「安定性」、「調和性」、「最適性」を証明しなければならないというのは滑稽である*1。

　　*1　この問題には一つの歴史的背景があるといえる。正統派の「マルクス主義」が展開した資本主義の恐慌論、崩壊論に対抗するために、新古典派は市場経済の「安定性」、「調和性」、「最適性」を論ずる必要があったのである。しかし、それは正統派の「マルクス主義」が歴史主義と批判されたと同じように形而上学的である。

　　　正統派の「マルクス主義」を「歴史主義」と批判することは、ある意味では当たっている。正統派はさまざまな社会現象を歴史的に取り扱っているのではないからだ。正統派はさまざまな社会現象のその特徴を歴史的に規定されたその社会形態を問題にするのではなく、逆に、歴史の発展図式のもとに置こうとする。それは歴史に対する観念論である。

　　　正統派「マルクス主義」は、資本主義批判を誤って取り扱ってきた。資本主義批判の全意義を資本主義崩壊の統一描写に見いだし、資本主義的生産様式の内的作用を分析するのではなく、その分析の外部に歴史の発展図式として「生産関係と生産力の矛盾」論を設定してきた。正統派「マルクス主義」はマルクスの学説を歴史の発展図式に変え、その正当性を「弁証法的唯物論」や「史的唯物論」という哲学に求めてきたのである。

　　　一方、新古典派経済学は「限界」や「代替」という概念によって市場経済の「安定性」、「調和性」、「最適性」を論ずる。そして、自己の見解の正当性を「経済学の本質と意義」「科学哲学」に求めているのである。正統派「マルクス主義」と新古典派、どちらも事実をそれ自身の内的関連のなかで展開し、

事実について統一的な説明をする観点は見失われている。理論の正当性や科学性は決して哲学によって与えられるものではない。それはそれ自身の理論展開のなかに含まれているのである。

　ロビンズは経済学の対象は「効率性」の問題に限るとした。限られた希少資源をどのように配分すればもっとも「効率的」であるかということだけを問題にする。市場経済を批判的に考察すること、あるいは、逆にその正当性を考察することは価値判断の問題としてしりぞけた。

　　「個々の消費者について、どのような目的、つまり主観的価値基準をもっているかについてはまったく問わないで、たんに限られた希少資源をどのように配分すればよいか、という問題だけを考察してきた。同じように、国民経済全体についても、所与の希少資源をどのように配分すればもっとも効率的であるか、ということだけを問題にする。すなわち、資源配分のパレート最適性を求めることになる。」（宇沢弘文『近代経済学の再検討』p.85）

　新古典派で問題となっている効率性は、所得分配には無関係な概念であって、平等性、公正性とはまったくかかわりをもたない。

　　「もし、所得分配にかんして、なんらかの基準を設けようとすれば、それは価値判断にかかわるものであって、科学としての経済学の領域から逸脱した目的選択の問題になると考えられる。」（同上、p.89）

　　「このように、資源配分の効率性だけに注目して、公正、平等などという基準を無視するのが近代経済学の立場であった。」（同上、p.89）

　　「新古典派理論でもっぱら効率性のみを問題として、公正性ないし平等性に対しては大きな関心を払ってこなかったのは、新古典派経済学の基本的考え方とも相通ずるものをもっている。もし所得分配にかんして、公正性とか平等性とかいう基準をもうけようとすれば、それは必然的に価値判断に関わるものであって、科学としての経済学の領域を越えた問題であるという認識ははやくから意識されていた。このような意識を明示的に取り上げて、科学としての経済学という考えを打ち出したのが、さきにふれたように、ライオネル・ロビンズの貢献であった。」（宇沢弘文『経済学の考え方』p.85）

　新古典派理論が公正性や平等性に関心を払ってこなかったことは周知のこ

とであるが、実際には「効率性」にもまったく関心を払ってこなかったということである。新古典派経済学の「効率性」は、この経済学に特有な意味をもつ「効率性」であって、市場経済の効率性をあらわす概念ではない。それは限界原理にもとづいて消費物資や希少資源を配分するということであり、価格に対応して商品数量を組合せることである。

　新古典派の「効率性」は現実経済の効率性とは無縁の概念である。それは技術革新や生産方法の改良、労働生産性の向上、生産組織、経営組織、流通経路の改変などにあらわされる経済の効率性を指すのではない。市場経済のもとでの効率性とは、ひとことでいえば労働生産性の向上をあらわしている。より品質の良い商品をより安く生産するために生産方法を革新、改良することである。広くいえば流通部面も含んだあらゆる分野で無駄を省き、価値の生産と価値の実現のために効率性を高めることである。現実の市場経済の効率性はつねに商品価値の低下、商品の価格低下に結びついている。

　「効率性」とは、新古典派がいうように消費者と生産者がそれぞれ限界代替率＝価格比、限界費用＝生産物価格となるように、商品の価格とそれに対応する商品数量を決めることではない。

　市場経済において人々は競争の権威以外何も認めない。資本の自由な行動の妨げとなるあらゆる規制や制約、旧習にもとづく慣行や国家による規制を否定する。人々を規制するのは、互いに商品取引者として行動するために必要な諸条件である。そして人々は競争の権威以外何も認めない。

　競争は商品の品質と価格をめぐるものとしてあらわれる。（新古典派が考えるような価格を所与として、独立変数として取り扱うことが競争ではない。）商品の品質を保持しながら、あるいはより品質を高めながら、同時に商品の価格を低下させることである。重要なのは商品の使用価値と価値である。ただし、使用価値そのものは実は重要ではない。商品の使用価値は価値の担い手であり、価値を実現するために必要なのだ。商品価格の低下とは商品価値の低下によるものであり、労働生産性向上の結果である。このように効率性とは価値の生産と価値の実現のためにその生産性を高めることである。それは別の箇所でみるように、実は価値法則の貫徹のことを示している。労働による価値規定の法則が個々の生産者に競争の外的強制としてあら

われるのである。

　新古典派によれば、市場経済における「正義の原理」は条件の平等と地位
の不平等を唱える。すなわち、個人の才能の差異にもとづく地位の不平等は
容認されるが、そのためにはまず条件の平等が確保されなければならない。
ワルラスはこのように述べた。ロビンズは所得分配の公正性や平等性を論じ
るのは価値判断にかかわるものであって、「科学としての経済学」の領域を
越えた問題であるとした。

　　「経済学は、究極的な価値判断の妥当性について意見を述べることはできな
　　いのである。」（ロビンズ『経済学の本質と意義』p.221）
　所得分配の公正性や平等性という問題は、検証可能な事実についての判断
というよりは、科学の外部にある一つの価値判断である。このようにロビン
ズが「科学としての経済学」を強調し、資源配分の効率性のみが経済学の対
象であるとみなした。

　たしかに、所得分配にかんして公正性とか平等性とかという問題を論ずる
ことは価値判断の問題ということができる。所得分配の公正性や平等性を論
じようとする、あるいは所得分配について何らかの基準を設けようとするこ
とが必要なのではない。重要なことは、事実について、事実をそれ自身の関
連のなかで論ずることである。マルクスが指摘したように所得分配、分配形
態について大騒ぎする必要はない。分配形態は生産形態の結果にすぎない。
大切なことは、先入観や妄想にとらわれず、つまり日常的な観念だという理
由で反駁を許さないカテゴリーとして固定せず、さまざまな経済的諸カテゴ
リーもふくめて、生産形態をそれ自身の関連のなかで考察することである。

　だれがどちら側の立場に立って論理を主張するか。立場の違いによって主
張内容が異なる。人はそれを価値判断の問題だという。しかし、立場の違い
や価値判断の問題というのは正しくない。立場の違いや価値判断の問題とみ
えるものは実は現実の諸関係の反映でしかない。新古典派が取り扱う経済的
カテゴリーがすでにそうである。限界代替率や限界生産力というこの経済学
の内部でしか意味をもたない奇妙な概念の根底にあるものは、商品、資本、
貨幣にたいするありきたりの日常観念である。新古典派はこの日常観念を擁

護したいのである。そもそも価値判断の問題など最初から存在しない。また、どのように価値判断しているかが問題なのではない。それは現実の諸関係の利害の反映にすぎない。

　マルクスはかつて概念のないところに言葉がやってくると言ったが、現在の経済学では概念のないところに「数式」がやってくるのである。「価値」概念がそのよい例である。この概念は新古典派理論から不都合なものとして放逐されたが、生産物の分配を扱う所得理論では、なんの脈絡もなく突如として「生産物価値」という概念が登場してくる。一方で、商品の価値概念を放棄し、そんなものを考えることは適切でないと断罪しながら、必要に応じてこの概念をこっそり用いるのである。たとえばGDPという身近な国民経済学の諸概念を取り扱うときでさえ「価値」という概念は必要である。新古典派によれば「価値」の生産ではなく、「価格」の生産について語らねばならないことになる。

　内輪でしか通用しないような形而上学的な経済概念——完全競争、無差別曲線、限界代替率、生産関数、限界生産力、需要曲線、供給曲線、等々——の数学的構成を試みながら、他方で前提されているのは商品や貨幣、資本にかんする日常観念である。価格のあるものが商品である、誰もが貨幣として信任するものが貨幣である、それ自身で価値増殖する性質をそなえた生産要素が資本である、あるいは貨幣は貨幣として価値増殖する性質をもっている等々。このような商品、貨幣、資本の概念から出発し、しかもこうした経済的概念を合理化することが新古典派にとって重要なのである。

　資本主義経済のもとにおけるさまざまな経済的諸カテゴリーは人々の一定の諸関係の表現である。歴史的に規定された一定の社会関係のもとで諸物は一定の社会的性格を受けとる。これが資本主義経済のもとにおける商品や貨幣、資本という経済的カテゴリーである。その社会関係から切り離されてしまえば、さまざまな諸物は商品や貨幣、資本となってあらわれることはない。

　ある物が有用性や希少性の理由によって商品となるのではない。ある物が有用であり、量が限られているというのは原始時代を含めていつの時代にも共通なことである。また、資本は生産に役立つ生産要素である、あるいは生

産手段であるという理由によってそれ自身で価値増殖する資本なのではない。資本は賃労働という労働の形態を前提とする。資本・賃労働関係をはなれれば、生産手段が資本となることはない。資本という生産手段の形態、賃労働という労働の形態は一つの生産関係の両面なのである。また、貨幣は貨幣としてそれ自身で価値増殖する性質をもっているようにみえるが、生産と流通を含む長い連鎖から切り離されてしまえば、決して価値増殖する貨幣となることはない。

　もっとも簡単な経済的カテゴリーである商品、貨幣は、現実の諸関係がその概念に対応している。一定の社会関係のもとで諸物は一定の社会的性格を受けとる。人々の社会的関係が諸物に一定の性格を刻印するのである。富の素材的要素はその社会的関係の担い手である。が、逆に、ここから一定の諸関係のもとで諸物が受けとる社会的性格を、これらの物そのものの属性とみなすという考えが生まれる。つまり、商品はそれが有用物である（あるいは、人と物との関係、人の物に対する評価）という理由で商品になり、生産要素は生産過程で機能するという理由で資本となり、貨幣はそのもつ社会的機能の理由で貨幣とみなされる。これは物の社会的属性にとらわれた考えである。富の素材的規定と社会的形態規定が混同されているのである。新古典派経済学はこの混同を意識的につくりだす経済学である。物の社会的属性によって経済的諸カテゴリーを説明することは、資本の価値増殖が生産手段という物としての性質にもとづくという観念を合理化するには都合がよいからである。資本の価値増殖の秘密に触れなくてすむのである。

　歴史的に生成されてきた一定の社会関係のもとで諸物が受けとる社会的性格を、その物の社会的な属性にもとづくものとみなす。そために、ありきたりな日常意識に訴えるやり方は、経済学だけでなく社会科学の常套手段である。経験的事実がいともあっさりと形而上学的世界の形成のために援用されるのである。

　資本主義経済は私的利害が主要である社会である。それ以前の社会では身分的、政治的特権を前提とした支配・隷属関係のもとにある。封建的、身分的、血縁的紐帯から解きはなされ、純粋に経済的利害が社会の全面に出てき

たのは、商品生産の発展とともにである。個々人の主観的判断にもとづく合理的行動も、それ自身このような社会によって与えられた一定の諸条件のもとでのみ実現できる。この条件は、個々人の経済主体から独立したものであり、人間の何千年にわたる歴史の所産である。近代的個人が確立されたのは18世紀中期である。商品生産、商品経済だけでなく、個人というカテゴリーも歴史的なものである。商品生産の発展とともに自由や平等、個人というカテゴリーができあがってきたのである。

　新古典派はいう。各個人が主観的価値判断にもとづいて、合理的な経済行動を行うと。各人は合理的に行動し、私的利益を追求する。しかし、次のことは忘れられている。

　　「問題は、むしろ私的利益自体が、すでに社会的に規定された利益であり、社会によって措定された諸条件の内部でのみ、また社会によってあたえられた手段をもってのみ達成されうるという点に、したがってこれらの諸条件と手段との再生産に結びつけられているという点にある。…しかしその内容は、それを実現する形態および手段と同じく、それとは独立したすべての社会的諸条件によってあたえられている。」（マルクス『経済学批判要項』Ⅰ p.78）

　新古典派経済学は、歴史的に規定されたこの社会的条件に少しもふれようとしない*1。また、そのような問さえ提出しない。むしろ逆に、そうした社会的条件を理論のなかから放逐していくことによって経済学が体系化されたのである。個々人の経済活動にあれこれ意味付与するのではなく、この経済活動を、それが実現される社会の形態と諸条件のなかで論じることが重要である*2。

　　*1　マンディヴィルの『蜂の寓話』は文字どおり歴史的に規定されたこの社会的条件を忘れたところに成立している。私的利益の追求がいかに社会の発展に貢献し公益をもたらすか。そのようなところに論点があるのではない。私的利益自体がすでに社会的に規定された利益であり、社会によって与えられた一定の諸条件のもとでのみ達成されるのである。

　　資本主義生産は全面的に発展した商品生産を前提するし、資本は所有と労働の分離、生産の主体的条件と客体的条件の分離を前提とする。このような条件を離れて資本主義生産のもとでの私的利益というものは存在しない。問

題にされるべきものは歴史的に規定されたこの社会的条件である。

＊2　経済的諸カテゴリーを歴史的関連のなかでみることは、「歴史主義」だという批判がまかり通っている。たしかに、その批判にも一理ある。事実、正統派のマルクス主義はそのように問題を取り扱ってきたからである。

　一般に信じられているのとはちがって、正統派のマルクス主義はさまざまな経済的諸カテゴリーを歴史的に取り扱ってきたのではない。正統派マルクス主義は、経済的諸カテゴリーの歴史的、社会的な側面、つまり歴史的、社会的に規定されたその独自の社会的形態を問題にしたのではなく、歴史の発展法則という図式のなかで意味する「純然たるカテゴリー」として取り扱ってきたのである。マルクス主義者もふくめて多くの人はその点を取り違えたのである。「史的唯物論」などの普遍的な発展図式や、「社会の存立構造」という純粋の社会歴史理論を展開する、あるいは、そうした図式や体系のなかに経済的諸カテゴリーをおくことを、歴史的、社会的に論じていることだと思いこんだのである。

　こうした問題について、ことの本質を理解するためには、ポパーとスターリンとの共通性を述べるほうが有意義かもしれない。「史的唯物論」を唱えたスターリン、それを歴史主義、全体主義だと批判したポパー、じつは歴史にたいする見方はそれほど変わらない。どちらも歴史に対する見方は観念論である。両者とも歴史に見いだしたものはその発展図式である。スターリンはそれを強調し、ポパーはそれを否定する。両者とも社会のさまざまな諸カテゴリーを歴史的関連のなかでみることは見失われている。事物を歴史的にみるとは、諸カテゴリーの歴史的側面、社会的側面を問題にし、歴史的に規定されたその独自の社会形態を明らかにすることである。それはあらゆる先入観や妄想にとらわれず、すなわち経験的事実として固定するのではなく、事実をそれ自身の関連のなかで展開することである。

　この点では、多くの社会学者も哲学者も同様である。彼らが自己の理論の前提にもってくる普遍的価値といったもの、たとえば個人、自由や平等、さらに人権、民主主義という諸カテゴリーも歴史的なものであり、人間の長い歴史の中で生成されてきたものである。それは歴史的所産であって、決して普遍的なものでも絶対的なものでもない。それは商品生産という歴史的に規

定された生産関係に対応した観念である。

　商品生産を基礎とする現在の自由や平等の観念が絶対的、至高なものだと主張することは正しくない。それは今後、人類が新しい質をもった自由や平等という観念をつくり出す可能性を否定している。今後の人類の発展を否定し、現在の諸観念、諸概念が絶対的で至高なものだと主張することは、不遜な態度である。それは現在の自由や平等の社会的性格を見失ったところにあらわれる態度である。その時代に生きていると現存する社会秩序とそれに応ずる自由や平等などの社会的観念は至高で絶対的なものとみえるのである。

　かんたんにいえば、商品生産のもとにおける自由・平等は身分的、政治的、血縁的な装いに蔽われた支配・隷属関係を否定するが、純粋な経済的諸関係にもとづく支配・隷属関係を否定しないからである。資本主義生産は、商品生産・交換に照応する諸法則と自由と平等のもとで、他人の労働をわがものとすることができる生産様式である。資本主義生産は、ものごとが普通に進行するあいだは、生産条件そのものから生まれる資本の支配に委ねられ、国家権力による直接の支配・統制、暴力的な強制を必要としない。

　商品生産社会の現実に生きているわれわれにとって、国家の直接の暴力、抑圧、身分的、政治的、血縁的な装いに蔽われた支配・隷属関係は許されないが、純粋に経済的な諸機能にもとづく支配・隷属関係が許されないほどの内容をもった自由と平等の観念を獲得していない。ただ、その点がみえないのである。現在の自由と平等の観念は経済的な支配・隷属関係を否定する質をもったものではない。それはただ商品の生産・交換法則に対応したものである。同様に、人権や民主主義、さらに現在の国家制度である代議制の政治形態、共和制の国家形態も商品生産を基礎とした歴史的なものであり、資本主義という生産様式に対応したものである。この政治形態のもとで、社会の一部の人は、他人の労働を領有できるのである。

　新古典派経済学が語ってやまない経済主体の「合理的精神」や「合理的行動」、それ自体が歴史的、社会的に規定されたものである。資本関係、資本と賃労働の関係を含む商品経済の基礎の上で、人々がおこなう合理的行動、これが事実として前提されている。この事実についてふれるのではなく、そ

こから生まれる人々の行動の規範や合理性について語る。それは、ちょうど封建時代に忠君の精神や騎士道精神が、その生産様式の産物であり、その精神や思想からその時代の社会関係や人々の生き方、行動の規範や人倫を論じるのと同じである。企業家精神の全面的な賞賛は、封建時代における忠君の精神の全面的な賞賛とかわらない。それはその生産様式によって生まれ、育成され、それにもっとも適した社会意識の形態である。

　しかも、実際には新古典派経済学の合理的精神や合理的行動は、限界原理という架空の概念にしたがうことであり、現実の市場経済と何の関係もない形而上学的概念である。

第2章　限界効用理論の批判

(1) 限界効用という概念
——「経済の本質」としての個人の主観的価値論

　メンガーやジェボンズ、ワルラスを中心とする限界革命によって、商品の価値論は労働価値説から限界効用価値説へ発展したといわれている。商品の交換価値は生産に関係なく「限界効用」によって決定される。マルクスのように商品の「価値」や内在的価値を考えることは正しくない。価値は商品に内在したり附着したりするものではない。価値というものを考えることは適切ではなく、商品の交換比率、すなわち交換価値を取り扱うべきである。商品の交換価値は人と財との関係であり、人が財に下す判断である。このように、メンガーやジェボンズ、ワルラスは商品の交換価値について主観的価値論を唱えた。

　限界効用理論は主観的価値論といわれ、財にたいする人の主観的価値評価が商品の価値、交換価値を規定すると考える。限界効用理論は評価の主体としての個人と、評価にたいする与件としての財との関係を考察することから出発し、個人の心理的な事実を重視する。人間の欲望をみたす力、効用にたいする人々の主観的評価をもって財の「価値」とみなす。財の価値は人の財に下す判断であるが、人が一財にたいしてもつ欲望の強さと支配しうる財の存在量に依存する。

　　「価値は、財に附着するもの、財の属性でもなければ、独立してそれ自身存立する物でもない。価値は、自分の支配下にある財が自己の生命および福祉の維持にたいしてもつ意義に関し経済人が下す判断であり、したがって経済人の意識の外部には存在しない。」（メンガー『国民経済学原理』p.75）
　　「その結果経済主体にとり価値をもつ財を『価値』と名づけたり、国民経済学者が『価値』をあたかも独立した実在物のように論じてこれを客観化するのはまったく誤謬である。なぜなら客観的に存立するものはつねに物か物の

　　　数量にすぎず、物の価値は物とは本質的に異なったあるもの、すなわち物の
　　　支配が自己の生命または福祉の維持にたいしてもつ意義に関し経済人の構成
　　　する判断であるからである。」(同上、p.75)

　たしかに物の価値は物とは本質的に異なったあるものである。マルクスが
いうように商品の「価値」は一原子の物質的な要素を含んでいないからであ
る。それは純粋に社会的なものであり、商品の価値を独立する実在物、客観
的に存立するものと考えることは正しくない*1。

　メンガーはいう。価値は財に附着するもの、内在するものではない。「財
価値は財とわれわれの欲望との関係にもとづくものであって、財そのものに
もとづくものではない。」(同上、p.74) それは人と財の関係であり、人が財
に下す判断である。

　　　「人間の欲望の満足が前者（非経済財、いわゆる自由財と呼ばれるもの）の
　　　具体的数量の支配にではなくむしろ後者（経済財）の具体的数量の支配に依
　　　存し、そのため前者は効用性をもつが後者は効用性のほかになお価値と呼ば
　　　れる意義をわれわれにたいしてもつ。」(同上、p.73)

　このように財の価値は人の財に下す判断であるが、それは支配しうる財の
存在量に依存する。

　ワルラスはいう。交換価値が存在するのは「物が希少である」からであ
り、つまり、「効用があり量が制限されているという二つの自然的事実に基
くものである。」(ワルラス『純粋経済学要論』p.27)

　　　「稀少であるために、いい換えれば効用をもつとともに量が限られているた
　　　めに価格をもつことができる物質的、非物質的なすべての物の総体は、社会
　　　的富を形成する。」(同上、序文 x)

　こうした見解はいわゆる「労働価値説」、商品の内在的価値に対する批判
を念頭においている。労働による価値の規定、内在的価値を文字どおり財に
「附着する」もの、「内在する」もの、あるいは「財の属性」「独立してそれ
自身で存在するもの」と理解している。だから、マルクスの「労働価値説」
は財のなかに人間労働が入り込んだものということになる。このようなマル
クスにたいする批判は現在でもあとを絶たないが、本質を見失っている*2。
マルクスが商品の「内在的価値」と呼んだものは、商品の価値表現にかかわ

らない、諸商品が価値関係としてもつ共通性のことである。メンガーが「内在的価値」あるいは「価値」を考えることは適切でないというとき、前提されているのは、価値の表現である「交換価値」、つまり価値の貨幣表現、価格の存在である。

*1　物あるいは財と呼ぶことは正確ではない。正しくは商品である。なぜなら、物はいつでも商品としてあらわれるのではないからだ。物が商品としてあらわれるのは、歴史的に規定された生産のある発展段階のもとでである。物を商品として、つまり価値物として取り扱うことは、それ自身人々の労働の社会的な関連のあらわれであり、その一定の社会形態である。

「労働生産物の商品形態およびこの形態が自己を表すところの労働生産物の価値関係は、労働生産物の物理的性質およびそれから生じる物的諸関係とは絶対になんのかかわりもない。ここで人間にとって物と物との関係という幻影的形態をとるのは、人間そのものの一定の社会的関係にほかならない。」（マルクス『資本論』①p.124）

商品の価値を独立する実在物、独立してそれ自身で存在するもの、あるいは物のなかに人間労働が入り込んだものと考えることは正しくない。商品の価値は人々の一定の社会関係にほかならない。商品社会のもとで人と人との労働の社会的関連は直接の社会的関係としてではなく、人と人との物的関係、物と物との社会的関係としてあらわれる。商品の価値関係は私的諸労働の社会的関連のあらわれにすぎないが、物に霊が入り込むように、人間労働が入り込んだものと「実体論的」に解されてしまうのである。

*2　その原因の多くは「マルクス」主義者自身の誤った価値論にある。見田石介をはじめとする正統派は、商品が価値をもつのは人間労働が含まれていると「実体論」的にとらえているからである。見田を批判した宇野弘蔵もじつは同じである。さらに、近年貨幣論、価値形態論を積極的に展開する今村仁司などの見解も同じである。マルクスが述べた価値の実体である「抽象的人間労働」が価値の質的規定にかかわるものとは理解されていないのである。

その原因は二つある。商品を生産する労働の社会的性格にたいする理解と貨幣にたいする理解である。商品を生産する労働の社会的性格については補章で触れる。ここでは貨幣について簡単に触れておきたい。

　貨幣は商品に価値としての「統一性」を与えるのではなく、価値の統一的な「表現」を与える。貨幣は価値の表現様式にかかわるものであり、貨幣は諸商品に価値としての統一性、その質的な規定をあたえるのではない。ところが多くの場合、逆に、諸商品は貨幣によって通約され、価値としての統一性を受け取ると解されるのである。

　重要なことは「価値」と「交換価値」の区別である。日常的な語法では「価値」と「交換価値」は区別されないが、マルクスは厳密に区別した。「価値」は諸商品が価値関係としてもつ共通性、等価の関係にある共通性のことである。「交換価値」は他の商品によるこの価値の表現である。この区別が曖昧であると、貨幣が「価値の表現」にかかわるものであることが分からなくなる。そして、諸商品に価値としての質的規定、その質的統一性を与えるものが「価値の実体」である抽象的人間労働である。

　次に重要なことは、商品の価値は他の商品の一定量（その物的姿態、使用価値）で表現されるということである。マルクスは価値形態を分析し、商品の使用価値が価値表現で果たす役割を明らかにした。そうすることによって貨幣の秘密を解き明かしたのである。貨幣は価値の表現様式にかかわるものでしかない。この点が不明瞭であると、貨幣が商品に価値としての「統一性」、その質的規定を与えるものと解され、価値の実体である「抽象的人間労働」が価値の統一性をあらわす質的規定にかかわるものと理解されないことになる。

　マルクスが指摘したように貨幣の存在が価値概念の虚構に駆り立てるのである。そこにあるのは価格をもった物が商品であるという意識である。物は貨幣で表現されることによって通約され、商品としての規定性を受け取るという日常意識である。この日常意識、つまり貨幣の存在が「価値の実体」の理解を妨げるのである。

　限界効用理論が財の価値の基礎に据えるのは、限界一単位から得られる効用、すなわち「限界効用」である。各財の最終単位がもたらす効用、限界効用を各財の価格で割ったものが互いに均等になるように交換するのである。財の交換比率は最後に手放す財の限界効用と獲得する限界効用が等しい点で

決定される。これを「限界効用均等の法則」という。

　限界効用理論を構成するのは次の二つの法則である。

　①　限界効用逓減の法則

われわれはある財を多くもてばもつほどその総効用は増加するが、その追加の一単位から得られる効用、すなわち限界効用は次第に小さくなる。

　②　限界効用均等の法則

効用を最大にするのは、各財の限界効用が価格比に等しくなるように財を交換する場合である。A財とB財の交換比率は限界効用に等しい。A財とB財の限界効用が等しくなるところで交換が成立する。つまり、交換される最後の一単位どうしの効用（限界効用）の比較が交換を決定する。

　第一財、第二財、第三財・・・の限界効用を、u_1, u_2, u_3・・・とし、第一財、第二財、第三財・・・の価格をp_1, p_2, p_3・・・とすれば、次のようにあらわされる。

$$u_1/p_1 = u_2/p_2 = u_3/p_3 = \cdots\cdots = 一定$$

　限界効用理論によれば、商品の交換価値は「限界効用」によって規定される。交換を決定するのは交換される最後の一単位どうしの効用の比較であって、それが交換される財の数量比、交換比率に結びつくのである。それは主観的価値評価、人の財に下す判断であり、人間の欲望をみたす力、効用にたいする主観的価値評価をもって財の「価値」とみる。

　価値は自己の支配下にある財が自己の生命および福祉の維持について有する重要性に関する経済人の下す判断である。それゆえ、価値は経済人の意識の外には存在しない。財の価値は人が財にたいしてもつ欲望の強さと支配しうる財の存在量に依存することになる。限界効用理論は商品の交換価値についてこのように主張してきた。

　限界効用理論は次の問いかけからはじまる。

　「現在、自分が所有しているものをどのように交換すれば最大満足の状態が得られるか。」そして、「われわれは不必要なものを必要なものと交換するのではないか。」

　この問いは与えられた財量なる仮定によって成立している。この議論の特徴は財が与件として外部から与えられ、それを交換するという交換行為を論

じる点にある。「現在、所有するものをどのように交換するか。」この一見もっともらしくみえる問題設定に限界効用理論の秘密がある。

　これは二者二財の議論である。二人の人物を登場させ、所有している物をどのように互いに交換するか、その交換行為を分析する議論をここでは便宜上、「二者二財の議論」と呼ぶ。二者二財の議論は、新古典派だけでなく宇野経済学などにも共通であるが、それだけですでに市場経済の分析としては不適切である。それは個々の「交換行為」を取り扱うものであっても、市場のなかにあらわれる「交換関係」を取り扱うものではないからだ。

　商品交換の規則性や規律性、つまり商品の交換関係は個々の交換行為のなかにあらわれるのではなく、個々の交換行為が大量に総括されるなかからあらわれてくる。しかも、一度だけの交換ではなく、再生産をふくむ交換のくり返しのなかから交換の規則性、商品の交換比率があらわれてくる。需要と供給の作用、市場メカニズムは交換のくり返しのなかで作用し、交換の規則性をつくりだすからである。だから、二人の人物が登場し、商品をどのように交換するのかと問うこと自体が市場経済の分析とは無縁である。「個々の交換行為」と「商品の交換関係」を混同させてはいけない。

　限界効用理論は、財を外部から与えられた「賦存量」とみなし、個々の交換行為を問題にする、という二点から成り立っている。

　この議論を成り立たせている前提は「賦存量」の概念にある[*1]。

　「財は外部から与件として与えられる。」

　「すでに所有しているものを交換する。」

　「不必要なものを必要なものと交換するのではないか。」

　こうした一見もっともらしくみえる前提が問題である。それは一つひとつをみればもっともらしい妥当なものとみえるが、いったい何を論じようとするのか。

　限界効用理論を成り立たせているのは「財は外部から与件として与えられる」という「賦存量」という概念である。ここには「生産」が抜け落ちているだけでなく、生産を含めた交換のくり返しが交換を規則的な過程にする市場メカニズムが抜け落ちている。

　主観的価値評価、「限界効用」という概念の基礎にあるものはきわめて単

純、素朴な考えである。

　「必要度が高ければ、その価格は高くなり、必要度が低くなればその価格が低くなる。」

　「ある財は比較的多くあり、豊富であるとき、その財の価値は低く、また比較的少ないもの、希少性のあるものは高い。」

　これが限界効用理論の基礎にある考えである。それはまた、われわれはある財をもてばもつほどその総効用は大きくなるが、その追加の一単位から得られる効用、限界効用は次第に小さくなるという限界効用逓減の法則と結びついている。

　だが、次の単純な事実を指摘することができる。われわれが、新技術の開発や応用、新しい生産方法によって生産力を高め「ある財」を容易に生産できるようになれば、われわれはその財を比較的多く、豊富に手にすることができる。たとえば、灌漑や土地改良、品種改良、農業生産技術の向上によって米の生産量が増加すれば、以前と同じ労力を費やしてもよりいっそう多くの米を手にすることができる。そのとき、「ある財は比較的多くあり、豊富であり、その財の価値は低くなる」ということになる。

　逆に、自然環境の破壊、荒廃によって自然条件が悪化し、たとえば松茸のようにその生産量が減少すれば、以前と同じ労力を費やしてもより少ない松茸しか手にすることができない。そのとき、「比較的少ないもの、希少性のあるものの価値は高い」ということになる。

　このようにみると、財に対する欲望の大きさ、有用性や効用にたいする重要性、経済人が下す判断といっても、それは財の存在量に依存する考えであって、この「主観的な判断」自身が、われわれが財をどれだけ容易に手にできるか、つまり生産できるのかという問題と結びついている[2]。

　　*1　商品を交換するまえにすでに所有している商品の量を賦存量という。賦存量には二重の意味がある。個々人が交換するまえに所有している財量という意味のほかに、社会に存在する財量、つまり商品社会に外部から与えられた与件という意味をもっている。
　　*2　財を生産ではなくむしろ経済の外部から与えられた前提条件とみなすところに新古典派理論の本質があるといえる。交換の条件が賦存量によって規

定されると考え商品の交換価値を「希少性」の名のもとに、「効用と量によって制限された自然的事実」とみなす。それは、社会に存在する有用物、財の量が産業の発展、社会の生産力によって規定されていると考えるのではなく、ただ自然条件によって制約されていると考えるに等しい。実際、ワルラスは交換価値の根拠を「効用があり、量が制限されているという二つの自然的事実」に求め、この事実を交換理論の前提に据える。

　この考えには別の背景がある。それは現在の所有権、既得の権益から出発するには都合がよいからである。富の源泉が、労働ではなく、既得権益として所有している物資、財に根拠をもっていると主張できるからである。だから、新古典派がくり返し主張するパレート最適などという「希少資源の配分」という問題は、実は経済学の問題ではなく、こうした権益に利害をもつ人々の「目的と課題」であり「本質と意義」なのである。

「限界効用」という概念の重点は「効用」ではなく「限界」にある。効用が大きく人間生活に重要な役割を果たすものであっても、その財量が豊富であればその財の「限界効用」は小さいということになるからである。逆に、効用が小さいものであっても、その財量が少なければその財の「限界効用」は大きいということになる。「限界」とは財の存在量を前提にした概念であって、新古典派経済学はそれを論理展開の前提にもってきて、「賦存量」と呼ぶ。

　経済人の主観的価値判断の根底には、つねにこの「賦存量」という概念が横たわっている。限界効用理論が主張する「経済人の判断」や「財と経済人との関係」、「意識の外には存在しない」という価値概念は、決して経済人の内にある「主観的評価」ではなく、財の存在量に関係したものである。新古典派が交換価値は絶対的に物と人との関係であるといって、つねに「自己の支配下にある財」や「賦存量」を強調するのはそのためである。

　このように「限界効用」という概念はある一定量の財の存在を前提としたうえに成り立つものである。そうでなければ「交換される最終の一単位」という考えは論理的に意味をもたなくなる。「限界効用」という概念は、「交換される数量」に結びついているのではなく、所有している「賦存量」に結び

ついている。そしてこの「賦存量」に根拠をもった「限界効用」という概念が「交換される数量」、すなわち商品の交換価値を規定すると考えるのである。

　商品の価値にたいする主観的価値論は「限界効用」の概念によって成立しているが、それを支えているのは、人々の「主観的価値評価」ではなく、「賦存量」の概念である。限界理論は「賦存量」という概念によって理論的な根拠を与えられているのである。

　「限界効用が等しい点で交換が成立する。」

　この主張は、現在所有している財をいかに交換するか、また現在自分が所有している財をどれだけ交換すれば最大満足が得られるか、という問いから導かれる。一見もっともらしくみえるこの問いに欺瞞がある。

　限界原理にもとづく主観的価値論が一つの理論として成立する根拠は、交換するまえに商品が賦存量として与えられるという問題設定にある。そこでは生産の要因が欠落しているだけでなく、くり返し生産される再生産の要因が欠落している。くり返し生産される再生産の過程を取り上げるのではなく、すでに生産されたものを「賦存量」という名のもとに与件として固定するところに「限界効用理論」の秘密がある。

　ワルラスの経済理論は多数財を問題にしたもので、しかも生産を論じているから、このような「賦存量」の概念とは無縁と思われるかもしれないが、それは正確ではない。ワルラスの交換理論の基礎にあるのは、「二商品の交換の理論」であり、そこで問題にされるのが各交換者の欲望満足の最大化である。どのように交換すれば最大満足が得られるかという問いから出発し、最終の欲望の強度（限界効用）が交換価値に比例することを導く。これがワルラスの交換理論の基礎にある考えであり、その前提におかれているのが、交換者に外部から与えられる賦存量の概念である。この賦存量は「効用と量によって制限された自然的事実」とされ、その経済的内容が問題にされることはない。むしろワルラスはそれを「物の希少性」と呼んで、自らの経済理論の基礎に据える。

(2) 交換価値の同一性・あるいは一物一価

　同種の商品の交換価値は同一である。同一の商品であれば、その交換価値はだれにとっても等しい。すべての商品はその使用価値の相違にかかわらず一定の比率のもとで等価の関係におかれる。そして、同一種類の商品であれば、個々人の欲望満足の点で効用の程度が異なるにせよ、一つひとつの商品の使用価値はすべて同一である。たとえば同一種類のコンピューターであればその性能、品質はすべて同一である。ある人がそのコンピューターを何台所有していようが、その一つひとつの使用価値と交換価値はそれぞれすべて同一である。

　「現在自分が所有しているものをどれだけ交換すれば最大満足が得られるか。」限界効用理論はこの問いから出発する。
　「われわれは不必要なものを必要なものと交換するのではないか。」
　そして交換はそれぞれの財の限界効用が等しい点で成立する。なぜか。
　「それ以上の交換は欲望満足の意義の点で有利でないからだ。」
　たしかに、欲望満足の意義の点でそれ以上の交換は必要ではない。ジェボンズは牛肉と穀物の例をだして財の交換価値が限界効用によって規定されていることを主張する。メンガーも馬と牛の例をだして同じように「交換の限界」を説明する。
　馬6頭、牛1頭を所有する農夫Aと馬1頭、牛6頭を所有する農夫Bがいる。いま両者とも馬5頭と牛5頭を必要としている。農夫Aと農夫Bはそれぞれ所有している馬と牛をどのように交換するか。メンガーは馬と牛がその所有者にたいしてもつ欲望満足の等級的意義を数値化して考える。
　50, 40, 30, 20, 10, 0　とする。
　この欲望満足の等級的意義をあらわす数値は、所有量の増加とともに逓減する性質をもつ。一頭目の馬、牛は、生活に必要不可欠であり、欲望満足のためにもっとも重要な50の意義をもつが、二頭目以降はその意義は低下していく。二人は、まず意義0の牛と馬を交換することでそれぞれ40ずつの利益を得る。0の意義をもつものを譲渡して、40の意義をもつものを入手す

るからである。その次の交換は二人に20の利益をもたらす。10の意義をもつものを譲渡して、30の意義をもつものを入手するからである。その次の交換は利益をもたらさない。なぜならそれぞれ20の意義をもつものを譲渡して、20の意義をもつものを入手するからである。

　第二の交換が「交換の限界」ということになる。交換がおこなわれるまえにくらべてA, Bはともに欲望をより満足させている。それ以上の交換によって欲望満足の状態が改善されることはない。交換はこの満足最大の状態で成立することになる。メンガーはここに「交換の本質」をみる。メンガーは「限界効用」という用語を用いていないが、「交換の限界」と呼んで同一の内容をあらわしている*1。

　「財価値は財とわれわれの欲望との関係にもとづくものであって、財そのものにもとづくものではない。」（メンガー『国民経済学原理』p.74）「価値は、自分の支配下にある財が自分の生命および福祉の維持にたいしてもつ意義に関し経済人の下す判断」（同上、p.75）である。このように財価値を考えるメンガーにとって、欲望満足の程度と「経済的利益」は同一である。そこで、「最高の経済的利益を獲得するために、どこまで交換取引を行うかという交換の限界を探求する。」（同上、p.137）ことが問題となり、「これ以上のいかなる部分量の交換も不経済になり始める、というような一つの限界」（同上、p.139）が存在することになる。「交換の限界」というものが存在し、そこまで交換することが交換当事者の経済的利益ということになる。

　　＊1　「この分析（経済財の価値を決定する要因の分析）のもっとも明白な結
　　　　果は、いうまでもなく、財の総効用と限界効用との間の区別によって、古来
　　　　の価値のパラドックスを解決したことである。メンガーは『限界効用』とい
　　　　う術語をまだ使用していない。この術語は13年後にはじめて、フリードリ
　　　　ヒ・フォン・ヴィーザーによって導入されたのである。しかしメンガーは、
　　　　さまざまな欲望（それぞれの欲望はヨリ十分に充足されてゆくにしたがって
　　　　緊急さが減る）を充足させるのに使用できる、ひとつの特殊な種類の消費財
　　　　の所与の量という、ありうべきもっとも簡単な場合に対して、その財のどの
　　　　一単位の重要さも、利用できる総量が充足させることのできる最後の必要の
　　　　重要さに依存するであろうことを示すことによって、総効用と限界効用との

区別を完全に明瞭にしている。」（ハイエク『市場・知識・自由』p.173)

　ワルラスは商品の最後の一単位の消費によって得られる欲望の強度のこと
を「希少性」と呼んだが、その内容は「限界効用」と同じである。交換によ
って最大満足の状態になるのは、最後に交換される財の「希少性」が価格に
比例するように交換が成立するときである。

　ワルラスにとって重要なのは商品の交換価値ではなく、商品とその所有者
の関係である。ワルラスは次のように考えた。交換価値は商品の交換という
現実的で客観的な交換がおこなわれるかぎりで存在する商品と商品のあいだ
の関係として相対的事実であるのにすぎない。これにたいして「希少性」
（「限界効用」）は商品と所有者との間の個人的で主観的なものであるが、し
かし絶対的な事実であり交換の原因であり、したがって交換価値の原因とな
るものである。

　このような考え方はきわめて特徴的である。現実的で客観的なものである
商品の交換価値を相対的事実と呼び、商品とその所有者とのあいだの関係で
ある主観的な「希少性」を絶対的な事実であるいう。しかも、「希少性」は
「交換の原因」だけでなく、「交換価値の原因」でもあるのだ。

　限界効用理論は「交換の原因」と「交換価値の原因」をとり違えることに
よって、あるいは意図的に混同させることによって成立している。商品生産
のもとでは社会の分業が発達し、独立した私的生産者は全面的に依存し合っ
ている。商品の使用価値の相違は人々を互いに依存させ合う。使用価値の相
違は交換の原因であり、その動機である。人々は互いに有用物を交換しなけ
ればならない。使用価値が商品の条件であることにはかわりがない。腐った
果物、品質の劣ったもの、不良品は商品にはなりえない。商品はまず第一に
その有用性によって人々の欲望をみたさなければならない。

　忘れてならないのは次のことである。個々人の欲望満足の点で、その有用
性の意義の点でその商品の所有量にしたがって「効用」のもつ意義が異なる
にしても、同一の商品であれば1個1個の商品はすべて同一の使用価値と交
換価値をもつという事実である。人々が所有する商品の最初の一単位であ
れ、最後の一単位であれ、使用価値がその所有者に与える欲望満足の点で相

違があるにしても、それらの商品のもつ個々の使用価値と交換価値は同一である。

　いま、AがA財を100，BがB財を300もっているとする。限界効用理論にしたがって、A財50とB財100のとき限界効用が等しくなるように交換が成立したとする。

　限界効用理論によれば、交換される財の最後の一単位どうしの効用の比較が交換を決定する。つまり、A財とB財の交換比率はそれぞれの限界効用の比に等しく（限界効用均等の法則）、AもBもそれ以上の交換は有利ではないと判断している。

　仮にこのような考えによって交換が成立したとしても、社会全体にとって意味のあるのはA：B＝50：100というA財とB財が交換される比率である。もし、われわれが本当に商品の市場価格を論じる決意があれば、この交換がAとBの当事者だけでなく社会全体にとってもつ意味を考えてみればよい。

　AとBとの交換比率はA：B＝50：100でなくても　A：B＝25：50、あるいは　A：B＝98：196の比率で交換されても社会全体にとって何の不都合もない。さらにAがA財10個とBがB財20個を交換してもよい。要するに　A：B＝1：2の比率で交換されればよいのである。

　最後の一単位どうしの効用の比較によって交換される割合が規定されるといっても、社会にとって重要なのはそれらの交換される財の比率である。忘れてならないのは、AとBの取引の結果は社会に影響を与えるとういうことである。A財とB財の他の所有者にも、さらに次の生産にも影響を与える。われわれは孤立した特定の条件の下におかれた二者の交換の議論をしているのではない。商品生産が未発達で個々人の直接欲求を越える余剰生産物を交換する社会を論じているのではない。われわれは多量な生産物がはじめから商品としてあらわれ、不特定多数の人々が参加する市場に存在する商品の交換を論じているのである。

　AにとってA財の1個1個のもつ効用の程度がその所有量に応じて異なるとしても、A財の1個1個は不良品でないかぎり同じ使用価値をもつ。さ

らにその交換価値は1個1個についてすべて同一である。同種の商品であれば、その商品の価格、一つひとつの交換価値は社会のだれにとっても同一である。だれが生産した物であっても、だれが所有する物であっても、あるいは「主観的価値評価」といって個々人の得る効用満足の程度が異なるとしても、同一の商品であれば一つひとつの使用価値と交換価値はだれにとっても等しいという客観性をもっている。

それだけではない。社会全体でなくAとBの二者についても「限界効用」の概念が無意味になる。先ほどの例とちがってAとBの所有する賦存量が異なる場合はどうか。いまAがA財を200、BがB財を200もっていたとしよう。もちろんAはA財のみでは満足できずB財を必要とするし、当然BはA財を必要とする。このとき、AとBはいかなる比率で交換するか。

限界効用の概念にもとづいて交換比率はどのように決定されるか。交換される最後の一単位どうしの効用の比較が交換価値を決定するはずであるが、いまではAとBがそれぞれもつA財とB財の賦存量が異なる。その場合でもAとBの交換比率は、先の場合と同じ比率なのか。先の例とは賦存量が異なるから、当然、効用の満足の点でも、効用満足のもつ意味が異なるはずであるが、どうなるか。

われわれは都合が悪くなったからといって論法を変更してはいけない。限界効用理論によれば次のようになるはずである。

「交換に先立ち一定量の財を所有している。」

「不必要なものを必要なものと交換するのではないか。」

「必要度が高ければ、その価格は高くなり、必要度が低くなればその価格が低くなる。」

限界効用の理論にしたがえば、交換される最後の一単位どうしの効用の比較が交換を決定する。この交換比率はAとBの所有する財の大きさに関係する。なぜなら、われわれがある財を多くもてばもつほど、その財の「限界効用」は低下するからである。「限界効用」は、その所有量、自己の支配下にある財量に規定される。つまり財の交換比率はその賦存量に依存する。有用性があり、量が限られているという事実が交換価値の基礎にある、と限界論者は考えるからである。

　B財をどれだけ所有しているか、そうした条件はあらかじめ確定される性格をもつものではない。それはさまざまな条件によっていくらでも変わる。たまたまAがA財を大量に所有している場合もあれば、逆にA財を少量しか所有していない場合もある。われわれが本当に「主観的価値判断」から財の交換価値を論ずるのであれば、そうした条件も考慮に入れなければならない。だが、実際には各自の持つ所有量によって、交換比率、したがって「限界効用」が変わることはない。

　新古典派が実際に念頭においているのは、人々が所有する財量ではなく、社会全体に存在する財量である。新古典派は繰り返しいう。「われわれがある財を多くもてばもつほど、その財の限界効用は低下する。」「必要度が高ければ、その価格は高くなり、必要度が低くなればその価格が低くなる。」この主張の根拠におかれている賦存量は、主観的価値判断の主体である経済人が所有する、自己の支配下にある財量のことではなく、社会全体に与件として与えられた財量のことを意味している。

　社会全体に「比較的多くあり、豊富である財の価値は低く、比較的少ないもの、希少性のある財の価値は高い」、あるいはワルラスが述べたように交換価値が存在するのは、物の希少性、「効用があり、量が制限されているという二つの自然的事実」にもとづくということになる。メンガーやジェボンズという限界論者が議論のはじめに提起した「現在、自分が所有しているものをどのように交換すれば最大満足の状態が得られるか。」「不必要なものを必要なものと交換するのではないか。」という問も彼らの思惑とは異っている。なぜなら、この問は、あくまで各自が所有する財量を前提としているが、実際に「限界効用」概念の基礎に据えられているのは、社会全体に存在する財量であるからだ[*1]。

　限界論者は巧妙に、あるいは無意識のうちに言葉を使い分けている。あるときは人が所有する、自己の支配下にある財量を前提として議論をおこない、また別のあるときは、社会に存在する財量を前提として議論を展開する。両者は区別されず、無意識のうちにすりかえられる。このすりかえによって限界効用理論はもっともらしい外観をもつのである。

　[*1]　「1つの非経済財を、経済的性格を基礎づけるような数量関係にある財

（経済財）から区別させるものは、人間の欲望の満足が前者（非経済財）の具
体的な数量の支配にではなくむしろ後者（経済財）の具体的数量の支配に依
存し、そのため前者は効用性をもつが後者は効用性のほかになお価値と呼ば
れる意義をわれわれにたいしてもつという事情である。」（メンガー『国民経
済学原理』p.73）

　このように限界効用理論の基礎におかれる人間の欲望満足は「経済財の具
体的数量の支配に依存」する。経済財が「効用のほかになお価値と呼ばれる
意義」をもつのは、人間の欲望満足がその具体的数量の支配に依存するから
である。

　メンガーは欲望満足の意義の点から「交換の限界」を探し出すところに
「交換の本質」をみる。そのようなメンガーにとって、欲望満足の程度と
「経済的利益」は同一の内容をあらわす。それゆえ、欲望満足の意義の点で
同一の価値をもつ財を交換することは交換当事者双方になんの利益をもたら
さない、交換される二財は等価ではありえないことになる。

　ここには「使用価値」と「交換価値」の混同がある。財の所有量によって
個々人の欲望満足の意義の点で逓減するにせよ、財の一つひとつは市場にお
いてすべて同一の使用価値と交換価値をもつ。

　ジェボンズやメンガー、ワルラスが見落としていることは次のことだ。だ
れもが効用を最大化するように交換行為をおこなう。それによって、欲望満
足の状態が最大になったとしよう。しかし、その場合でも「使用価値」につ
いて双方が得をしても、その「価値」について双方が得をすることも損をす
ることもありえないということである。なぜなら、それらはすべて等価の交
換であるからだ。賦存量に依存するといっても、交換比率として問題になる
のは交換されるＡ財とＢ財の比率であり、Ａ：Ｂ＝１：２という比率であ
る。この比率が社会にとってあくまでも重要である。

　交換において使用価値の点で双方が得をしても、価値（交換価値）の点で
双方が得をすることはありえない。つまり、ここでＡ財とＢ財の数量比が
問題なのであって、それは一定の比率のもとでつねに等価の関係におかれ
る。一般に使用価値はそれを必要とする人のところで大きい。なぜなら、使

用価値はそこで実現されるからである。これこそ限界論者が固執する点である*1。使用価値が商品の条件であることにはかわりがない。使用価値の相違は「交換の原因」であり、動機である。使用価値の相違は独立した私的生産者をたがいに依存させあうからである。

ワルラスは「希少性」という言葉によって、「限界効用」と同じ内容をあらわした。ワルラスによれば物が交換価値をもつのは「効用があり、量が制限されているという二つの自然的事実」にもとづくからである。物が希少であることが「交換価値の原因」であるとされている。だが、ここには取り違えがある。それは「交換の原因」であっても「交換価値の原因」ではない。

　*1　メンガーは次のようにいう。「価格、いいかえれば交換において現れる財の諸数量は…決して交換という経済現象にとって本質的なものではない。本質的なものはむしろ、両交換者の欲望満足のための交換によってより良好な先慮がもたらされるということのうちに横たわっているのである。経済人はその経済状態を可能なかぎり改善しようと努力する。この目的のために、彼らはその経済行為一般を展開し、また交換によってこの目的が達成されうるところではつねにそのために諸財を交換するのである。」　（メンガー『国民経済学原理』p.149）

　このように「交換の本質」をとらえるメンガーにとって、一定の数量で相互に交換されるという諸商品の「価値相当性」は存在しない。メンガーは財の諸数量にあらわれる等価物、価値の相当性を事柄の性質上問題にならないといって否定する。

　経済の本質としての個人の主観的価値論、この考え方を徹底させて貨幣論にも主観的価値説をとるべきであるという批判がある。貨幣にも限界効用説を適用せよという主張である。限界効用説にしたがえば、貨幣の所有量が増加すれば最終一単位から得られる効用は小さくなるはずである。ところが貨幣の場合はそうではないことになっている。多額の貨幣をもっている人は最初の一単位の千円の貨幣も最後の一単位の千円の貨幣もともに同一量の商品を購入できるという意味で同一の交換価値をもつものであることをだれもが知っている。だから貨幣には限界効用逓減の法則は作用しないということに

なる。(杉本栄一『近代経済学の解明』上、p.128 参照)

　このように貨幣の価値についてはどの貨幣個片も同じ価値をもつものとみなされている。しかし、同一の議論は一般の商品についてもいえる。

　ある商品の最初の一単位の使用価値と最後の一単位の使用価値が個人の効用にとってもつ意味合いが異なるとしても、われわれが知りうるのは、それらの交換価値はどちらも等しいという事実である。同一種類の商品であればその交換価値はみな同じである。最初の一単位であっても最後の一単位であってもその商品の一つひとつはすべて同一の交換価値をもつ。同一の商品であれば、その所有者にとって限界効用が異なるとしてもその商品が不良品でない限り商品それ自体としては同一の使用価値、交換価値をもつからである。

　限界効用理論によれば、商品の使用価値にたいする人々の評価、財と個人との関係、その所有量に応じた使用価値の所有者にとっての効用の程度が商品の交換価値を規定する。「それ以上の交換は欲望満足の点で有利でない」とされるからだ。だが、商品が大量に出回る市場において、同一品種の商品であればその商品の一つひとつの使用価値、交換価値はすべて等しい。この事実が財の効用に対する人の主観的価値評価という限界理論の考えを否定するのである。

　限界効用理論は限界効用逓減の法則、限界効用均等の法則にもとづいて理論を構成している。この理論は経済の本質としての主観的価値論をもっている。だが、彼らは困難な問題に立ち向かわねばならなかった。個々人の主観的価値評価から出発して客観的な価格にいたる一連の論理をつくりあげねばならないからである。事実、ワルラスは個々人の主観的評価から出発して客観的な価格に到達するために「間接裁定」というややこしい議論を展開した。

　各人の主観的交換価値が社会的に統合されて客観的な交換価値になるという論理をつくりあげようとしても、「評価作用の成果としての価値も、本来社会的客観的なものではなくて、個人的主観的なものにすぎず、価格のような客観的社会的な現象を説明することは、始めから不可能」(杉本栄一『近代経済学の解明』上、p.127) なことであった。

　限界論者は、ある人の心理的評価と別の人の心理的評価を直接に関連づけようとする。「しかし、異なる個人の心理的な評価作用というものは、本来たがいに無関係であって、その間には何の内面的な関連もない*1。」（同上、p.127）

　　*1　第3章でみるように、効用の可測性、および個人間の効用の比較を否定した無差別曲線を用いた議論についても同じことがいえる。ある人と別のある人の無差別曲線には内的な関連がない。その心理的評価のあいだに規定されるような関係はない。そのことをもっとも強調したのは「経験科学」としての経済学を唱えたロビンズである。

　　たとえばミカンとリンゴの無差別曲線ついて、ある人はミカンよりもリンゴを好み、別のある人はリンゴよりもミカンを好むかもしれない。そのとき原点にたいして凸であるという無差別曲線の特徴を保持したままであっても、まったく異なる無差別曲線が描かれるであろう。

　　そのとき同じ予算制約線のもとでも、人によってさまざまな二財の組み合わせが存在することになる。われわれが新古典派の論理に忠実にしたがえば――主観的価値評価という個人の心理的評価を本当に尊重すれば、そして事実、新古典派自身によって、経済学の論理体系の整合性の点から効用の可測性、個人間の効用の比較は否定されたように――人によって、その消費量の組み合わせは異なるという結論がでてくる。こうした事情は無差別曲線を用いた議論が無意味であることを示す。

　これまで述べてきたように、商品経済のもとで一物一価、つまり同種の商品の価格はすべて同一である。同じ商品の市場価格はだれにとっても同一のもとしてあらわれる。この簡単な事実によっても限界効用理論はくずれてしまう。

　限界効用理論によれば、商品の交換価値はその商品の限界効用によって規定される。心理的な経験事実に根拠をおく各個人の主観的価値評価にもとづく限界効用が、商品の交換価値を規定する。だが、同種の商品の交換価値はだれにとっても同一であるから、だれもがその商品にたいして同じ主観的評価をすることになる。個々人の主観的な心理的評価は、同一の商品にたいし

てすべて同一となる。ここでは主観的価値評価は「主観的」という言葉がよけいなほど、だれであってもその商品の「限界効用」は等しくなるのである。

　一物一価、つまり同種の商品の価格は同一である。われわれはこの事実をもっとはっきりさせる必要がある。一物一価は商品生産にとって外的ではなく、本質的である。それは商品を生産する労働の社会的性格に結びついているからである（そうした点については後ほど触れる）。

　交換価値の同一性、同種の商品の交換価値は同一である。そして、あらゆる商品は一定の比率のもとで等価の関係におかれる。およそ「主観的」という言葉がよけいなほどにだれにとっても、その限界効用の比率が等しいということになる。

　だから、ワルラスは論点を変えたのである。限界効用（希少性）が商品の価格比を決定するのではなく、逆に限界効用が価格比に等しくなるように財を交換すると主張したのである。そして、価格の決定は別の箇所で論じることになった。需要と供給が一致するように価格が決まるとしたのである。このワルラスの方法がのちの新古典派経済学の中心的枠組となるのである。

　限界効用理論は20世紀になって、効用の可測性の点から無差別曲線にもとづく限界代替率にとって代えられた。しかし、メンガーやジェボンズ、ベーム・バヴェルクなどの初期の新古典派が商品の交換比率、価格にたいして「価値」概念を積極的に主張したのに比べて、パレート、ヒックスに代表される無差別曲線を用いた現在の新古典派理論は、理論構成上の点から不都合なものとして価値について取り上げないことになった。

(3) 二者二財の議論

　重要なのは個々の「交換行為」ではなく、一つの社会過程としてあらわれる「交換関係」である。なぜなら、商品の交換比率は一つの社会過程のなかであらわれてくるからである。再生産を含む交換のくり返しが交換を規則的な過程にする。商品交換の規則性、その交換関係は再生産を含む交換のくり返しのなかから一つの社会過程としてあらわれる。個々の交換行為が大量に

総括され、しかもその不断の反復のなかに交換関係があらわれる。決して個々の交換行為のなかに市場の規則性、交換関係があらわれるのではない。

　需要と供給の作用による市場メカニズムはこうした社会過程のなかで働く。商品生産は独立した私的生産者による無政府的で分権主義的な生産である。この生産に一つの規律性や規則性が生まれてくるのは、このような社会過程のなかである。賦存量に依存した二者二財の議論は、一つの社会過程としてあらわれる交換関係を論じたものではない。

　限界効用論者が論じるのは、与えられた賦存量という仮定、その仮定にもとづく二者の交換行為である。つまり二財をもった二者の交換行為である。それは不特定多数の人々が参加し、大量に生産された市場経済を論じたものではない。たかだか生産者の直接欲求を越える余剰生産物を問題とする経済を論じたものにすぎない。

　しばしば引き合いにだされる「ビーバーとシカの例」をとってみよう。いまビーバーとシカの所有者がそれぞれもっているビーバー皮とシカ皮を交換する。どのように交換するか。二人の交換行為を問題にするのであれば、その二人のおかれた特別の条件がものをいうにちがいない。たまたま、ある人はビーバー皮をたくさんもっており、より安い価格で交換に応じてよいと考えるかもしれない。逆に、別のある人はシカ皮を少量しかもっていなくて、もっと高い価格でないと交換に応じないかもしれない。

　そこでは限界論者が主張するように、自己の欲望満足を最大化するように交換が成立するかもしれない。限界効用均等の法則にもとづいて交換が成立したものとしよう。この交換が社会全体からみて、市場からみて妥当なものであるか。

　生産は一度きりで終わるものではない。くり返し再生産される。交換の結果は生産に影響を与える。あるものの生産は拡大され、あるものの生産は縮小される。

　限界効用理論によれば、交換される最後の一単位にたいする欲望の強度、最後の一単位どうしの効用の比較が交換を決定する。この考察の弱点は二つある。①商品が賦存量としてあらかじめ与えられる。②交換関係ではなく

個々の交換行為を問題にする。

　個々の交換行為を分析することは、市場経済の成り立ちを個々人の経済行動に還元して考える新古典派の方法にとって当然のことだといえるが、商品の交換関係は交換のくり返しを含む市場機構の全体のなかであらわれる。限界論者による個々の交換行為の分析はこの市場機構と離れて存在している。

　まず、二人の商品所有者を登場させ、彼らの経済行為を論じることから話がはじまる。「交換比率」が決められるためには二人の当事者が合意するしかない。二人の商品所有者が相対し、二商品の交換比率を論じる。たしかに、社会の個々の場面をみれば、つねに交換当事者による合意である。二人の当事者の主観的判断によってどのように交換してもよいのである。それはもっぱら個人的事情による判断であろう。そしてこの個人的事情を考慮に入れなければそもそも「主観的価値評価」というのは無意味であろう。

　経済学者がよく口にする言葉、「われわれは余分なものを必要なものと交換するのではないか。」「自分がもっているものをどれだけ交換すれば最大満足の状態が得られるか。」「それ以上の交換は有利ではなくなる。」この一見自明にみえる言葉は、決して市場経済についての議論ではないということが示されている。生産されたものをいかに交換するか。現在、自分が所有するものをどれだけ交換するか。ここには、「賦存量」という考えが議論の前提におかれている。

　商品が賦存量として与えられ、二人の商品所有者がそれを交換する。すでに生産されたものを交換する。所有しているものを交換する。たしかにそうだ。われわれは自分が所有していないものを交換するわけにはいかない。さしあたり、この交換は偶然なものかもしれない。余分なものを必要なものと交換する。そこでは使用価値にたいする個々人の主観的価値評価が重きをなし、ひょっとすると経済学者が「限界効用」とよぶものを基準に商品を交換するかもしれない。

　だが、取引は二者で終了するのではない。そこには商品市場が存在し、不特定多数の人が参加する。しかも交換はくり返される。交換の状況はすぐさま生産に影響を与える。ある商品が予想に反して、高価に取り引きされれば、その商品の生産は拡大され、逆の場合、生産は縮小される。

　取引の結果は必然的に生産に反作用し、生産数量の変動を引き起こす。このような交換の不断の反復、それの生産への影響、再生産、これらの総体が一つの社会過程として市場の均衡をつくりだすのである。

　発展した商品社会で、人々は独立した私的生産者であり、社会的分業の自然的分肢として全面的に依存しあっている。人々は社会のざまざまな欲望に対応して、消費物資やサービスを必要とする。それに応じて必要な消費物資やサービスが生産され提供される。つまり、社会の欲望に対応してさまざまな消費物資やサービスが一定の割合で生産されなければならないのである。

　どのような消費物資やサービスがどれだけ生産されねばならないか、それはさまざま資源、生産財をどのような用途に振り向けるのか、という問題であるが、同時にさまざまな有用物の生産に振り向けられる労働の問題でもある。社会の総労働量がそれぞれの生産部面に適合した割合で分割、配分されなければならない。それが市場機構を通じて、つねに揺れ動く商品の交換比率、価格変動を通じて、社会の需要量に適合するようにたえず均斉のとれた水準に還元されるのである。これこそ、需要と供給の作用による市場メカニズムである。需給関係による価格変動を通じて社会的欲求に対応した供給量をつくりだすのである*1。

　　*1　ある商品の生産の技術的条件が改良されて生産性が向上すれば、その商品の価値は低下する。その商品を生産するために必要とする労働時間が短縮されるからである。有用物の生産にはさまざまな資源と労働が必要である。だが、商品の価値に結びつくのはその労働量である。

　　だから、希少資源の配分の問題はそれ自体、さまざまな「希少資源」の生産に振り向けられる労働の問題である。したがって、ある希少資源がより高価であるのは、その希少資源の生産（採掘、精錬、加工等）に振り向けられる社会の労働量がより多いことを示している。つまりその資源を手に入れるために社会はより多くの労働を必要とするのである。たとえば金属のなかで鉄や銅と比べてアルミニウムの価格が高いのは、その希少性のせいではない。アルミニウムの原料であるボーキサイトは地表に比較的多く存在し、そのクラーク数は大きい。アルミニウムの価格が高いのは、ボーキサイトからアルミニウムに精錬するために多くの労力（労働）を必要とするからである。

　このようにみてくると、商品の交換比率はたまたまある人がシカ皮を x 個所有し、また別のある人がビーバー皮を y 個所有し、欲望満足の点でどのように交換すれば効用が最大にになるのか、という問題設定そのものが市場経済と無縁であることが分かる。そこには不特定多数の人々によるシカ皮とビーバー皮の取引市場が存在するのであり、しかも両者の交換比率は一連の捕獲作業をふくむ一つの社会過程としてあらわれるのである。

　歴史的には商品交換の第一歩は余剰生産物、生産者の直接欲求をこえる分量の使用価値の存在である。それは個々人の趣味、趣向やその地域的な自然条件に大きく依存している。そして、自分にとって余分なものを必要なものと交換するということができる。

　しかし、商品生産の発展とともに、労働生産物の一部だけでなく、その全部が交換をめあてに生産されるようになる。くり返される交換の不断の反復が交換を規則的な一つの社会的過程にする。交換は孤立した所有者による個々の物々交換ではなく、不断にくり返される一つの社会過程としてあらわれる。個々人の思惑や主観的判断は市場の力に委ねられる。

　商品交換の規則性は社会過程のなかであらわれる。一回だけの交換で交換の規則性、すなわち交換比率があらわれるのではない。市場メカニズム、需要と供給の作用が働くのである。供給過剰であれば市場価格は低下し、生産は縮小される。逆に供給不足であれば市場価格は高騰し、生産は拡大される。それは市場価格の変動を通じてつねに供給の過不足を調整し、市場の均衡をつくりだすのである。均衡は静的なある一時点であらわれるのではなく、均衡それ自体も一つの社会過程としてあらわれる。

　一方の側に需要の要因があり、他方の側に供給の要因がある。この二つの相互作用のなかで市場均衡が生まれるが、それは需要と供給の関係が生産にはね返り、生産量の変動を引きおこすことによって、社会の需要量に適合した供給量をつくりだすからである。それはそれぞれの生産部面に振り向けられる社会の労働量を調整することを意味している。社会の需要量に応じてある生産部面に振り向けられていた労働を別の生産部面に振り向けるからである。それはさまざまな生産物、有用物の生産に振り向けられる労働量が変化していくことを示している[*1]。（これ自体、価値法則の貫徹の仕方であり、

需給の作用とは、価値法則のあらわれである。)

　　＊1　第5章でみるように、新古典派は「需要と供給による価格決定論」を唱
　　　えているが、需要と供給の作用、その相互作用を誤って取り扱っている。新
　　　古典派による需要と供給の作用は、商品の価格と数量のあいだに一定の関係
　　　があるという想定のもとに成立しているが、それがそもそもの間違いである。
　　　市場に存在する商品の価格と数量のあいだに規定されるような必然的な関係
　　　はない。「需要と供給の作用」は、新古典派が考えるような、ある価格に対応
　　　する需要量と供給量の関係にもとづく作用ではなく、市場価格の変動を通し
　　　て供給量を調整する作用である。

　重要なことは需給関係による価格変動が次の生産に影響を与え、生産の諸
変動を引きおこすから、市場メカニズムとして需要と供給の作用が働くとい
うことである。商品生産のもとにおける規則性は市場取引のある時点であら
われるのではなく、交換のくり返しのなかから一つの社会過程としてあらわ
れる。

　もし、われわれが再生産の要因を考慮に入れず、市場の状況が生産に与え
る影響を考慮に入れないならば、需給関係が市場ではたす機能を見失うこと
になる。それゆえ、賦存量を前提とした議論は、始めから市場メカニズムを
見失ったものであり、市場機構の分析とは無縁である。

　賦存量の考えから出発する商品価値の分析は、現在所有しているものをど
のように交換するかという点から交換行為を問題にする。すでに生産された
ものを「与件」として固定し、それを交換する交換行為のなかに商品の交換
関係をみる。それは市場の状況が生産に再び及ぼす影響、つまり需要と供給
による市場メカニズムの働きを不問にしているのである。賦存量を前提とし
た「交換行為」の分析は商品の交換比率が不断にくり返される交換過程のな
かであらわれることを理解していない。

　「現在、自分が所有するものをどのように交換すれば最大満足が得られる
か。」この問は余剰生産物を交換しはじめた比較的原始的な社会に適してい
るかもしれない。

　それは商品生産がいまだ未発達で閉鎖的な社会、つまり価値と使用価値の分離が完成していない社会にあてはまる話かもしれない。「限界効用」という考えが意味をもつのは、生産力が小さく、かなり狭い範囲で少人数による物々交換を想定する場合であろう。それは発展した商品社会とちがって生産者の直接欲求をこえる余剰生産物を交換する社会である。各個人がおかれた地域的、自然的条件が直接に交換を制約する社会であろう。そこでは余剰生産物を交換するにあたって、「賦存量」という考えや、個々人の財にたいする主観的価値判断がそれなりに重きをなすにちがいない。

　　「この原理が実際に作用する特定の領域は、とりわけ比較的原始的な社会に
　　見いだされるかもしれない」（ハロッド『経済動学』p.11）

　限界効用理論が想定するのは市場も競争もない未発達の社会である。生産が社会全体をつつみこみ、社会の成員が自由で独立した個人、商品取引者としてあらわれる社会ではない。自由な国内市場、世界市場が形成された商品経済にかんする議論ではない。商品経済のもとで、財ははじめから交換めあてに生産される。そこには市場が存在し、市場メカニズムが働く。そのなかで商品交換の規則性、すなわち交換比率があらわれてくるからである。

　重要なのは、市場メカニズムのなかであらわれる交換関係であり、個々の交換行為ではない。商品所有者を登場させ、その交換行為を分析する議論はすべてまがいものである。それだけですでに市場メカニズムを見失っている。

　「現在、所有しているものをどのように交換すれば…」という問いを投げかけることがすでに誤っている。この問いは「賦存量」の概念を前提とすることによって成り立っている。さらに、それは個々の交換行為を問題にするものであっても、市場メカニズムのもとにあらわれる交換関係を問題にするものではない。市場メカニズムは生産と交換を含む一連の社会過程のなかでその力を発揮し、交換の規則性をつくりだすのである。商品生産の規則性、したがって商品の交換比率、交換価値はそのなかであらわれてくる。

　かつて日本で広まった宇野経済学も同じである。宇野弘蔵は独自の「価値形態論」を展開したが、そこで重要視されたのは商品の交換価値が一定の値

に収斂していく「過程」であった。宇野はそれを商品所有者の欲望をもちだして論じたのである。価値形態論の意義をどこに見いだすかという点を別にしても、宇野が市場における個々人の振る舞いを叙述するとき、それだけで商品交換の規則性がどのようにあらわれるかを理解していないことを示している。

また、マルクス主義者のあいだでよく議論された商品の価値がどこで確定されるか、生産過程か交換過程か等々という議論も同じである。価値の社会的性格を考慮に入れると、商品の価値は生産の後に交換過程で事後的に確定されるのではないか、という見解が多い。この議論は価値の実体である「抽象的人間労働」の性格をめぐる問題とも結びついているが、こうした議論も論点を見失っている。

商品生産のもとで規則性がどのようにあらわれてくるかをみていない。市場メカニズムを再生産と交換の繰り返しを含む一連の流れのなかでみないで、その一断面だけをみることから生まれてくる誤りである。それは市場の状況が生産に与える影響をみていない。市場の状況は価格変動を通じて次の生産、供給量に影響を与えるのである。

(4) 賦存量——「与えられた財量」なる仮定

価値の主観的評価、経済人の下す判断の基礎には限界効用逓減の法則がある。財の有効効用はその所有量が大きくなるにしたがって大きくなるが、その限界効用は所有量の増加とともに減少するからである。

よく引き合いに出されるのは、水とダイヤモンドの例である。水は効用が大きく人間生活に重要な役割を果たす。それを欠いては生きてはいけない。ダイヤモンドはきらびやかで美しいが人間生活に重要な役割を果たすわけではない。その効用は水ほどではない。水は効用が大きいがその価格は低く、ダイヤモンドの効用はそれほどでもないが価格は高い。そこで限界効用論者はいう。効用が大きく人間生活に重要な役割を果たすものであっても、その財量が豊富であればその財の「限界効用」は小さい。逆に、効用が小さいものであっても、その財量が少なければその財の「限界効用」は大きい、と。

　問題にされているのは有用物の1個1個がもつ有用性、効用ではなく、追加の一単位から得られる限界効用である。われわれがある財を多くもてばもつほどその限界効用は減少するのである。これを限界効用逓減の法則という。

　限界論者は、価値の主観的評価、経済人の財に下す判断を強調するが、じつは「限界効用」の概念自体が、人の「主観的評価」にも物の「効用」にも関係ないことを示している。水とダイヤモンドの例でもわかるように、そもそもそこで主観的評価が問題にされ、物の効用が比較されているわけではない。効用がいくら大きくてもその存在量が大きいものであれば、その限界効用は小さく、逆に、効用が小さくてもその存在量が少ないものは、その限界効用が大きくなるからである。むしろ「限界効用」の概念は量的なものに関係する。

　われわれが、新技術の開発や応用、新しい生産方法によって生産力を高め「ある財」を容易に生産できるようになれば、われわれはその財を比較的多く、豊富に手にすることができる。だから、財に対する欲望の大きさ、有用性や効用にたいする重要性、経済人が財に下す主観的判断といっても、それは財の存在量に依存するのであって、この「主観的な判断」自身が、われわれがある財をどれだけ手にできるか、どれだけ生産できるのかという問題に還元されるのである。

　ワルラスは「希少性」という言葉によって「限界効用」と同じ内容をあらわした。ある商品の最後の一単位の消費によって得られる欲望の強度のことである。希少性は財にたいする欲望の大きさと財の量との関係にもとづいている。ワルラスは商品の交換価値が存在する理由をその「希少性」に求めた。すなわち、「効用があり、量が制限されているという二つの自然的事実」にもとづくものと考えたのである。

　使用価値が商品の条件であることはいうまでもない。使用価値のないもの、たとえば不良品、欠陥品、あるいは時代遅れになってしまい人々の欲求に応えられなくなったもの、これらのものは商品にはなりえない。そして、量が制限されているのは、自然によって制約されているだけでなく、人間はあらゆるものを無制限に作り出すことができないからである。それは社会の生産力、産業の発展の程度によって規定されている。ウィリアム・ペティが

いうように使用価値は大地を母とし、労働を父とするのである。

　自然の生態系を大きく破壊し、いまや地球規模での環境問題に正面から向き合わねばならないほど生産力は高まり、大量の商品があふれ出ている。この事実は「希少性」よりむしろ無駄や浪費を示している。大量生産、大量消費、大量廃棄は資本の集中、集積、蓄積とともに資本主義生産の一般的傾向である*1。

　科学技術がそれほど発展していない時代には、人間が自然に加工を加えることは少なく、自然的条件が有用物の生産に直接の影響をもっていた。一般に自然界に豊富に存在するものは、それを手に入れるために多くの労働を必要としない。希少な資源の場合、それを手に入れるためにより多くの労働を必要とする。人間労働を多く必要とするものは価値が高く、そうでなものは価値が低い。必要とする人間労働の程度に応じて商品価値の高低ができあがるのである。

　ダイヤモンドが高価であるのは、それを地中深くから採掘し研磨するのに多くの労働を必要とするからである。たしかにダイヤモンドは希少である。一般に希少資源の価格が高いのは、それが希少だからではなく、それを手に入れるためにはより多くの労働を必要とするからである。人工ダイヤモンドの製法が考案されてから工業用のダイヤモンドの価格は低下した。工業用のダイヤを生産するために必要とされる労働は、天然ダイヤモンドを採掘、研磨するより少なくてすむからである。

　水は豊富にある。それを手に入れるためには多くの労働を必要としない。だからその価格は安いということになる。しかし、近年、質のよい水はますます少なくなっている。使用価値ではなく価値の生産を第一とする資本主義生産が自然環境を破壊するからである。良質の水を手に入れるには多くの労力（労働）を必要とするようになった。それに応じて水の価格も上がることになる*2。

　　*1　農奴制、封建制などの旧来の生産様式において生産は保守的である。それにたいして資本主義生産はつねに革命的である。資本主義生産はつねに生産方法の改良、革新を要求する。なぜか。価値法則が競争の外的強制として個々の生産者に強いるからである。生産の技術的条件の向上によって商品を

生産するために必要な労働時間が短縮すれば、その商品の価値は低下する。技術革新、新技術の開発、生産への応用によって商品の使用価値をたかめながら、その商品価値を低下させることは、資本が他の資本を押しのけて競争にうち勝つための必須条件である。それは個々の資本家の経営意識や、企業精神にもとづくものではない。彼らが望むと望まないにかかわらず、そうせざるをえないのである。労働による価値規定の法則が個々の資本家に生産方法の改良を強制するからである。

　使用価値を問題にしながらも本当の関心事は抽象的な富である価値である。しかも増殖された価値、剰余価値である。資本家が品質の高い商品、使用価値を重要視するのは、ただ価値の実現のためである。使用価値はただ価値の担い手にすぎず、価値実現のための手段である。

＊2　水の有用性は高いが価値は低いといわれる。しかし、水を生活基盤のなかに引き入れるために、人々は多くの労力を費やしてきた。とくに文明の初期、農業生産が主要であった時代は治水は人々の死活問題であった。過去の多くの労働、人々の犠牲のもとに水を手に入れてきたのである。決して人々は水をただで手に入れてきたわけではない。人類の文明の初期においては肥沃な河川流域、治水によって水を制御できる程度にしたがって文明が築かれてきたともいえる。中国の初代の皇帝である尭、舜、卯はまさに治水の神であった。現在でも治水は重大な関心事である。自然災害に対処する治水工事をはじめ、農業用水、工業用水、生活用水の確保は重要である。もっとも現在の日本では治水工事に利権をもつ人々によって工事が自己目的化され、環境破壊の要因になっている。

　先に述べたように、「限界効用」概念の重点は「効用」にではなく「限界」にある。「限界効用」は財にたいする欲望の大きさと財の量の関係であるが、それはもっぱら財の存在量、賦存量に関係する。どれだけ効用をもった財であってもその財量が豊富にあれば、その限界効用は低下するからである。したがって、「限界効用」は、われわれがその財をどれだけ手にすることができるかということによって規定されることになる。それはわれわれがある財をどれだけ生産できるか、どれだけの労力で生産できるのか、あるいは社会

がその財の生産のためにどれだけの労働を振り向けることができるのかという問題でもある。そして、そのことが財の存在量を規定し、それぞれの財に振り向けられた労働量が財の価値を規定するのである。

しかし、限界効用理論はこの問題を希少資源という名目で自然的基礎へ還元する。「賦存量」を人間が手を加えた生産物としてではなく、むしろ「天賦の財」として扱う。水とダイヤモンドの例もそれである。ある財が自然に多く存在するのかどうかという点から、財の交換価値をとらえようとする。新古典派が主張する「賦存量」は、財の所有者に交換にさきだって与えられた前提であるが、それは与件として生産過程の外部から、つまり自然によって与えられたものとみなされているのである。

現在は商品生産の発展した資本主義社会である。大量生産、大量消費、大量廃棄が特徴である。社会にはあふれんばかりの商品が存在している。量が制限されているというよりむしろ不必要なものまでが市場に出回っている。

技術革新や新技術の応用によって生産方法が改良されれば、同じ商品が大量に生産されるようになり、その商品の価値は低下する。現在の熾烈な企業間の競争のなかで、商品を差別化し、品質を向上させ、さらにその価格を低下させることは至上命令である。使用価値を増大させながら、なおかつ使用価値の価値を減少させなくてはならないのである。そのとき、われわれは使用価値の大きい商品をたくさんもつようになるのである。

自然科学の発展、科学技術の生産への応用、産業の発展はますます新たな有用物、使用価値を多く作り出した。ラジオ、テレビ、飛行機、自動車、化学繊維、石油製品、ビデオカメラ、コンピューター、携帯電話、情報通信システム、新素材、等々。しかも、その性能、機能が向上しながらその価格は低下する。技術革新によって、ある商品の生産方法が向上すればその商品の価格は低下するからである。

だから、マルクスが投げかけたように次の問を発することができる。

「労働生産力の上昇の結果として使用価値の量が増大しても、使用価値の価値が増加しないのはなぜか？」（『資本論』④ p.1043）

これに対して「限界効用」や「希少性」の概念をもちだす必要はない。なぜなら、技術革新や新技術の応用によって生産性が向上すれば、われわれは

より多くの財をより少ない労力で手にすることができるからである。

　生産規模の拡大や生産技術の向上によって商品の価格は低下する。科学技術の開発、それの生産への応用によって使用価値が増大しても、その価値は増大しない。その説明のために「生産コストの低下」や「規模の生産性」あるいは労働生産性の向上、さらに付加価値にかんする幾多の議論、技術条件の生産への寄与度、等々、あれこれもちだす必要はない。われわれは労働時間による商品の価値規定を述べればよい。そうすればすべて簡単に統一的に説明できるのである。

　商品の価格低下とは何か。それはいったい何にもとづいているか。あるいは何をあらわしているか。生産技術の向上や生産規模の拡大などによって、労働生産性が向上すれば商品の価格が低下する。それはすべて商品を生産するのに必要な労働時間の短縮を意味している。しかもそれは商品の使用価値とは何の関係もない。

　これまでみてきたように、「限界効用」の概念はその「効用」ではなく「限界」のほうに重点がある。そして「限界」概念はつねに与えられた一定量の財の存在を論理的根拠としている。ある財量が比較的少ないから「希少性」があって、その商品価値は高くなる。あるいは逆に量の多い財の価値は低くなる。こうした説明を考えるとわれわれは次のように指摘できる。新古典派の中心概念である「希少性」や「限界効用」は、労働時間による価値規定のもっとも粗雑ないいかえにすぎないと。

　「限界効用」という概念は「効用」ではなく、「財の存在量」に結びついている。財の存在量を自然的基礎に還元してしまうという試みを別とすれば、財の存在量とはすべて生産の問題であり、その財を生産するために必要な労働量の問題に還元される。商品の交換価値を説明するために、限界効用理論の基礎に据えられる「限界効用逓減の法則」や「希少性」の概念は、このように労働価値説の観点から容易に説明できるのである。

　商品価値の根拠に据えられる主観的価値判断は、財にたいする人の下す判断とされているが、それは個々人と財の関係、人の欲望の強さと「財の量」との関係にもとづいている。ある財の量が多い、あるいは別の財の量が少な

いという事実は個人の主観的価値判断という言葉をよけいとするほどに社会的で客観的である。あとはこの財量を「自然的事実」と呼んで経済の外部から与えられた与件とみなすか、あるいは生産の問題として論じるかどちらかである。「希少資源」の名のもとに自然的事実に還元するのが新古典派である。一国の経済力を示す GDP にあらわされる価値量は人々の主観的判断によるものであり、それは各国の技術水準に規定された生産力ではなく、自然に基礎をもつ「賦存量」にもとづくものだと主張するのが新古典派である。

　新古典派にとって、個人の主観的評価の対象である財は個人の消費過程に外部から与えられる「与件」だとみなされている。与件としての「賦存量」の概念は限界効用理論を展開するために必要な論理前提である。この前提なしには限界効用理論は成立しない。

　交換するまえに個々人が所有している「賦存量」と呼ばれる財は与件として外部から与えられるものであるが、この考えは、個々人の所有物から拡大されて社会の自然的事実とされる。個々人の所有する財、賦存量の概念は自然そのものに基礎をもつ概念に変えられる。ワルラスが財の希少性は自然的事実だと主張したように、財は天賦の「希少資源」として自然から与えられた「与件」なのである。

　このように新古典派は限界効用理論の論理前提である与件としての「賦存量」を人が手を加えた生産物というよりむしろ社会に存在する自然的事実としてとりあつかう。ある財が比較的多く、豊富に存在するかどうかは自然に基礎をもったものとして考えられている[1]。

　*1　財の価値を「賦存量」や「希少性」の名のもとに自然的事実に還元する方法には、別の背景がある。商品の価値を人と人との社会関係ではなく、人と物との関係に求めることは、生産要素がその貢献度に応じて価値を生み出す、あるいは帰属するという観念を正当化するには都合がよいからである。新古典派は価値の創造について語らないが、価値の帰属については語る。資本家による利潤取得が生産要素そのものからもたらされるという帰属理論を展開する。

　　新古典派は「希少性」の名のもとに、年々生み出された生産物価値の一定部分が生産要素の所有者に帰属するという。たしかにそうだ。資本主義生産

のもとで土地、鉱物資源、水利権などの自然力にたいする権利の所有者に年々生み出された一定の価値、富の一定部分が収入として帰属する。それは収入源泉として生産の素材的要素である自然物に結びつけられた形態、その権利の名義者に富が帰属する形態である。

それは富が帰属する収入形態にすぎないが、価値の諸部分が収入源泉として生産の素材的要素に結びつけられることによって、生産の素材的要素それ自身が価値を生み出しているとみえるのである。生産の素材的要素は収入の源泉であるが、価値の源泉ではない。価値は人々の労働が生みだしたものであり、それらの自然力、生産の素材的要素が生み出したものではない。

鉱山権や採掘権などの権利の所有者にその天然資源(石油、天然ガス、金属、貴金属、さらにモリブデンなどのレアメタル、等々)が帰属するが、その天然資源が一定の交換価値をもつのは、その採掘、精製、加工に従事した多くの人々の労働の結晶であるからである。もし、この労働がなければ、天然資源は地中奥深く眠ったままであり、交換価値をもった富となることはない。天然資源そのものは使用価値をもつが価値(交換価値)をもたない。天然資源の採掘、精製、加工のために投入された労働の程度にしたがって、価値をもつ。

「限界効用」や「希少性」の概念の前提に据えられる「賦存量」の概念は、賦存量としての「稀少資源」や生産手段を所有する人たちにとって都合がよい。生産された富の成果がそれらの所有者に帰属するのは、生産関係ではなく、「希少資源」そのものが富をもたらすという観念を合理化するからである。

「希少資源」にたいする、利権や所有権は近代的な私的所有の制度のもとにおかれているが、私的所有権それ自身は長年にわたる歴史の産物である。売買、商取引は所有権を移転させるが、決して所有権そのものを生み出さないからである。所有権を生み出すのは、一定の歴史的に規定された社会関係である。第二次世界大戦の前は軍事力を背景にした直接の侵略、政治的併合などによる植民地支配である。その後は、政治的な援助、軍事援助によって(とはいっても、もっとも重要な場面では必要に応じて直接の軍事介入はくり返しおこなわれた)、欧米を中心とした特別な人々が所有権や採掘権を手に入

れてきたのである。

　1960年以降、多くの旧植民地国は政治的独立を達成したが、世界中の「希少資源」の大部分は欧米を中心とした資本の利害のもとにおかれている。民族、国家の政治的独立はしばしば「形式的」だといわれるように、それは資本の支配、経済的な支配隷属関係を否定しないからである。ちょうど商品生産、交換に対応する自由と平等の観念が経済的従属関係を否定しないのと同じである。天然資源の採掘、精製、加工のために多くの人々を劣悪な労働条件のもとで労働させ、膨大な富を手に入れる。これまで欧米を中心とする資本家が世界中でおこない、今でもやっていることだ。

　さらに、新技術の開発によってこれまで見向きもされなかったレアメタルなどの鉱物資源が急に注目されるようになったことは20世紀の科学史が語っている。また、ある「希少資源」は社会の欲求に十分答えることはできない。供給が少なすぎることが常態化している。意図的に過少に生産調整している場合もある。そのため、価格がつねに実際の価値より高い。それはその商品を生産するために必要な労働時間よりもより大きな価値をあらわし、ある特定の集団が「超過利潤」を手に入れようとする。市場価格がくずれないように生産量を調整する。石油、天然ガスの生産はその典型だ。あるいは市場全体を支配して市場価格を高めに維持する。ダイヤモンドなどの貴金属類のように、シンジケートを形成し市場そのものを支配する、等々。

　いずれにせよ、与件として外部から与えられる「賦存量」を「希少資源」として自然的基礎に結びつけて論じることは、現在の所有権から出発する人々には都合がよい。商品の価値が労働にはかかわりなく、生産要素の素材的性質から生まれてくる、あるいはその生産要素に帰属する、と主張するには「好都合な論理」なのである。

(5) ワルラスの議論——希少性と一般均衡論

　商品の価格は誰にとっても同一である。一物一価は価値の社会的性格が貫徹する仕方であり、商品生産の本質に結びついている。個人の主観的価値評価を社会全体に広げて価値の客観性をもたせることは不可能である。

　ワルラスは論点を変えた。商品の交換価値、価格を論じるのではなく、価格に対応して需要量が決定されるとしたのである。「限界効用」（希少性）が需要の大きさを決定する。そして、需要と供給が一致するように価格が決まるとしたのである。

　とはいえ、ワルラスにとって重要であるのは、価格決定における需要側の要因、交換をおこなう人々の満足最大の条件である。ワルラスによれば、商品の交換価値は、商品の交換という現実的で客観的な、商品と商品のあいだの関係として相対的な事実であるのにすぎないのに、「希少性」は商品とその所有者のあいだの主観的な、しかも絶対的な事実なのである。

　ワルラスは希少性を二通りに定義する。一つは物の希少性であり、「物の効用と量が限られている」ことによって定義される。もう一つの希少性は、個々人の満たされた最終の欲望強度、いわゆる限界効用である。物の希少性は社会に与えられた「自然的事実」であり客観的であるが、人々の最終の欲望強度をあらわす希少性は個人的で、主観的である。ワルラスはこの二通りに定義した希少性を同一とみなすことによって、個人の主観的な価値判断を社会的に客観的な交換価値に結びつける。

　ワルラスによれば物の希少性は「効用と量の制限」によって規定された「自然的事実」であり、これが経済理論の前提におかれる。物の稀少性を自然的事実とすることによって、つまり経済の外部から与えられた与件とすることによって、その希少性に含まれている経済的内容にふれなくてすむのである。物の希少性は、むしろ主観的な価値判断に結びつけられた概念として存在する。ワルラスの主観的な価値論が成立するのは、交換者に市場経済の外部から与えられたこの「希少性」の概念にある。ここにワルラスの交換理論の秘密がある。

　ワルラスは問題設定を変更した。商品の交換価値、価格を論じるのではなく、価格に対応して需要量が決定されるとしたのである。限界効用（希少性）が商品の価格比を決定するのではなく、逆に限界効用が価格比に等しくなるように財を交換すると考えたのである。

　そして、価格の決定は限界効用とは別の箇所で論じることになった。需要

と供給が一致するように価格が決まるとしたのである。ワルラスは論点を移したのである。ここに、メンガーやジェボンズとはちがったワルラスの交換理論の特徴がある。ワルラスの一般的均衡論がのちの新古典派経済学の骨格となった。

　　「交換の理論は、市場の均衡状態における二つの事実にすべて要約することができる。それはまず各交換者が最大効用を獲得すること、つぎにすべての交換者にとっての各商品の需要量と供給量とは等しいということである。」

（ワルラス『純粋経済学要論』序文 xiv）

　商品取引者の最大満足が実現し、需要と供給が均衡する。ワルラスによれば「最大満足の定理」と「需給の均衡」というこの二つの条件が市場の均衡の条件であり、交換理論の基礎に据えられるものである。ここにジェボンズやメンガーと異なったワルラスの経済理論の独自性がある。とはいえ、ワルラスにとってより重要であるのは、価格は満足された最終欲望の強度、すなわち限界効用に比例するという考えである。

　　「もしある叫ばれた価格において交換後における商品の稀少性がそれらの価格に比例するようにこれらの商品の量を需要し供給するならば、各交換者はその欲望の可能な最大満足を得るであろう」（同上、序文 xiv）

　　「価格は満足された最終欲望の強度、すなわち最終効用度または限界効用に比例するという交換の理論は、ほとんど同時にジェヴォンズとメンガーと私によって考え出され、経済学の全構造の基礎を形成するものである。」（同上、序文 xv）

　ワルラスは、一定量の商品の消費によって充足される欲望の総和を有効効用と呼び、この商品の消費によって充足される最終の欲望の強度を「希少性」と呼ぶ。総効用と限界効用のことである。有効効用は、その商品の所有量が多くなれば増大するが、希少性は、逆に所有量の増大とともに減少する。

　たとえば、商品Aの所有者は、それを全部自分で消費するよりも、その一部分を商品Bと交換するほうが、いっそう大きな欲望満足を得ることができる。各所有者がその欲望の最大満足を得るのは、交換後における各商品の希少性（限界効用）がその価格に比例するように商品を需要したり、供給

したりする場合である。各所有者にとり充足される最終欲望の強度（希少性）の比が価格に等しくなるように交換が成立する（限界効用均等の法則）。

　一定量の商品Aを所有し、その一部分を商品Bと交換しようとする人と、その逆に一定量のBを所有し、その一部分をAと交換しようする人がいる。商品Aの m 個にたいして商品Bの n 個が交換される。AとBの希少性を r_a、r_b、AとBの価格を p_a、p_b とすれば、極大満足をもたらす最後の交換では $r_a m = r_b n$ が成り立つ。価格の比は交換される商品量 m と n の比に等しいから、次式が成り立つ。

$$r_a/r_b = n/m = p_a/p_b \text{（価格比）}$$

　このようにワルラスは、価格は希少性の比に比例することを強調する[*1]。

　　*1　なぜか。ほんとうは自明のようで自明でない。なぜなら、「希少性」はあくまで個々人の主観的価値評価であり、われわれが「主観的」ということを尊重すれば、どのようにも規定されるからである。そうでなければ、はじめから「主観的」という言葉はよけいである。実際ワルラスは希少性は個々人にとってのみ当てはまる概念であることを強調する。希少性はそれぞれの個人に対するAまたはBの希少性であって、AとBそのものの希少性ということは存在しない。「個人的な希少性しか存在しない。」（同上、p.105）。「希少性を所有量に対する有効効用の導関数と定義し得るのは、それぞれの個人に関してのみである。」（同上、p.109）

　　だが、それは「効用と限りある量」によって定義された希少性に結びつけられることによって、「客観的」な性質を帯びることになる。個々人にとって「最終欲望の強度である希少性」、つまり人々の効用から最大満足をあらわす主観的な、絶対的なものである希少性は「自然的事実」として扱われる。

　商品所有者は欲望の最大満足を得るように、交換される商品の希少性（限界効用）の比が価格比に等しくなるまで自己の所有物を交換する。ここで人は最大満足の状態に達する。

　ここから相手商品にたいする需要量が決定される。欲望の最大満足の定理から一定の価格に対応する各商品所有者の、他商品にたいする需要量と自己の所有する商品の供給量が導き出される。ワルラスが主張することは、①商

品の価格は交換される商品相互の比率であり、二つの商品の希少性の比が価格比に等しくなるように商品を交換する。②次に、二つの商品の有効需要と有効供給を考える。一定の価格にたいして需要される商品量と供給される商品量を考える。これを価格をパラメーターとする需要曲線、供給曲線としてあらわす。需要曲線と供給曲線とが交わる点が存在し、この点に対応する価格が均衡価格である。

　このようにワルラスは需要量と供給量を価格の関数としてあらわし、商品の価格は需要と供給が一致したところで決定されるとした。これが市場の均衡である*1。この点は人々が最大満足を得る点であり、かつすべての交換者の各商品の需要量と供給量は等しい状態である。なお、需要曲線、供給曲線に関する議論、およびワルラスの一般的衡論については第5章、6章で詳しく触れる。

　　*1　ワルラスは、はじめに「二商品の交換の理論」を考察し、それを拡張して「多数の商品の間の交換の理論」に適用する。そのためにワルラスは裁定や間接交換というものを考案した。商品生産のもとでは、同種の商品についてその市場価格はだれにとってもすべて同一である。この事実を個々人の主観的価値評価に結びつけようとするから、裁定や間接交換などというまわりくどい手続き（内的必然性のないものを無理に関連させる手続き）が必要となる。

　ワルラスにとってより重要であるのは各交換者の欲望の最大満足の条件である。それは市場での需給関係の条件とともに、市場均衡の成立のための不可欠な条件とされている。ワルラスは財の希少性が価格比に等しくなるように交換するという。ある商品の有効効用（総効用）は、その商品の所有量が大きくなるにしたがって大きくなるが、その希少性（限界効用）は所有量の増加とともに減少する（限界効用逓減の法則）。ちょうど価格比と等しくなるところで交換すると、最大満足の状態に達すると考えるのである。

　「最大満足の定理」はワルラスがくり返し強調する命題である。交換の理論の基礎に据えられるもので、ワルラスは経済理論（社会的富の理論）の主要目的として重視する。

　「市場において二商品が与えられているとき、欲望満足の最大すなわち有効
効用の最大は、各所有者にとり、充足せられた最終の各満足の比、すなわち
稀少性の比が、価格に等しくなったときに実現する。この均等が達せられな
い限り、交換者は稀少性がその価格と他方の商品の稀少性との積より小さい
商品を売り、稀少性がその価格と上記の商品の稀少性との積より大きい商品
を買うのが有利である。」(『純粋経済学要論』p.85)

　「自由競争が支配する市場において二商品の間に行われる交換は、二商品の
いずれか一方または両方を所有するすべての人が共通で同一の比率のもとに、
売る商品を与え買う商品を受け取るという条件に従って、それぞれの欲望の
最大満足を得ることができるような行動である。」(同上、p.105)

ワルラスの経済理論の主要な目的もここにある。

　「社会的富の理論の主な目的は、この命題を一般化し、この命題が二つの商
品の間の交換におけると同様に多数の商品の交換にも適用せられ、また交換
の問題におけると同様に生産の自由競争の問題についても適用せられること
を明らかにすることにある。」(同上、p.105)

ワルラスはここから次の命題を立てる。市場価格すなわち均衡価格は満足
された最終欲望の強度、すなわち希少性の比に等しい。いいかえれば、交換
価値は希少性に比例する。

　ワルラスによれば、商品社会における人々の行動はそれぞれの欲望満足を
最大化する行動である。各交換者が最大満足を実現するのは、消費財、用益
を希少性に比例するように売ったり買ったりするときである。そうでないと
きは、「交換者は希少性がその価格と他方の価格の希少性との積より小さい
商品を売り、希少性がその価格と上記の商品の希少性との積より大きい商品
を買うのが有利である」とワルラスはいう。

　ここにはジェボンズやメンガーと同じ誤りがある。商品の価格が希少性に
比例するように交換することが有利であるといっても、それは物の使用価
値、効用から得られる欲望満足の程度にかかわるものであって、交換価値に
は関係がないからである。交換者が使用価値の点で得することがあっても、
交換価値の点では得することも損することもない。先ほどの例でいえば、商
品Ａと商品Ｂの交換比率は $m:n$ でなくても、$m/2:n/2$、あるいは $3m:$

$3n$ の割合で交換されてもよい。$m:n$ という比率であれば、交換者は交換価値の点で損することも得することもない。ただ等価物を交換するだけである。

　商品の使用価値の相違は「交換の原因」であり、その動機である。使用価値の相違は人々を互いに依存させ合う。人々は互いに有用物を交換しなければならない。商品生産のもとでは社会の分業が発達し、独立した私的生産者は全面的に依存し合っている。効用のない物は商品にはなりえない。商品の使用価値が商品の条件であることにはかわりがない。商品はまず第一にその有用性によって人々の欲望をみたさなければならないのである。そこで経済学者は細工をする。ものの「効用」に「限りある量」という概念をつけ加えることによって「希少性」という概念をつくりだす。この概念は「交換の原因」と「交換価値の原因」を混同させるには都合がよい。「効用」と同じく「限りある量」を経済の外部から与えられた与件、一つの自然的事実とみなすことによって、その経済的内容に触れなくてすむからである。

　ワルラスの「希少性」の概念は、ジェボンズやメンガーの「限界効用」と同じく、財にたいする人の主観的価値判断である。主観的価値論と呼ばれるように、ワルラスの「希少性」の概念も人の財に対する判断、財にたいする欲望の大きさと財の量との関係を考えたものである。それは人が財にたいしてもつ欲望の強さ、支配しうる財の存在量に依存するとされる。

　使用価値にたいする主体的評価といっても、じつは「有用性」にも「主観的評価」にも関係がない。なぜなら、財の「有用性」がどれだけあっても、また、人々が財に対してどのような主観的評価をおこなおうとも、その量が豊富である財の価格は低くなるからである。それは賦存量を根拠とした概念である。だから、ワルラスはいう。財が交換価値をもつのは、「希少」であるから、つまり「効用があり、量が制限されているという二つの自然的事実」にもとづくものである、と。

　ワルラスが「交換の原因」だけではなく「交換価値の原因」とみなした「希少性」、ワルラスが均衡成立のための重要な条件としてもちだした人々の最大満足という条件も、交換に先立って経済の外部から与件として与えられる賦存量に依存した概念である。ワルラスはこの賦存量を自然的事実と呼ん

で、その経済内容を問わず、自らの理論の前提に据える。

　ワルラスによれば、交換価値は商品と商品のあいだの現実的で客観的な関係であり、「相対的事実」である。それにたいして個人的で主観的な価値判断である希少性は「絶対的事実」である。最終欲望の強度である希少性（限界効用）は、「交換の原因」であるだけでなく、「交換価値の原因」でもある。

　　「交換価値は重量のように相対的事実であり、稀少性は質量のように絶対的
　　事実である。」（『純粋経済学要論』p.109）
　　「稀少性は個人的であり、主観的である。交換価値は現実的であり、客観的
　　である。」（同上、p.109）
　　「稀少性と交換価値とが同時に存在し、比例を保つ二つの現象であることが
　　確かであるとすれば、稀少性が交換価値の原因であることは確かである。」
　　（同上、p.108）

　個人的で主観的な希少性が、現実的で客観的な交換価値を規定する。なぜか。ワルラスの論理を推し進めるのは簡単なマジックである。希少性を二通りに定義し、それを巧妙に使い分け、最後に両者は同一であると断言することである。

　ワルラスの交換理論の全体を貫くものは、「希少性」の概念である。ワルラスは希少性を二通りに定義する。一つは「物の効用と限りある量」によって定義された希少性であり、もう一つは人々の最終消費によって得られる効用の大きさ、最終欲望の強度（限界効用）である。

　ワルラスは「希少なもの、つまり効用があり、量が限られているもの」を「社会的富」と呼び、欲望を完全に満足させるために自由に獲得できるほどの量が存在しないとき、「限られた量しか存在しない」という。

　　「稀少であるために、いい換えれば効用をもつとともに量が限られているた
　　めに価格をもつことができる物質的、非物質的なすべての物の総体は、社会
　　的富を形成する」（同上、序文 x）

　ここでワルラスが重視するのは、希少性と交換価値の関係である。社会的富を希少なもの、つまり効用があり量が限られているものとみなすワルラス

にとって、希少なものは「専有」され、「他の効用があり限られたものを獲得する能力」をもっている。つまり希少なものは、「効用があり量が限られている」という理由で、交換価値をもつとされる。ワルラスは、財が交換価値をもつのはその希少性のためであるという。

　交換価値をこのように理解するワルラスにとって、交換価値は一つの「自然的事実」である[*1]。たとえば小麦1ヘクトリットルが24フランの価値をもつことは、一つの自然的事実である。小麦が何らかの価値をもつのは、その物が「希少である」から、つまり「効用があり量が制限されている」からである。交換価値は売り手の意思から生じたものでも、買い手の意思から生じたものでもなく、またこの二人意思の合致から生じたものでもない。それは「効用があり量が制限されているという二つの自然的事実」にもとづくものである。

　それゆえ、さまざまなものが異なる交換価値をもつのは、その稀少性の程度、つまり効用の程度と量が制限されている程度とを異にするからということになる。ワルラスによれば、商品の「交換価値」も「物の希少性」も、どちらも自然的事実である。それは物の「効用」と「量の制限」という二つの事実にもとづくものであり、経済の外部から与えられた自然的事実とみなされている[*2]。ワルラスはここでは、希少性を個々人の財に対する主観的評価ではなく、社会にある財の存在量に関連させて論じている。

　　[*1] 「交換価値の事実はひとたび成立すれば自然的事実の性質を帯びる。その起源において自然であり、その現われ方とその存在の仕方において自然である。小麦や銀が何らかの価値をもっているとすれば、それはこれらの物が稀少であるからであり、いい換えれば、効用があり量が制限されているという二つの自然的事実に基づくものである。そして小麦と銀とが互いに比較せられてこれこれの価値をもつとすれば、それはそれらがそれぞれ稀少の程度を異にするからであり、いい換えれば効用の程度と量が制限されている程度とを異にするからであり、この二つの事情も上に述べたことと同様に自然的な事情である。」(『純粋経済学要論』p.27)

　　[*2] ワルラスが希少性を自然的事実と考えるのは、「効用があり量が制限されているという事実」を、経済理論の外部から与えられた与件として前提す

るからである。物の希少性を自然的事実とすることによって、その希少性に含まれている経済的内容に触れなくてすむのである。だが、物の希少性、その効用と存在量は経済の外部から与えられた与件ではない。物の希少性は自然によって条件付けられているだけでなく、これまで人間が獲得してきた生産諸条件によっても規定されている。すぐあとでみるように、実際、ワルラスは産業の進歩によって物の希少性が減少することを指摘している。

他方、ワルラスは人々の最終の消費によって得られる効用の大きさ、つまり限界効用を希少性と定義する。それは個々人の財にたいする主観的価値判断に結びつけられた概念である。

　　「商品の消費量によって充足せられる最終の欲望の強度を稀少性と名付ける…。」（同上、p.79）

人々の最終の消費によって得られる効用の大きさ、人の財に対する欲望満足の強度をあらわす希少性は、個人的で主観的な価値判断である。この希少性こそ、ワルラスの交換理論の基礎に据えられるもので、絶対的事実とされるものである。なぜなら、ワルラスによれば、市場における商品の交換は、人々がそれぞれの欲望の最大満足を得るように行動することのあらわれであり、欲望満足の最大は、各所有者にとり充足せられた最終の各満足の比（希少性の比）が、価格に等しくなったときに実現するからである。

ワルラスにとって交換価値は現実的で、客観的であるのにたいして、最終の欲望の強度をあらわす希少性は個人的であり、主観的である。希少性は主観的な価値判断であり、絶対的事実である。ワルラスは「個人的な希少性しか存在しない」と強調する。希少性はそれぞれの個人について当てはまる概念である。それぞれの個人に対する商品ＡまたはＢの希少性であって、商品ＡとＢの希少性というものは存在しない。

　　「稀少性を所有量に対する有効効用の導関数と定義し得るのは、それぞれの個人に関してのみである。」（同上、p.109）

このように最終の欲望の強度をあらわす希少性はそれぞれの個人に当てはまること、希少性が個々人の主観的価値判断にもとづくことが強調されるが、それは同時に「ものの希少性」、効用があり量が制限されているという

「二つの自然的事実」に結びつけられた概念として存在する[*1]。そこでワルラスはいう。

　　「稀少性すなわち充たされた最終欲望の強度は、先にわれわれが効用と限られた量との二つの条件で定義した稀少性と全く一致する。」（同上、p.108）

　ここでワルラスは一つの結論に達する。ワルラスは「ものの効用と量の限り」で定義された希少性を、個々人の最終の消費によって得られる欲望満足の程度（希少性）に結びけ、両者は一致するという。そうすることによって、主観的な価値判断を客観的な交換価値に結びつける。商品の交換価値は、「ものの効用と量の限り」という希少性にもとづくものであり、効用と量によって制限された自然的事実とみなされたものであった。他方、最終の欲望の強度をあらわす希少性は、人と財の関係であり、個々人の主観的価値判断であるが、その根拠におかれるものも「ものの効用と量の限り」である。

　　「稀少性と交換価値とが同時に存在し、比例を保つ二つの現象であることが確かあるとすれば、稀少性が交換価値の原因であることは確かである。」（同上、p.108）

　このようにして満たされた最終欲望の強度である希少性、つまり人の財にたいする主観的な価値判断である希少性が交換価値の原因とされるのである。ワルラスは、財の存在量が最終欲望の強度という主観的価値判断の根拠にあることを、「希少性」という言葉に二通りの意味をもたせることによって示す。ワルラスが人の財に対する主観的価値判断（欲望満足の強度）を「限界効用」と呼ばず、「希少性」と呼ぶのは、たんなる用語上の問題だけでなく、二通りの意味をもたせるためにも必要であったのである。

　　[*1]　二通りに定義された希少性の概念の基礎にあるのは、「ものの効用と量の限り」である。ワルラスはいう。あるものに対する欲望が存在せず、効用がない無用なものであれば、満たされるべき最終の欲望は存在しない。また効用があっても量が無制限であれば、やはり満たされた最終欲望の強度は存在しない。また、同じことを交換価値についてもいう。あるものが無効用であれば、あるいはまた効用があっても量が無制限であれば、それはもはや稀少ではなく、交換価値をもたない、と。

　これまでくり返し触れてきたように、ワルラスの「ものの効用と量の限り」によって定義された「希少性」とは社会に存在する財の存在量を前提にした概念である。それは経済の外部から与えられた与件として自然的事実とみなされ、経済理論の前提におかれるものであった。ここで、これまで経済学者があまり触れなかった興味深いことをワルラスの名誉のために触れなければならない。

　ワルラスは財の存在量が産業の発展によって増加することを主張する。ワルラスがくり返し強調する「効用があり量が制限されているという二つの自然的事実」である財の存在量は産業の発展によって増加するのである。生産物の量が制限されているのは、自然によって制約されているだけではない。ワルラス自身が述べているように「産業的生産」によっても規定されているのである。

　　「効用があり量において限られたものは、産業的に生産または増加し得られるものである。したがって、規則的で組織的な努力によって、これを生産しその数をできるだけ多く増加することが利益であるということができる。」（同上、p.24）

　　「稀少なもののすべてを社会的富と呼ぶならば、産業的生産すなわち産業は社会的富にだけ適用せられ、そしてすべての社会的富に適用せられる。」（同上、p.25）

　　「産業的生産は…限られた量しか存在せず効用のあるものの量を増加する。」（同上、p.32）

　「量において限られ効用のあるもの」だけが産業的に生産しうるのであり、産業はすべての希少なものを生産しようと努力する。

　このようにワルラスが社会的富と呼ぶ、希少なものは産業の進歩によって増加する。それだけではない。ワルラスは産業の進歩によって希少性が減少することも主張する。財の存在量は産業の発展によって増加しうるものであり、さらに人口の増加に比較して、より生産物量が増加したとき、ワルラスはそこに「希少性の減少」をみいだすのである。

　ワルラスによれば、「進歩とは、生産物の希少性すなわち生産物の最後に

満たされた欲望の強度が減少する」ことである。交換価値の原因とされる希少性は生産物の増加によって減少する。「人の数が増加しながら生産物の希少性が減少することを意味する進歩」は、人の数の増加より大きい資本の量の増加によって可能だとワルラスは考えた*1。

　ワルラスは進歩を「経済的進歩」と「技術的進歩」の二つに分け、「経済的進歩」は、土地の使用をあらわす製造係数が減少し、利殖のあらわす製造係数が増加することによって生産物量が増加するときに起こるという。この経済的進歩は資本量の増加によって行われる。また、「技術的進歩」は科学による技術的進歩がもたらされた場合であり、製造関数（生産関数）が変化することによって生産物量が増加する。このように生産技術の進歩と資本量の増加によって、人口の増加に比例する以上に生産物が増加する。その結果、希少性が減少することをワルラスは強調する。

　　「進歩する社会において当然に減少するものは稀少性である。」（同上、
　　p.409）

　ワルラスはものの希少性を人の財にたいする主観的評価に結びつけ、商品の交換価値は満足された最終欲望の強度、すなわち最終効用または限界効用に規定されると述べたが、ここでは自分の意図したこととは別のことを語っている。

　産業的生産は「限られた量しか存在せず効用のあるもの」の量を増加する。これまで人間が獲得してきた生産力、産業の進歩によって生産物の量は増加する。産業の進歩によって、人口の増加より生産物の量が増加すれば、生産物の最後に満たされた欲望の強度、すなわち希少性が減少する。それをワルラス自身が語っているのである。

　ワルラスが交換理論の主要目的とみなす「最大満足の定理」は、価格は充たされた最終欲望の強度、つまり希少性に比例するように交換する、あるいはそのように交換するときに各自は欲望の最大満足を得ることことであった。そこで前提されているのは物の希少性、「自然的事実」とみなされた「物の効用と量の限り」であった。

　「希少性」とは財の存在量を前提にした概念であって、経済理論の外部から与えられた与件、暗黙の前提条件である。ワルラスはそれを「交換の理

論」の前提にもってきて「自然的事実」と呼ぶ。そうすることによって、希少性に含まれている「限られた量」の経済的内容に触れなくてすむのである。

　このようにして希少性は、財の生産にかかわるのではなく、物に対する人の主観的価値判断に結びつけられた概念として存在する。経済学者が自らの主観的価値論の根拠に据えるのは、社会に存在する財の量、与件として固定された「限られた量」である[*2]。

　　*1　「進歩とは、人口が増加しつつあるときに生産物の稀少性すなわち生産物の最後に満たされた欲望の強度が減少することにほかならない。それゆえ、進歩は生産物の増加が可能であるか否かによって、可能となりまたは不可能となる。また、もし生産物の増加がある限度内でしか可能でないとすれば、進歩もある限度内でしか可能でない。」(『純粋経済学要論』p.403)

　　「人の数が増加しながら生産物の稀少性が減少することを意味する進歩は狭義の資本の量の増加が人の数の増加に先行しそしてこれを越えるという重要な条件のもとで、土地の量の増加がなくても狭義の資本の量の増加によって可能である。」(同上、p.407)

　　*2　そもそも社会的富と呼ばれる「効用があり、量が限られたもの」という希少性の定義は、人の財に対する主観的価値評価に結びついた概念である。物の「効用」と「量」は、生産に結びつけられた概念ではなく、人の欲望との関連に結びつけられた概念として存在する。その概念を支えているのは、財の「量」が経済の外部から与件として与えられるという問題設定である。物の「効用」と「量の制限」は、経済の外部から与えられた与件、つまり自然的事実として扱われるのである。

　　後にパレートが、経験的に確定できる客観的な数量関係のみを問題にするといって、個人の主観的な効用判断をしりぞけ、(効用関数や極大満足の条件といった人間行為の非合理的な本能的な主観的な動機にもとづかない)「選択」という人間行動を問題にするとき、そこに前提されているものは、「希少なもの」、「希少資源」という与件である。「代替的用途をもつ稀少な諸手段(ロビンズ)」と呼ばれる財の一定量が経済の外部から与えられた与件として前提されているのである。「希少な物」の経済的内容を問わず、「効用と量に

　　よって制限された自然的事実」として経済理論の前提にもってくるのは、新
　　古典派理論全体に共通な前提条件である。

　ところが、ワルラス自身が述べるように、産業的生産は希少な物だけを生
産するし、また生産しようと努力する。そして産業の進歩によって、希少な
物の量は増加し、人の数の増加より大きい生産物の増加があったとき、その
生産物の希少性が減少する。
　「希少なもの」は社会に与件として与えられる自然的事実ではない。それ
は自然によって条件づけられているだけでなく、これまでの幾千年にわたる
人間行動の結果でもある。それは歴史的に形成されてきた産業と交易の結果
でもある。また、われわれが「希少なもの」をどれだけ生産できるか、ある
いは増加できるか、人間がこれまで獲得してきた生産諸条件に規定されてい
る。この生産諸条件こそが「物の希少性」を規定するのである。
　ワルラスが交換理論の前提にもってきて社会的富と呼ぶ「希少なもの」と
は、産業的生産によって生産される有用物、労働生産物のことである。それ
を「希少なもの」と呼んで、経済学の外部から与えられた与件と固定しない
限り、それはすべてその有用物の生産の問題であり、われわれがその有用物
をどれだけ生産できるかという問題に還元される。
　財の存在量が豊富になれば、希少性が減少する。ワルラスはそれを人口の
増加との比較によって述べるが、正確には財の増加量の問題ではない。たと
え生産物量が増加しても以前と同じ生産条件のもとで生産されているのであ
れば、その希少性が減少することはない。それはどれだけの労力でその財が
生産できるかという問題である。より容易に、つまり以前より少ない労働で
財が生産できるようになればその財の希少性が減少する。生産の技術的条件
の向上、生産方法の改良などによって労働生産性が向上し、その生産に必要
とされる労働量が減少すれば希少性が減少するのである。
　ワルラスが産業の進歩による希少性の減少について述べていることは、労
働価値説のもっとも粗雑な言い換えである。

(6) 限界効用理論：結論

　「価値とは、財に附着せるもの、財の属性でもなければ、独立してそれ自身
　存立する物でもない。価値は自己の支配下にある財が自己の生命および福祉
　に対して有する重要性に関し経済人が下す判断であり、したがって経済人の
　意識の外には存在しない」（メンガー『国民経済学原理』p.80）

　人の財にたいする評価といっても、それは財の「効用」や「使用価値」に
直接関係するのではない。人と財の所有量との関係にもとづく人の財に下す
判断である。それは人が財にたいしてもつ欲望の強さと支配しうる財の存在
量に依存する。

　「限界効用」という概念は、財の使用価値にたいする主観的価値評価とい
う名のもとに存在しているが、じつは財の効用や使用価値とは何の関係もな
い。それはもっぱら財の存在量に依存している。われわれがある財を比較的
多くもつようになれば、その財の限界効用は低下するからである。

　しばしば引き合いに出される水とダイヤモンドの例がそのことを示してい
る。水は大きい使用価値をもつのにほとんど交換価値をもたないが、反対に
ダイヤモンドはほとんど使用価値をもたないのに大きな交換価値をもつ。

　この問題を限界効用理論は次のように説明した。ある財の消費量が増える
ときそこから得られる総効用は増加するが、その財の追加の一単位から得ら
れる限界効用は次第に減少していく。だから、水がなくては生きていくこと
ができないのに、水がほとんど交換価値をもたないのはわれわれが水をたく
さんもっていて、水の限界効用がほとんどゼロに近いからである。ダイヤモ
ンドの場合、その総効用はそれほど大きくないが、その量が限られているた
め限界効用が大きいので価格が高くなる。つまり、使用価値がどれほど大き
くても、また必要度が高くても、限界効用はその財の存在量に依存している
のであって、その存在量に応じて大きくなったり小さくなったりするのであ
る。

　必要度が高ければ、その価格は高くなり、必要度が低ければ、その価格は
低くなる。だから、どれだけ有用性があっても、その量が豊富にある財の限
界効用、したがって交換価値は低くなる。このようにみてくると、「限界」

という考え自体が、じつは物の有用性や効用に関係ないことを示している。有用性や使用価値にたいする人の主観的価値評価といっても、それは財の効用や使用価値にかかわるものではなく、もっぱら「財の存在量」にかかわる概念である。重点は「効用」ではなく「限界」のほうにある。そして「限界」という概念は「財の存在量」に依存している。だから、この経済学は「財の存在量」を与えられた前提として理論の出発点にもってきて「賦存量」と呼ぶのである。

　このように個人の財にたいする主観的価値論の基礎におかれる「限界効用」という概念は、財の使用価値にも、またその使用価値にたいする人の下す判断にも関係ない。限界効用の概念は、つねにある財の絶対的な存在量を与件として前提することによって成立している。そして、財の存在量とは、天賦の自然的基礎に還元するという誤った試みを別とすれば、それはすべて生産の問題である。

　財の存在量とは、われわれがその財をどれだけ手に入れることができるか、その財をどれだけ生産できるかという問題である。ある財は比較的容易に手にはいるかもしれないし、また、他のある財はかなりの労力を必要とするかもしれない。人はあらゆる財を無制限に手にすることはできない。それは自然によって制約されているだけではなく、社会の生産力によっても制約されている。

　歴史をひもとけばすぐに分かるように、人間の歴史は科学技術の応用や産業の発展の歴史でもある。資本主義の発展とともに、いまや人間は地球の生態系を破壊するほど巨大な生産力を手に入れた。こうした事実に向かいあうと、財の存在量は「自然によって制約されている」というよりむしろ科学技術や産業の発展の程度によって規定されているといえる。われわれがどのような財をどれだけ手にすることができるのか。それは自然によって制約された問題というよりむしろ、「人間がどれだけの有用物を、どれだけの労力でつくりだすことができるのか」という問題である。

　財の存在量を「賦存量」と呼んで外部から、人々の関係の外部から、したがって自然によって与えられた天賦のものとみなすところに限界効用理論を成り立たせている秘密がある。財を「賦存量」という名目で与件として固定

し、それをどのように交換すれば最大満足の状態になるか、という問いそのものにこの理論の欺瞞がある。この問いは財を生産ではなく、むしろ自然によって条件付けられているとみなすことによって成立している。

　財の存在量とは生産の問題である。われわれはさまざまな財をどれだけ生産できるのか。それはその財をどれだけの労働で生産できるか、その財の生産にどれだけの労働を振り向けられるのかという社会の総労働の分割、配分の問題でもある。この社会的総労働の分割、配分の程度が、「財の存在量」に結びつきその「希少性」、すなわち商品の価値を規定する。新古典派は天賦の財のことを「希少資源」と呼ぶ。それは効用があり、量が限られているという自然的事実だとされる。しかし、それを手に入れるために何らかの形で人間労働を加えなければならないことは忘れられている。

　限界効用理論の基礎にあるものは、きわめて単純素朴である。
　「すでに所有しているものを交換する。」
　「不必要な物を必要なものと交換するのではないか。」
　「必要度が高ければその価格は高くなり、必要度が低ければその価格は低くなる。」
　この理論を成立させている論理的根拠は、「財が外部から与件として与えられる」という賦存量の概念である。
　そして、この理論は交換のくり返しのなかであらわれる交換関係を問題にするのでなく、個々の交換行為を問題にする。この問題設定に秘密がある。ここには生産が抜け落ちているだけでなく、市場メカニズムが抜け落ちている。市場メカニズムは再生産を含めた交換のくり返しのなかでその力を発揮する。生産を含めた交換のくり返しが交換を規則的な過程とし、商品の交換比率もこの交換のくり返しのなから一つの社会過程としてあらわれるからである。
　現在では「価値」についての問いはなくなってしまった。問題にされるのは商品の価格、交換比率である。価格の数量的な変化について述べることは許されるが、価値とは何か、商品とは何か、貨幣とは何か、あるいは貨幣は何を測る単位なのか、そのような問いは「科学的」でないという理由で経済

学の枠から放り出された。

　限界効用理論を唱えはじめたジェヴォンズ、メンガー、ワルラス、さらにベーム・バヴェルクなどは「価値」について概念的な規定を与えようと苦慮したものである。その後の経済学の発展は学問としての体裁を整えるため、価値概念は都合の悪いものとして、また効用の可測性の点から放棄された。あとに残ったものは数学的な手続きと形式だけである。

　パレートにはじまる無差別曲線を用いた選択理論である。「完全競争」のもとで、価格を未知数とする連立方程式体系の解として与えられる一般均衡論が価格理論の中心となった。数学的な分析の論理的緻密さに力点がおかれたが、それだけにいっそう経済的内容は貧困である。ここに新古典派経済学が不毛である最大の理由がある。商品や貨幣、価格について明瞭な「概念」がないのに、それらの数量的関係を定式化する試みは非科学的な態度といわねばならない。

　〔補遺〕

　「希少性」の概念は、いまでも新古典派理論のなかで健在である。この概念は必要に応じて、手をかえ品をかえて登場する。ワルラスは希少性について「効用があり量において限りのあるもの」と定義したが、その点ではロビンズも同じである。希少性とは「めったに存在しないもの」を意味するのではなく、「需要にたいしての有限性」（ロビンズ『経済学の本質と意義』p.70）つまり量が限られていることを意味する。

　この希少性を人間行動、欲望満足という点からみて、「選択」という人間の合理的行動の前提に据えるところに、新古典派経済学の本質がある。もとより希少性の概念は、人の財に対する関係、欲望に対する価値判断に結びついたものであり、「効用と量の限り」という概念もこの関連性のなかで意味をもつ。

　「経済学は、諸目的と代替的用途をもつ希少な諸手段との間の関係としての人間行動を研究する科学である。」（同上、p.25）

　ロビンズは経済学をこのように定義する。この定義はいまでも新古典派理論のなかで生きている。

「時間および目的達成のための諸手段が限られており、かつ代替的使用が可能であり、しかもそのいくつかの目的に重要性の順位がつけられうるというのであれば、そのときには、行動は必然的に選択という形式をとることになる。一つの目的を達成するために時間と希少なる手段とを投入する一切の行為は、他の目的達成のためにそれらを使用することを断念することを意味する。それは経済的側面をもっている。」(同上、p.22)

　時間と諸目的達成のための物質的手段は限られている。希少性な諸手段をどのように処分するか。どのような目的達成のために限られた時間と希少な諸手段を投入するか。「行動は必然的に選択という形式をとる。」この選択は欲望充足のための諸手段に対する「選択」であるとともに、ロビンズ自身がいうように、さまざまな目的達成のための人間行動の「選択」でもある。

「一般的にいえば、多様の目的をもつ人間活動は時間ないしは特殊の資源からのこのような独立性をもっていない。われわれの自由に処分できる時間は限られている。一日には二十四時間しかない。われわれは、それが用いられうる種々の用途の間の選択をしなければならぬ。…諸目的達成のための物質的手段も限られている。…われわれは、永久の生命ももたず、また欲望充足のための無限の手段をももたない。どちらを向いても、われわれは自分が一つのことを選択する以上、事情さえ違っていたら断念したくないような他のことを断念するほかはない。異なった重要性をもつ諸目的を充足するための諸手段が希少であるということは、人間の行動のほとんどいたるところに存在する条件である。」(同上、p.24)

　希少な手段の処分にさいして人間行動のとる諸方式、たしかにそれは希少性な物質的手段をどのような用途に振り向け処分するか、という「選択」の問題である。と同時に、ロビンズがいうようにその用途に振り向ける人間活動の「選択」の問題でもある。諸目的達成のためにわれわれは人間活動の時間をそれぞれの用途に応じて「選択」しけなければならない。「われわれの自由に処分できる時間は限られている。一日には二十四時間しかない」のである。

　ロビンズがいう「限られている時間」というのは、まさに時間、それぞれの用途に振り向けられる人間活動の時間、すなわち労働時間のことである。

　その時間をさまざまな用途のあいだで「選択」、つまり分割・配分しなければ
ならない。いま、生産の技術的条件が向上すれば、その用途に振り向けられ
ている人間活動の時間は短縮する。あるいは、より多くの財が生産されるこ
とになる。その結果、その財の希少性が減少する。もちろん希少な諸手段自
身も生産の成果であり、その希少な諸手段をつくりだす生産条件の向上とと
もにその希少性も減少する。

　「経済学者は希少な諸手段の処分について研究する。かれは、種々さまざま
の財の種々さまざまの程度の希少性が、どのようにしてそれらの財の間に
種々さまざまの評価比率を生ぜしめるか、に興味をもつ。そしてかれは、希
少性の状態の変化が、どのようにしてこれらの比率に影響を及ぼすか、に興
味をもつ。」(同上、p.25)

　さまざまの財の希少性の程度がどのようにしてその財の評価比率を生じさ
せるか。「希少性の状態の変化が、どのようにしてこれらの比率に影響を及ぼ
すか。」

　ロビンズはそのように問いを投げかけながら、その問いに答えることはな
い。なぜなら、希少性の状態の変化は、ただ生産諸条件の変化から起こるか
らである。生産諸条件の変化によって、われわれがある財を生産するために
必要とする労働時間が減少すれば、その財の希少性は低下する。それ以外の
要因によって希少性の状態が変化することはない。

　希少性とは、労働価値説の言い換えにすぎない。希少な諸手段を天賦の自
然条件に還元するという試みを除けば、それはそれぞれの有用物の生産に振
り向けられる労働の問題である。そしてこの振り向けられた労働の程度が希
少性を、すなわち商品価値を規定する。

　われわれは社会の欲望に対応してさまざまな有用物を必要とする。その社
会の欲望、需要に応じてその有用物を生産しなければならない。そのために
社会の総労働を分割・配分し、それらの生産に振り向ける。ロビンズはそれ
を「一つの目的を達成するために時間と希少なる手段とを投入する行為」と
呼び、「代替的用途をもつ希少な諸手段」の「選択」の問題とした。

　だが、それは希少性の概念に含まれている経済的内容を不問にし、人の財
に対する価値判断の問題として論じたいという欲求のあらわれにすぎない。

希少性の概念のために、人の財に対する関係、欲望に対する価値判断をどれだけもちだそうが、そのことが希少性の状態の変化を説明することはない。生産諸条件の向上によって、ある財を生産するために必要とする労働時間が短縮すれば、その希少性は低下するからである。ロビンズが経済学の対象とみなす「希少な諸手段の処分」という「選択」の問題とは、さまざまな有用物の生産に振り向けられる労働の問題、社会の総労働の分割・配分の問題のことである。

「人間行動のうちで経済学の主題をなすところの側面はすでにみてきたように、与えられた目的の達成に対して与えられた手段が希少である、ということによって規定されている。」(同上、p.70)

　この言葉こそ、ロビンズの本質をあらわしている。主観的価値論の根拠にあるのは、「与えられた手段が希少である」という理論的な前提である。希少な諸手段そのものが、これまでの人間労働の成果であり、産業と生産諸条件によって規定されていることは忘れられている。人間がつくりだした物、有用物、それを「希少な物」や「希少な諸手段」と呼んで、そこに何らかの人間労働がかかわっていることを否定する。さまざまな財を、経済の外部から、人間行動の外部から与えられた与件、つまり一つの自然条件とみなす。そのように問題の前提を設定すれば次に出てくるのは、当然のこととして、その財に対する「評価」と「選択」ということになる。ここに新古典派経済学の本質がある。

第3章　限界理論の批判——消費者行動の批判

「無差別曲線と等量線（等産出量曲線）を、経験的基礎を欠いた形而上学的
概念という理由で、経済学者の『道具箱』から追放することは、新ワルラス
派の一般均衡モデルにとって致命的である。」（アイクナー『なぜ経済学は科
学ではないのか』p.310)

　新古典派経済学の発展とともに「限界効用」の概念は薄らぎ、その形骸の
みが残った。ミクロ経済学といえば、価格理論のことであるが、新古典派経
済学は価格についての本質的な議論をやめてしまった。価格理論といっても
名ばかりで、さまざまな財の数量の組み合わせにかんする議論となった。そ
の中心にあるのが無差別曲線をもちいた消費者行動の分析と限界生産にもと
づいた生産者行動の分析である。それは新古典派の基本命題である限界原理
を展開したものである。
　パレートは、経済学は「経験科学」として確立しなければならないと考
え、効用の可測性、効用の個人間の比較など経験的に確定できない主観的な
効用判断を経済学から駆逐した。「経験的に客観的に確定できる数量関係」
のみを問題にするといって、序数的効用にもとづく無差別曲線を導入した。
　無差別曲線を用いた消費者行動の分析は、個々の消費者が与えられた価格
に対してさまざまな商品の消費量をどのように組み合わせるか、その価格と
数量の関係を論じたものである。各消費者によるさまざまな商品から得られ
る効用の比較、使用価値にたいする「代替的評価」を問題にし、「限界代替
率」の考えにもとづいて消費者が各自の予算をさまざまな生産物にどのよう
に配分するかを決める。すべての消費財についてその限界代替率が財の価格
比になるように消費パターンを決定するとき、各消費者の効用満足は最大に
なる、と。この議論の本質は効用の可測性の点から否定された限界効用理論
の考えと基本的には同じである。そこにあるのは各々の財を買えば買うほど
その財の限界効用は逓減する、各財の限界効用がそれらの価格比になるよう
に買うと、効用満足は最大になる、という考えである。

　「限界代替率」の概念は純粋に形而上学的である。事実を説明するのに、何の意味をもっていない。無差別曲線を用いた議論に前提されているのは、効用満足の点で同一水準をもたらすような二財の組み合わせのもとで、財の代替関係であるが、そもそも個々の経済主体の同一の効用水準をあらわす二財の組み合わせを想定することが現実の意味をもたない。人はさまざまな有用物をある一定の比率でバランスよく組み合わせるから効用が大きくなるのであり、そのバランスを欠けば効用水準は低下する。しかも、無差別曲線によればある一財を減ずれば他財をよりいっそう多く消費しなければ同一の効用水準を維持できないというばかげたことを主張しなければならなくなる（無差別曲線が原点にたいして凸であるという性質がそのことを示している）。

　新古典派の生産理論で重要な役割を果たす「限界生産力」という概念も同じである。ある生産物をつくりだすのに、ある特定の生産要素の投入量だけを変化させるという考えそのものが純粋に形而上学的である。商品はあれこれの具体的な有用物である。それは素材的、技術的に規定された生産条件のもとでそれに適した原材料、部品、機械装置を用いて一定の管理制御された多くの生産工程を経て生産される。それは有用物の物理的、化学的性質や特性にもとづいたものであり、純粋に素材的、技術的である。

　生産要素の投入量と産出量のあいだには、素材的、技術的に規定された物量関係以外の「数量関係」は存在しない。ある特定の生産要素だけを変化させたとき、産出量がそのように変化するのかという「投入・産出」の数量関係は成り立たないのである。

　初期の限界効用理論は商品の価格（相対価格）が限界効用の比によって規定されることを主張したが、無差別曲線を用いた議論は、限界代替率（限界効用）が商品の価格を規定することを主張したものではない。限界代替率が商品の価格比に等しくなるように財の消費量が規定されることを主張したものである。

　生産関数をもちいた生産者行動の分析も同じである。生産者が利潤を最大化するために技術的限界代替率が価格比になるように各生産要素の組み合わせを決め、生産要素の限界生産力がその実質価格に等しくなるように生産量

を決めるという点にその主張の要点がある。

　新古典派理論は、商品の価格と数量のあいだに一定の関係を想定することによって成立している。この関係を規定するのが限界原理にもとづく消費者と生産者の行動の分析である。この分析は「与えられた価格」に対応して個々人の需要量と供給量がそれぞれ一意的に決まることを主張する。すなわち、限界代替率＝価格比、限界生産力＝要素の実質価格（各生産要素の価格を生産物価格で割ったもの）となるように消費量、生産量が規定されることになる。しかし、この試みはこの理論の内部で成功していない。商品の価格に対応して消費量や生産量が規定されるというのは、たんなる錯覚にすぎない。

　そこでは数学のもつ抽象性が一つの役割を果たし、それが新古典派理論にもっともらしい外観を与えるのである。数学は無名称の概念を扱う。物理学とちがって単位がない。あるのは抽象的な数、量である。そのことが新古典派理論に「幸い」するのである。新古典派理論が取り扱う経済量は単位のない無名称な量であり、それ自体無規定な量としてはじめから存在する。そもそも新古典派の限界原理による無差別曲線、生産関数をもちいた分析にあらわれる経済量とは、無規定な純粋な抽象物である。そこにはさまざまな財を数え上げるなんらかの物量的な単位が存在しないからである。

　新古典派の論法にしたがってたとえ原点に対して凸であるという無差別曲線の存在や、収穫逓減であるという生産関数の存在を前提としても、価格にたいして財の消費量や生産量が規定されることはない。なぜなら、無差別曲線や生産関数そのものが経済的に意味あるものとして概念的に規定されないかぎり、われわれは論理展開の手続きを少し変えるだけで、予算制約線上の任意の点で、つまりどのような消費財の組み合わせにたいしても限界代替率＝価格比が成立することを、あるいは等利潤直線上の任意の点で、限界生産力＝要素の実質価格が成立することを主張できるからである。ここに限界原理をもちいた議論の秘密があると同時にその不毛性がある[*1]。

　さらに、個々の需要量や供給量を集計した社会全体の総需要、総供給はますます規定されない無規定な量として存在する。たとえ個々の需要量と供給量が規定されたとしても、消費者、生産者の数によって社会の総需要、総供

給は異なってくるからである。

　ある商品の生産者が２倍になれば全体としての生産量が２倍になる。ある
いはもっと簡単な例でいえば、ある一人の生産者がその生産設備を２倍にす
れば、その生産量も２倍になるが、そのような場合でも限界生産力＝要素の
実質価格という限界原理の基本命題に抵触することはないからである。さら
に、新古典派は「規模にかんする収穫不変」という命題を認めている。同じ
生産システムが２倍であればその生産者の供給量も２倍になる。所与の技術
的条件のもとで与えられた価格に応じて財の数量が規定されるという新古典
派の主張は、これだけでも否定されることになる。

　このように個々の需要量や供給量を社会全体に「集計する」という論理的
手続きが成立しない。限界理論による個々人の行動分析から社会全体の総需
要、総供給を導くことは論理的に意味をもたないのである。といっても、こ
うしたことは新古典派にとって少しも矛盾でないのかもしれない。新古典派
理論のなかであらわれる価格は任意の値をとって変化する独立変数の性格を
もつものであり、また、この価格に対応する需要量や供給量は商品取引に先
立って人々の頭のなかに予想量や計画量として存在する経済量である。こう
した形而上学的ともいえる性格をもった価格と数量によって構成された新古
典派の思考の世界のなかでは、矛盾と感じ取るべきものも矛盾でなくなるの
かもしれない。

　新古典派理論にとって、商品の「価格」に対応して、その「数量」を規定
することは本質的である。新古典派の市場均衡分析で問題となるのが、需要
と供給の一致、すなわち、価格の関数としてあらわされた需要量と供給量を
数式として等値することであり、新古典派の均衡概念もそこに存在する。そ
れゆえ、限界原理が商品の価格と数量のあいだに何の関係も規定できないこ
とは、新古典派の理論展開にとって致命的である。

　実際、新古典派の理論展開にとって限界理論と市場均衡の分析のあいだに
はどのような関連もない。一般均衡論の均衡解の存在を導くときにも、また
均衡がつくりだされる安定分析にも限界原理が利用されることはない。新古
典派が主張していることは、限界原理にもとづいて需要量と供給量が価格の
関数として「表現できる」ということだけであって、そこには「表現でき

る」という以上の内容がないからである*2。

  ＊1　限界理論にもとづく消費者行動、生産者行動の分析は、新古典派の理論構成のなかでは、次のように取り扱われる。とりあえず、商品の価格も数量も未知数であるがそれはワルラスの一般均衡論で解決される、と。すべての財について価格体系の関数としてあらわされた総需要と総供給の連立方程式を解くこと——実際はその解の存在を「確認」すること——によって商品の価格と数量の問題は解決される、と。

  ＊2　この経済学にとって「合理的」、「効率的」とは、個々の経済主体の主観的価値判断にかかわる概念であって、新古典派経済学がつくりあげた「限界原理」に従って、人々が判断し、行動することを意味している。それは現実経済の合理性、効率性とは無縁の概念である。

  あれほど物の使用価値、有用性、素材的規定にこだわるのに、この経済学はじつは物の有用性をみていない。限界生産力の概念がそのよい例である。限界生産力の概念は他の生産要素を固定したまま、ある一つの要素だけを変化させる「投入・産出の数量関係」を想定している。有用物が生産されていることを見ていない。商品の使用価値をその価値（交換価値）に結びつけたいあまり、逆に生産物が素材的、技術的に規定された具体的な有用物であることを否定しているのである。だから、この経済学の真意は、物の有用性にたいする主観的価値判断を論ずる点ではなく、物の素材的規定と、この物が一定の生産関係のもとで受けとる社会的な形態規定（商品としての規定）を混同させる点にある。

（1）消費者行動の分析

  新古典派によれば、経済の本質は個人の「主観的価値判断」にある。個々の経済主体はある選好関係によって表現される主観的基準のもとで合理的行動を選択する。つまり、消費者は与えられた予算の範囲内でできるだけ高い効用水準をもたらすような消費パターンを選択する。

  新古典派の教科書にしたがって消費財が二種類しか存在しない場合を考えることにしよう。点Aによってあらわされる消費パターンと同一の効用を

与えるような消費パターンは図1のＥ－Ｅで示される。この消費パターン
は効用満足の点でＡ点と無差別であるため、曲線Ｅ－Ｅは無差別曲線と呼
ばれている。

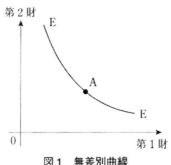

図1　無差別曲線

　無差別曲線は任意の二財の「代替的評価」とこの曲線が「原点に対して
凸」であるという性質のもとに成立している。「代替性」は、任意の二財の
あいだに同一の効用水準をもたらす消費パターンが存在することを前提とし
たものであり、この曲線が原点に対して凸であることは、「限界効用逓減の
法則」を示したものである。

　さまざまな商品を一つの比例関係におく場合、何らかの数量的関係をつけ
る必要がある＊1。そのために新古典派がつくりだした分析装置が「限界代
替率」である。それは商品の数量関係を直接あらわしたものではなく、「限
界」というある状態における効用の比較を財の数量比に結びけたものであ
る。第一財を第二財で代替したとき、第一財1単位が第二財の何単位に対応
するか、効用満足の程度を等しく保つような代替関係を考えたものである。
その限界代替率が二財の価格比に等しい点で消費パターンが決定されること
になる。

　新古典派は商品の交換比率、交換価値そのものについては説明しない。商
品の価格決定は限界理論とは別のところ、つまり市場均衡の分析で行われ
る。無差別曲線を利用した議論が主張することは、限界代替率が商品の価格
比に等しくなるように、消費者は購入する商品の数量を決定するということ

である。

「限界代替率」は商品の交換比率、すなわち交換価値そのものについては何も説明しない。商品の価格比ではなく、各財の消費パターン、その組み合わせを規定する点に無差別曲線を利用した議論の積極的な内容がある。が、まさにこの点でこの議論はうまくいかないのである。なぜなら、われわれはどのような消費パターン、各財の組み合わせについても、次の言葉を発することができるからである。

「人々は限界代替率が二財の価格比に等しくなるように消費量を組み合わせる。そしてそのとき、人々の効用は最大満足の状態にある」と。

理由は無差別曲線そのものに内包されている。限界代替率は無差別曲線の微分係数に関係するが、微分係数そのものは関数の値、つまり財の数量には直接関係しないからである。この簡単な数学的な理由が「限界代替率」という概念を用いた議論が無意味であることを示す。もし、その関係をつけようとすれば、無差別曲線そのものが確定されなければならないが、その点について新古典派が主張することは、「限界効用逓減」を示す無差別曲線の形状が原点に対して凸であるということだけである。

まず無差別曲線そのものの存在について批判する。無差別曲線そのものが経済的に無意味であり、そのような概念を構成することが現実の経済に対応しないことを示す。次に、たとえ無差別曲線の存在を「想定」しても、与えられた価格に対応して消費財の数量比が規定されるという新古典派の主張がデタラメであることを示す。

*1　商品はつねに一定の比率のもと等価の関係におかれる。素材的、物理的にまったく異なり、何の共通性をもたない商品がどのような理由で、一定の割合のもとで等しいとされるのか。そこにはどのような共通性があるというのか。あるいはその共通な単位とは何か。

(2)　無差別曲線の経済的意味
——使用価値の「代替的評価」

「正当派の消費者需要に関する理論が依拠する無差別曲線については、個々

人であれ個々人からなるグループであれ、そのいずれにとっても、手に入る経験的データからこれらの曲線群を導き出しえないことが判明しているので、疑わしいものとされている。それゆえ、無差別曲線という理論構成概念は、一角獣、幽霊、そしてかつて人間に生命を吹き込んでいると考えられた「生気」が形而上学的であるのと同じ意味で、形而上学的である。そのようなものが実在するという経験的事実は何もない。」（アイクナー『なぜ経済学は科学ではないのか』p.309）

「理論の本質的な要素が、観察可能な世界で経験によって確かめることのできる対応物をなんらもたないとき、理論それ自体の経験による立証が不可能になる。それゆえ、消費者需要についての正当派の理論は、先に確認したその他の経験的テストのなかでも、とりわけ対応性テストを満足していない。」（同上、p.309）

「カール・ポパーの反証主義によれば、『反証可能性』をもつこと、すなわちデータの出方次第では『反証』される——データと矛盾する——かも知れない可能性を持ち得るのが、科学の理論の資格なのである。たとえば、『家計はそれみずからの効用を最大にする』などという命題を反証することは、まったくもって不可能に等しい。第一、『効用』のなんたるかは、必ずしも判然としないし、いわんや、それを数量的に計測することはとうてい不可能である。数量的に計測できない『効用』という代物を家計ないし個人が最大にしているか否かを、直接、経験的に確かめろといわれても、それは無理難題だといわざるをえない。その意味で、この種の命題はたんなる『仮説』にすぎず、いわゆる『有意味な定理』ではない。」（佐和隆光『これからの経済学』p.20）

　新古典派経済学に「科学」としてのお墨付きを与えたのはポパーの反証主義である。「有意味な定理」とは、データとの照らし合わせが可能な命題のことをいう。経験的で客観的な数量関係とされている無差別曲線はいまだに、データと照らし合わされたことがない。無差別曲線という分析装置そのものが純粋に形而上学的である。

　新古典派によれば、市場経済は商品を互いに交換する社会ではなく、代替する社会である。限界理論の基礎にある考えは、商品の「交換」ではなく、

商品の「代替」であり、さまざまな商品の使用価値、効用にたいする「代替的評価」である。

　人と財の関係、財にたいする主観的価値評価に経済の本質をみる新古典派にとって、さまざまな財の効用を比較するとき、「代替」という考えは不可欠である。使用価値、すなわち物の効用を互いに比較し関連づけるために、ある物が他のある効用にとって代えられる割合を考える。このとって代えられる割合を一つの曲線として描いたものが無差別曲線である。無差別曲線は個々の消費者にとって同一の効用水準をあらわす曲線であり、右下がりで、原点に対して凸であるという性質をもつ。

　無差別曲線は、なぜ原点に対して凸であるのか。この曲線は何を根拠にどこから導かれるか。その点について新古典派はあまり触れない。われわれが唯一知りうるのは、ある財をもてばもつほどその追加の一単位から得られる効用が減少するという「限界効用逓減の法則」であるが、これはたしか効用の可測性の点から否定されたはずであった。効用の可測性は必要なく、選好順序だけがわかればよいとされた。つまり財平面の任意の2点について、どちらがより望ましいか、あるいは無差別であるかを示すことのみに意味があって、効用の値そのものには意味がないという「序数的効用」が提唱された。しかし、その選好順序にどのような特徴があるか、つまり無差別曲線がなぜ原点に対して凸であるかの説明はない。

　パレートが序数的効用にもとづく無差別曲線を導入したことで、消費者行動を説明する概念は限界効用から選択理論へ移行したといわれるが、無差別曲線の根拠に据えられているのは、ある財をもてばもつほどその追加の一単位から得られる効用が減少するという「限界効用逓減の法則」である。それは、ある財を手放せば、同一の効用水準を維持するためによりいっそう多くの他財を手にしなければならないという二財の「代替」関係によって補完されている。

　ヒックスは効用が測定されうるかどうかは問題にしないで、商品空間上の各点から得られる効用が互いに比較可能であるという性質をもてばよいとした。だが、なぜ消費者にとって同一の効用が得られるような点、つまり無差別であるような点を結んでできる曲線が構成できるのか、そしてその曲線が

原点に対して凸であるのか、そうした説明はない。

　人はじつに多くの多様な消費物資を必要とする。たとえば、五大栄養素として炭水化物、タンパク質、脂質、無機質、ビタミンがあげられるが、それを適度な割合で摂取しなければならない。健康維持のためには偏りのない豊かな食生活が大切である。

　同一の効用水準を得るために、タンパク質を1単位減少したとき、その代わりに脂質を何単位増加させなければならないか、あるいはビタミンを1単位減少したとき、その代わりに炭水化物をどれだけ増加すればよいか、という代替関係を考えることはできない。それは互いに異なる使用価値、効用をもつ有用物であるから、効用満足の点でそれらの栄養素の「代替的評価」を考えることは意味がない。

　ところが、無差別曲線をもちいた議論ではこうはならない。ある財の量を変化させても、他財の量を適当に変化させれば全体から得られる効用を一定水準に保つことができる。しかも、同一の効用水準を保つためには、ある財を減ずれば減ずるほど、他財をより多く必要とする。なぜなら、無差別曲線は原点に対して凸であり、限界代替率は逓減するからである。効用水準を一定に保つためには、タンパク質を減ずれば減ずるほど、よりいっそうの脂質を摂取しなければならないということになる。経済学者とはタンパク質を減らせば、よりいっそう多くの脂質を摂取することによって同一の効用水準を維持しようとする人々のことである。ヒックスやサミュエルソン、ポパーなどはそのような特徴をもった人である。

　重要なのは栄養のバランスである。まさに適度の割合でさまざまな栄養素を摂取するから全体の効用が大きくなるのである。同じことが他のすべての消費物資についていえる。欲求を満たすために、さまざまな消費物資やサービスを適度の割合で組み合わせるから効用が大きくなるのである。その割合が破られれば全体の効用は低下する。こうした事実は、二つの消費財の量的組み合わせを適当にすれば同一の効用水準が得られるという無差別曲線の存在を否定することになる。

　一定の与えられた価格に対してさまざまな財に対する消費財の組み合わせが存在する[*1]。さまざまな消費者にとって、それぞれの財の組み合わせの

必要量が存在するのであって、ある財を1単位減少したとき、他財を単位増加すれば同一の効用が得られるかということが問題なのではない。それはそれぞれの財の効用がまったく別のものであって、われわれはまさに一定の比率のもとで必要とするからである。この比率に個人の趣味、嗜好が入りこむとしても何の問題もない。ある人はバターよりもマーガリンを、また別のある人はマーガリンよりもバターを好むかもしれない。それは社会全体のなかで平均化され、ある一定の値に落ち着くことになる。人々の社会生活の変化とともに、植物性油脂を選好する人が増加すれば、社会全体の需要はマーガリンに傾くであろう。

　　*1　これは新古典派が主張するように「所与」としての価格に対応する消費
　　　　財の組み合わせを想定することではない。それはその社会の伝統、文化、慣
　　　　習を反映して歴史的に形成されてきた消費財の組み合わせのことであり、さ
　　　　らに産業の進歩は社会に普及させる消費物資を変化させる。とくに、人々が
　　　　望む製品の価格低下はその需要を大きく拡大させるが、その価格低下は新古
　　　　典派が想定する独立変数としての価格の変動にもとづくものではなく、もっ
　　　　ぱら生産の技術的条件の向上によるものである。生産の技術的条件の向上は、
　　　　労働の生産性を高め生産物価値の低下をもたらすからである。

　「代替」――そして「代替的評価」といっても同じである――という考えは、まさに代替なのであって、使用価値や効用が同じようなものどうしの関係であって、そうでなければ代替関係におくことはできない。使用価値、効用の点である物が別のある物でとって代えられるとき、それらは代替可能、代替物である。たとえば、エネルギーの代替性として石炭を石油に、あるいは石油を天然ガスに代替することができる。ある用途の範囲内でマッチをライターで、鉛筆をボールペンで代替することは可能である。しかし、マッチをコーヒーで、あるいは米をボールペンで代替することはできない。もちろんこのような事実を経済学者も知っているのであって、彼らが無差別曲線を論じる際に引き合いに出す例は、米とパン、コーヒーと紅茶、バターとマーガリン、リンゴとミカンなど実生活で趣味や嗜好の違いによって代替可能かそれに近いものばかりである。それらの例は日常意識に訴えて、理論にもっ

ともらしい外観を与えるには好都合である。経済学者がパンと鉛筆の無差別
曲線やボールペンとリンゴの無差別曲線、あるいはセメントとバターの無差
別曲線を論じることはないのである。

　さらに、鉛筆と消しゴムとの無差別曲線はどうか。それらは補完財である
から無差別曲線を描くことができないということは、少しもいいわけにはな
らない。互いに補完財の関係にある商品も、商品世界の例外として存在して
いるのではない。有用性、その素材的な側面からみて補完関係、代替関係、
あるいは何の関係をもたないものはいくらでもある。たしかに、新古典派が
問題にするのは、使用価値の「代替」ではなく、使用価値から得られる効用
の比較、効用満足の点からの「代替的評価」である。

　問題はある意味では巧妙といえるし、またそれが同時に不毛性を示してい
る。限界理論で問題になるのは、有用物から得られる効用そのものの大きさ
ではなく、追加の1単位から得られる効用、すなわち限界効用の大きさであ
る。ベーム・バヴェルクはかつてマルクスの労働価値説を批判して、使用価
値一般は「捨象」されない、共通なものとして残ると強調した。ある物を別
のある物で「代替する」という意味ではなく、効用満足の点でさまざまな財
から得られる満足度の比較を商品の価格に結びつけようとした。新古典派は
この満足度の比較を「代替的評価」と呼んでいるのであって、その本質は限
界効用と同じである。

　ある有用物の消費量が一定量を越えれば、それから得られる効用が逓減す
る――無差別曲線が原点に対して凸であるという性質――という新古典派の
命題は、逆にいえば、人々がその有用物、消費物資を必要とする一定量は一
つの大きさとして与えられているということを意味する[1]。たとえば、わ
れわれは生命を維持するために主食である米の一定量を必要とする。その一
定量をさらに超えて、米の消費量を増加させ、その追加の一単位から得られ
る効用をあれこれ論じることは意味のないことである。同様に米とある有用
物の無差別曲線を考えることは無意味である。

　効用を最大化するために、われわれは実に多様な有用物を必要とする。そ
れはさまざまな有用物がそれぞれ異なる使用価値、効用をもち、互いに代替
できないからである。

　欲望を満たすためにまさに一定の割合で有用物を組み合わせるから効用が大きい＊2。この割合が異なれば効用は低下する。効用一般を問題にして、使用価値にたいする「代替的評価」という観点から満足度の点で同一であるようなその数量比の組み合わせを考えることはできない。しかも限界効用逓減の法則（無差別曲線が原点にたいして凸であるという性質）によれば一方の使用価値を減じたとき、他方の使用価値をますます多く増加させなければならないことになる。つまり、セメントを減少すればするほど、より多くのバターを消費しなければ同一の効用を維持できないことになる。ここに無差別曲線を用いた議論が形而上学的である理由がある。

　　＊1　特別の有用物、たとえば貴金属、宝石、奢侈品、嗜好品など、趣味、趣向の世界に属する品はそのかぎりでないが、その所有量が問題になるのは、一部の限られた富裕層にとってのことである。われわれはこの富裕層のための経済学を展開するのではない。

　　＊2　この組み合わせに個々人の趣向や嗜好が入りこむ余地はある。ミカンより柿を好む人がいれば、逆に、柿よりもミカンを好む人もいる。紅茶とコーヒー、和食と洋食、その好みは人によってちがう。また、生活の重点のおき方によってさまざまな消費パターンがある。衣服にお金をかける人、食事にお金をかける人、自動車にお金をかける人、あるいは教育にお金をかける人、それぞれの消費から得られる満足度は人によって異なり、その消費パターンも異なる。こうした事情は無差別曲線の存在を肯定するのではなく、むしろ否定する。一定の予算内で、人はその好みに応じてさまざまな有用物を適当な割合で組み合わせるのであって、その組み合わせのもとでその人の効用の満足度が高いのである。

　ある予算制約の範囲内で、セメントを1単位減少したとき、同等の満足度をあらわすためにはバターを何単位増加しなければならないのか、という問いを提出すること自体が欺瞞である。効用一般を問題にし、使用価値がまったく違うある物と別のある物を満足度の点で同一の水準をもたらす「代替的評価」という考えは、経済的に無意味である。使用価値にたいする「代替的評価」という考えは、きわめて限定された狭い範囲内に妥当することであろ

う。ある特別の状況のもとである物を互いに代替物として取り扱う場合もある。たとえば食糧難のときイモが米の代替物であったし、薪がガソリン燃料の代替物として扱われるときもある。そのとき、文字どおり使用価値の代替性が問題となるであろう。

　決定的な点は次の事実にある。商品であればどんな物でもある一定の比率のもとで「交換」される。代替関係である物であっても、補完関係にある物であっても、この世に商品として存在するかぎり、互いに交換される。つまり、それらにはすべて価格があり、一定の比率のものですべて等価の関係におかれるという事実である*1。

　社会に存在するさまざまな有用物の多くは代替関係にない。たとえば、食料と衣料をみてもそうであろう。個人の主観的価値判断をもちだして、ある日の買い物で食料を多く買い込んだので、衣料を少な目にしたという日常のありふれた事実を理由にして、無差別曲線の存在を主張することは問題の本質を見失うものである。さまざまな消費統計が示しているように、1年間の家計のなかで食料費、衣料費に当てられる金額は比較的固定された大きさである。

　　*1　新古典派によれば、商品社会は労働生産物を等価物として互いに交換する社会ではなく「代替」する社会である。個々人の行動は交換ではなく「代替」によって特徴づけられる。それは商品の価格を経済人の財に対する「代替的評価」に結びつける新古典派の方法から生まれてくる。新古典派は「価格」を市場の事実としてではなく、個々の売り手と買い手とのあいだの「財の代替比率」として考えるからである。

　　そもそも、新古典派には「交換価値」という概念さえない。そうしたものは主観的価値論には都合の悪いものとして経済理論から放逐された。「交換」という概念は必然的に「等価」の概念につながる。そして、「等価」の概念は価値概念に対する考察を否応なしに呼び起こすことになる。商品価値の貨幣表現である価格とは別の価値概念を追求することは新古典派にとって不都合なのである。だから、新古典派は「財の代替的評価」という選択の問題をもちこんだのである。

　　使用価値にたいする「代替的評価」は、互いに通約されない使用価値（財）

を価値として比例関係におくために考え出された方法である。しかし、この方法は財が素材的にも技術的にも規定された具体的な有用物であるということを否定することになる。

　われわれは生きていくためにさまざまな有用物を必要とする。基本的な生命代謝にかかわる衣、食、住、さらに歴史的、文化的に形成されてきた生活様式、さらに産業の発展に規定された生活水準に応じてじつに多くの有用物を必要とし、それを適度の割合で組み合わせて消費する。

　重要なことは、使用価値にたいする「代替的評価」ではなく、まさに一定の割合で消費財を組み合わせるから欲望の満足度が大きくなるということである。たしかに、資源は無限ではなく限りがあり、さまざまな財貨を無制限に手に入れることはできない。そこにはおのずと一定の制約が存在する。自然によって制約されているだけでなく、人類がこれまで手に入れてきた生産力によっても制約されている。われわれは、ある一定の範囲内でしか有用物を手に入れることはできないが、それはまた、産業の発展、生産力の発展とともに変化するのである。資本主義の発展は、これまで人類が手にしたことのない有用物を多くつくりだした。それは科学技術の開発、応用によるものであり、それによって人々の生活様式も大きく変化したのである。

　人は欲望に応じてさまざまな有用物、サービスを必要とする。それを一定の比率で組み合わせ消費する。民族や国がちがえば、風俗、慣習、伝統もちがう。そこには歴史的に形成されてきた生活様式に応じてさまざまな消費パターンが存在する。さらに、その国の経済、産業の発展が生活水準、文化水準を高め、人々の欲望を拡大し、より豊富な消費パターンをつくりだす。それらを全体として規定するのは、社会が何をどれだけ生産できるかということである。自動車やテレビ、冷蔵庫、洗濯機、掃除機などが発明され、市場に出されても人々がすぐに手に入れたわけではない。その製品に人々の手が届く程度に価格が低下されなければならない。それを可能にするのは生産条件の向上である。技術革新、生産方法の改良によって労働生産性が向上すれば商品の価格は低下し、一般大衆が購入できるようになるからである。商品社会において需要を拡大するもっとも基本的は方法は、商品の品質を高め、

価格を低下させること、また魅力的な商品の開発である。それを可能にするのは自然科学の発展と生産の技術的条件の向上である。

　重要なことは、使用価値にたいする「代替的評価」ではなく、社会の欲望に対応してさまざまな財・サービスを一定の割合で生産しなければならないということである。そして、生産物の価格、すなわち商品の価値は、その使用価値とは何の関係もないということである。生産方法の開発、改良によって、生産性が向上すれば、その商品の価値は変化する。生産性の向上した商品の価格は安価となり、その商品に対する支払い能力のある社会的欲望は拡大される。

　このように財の価格は消費パターンに影響を与える。ある財が人々のニーズに応えるものであり、社会で飽和状態にないかぎりであれば、その財の価格低下によって需要は拡大する。だが、忘れてはならないのは財の価格低下が何からもたらされるかということである。新古典派が想定するように価格は任意の値をとって変化する独立変数ではない。市場における需給関係を反映した価格変動を別にすれば、ある財の価格が低下するのは、その生産条件の向上以外にないからである。生産性の向上はその財の生産に社会が必要とする労働量を減少させる。この労働の減少が、その財価格の低下としてあらわれるのである。

　無差別曲線を用いた議論で、与えられた価格に対応してどのような消費パターンが存在するか。二財の消費パターンを決定するときに重要な役割を果たす予算制約線の傾き（二財の価格比をあらわす）、そのものがこのように生産条件によって規定されているのである。

　商品の価格に対応してどのような消費パターンが存在するか。それは同時に社会がどのような財をどれだけ生産できるかという問題であり、社会の総労働をどのような有用物の生産部面に分割・配分できるかという問題に還元される。それは労働の社会的編成の問題であり、科学技術の発展、産業の発展、したがって労働生産性の程度に大きく依存する。労働生産性が高められ、ある生産部面で必要とされる労働が減少すれば、その労働の一部分は不要となり他の生産部面に移っていく。それは工業生産の場合だけでなく、農業、漁業などの自然的条件に深く結びついた有用物の生産の場合にも当ては

まることである。かつて社会の労働のほとんどは、漁業や農産物の生産にふ
り向けられていた。社会の全成員を養うための基本的な生活資料の生産だけ
で手一杯だったのである[*1]。

　　*1　このようにみてくると、商品の「価値」とは年々生産される総価値の可
　　除部分をなすことがわかる。すなわち、商品の価値とは社会の総労働のうち
　　でその商品の生産にふり向けられた労働量をあらわしているのである。した
　　がって、ある生産部面で労働生産が向上すれば、その生産部面の商品の価値
　　は低下することになる。ある商品の品質や性能が向上したのに、つまり使用
　　価値が大きくなったのに、その価値（交換価値）が低下することは、資本主
　　義生産のもとでつねに引きおこされる技術革新が示しているとおりである。

　無差別曲線を用いた限界原理にもとづく消費者行動の分析の主張点は、ま
さに商品の価格と数量の関係を規定するところにある。ところが新古典派
は、無名称の抽象的な単位で論理を進める。新古典派は財の「1単位」から
得られる効用というものを考える。ある消費財を「1単位」減少したとき、
他の消費財を「何単位」増加させれば効用水準は同一であるか。そこには物
量的な単位はない。具体的な実在物の数量を取り扱うときには長さ、重さ、
容積等々の物量的単位が必要であるが、新古典派経済学には「物量的な単
位」はない。数学のように物量的単位をもたず、その抽象性、一般性そのも
のが本質である学問もあるが、物理学や化学で扱われるさまざまな物理量、
化学量にはすべて単位があり、そのディメンジョンも重要な理論構成要素で
ある。

　抽象性は理論の生命である。どのような理論にも抽象性があり、この抽象
性が雑多な諸現象のなかから事物の普遍性、統一性をを浮かび上がらせる本
質である。その意味で新古典派経済学に「物量的単位」が存在しないこと
は、一つの抽象性といえなくもない。だが、この経済学の抽象性はさまざま
な諸現象を内的に統一する普遍性、一般性ではなく、現実や事実との対応を
欠くという意味での抽象性である。物理学や化学の抽象性はつねに現実との
対応関係のなかで保持している抽象性、つまり普遍性である。物理学や化学
にならって新古典派理論にも具体的な物量的単位を導入してみよ。無差別曲

線でとりあげられる財に具体的な単位を導入してみよ。すぐさまその滑稽さがあらわれることになる。無差別曲線をもちいた議論は無規定である。無差別曲線とはたんなる観念の産物である。

（3）　数量の無規定

　以上のように、無差別曲線そのものを構想すること自体が経済的に無意味である。しかし仮に、新古典派にしたがって無差別曲線の存在を認めたとしよう。その場合でも、限界原理にもとづく消費者行動の分析によって財の価格と消費量を関係づけることはできないことが示されてしまうのである。新古典派は限界代替率（MRS）が価格比（p_1/p_2）に等しくなるように消費パターンが決まることを主張するが、それはうまくいかないのである。

　消費者は効用を最大化する合理的行動において商品をどのように購入するか。与えられた予算内で、たとえば二つの商品Aと商品Bを購入するとき、その数量はどのように決まるか。新古典派は、消費者行動の分析でこのように問題を立てる。そして、A財、B財の無差別曲線と与えられた予算制約線をもちいて次のような結論を導く。与えられた予算制約線上で、二財の限界代替率（MRS、$-\Delta y/\Delta x$）がその価格比（p_1/p_2）に等しくなるように消費パターン（C_1, C_2）を決めたとき、消費者の効用は最大となると（図2）。

　この議論はうまく構成されているようにみえるが、その弱点は「限界代替率が二財の価格比に等しくなるように消費量の組み合わせが決まる」という主張以上の内容を含んでいない点にある。

　この議論には三つの構成要因がある。「限界代替率」と「価格比」と「数量」である。限界理論は限界代替率と価格比を関連づけ、この両者が等しいところで消費財の数量が決まることを主張する。この議論の特徴は、財の価格と数量のあいだに直接の関係をつけることはできないが、価格と限界代替率の関係を通じてそれができると考える点にある。ここに新古典派の限界理論の基本的な考えがある。価格と結びつくものはA財とB財の変化量の比（$-\Delta y/\Delta x$）、xの限界量Δxとyの限界量Δyの関係である。これが消費パターンであるA財とB財の数量、xとyとの数量関係に結びつくためには無差

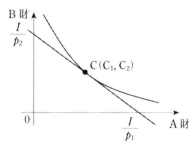

図2 無差別曲線と予算制約線。接点
　　　 Cで消費者の効用は最大となる。
　　　 ただし、予算制約線は $p_1x + p_2y$
　　　 $=I$ とする

別曲線そのものが概念的に規定されなければならない。そうでなければ、A
財とB財の任意の数量比に対して限界代替率と価格比を等しくすることが
簡単にできるからである。われわれが無差別曲線について知っていること
は、限界効用逓減にもとづいてこの曲線が原点に対して凸である、というこ
と以外にない。無差別曲線そのものが確定されないかぎりこの条件に抵触す
ることなく、新古典派の命題が無効であることが示されてしまう。

　新古典派は無差別曲線を描き、そこに予算制約線を描けば、効用が最大化
される点、接点（C_1, C_2）が決定されると主張するが、この手続きを少し変
えるだけで点（C_1, C_2）が任意の点であることが示される。この手続きの変
更は、新古典派理論の内容に反するものではない。それは無差別曲線に前提
されている内容―限界効用逓減をあらわす原点に対して凸であるという曲線
の性質、あるいは曲線が互いに交わらないという性質――を変えるものでは
ない。つまり、新古典派が想定する無差別曲線に前提されている性質をすべ
て保持したままで、予算制約線上の任意の点を消費者の効用最大化の点とし
て主張することができるのである。

　次のような手順で議論をすすめればよい。

　ⅰ）傾きが $-p_1/p_2$ の予算制約線Lをひく。

　ⅱ）L上に任意の点 $C(x_1, y_1)$ をとる（図3）。

ⅲ）点 C(x_1, y_1) において直線 L に接する原点に対して凸である曲線 F を描く（図4）。そしてこの曲線を「無差別曲線」と呼ぶ。

これですべての手続きは完了だ。

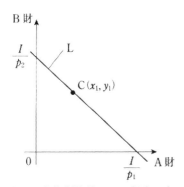

図3　予算制約線 L 上に任意の点
　　　C をとる

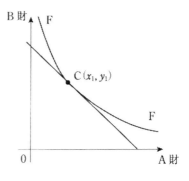

図4　無差別曲線 F を描く

　先ほど述べたように、われわれが無差別曲線について知っていることは、その形状が原点に対して凸であるということだけである。限界代替率の逓減性（限界効用逓減の法則）のほか無差別曲線の性質を示す経済的内容をわれわれはもっていないからである。また、価格の高い財のほうが消費量が少なく、価格の低い財の消費量が多いということもない。

　L 上の点は任意であるから図5のように点 D(x_2, y_2) をとり、その点で直線 L に接する無差別曲線 G を描けばよい。無差別曲線 F と G の形状は異なるが、原点に対して凸であるという条件は守られている。ある人には F という無差別曲線が当てはまるかもしれないし、また別のある人はに G という無差別曲線が当てはまるかもしれない。新古典派自身がいうように、そもそも個人間の効用の比較は不可能であり、そのような効用比較可能性は「経験科学」としての経済学に必要ないという主観的価値基準の独立性にしたがえば、形状の異なる無差別曲線 F と G の存在を否定することはできない。

　このように限界原理にもとづいた消費者行動の分析によって効用が最大となる点が規定されることはない。与えられた予算制約線上の点であれば、ど

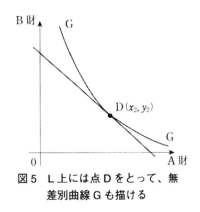

**図5　L上には点Dをとって、無
差別曲線Gも描ける**

の点であってもその点で効用水準が最大となるように、つまり二財の限界代
替率が価格比に等しくなるように無差別曲線を描くことができるのである。
　経済学者のトリックは簡単である。あらかじめ無差別曲線の存在を仮定
し、予算制約線と接する点で効用が最大化すると説明するから、この議論が
何らかの内容をもった、もっともらしいものとみえるのである。この外観を
取り除き、無差別曲線の存在を仮定し、また原点に対して凸であるという性
質を想定しても二財の数量が規定されることはない。
　二財の数量が規定されず、無規定であるのは、無差別曲線のもつ「抽象
性」のせいである。一般に、理論の抽象性とは、論理展開の必然的な移りゆ
きをあらわす普遍性のことであるが、無差別曲線のもつ「抽象性」とは、論
理展開を押し進めるには不十分な、それ以上の経済的内容をもたない「抽象
性」である。無差別曲線は、みずからの論理を展開するのに必要な経済的内
容をもっていない。原点に対して凸であるという性質をみたせば、どのよう
にも規定される。つまり無差別曲線そのものが経済的に無規定な代物なので
ある。（このような抽象性は、たとえば新古典派が取り扱う経済量には物量
的な単位が許されないという点にも示されている。新古典派の議論のなかで
あらわれるさまざまな財が具体的な物量的単位をもつことはない。セメント
とバターの無差別曲線を描くとき、そこに想定されている単位はなにか。セ
メントの単位はトンで、バターの単位はグラムであるのか。具体的な単位を

導入して無差別曲線を描いてみるのもよいかもしれない。)

　以上みてきたように予算制約線上の点であれば、どの点においても、つまり任意の数量の組み合わせに対して限界原理が成立していることが主張できる。だから、新古典派が、無差別曲線を利用した消費者行動の分析で実際に主張していることは、限界代替率と価格比が等しい点で消費パターンが決まるということではなく、予算制約線上のどこかの点で数量が決まるというおそろしく無内容なことである。一定の予算を二財の購入に割り当てるから、二財の数量がその予算内のどこかで決まることは当たり前のことである。

　新古典派の限界理論とはよくしたもので、個々人の主観的価値評価、さまざまな財にたいする代替的評価、こうしたものはどのようにも規定されるし、また規定されない。いわば無規定である。なぜなら、それらはすべて財の使用価値や効用にたいする個々人の「主観的」な「価値判断」であり、個々人がどのように判断し、評価しているかはだれも否定することはできないからである。ある人が自分の価値評価であると断言すれば、他人である第三者はだれでもその人の主観的価値評価を否定することはできない。どのように「代替的評価」をしても、それがその人の主観的な満足度が最大な点である。

　新古典派の分析方法にならえば予算制約線上のどこかの点で人は効用最大の状態となる（これは当たり前のことである。一定の予算制約内で予算を二財に振り向けるからである）。逆にいえば、ここにこの理論の不毛性がある。

　われわれが「主観的」な「価値評価」ということを本当に尊重すれば、どのような「主観的価値判断」であっても一向にかまわないのである。そうでなければ、はじめから各個人の効用の満足度や主観的価値判断などという言葉はよけいである。それとも個々人にかかわる「主観的価値評価」が、社会的に共通な客観性をもつとでもいうのか。実際、新古典派自身によって、異なる個人間の効用の比較可能性は効用の可測性とともに実証的に検証できないという理由で経済学に不必要なものとして否定されたのである。そこで強調されたのは、「経験科学」としての経済学の確立である。

　新古典派自身によって、経済学の論理体系の整合上の点から効用の可測性

および個人間の効用の比較は否定された。効用の可測性、個人間の効用の比較は経済学に必要ない。各個人が享受する主観的な満足感、効用はある一つの共通な尺度ではかることができない。このように各個人の効用の比較は実証的に検証できないということで経済学から否定したのは、パレート、ロビンズである。

　パレートは、経済学は経験科学として独立しなければならないと考え、経験的に確定できない主観的な効用判断を経済学のそとに駆逐した。経験的に確定できる数量関係のみを問題とし、効用の可測性を批判し、序数的選好にもとづく無差別曲線を導入した。各個人の主体的選択は、満足度・効用を最大にするように行動するが、その際効用の可測性は必要なく、主観的価値基準をあらわす選好順序——無差別曲線——だけがわかればよいということになった。パレートの選択理論によれば次のようになる。

　　「ある状態 a の方が他の状態 b に比べて、より選好されているか否かを知ればよい。したがって、市場均衡を論ずるためには、a の効用が b の効用より大きいかどうかだけを知る必要があって、a の効用が b の効用の何倍になっているかを知る必要はまったくないというのである。…無差別曲線体系だけを知れば消費者の行動を分析することができ、効用水準そのものを知る必要はまったくないということである。」(宇沢弘文『近代経済学の再検討』p.87)

　このように効用の可測性は必要なく、選好順序だけがわかればよいとされた。効用の可測性を前提として効用関数をもちいた議論から選好順序だけを前提とした無差別曲線をもちいた議論にとってかえられたのである。

　また、ロビンズはピグーの厚生経済学を批判して、個人間の効用の比較を仮定する必要はないと否定した。ピグー的な効用理論は、各個人が享受する主観的な満足度を実体的な尺度ではかることができるとする。異なった個人の効用を互いに比較できる、つまり、さまざまな個人の享受している効用、主観的な満足度を共通な尺度ではかることができると仮定されている。

　ロビンズはこのピグー的な効用の可測性、比較可能性を検証できないという理由から否定する。ある人と別のある人との効用の比較はまったく異なった性質の比較であり、それは「異なった個々人の経験を科学的に比較しうるか否かという形而上学的大問題を、証明なしに暗に仮定して論じている。」

（ロビンズ『経済学の本質と意義』p.205）ロビンズは科学的根拠が欠けているという。個人間の効用の比較は均衡理論において決して必要とされない、また均衡理論の過程に決して含まれない仮定である、と。

　　「このロビンズの立場は、じつはパレート以来展開され、精緻化された市場
　　均衡の理論にかかわるものである。」（同上、p.87）

　このように効用の可測性、個人間の効用の比較の問題は、経済理論の整合性の点から市場均衡の理論を展開するのには不必要なものとして否定された。そこで強調されたのは「主観的価値基準の独立性」、つまり各個人の満足度・効用を最大にするように行動する主体的選択は、主観的価値基準をあらわす選好順序――無差別曲線――にもとづくということである。

　　「新古典派は、このように、個人の主観的価値基準の独立性、絶対性を、そ
　　の基本的前提とするのであって、異なる個人については、それぞれの主観的
　　価値基準の比較はまったく不可能であるという立場をとる。」（同上、p.83）

　新古典派によれば、各自の主観的価値基準は、他の経済主体の行動とは無関係に独立に与えられる。とすれば、無差別曲線の形状は、各人にとって異なってもよいということになる。もちろん新古典派が想定する原点に対して凸であるという無差別曲線の性質を前提としても。ある個人Ａの無差別曲線体系において無差別曲線が交わることはない。しかし、個人Ａの無差別曲線と別のある個人Ｂの無差別曲線とが交わることはありうる。なぜなら新古典派自身が主張するように、それぞれの無差別曲線はその個人にとっての選好順序をあらわすのであって、他人の無差別曲線とは本来無関係であるからである。

　いま図６のような個人Ａと個人Ｂの無差別曲線を考える。その形状が異なるが、新古典派にしたがって個人の主観的価値基準の独立性を前提にすれば、その形状が異なってもよい。さらに、異なる個人についてのそれぞれの主観的価値基準の比較はまったく不可能であるから、無差別曲線は原点にとって凸であるという条件をみたせば、個人Ａと個人Ｂとの無差別曲線のあいだに規定されるような関係はない。そしてどちらも同一の予算制約のもとで合理的行動をおこなう。

　限界原理にしたがえば、無差別曲線と予算制約線との接点で個人Ａも個

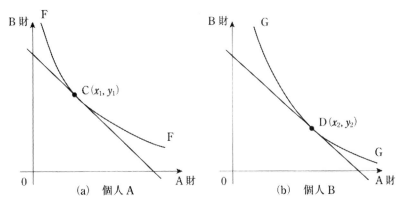

図6　個人Aと個人Bとで別々の無差別曲線が描け、どちらも 同一の予算制約のもとで合理的行動をおこなう

人Bも最大満足の状態になる。どちらも限界代替率＝価格比という条件を満たしてるが、その数量の組み合わせは異なる。

　このように限界代替率が価格比に等しくなるように、消費パターンが決定されるという限界原理が、じつは何も規定されない無規定な命題であることが、新古典派の論理にしたがっても示されるのである。のちほどみるように、生産関数を用いた限界生産についても同じことがいえる。新古典派の論理展開にしたがっても、生産量は規定されない無規定な量として存在することが示されるのである。

　個人間の効用の比較は不可能であり、経済学に必要ないという新古典派の主観的価値基準の独立性に忠実にしたがえば、限界原理にもとづく消費者行動の分析は、商品の価格にたいしてその数量を規定するという考えを無意味にする。それだけではない。先ほどみたように同一の個人についても数学的手続きを少し変える――この変更は新古典派経済学の内容をまったくそこなうものではない――だけで、数量が無規定であることが示される。

　以上みてきたように、商品の価格にたいしてその数量が規定されるという新古典派の限界原理は数量について何も語っていない。この経済学の論理展開にしたがっても価格に対応して数量が規定されることはない。無差別曲線

が経済的に意味あるものとして概念的に規定されないかぎり、価格と数量の
あいだに何の関係も見いだすことはできないからである。

　限界理論にもとづく消費者行動の分析によれば、合理的経済人は限界代替
率＝価格比になるように消費財を組み合わせる。パンの消費量と米の消費量
はこの原理にしたがって、規定されることになる。ある人は米よりパンを好
み、また別のある人はパンより米を好むかもしれない。与えられたパン価格
と米価格に対してさまざまな消費量の組み合わせができる。さらに、日本人
の生活様式の変化もある。そうした事情がいくらあってもよい。限界理論は
「安泰」である。なぜなら、われわれはいつでも、どこでも「限界代替率＝
価格比になるように消費財を組み合わせる」といえばよいのである。どのよ
うな条件のもとでも、その条件に見合った原点に凸である無差別曲線を描け
ば限界原理は成立するのである。これほど便利な理論はない。

　社会はその欲望に対応してさまざまな使用価値を一定の割合で生産しなけ
ればならない。そのために社会の総労働を分割、配分し、さまざまな生産部
面に振り向ける。経済学者は現実生活のなかではそのことを知っているが、
経済理論に向かうときれいに忘れることのできる人たちである。彼らは商品
価格や市場メカニズムを論じはじめると、あらゆる財を代替関係におき、使
用価値にたいする「代替的評価」というものを考える。

　重要なことは、使用価値にたいする「代替的評価」、あるいは「代替財の
選択問題」ではなく、社会の欲望に対応してさまざまな財・サービスを一定
の割合で生産しなければならないということである。社会の欲望は国によっ
ても、またその風俗、習慣、文化、生活水準によっても異なる。しかも産業
の発展とともに変化する。そして、つねに変化する社会の要望に応じてさま
ざまな財・サービスの生産が均斉のとれたものでなければならないのであ
る。それは社会の総労働をさまざまな有用物を生産する生産部面にどのよう
に分割し、振り向けるかという問題である。この振り向けられる社会の労働
の量がそれぞれの有用物の価値、つまり価格を規定する。それぞれの商品が
ちょうど社会的に必要な労働時間を含むように、市場価格の変動を通じて
——供給過剰である商品の価格は低下し、供給不足である商品の価格は上昇

することによって——それぞれの商品の供給量を社会の欲望量に対応するようにつねに調整するからである。すなわち、価値法則が鉄の必然性をもって貫徹するのである。

　これまでみてきたように、無差別曲線を利用した限界原理にもとづく消費者行動の分析にしたがっても商品の価格比に対応して消費量が規定されるという主張はデタラメである。それは価格を与えてやれば、それに応じて消費量が規定されるという新古典派の考えを否定する。新古典派の基本概念である「限界代替率」にもとづいた分析によっても、価格と数量のあいだに一定の関係を見いだすことはできないのである。

　新古典派の理論展開によれば、消費者行動の分析から個別の需要曲線が導かれる。つまり、与えられた価格に応じて消費量が一意的に規定されることが想定されている。しかし、無差別曲線を用いた消費者行動の分析から価格と数量の関係を規定することはできない。それゆえ、個別の需要曲線を導くことはできない。当然のこととして個別の需要曲線を社会全体に集計した総需要曲線も無意味である。

　こうしたことは新古典派理論にとってたいへん都合が悪い。二重の意味で都合が悪い。一つは、市場経済の成り立ちを個々人の合理的行動に還元して説明するところに、この経済学の生命線があるが、それがたんなる見せかけにすぎないことを暴露してしまうからである。もう一つは、価格に対応して数量を規定することがこの経済学にとって本質的であるが、その試みさえ否定するからである。新古典派の市場分析の要点は、商品の価格と数量のあいだに一定の関係をみて、需要量、供給量を価格の関数として取り扱う点にある。そして、新古典派が想定する「市場メカニズム」と「均衡概念」とは——それ自身現実の市場メカニズムとは無縁の抽象物である——その両者の関係のなかにあるからである。

第4章　限界理論の批判
——生産理論の批判：生産者行動の批判

　新古典派理論では、消費者行動の分析の次に生産者行動の分析がくる。ここでも重要なのは限界原理である。各生産者が利潤を最大化するためにどのような行動をするか、という問が提出され、生産要素の組み合わせ、産出量の大きさが限界原理によって説明される。

　①　それぞれの生産要素の限界生産力がその生産要素の価格比に等しくなるように、投入される生産要素が組み合わされる。生産物を生産するのに必要とされる生産要素のあいだに代替性が想定され、生産可能な生産要素の組み合わせ比率が無数に存在する（等量産出量曲線）。

　無差別曲線を用いた消費者行動の分析では、効用満足の点から使用価値の「代替性」ではなく、「代替的評価」が問題となったが、新古典派の生産理論では、文字どおり「生産要素の代替性」が前提されている。

　②　産出量は、生産物価格が限界費用に等しくなるように決まり（同時にそのとき各生産要素の投入量はその限界生産力が実質価格に等しくなる）、そのとき生産者の利潤が最大となる。つまり生産物の価格に応じて利潤が最大になるような最適な生産水準が存在し、生産物の価格とその産出量のあいだに規定されるような関係があると想定されている。

　新古典派の生産理論で重要な役割を果たすのは、「限界生産力」の概念である。それは他の生産要素の投入量を不変に保ったまま、ある一つの生産要素の投入量を変化させたとき、産出量がどれだけ変化するか、投入と産出の「数量関係」を想定したものである。だが、他のすべての生産要素の投入量を不変に保ったままで、ある一つの生産要素の投入量だけを変化させるという限界生産力の考えそのものが形而上学的である。なぜなら、商品は価値物であると同時に具体的な有用物、使用価値であり、その生産は素材的、技術的に規定されているからである。

　ある有用物をつくりだすのにさまざまな生産要素を必要とする。それはすべて素材的、技術的に規定された生産条件のもとでつくりだされる。それは

物理的、化学的な性質や特性にもとづくものであり、純粋に科学技術の応用
である。一定の技術と高度に管理制御された多くの生産工程で一連の生産手
順にそって加工、生産される。工程の順序を入れ替えることはできないし、
生産に必要とされる原材料などの生産要素の投入比率を変えることもできな
い。

　「限界生産力」概念の基礎にある、一つの生産要素の投入量だけを変化さ
せる、あるいは生産要素のあいだに等量の産出量をつくりだすような代替関
係があるという考えは問題になりもしない。新古典派にとって商品とは素材
的にも技術的にも規定されていない抽象物、「あるもの」である。新古典派
は商品の価値をその使用価値、物の有用性に結びつけたいあまり、逆に商品
が素材的、物理的に規定された具体的な有用物であることを否定しているの
である。

　商品はあれこれの具体的な有用物であり、その生産のために必要な生産要
素、原材料、生産設備、有用労働を欠けば、その有用物を作り出せない。そ
の意味でどのような生産要素も生産に貢献するといえる。問題は次の点だ。
どのような生産要素も生産に貢献するとはいえ、商品価値の生産に貢献する
のは人間労働力だけであるということだ[*1]。

　しかし、そのことを否定するために、新古典派は限界生産力という概念を
創造した。限界生産力という概念は、玄妙な性質をもっている。生産要素が
生産に貢献するという理由によって生産物の使用価値の生産だけでなく、そ
の価値の生産にも貢献する（新古典派は帰属という）という意味をもたせた
のである。新古典派は生産要素が生産に貢献する、つまり素材的にその要素
が生産に貢献するから、その生産要素は価値の生産にも貢献すると考え
た[*2]。あらゆる生産要素が商品の使用価値の生産だけでなく、価値の生産
にもかかわることを示したものが限界生産力という概念である。それは価値
と使用価値を混同させるためにつくられた概念である。

　ここに新古典派の本当のねらいがある。新古典派は商品の素材的規定と形
態規定を混同させる。むしろ混同させるところに新古典派理論の真実の姿が
あるといえる。資本が生産要素、つまり生産過程で機能する要素であるとい
う理由によって、資本それ自体が価値増殖する属性をそなえたものであるこ

とを正当化したいのである。

資本は物ではなく、人々の一定の生産関係であり、この社会関係のもと
で、生産手段は資本としての性格を受け取る。生産手段はこの一定の生産関
係から切り離されれば、価値増殖する価値、すなわち資本としてあらわれる
ことはないが、生産手段が一定の生産関係のもとで受け取る性格、その社会
的形態をその生産関係から切り離して、生産手段そのものが素材的にもつ属
性とみなすところに新古典派の限界生産力理論の最大の存在理由がある。

労働だけでなく、あるゆる生産要素が使用価値の生産だけでなく価値の生
産にも貢献するという要請のためには、生産要素の投入量と産出量のあいだ
に素材的、技術的に規定された物量関係とは別の「投入・産出の数量関係」
が想定されなければならない。それは他のすべての生産要素を不変に保った
ままで、ある一つの生産要素だけを変化させると産出量がどのように変化す
るかという、およそ現実の商品生産とは無縁の考えである。それは商品が素
材的、技術的に規定された具体的な有用物であることを否定する考えであ
る。これが「限界生産力」という概念の正体である。

　*1　商品は価値と使用価値の二重物である。だが、あらゆる有用物は生まれ
　ながらに商品であるのではない。有用物は歴史的に規定された一定の生産関
　係のもとでのみ商品としてあらわれる。商品の有用物、つまり使用価値とし
　ての規定は、どの歴史的時代にも共通である素材的規定であるが、価値とし
　ての規定は一定の歴史的形態のもとで人々の社会関係が受け取る社会的な形
　態規定である。

　*2　もっとも、新古典派には「価値」という概念は存在しないから、価値の
　生産について語ることはない。だが、所得分配の議論になると何の脈絡もな
　く突如として「価値」が登場する。総生産物価値ではなく、総生産物「価格」
　を語るとすれば、奇妙であろう。

　　新古典派は価値概念がないのに「価値」の帰属については語る。各生産要
　素はそれぞれの限界生産物「価値」に応じた報酬を受け取る。つまり、各生
　産要素の限界生産物「価値」に相応する「適正」な所得分配がおこなわれる
　と考えるのである。この考えは資本家による利潤取得が労働とは関係なく、
　生産の素材的要素それ自身がもつ社会的な属性とみなすことに結びつく。

（1）投入と産出の形而上学

　新古典派の生産理論は投入量と産出量のあいだに、素材的、技術的に規定
される物量関係以上の「数量的関係」を想定することによって成立してい
る。生産の技術的条件を与件としたうえで、ある一つの生産要素の投入量を
変化させると、産出量がどのように変化するか、その投入量と産出量のあい
だに想定された「数量的関係」が、「限界生産力」の理論的な根拠である。
この数量関係のなかにそれぞれの生産要素の生産に対する貢献度、「限界生
産力」の概念がある。

　新古典派は投入量と産出量の関係をあらわした「生産関数」を構想する。
ある一定の技術的条件が与えられたとき、さまざまな生産要素の投入量を変
化させたとき、生産量がどのように変化するか、投入と産出の数量関係をあ
らわしたものが生産関数である。

　生産要素を x_1, x_2, x_3, $\cdots x_n$ とし、生産量を y とすると、生産関数は

$$y = f(x_1, x_2, x_3, \cdots x_n) \qquad ①$$

である。また、資本Kと労働Lとの関係をあらわすために

$$y = f(L, K) \qquad ②$$

という生産関数もよく利用される。これは資本の限界生産力をあらわすため
に、所得分配論で重要な役割を果たすことになる。

　新古典派の生産理論はこのような生産関数であらわされた投入・産出の分
析であるが、この関数がどこから導かれ、どのように構成されるか、あるい
は与件としての生産の技術的条件がどのように生かされているかは、新古典
派にとって不明である。ある具体的な有用物の生産について生産関数が実際
に構成されたことはない。そこには「高度な抽象性」が存在する。それは
①、②式であらわされるような一般的な形で表現されるだけである[*1]。

　いま生産要素が二つである場合を考えると、生産関数は

$$y = f(x_1, x_2) \qquad ③$$

となる。③において、y の値を一定に保ったままで x_1 と x_2 との関係を考えた
ものが等産出量曲線であり、x_1 の増分にたいして y の増分を考えたものが生
産要素 x_1 の限界生産力である。

　他のすべての生産要素は不変であると仮定したうえで、ある生産要素 x_i（$i = 1,\ 2$）の投入量だけを変化させたとき、産出量 y がどのように変化するか、その増分の割合が生産要素 x_i の限界生産力である。記号では、y を x_i で偏微分した $\partial y/\partial x_i$ とあらわされる。

　このような考えは生産要素が x_1、x_2 の二つの場合だけでなく、一般に、ある財の生産に必要なすべての生産要素 x_1、x_2、x_3、…x_n についても適用される。

　そして、それぞれの生産要素のもつ「限界生産力」、生産にたいする貢献度が問題にされ、与えられた要素価格に応じて利潤が最大になるように、生産要素の投入量と産出量が決定されるとする。

　＊1　新古典派の生産関数でよく利用されるのは、コブ・ダグラス（CD）型生産関数と CES 型生産関数である。この関数がどこから導かれどのように構成されているか。その特徴は何か。さまざまな生産過程の実証分析から関数が構成されるのではなく、あくまでも「限界理論」の展開にとって都合の良い関数として構成されている。問題にされるのは、投入される生産要素の変化量と産出の変化量の関係、その増分のあいだの一定の関係である。生産要素の「代替の弾力性」（限界代替率の要素比率の相対的な変化）が一定になるように関数が構成されている。任意の代替の弾力性 σ にたいして成立するのが CES 型生産関数であり、そのなかでも代替の弾力性 σ = 1 であるのが CD 型生産関数である。

　とくに次のような指数型の関数として表現される CD 型関数は、新古典派の生産理論に必要な生産関数の性質をよく満たしているため、頻繁に利用される。

$$Y = AL^{\alpha}K^{\beta}$$

　この CD 型関数は次のような性質をもっている。規模弾力性（規模にかんする収穫の度合い）が産出量 Y に依存する。資本と労働の限界生産力が逓減する。資本と労働の限界代替率が逓減する。資本と労働の生産弾力性がそれぞれ、α、β である。α と β の和が規模にかんする収穫性をあらわし、α + β = 1 であるとき、規模にかんして収穫不変である等々。

　たしかに数学的にはそのような性質をそなえている。だが、それはあくま

でも「限界理論」の展開にとって都合の良い関数として理論に後付されたものであり、現実の生産過程の分析とは何の関係もない。新古典派自身が強調する生産の一定の技術的条件さえも考慮に入れたものではない。そもそも投入量と産出量のあいだに、素材的、技術的に規定される物量関係以上の「数量的関係」、生産関数を想定することが不可能である。なぜなら、くり返し述べるように生産物は具体的な有用物であり、生産要素の投入量は素材的技術的に規定されているからである。素材的、技術的条件を無視して有用物を生産することはできない。ある一つの生産要素の投入量だけを変化させるという考えそのものが現実とは無縁の「純粋な概念操作」である。

生産の技術的条件を固定したうえで、「投入量と産出量の関係」を生産の性質として論じること自体が形而上学的である。投入量も産出量も物量的な数量である。そこにあるのは、素材的、技術的に規定された物量比と比例関係である。

「限界生産力」概念の基礎にある、他の生産要素の投入量を固定したままで、ある一つの生産要素の投入量だけを変化させるという理論操作そのものが成立しない。それは純粋な概念操作、新古典派経済学者の頭のなかにのみ存在する形而上学的な操作である。ある生産物を生産するために投入される生産要素 x_1, x_2, … x_n の比率は、その有用物をつくりだすのに必要な素材的、技術的条件によって固定された比率である。

われわれが扱っているのは抽象的な「ある財」、「物自体」ではない。どのような生産物も素材的に規定された具体的な有用物である。ある有用物をつくりだすのに必要とされる生産工程の素材的・技術的条件を無視して生産要素の投入比率を変えることはできない。要素間の代替性は存在しない[*1]。

新古典派は生産要素の投入比率を変化させても、産出量が一定になるような生産要素の組み合わせが存在すると考えているが、生産要素の比率を変えても有用物が生産できるという考えは純粋に形而上学的である。生産要素のあいだの代替性を想定した等産出量曲線は成立しない。

また、投入量は生産に必要な生産要素の物量的な数量であって、産出量はその投入量に応じて生産される物量的な数量である。両者のあいだには素材

的、技術的に規定された比例関係が存在するだけだ。しかも、それは生産要素の価格にも生産物の価格にも関係がない。どれだけ高価なものであっても、それが生産に必要な生産要素であればその投入量の比率を変えることはできない。

　　*1　ある条件のもとで生産要素の比率が変更できる場合もある。作業手順の
　　　工夫、生産工程の見直し、あらたな生産技術の導入などによって、これまで
　　　生産物に結びつかず浪費されていた生産要素の一部分が改善されるときであ
　　　る。このとき、投入される生産要素の比率が変更され、また投入量にたいし
　　　てより多くの生産物が産出されることになる。しかし、これは新古典派が考
　　　えるような「投入と産出の数量的関係」、生産の技術的条件を固定したうえで
　　　生産要素の投入量にたいして産出量がどのように変化するのかという問題で
　　　はなく、生産の技術的条件の変更を意味している。

　新古典派は半導体 IC の製造にあたって、ウエハーの投入量や不純物である砒素やホウ素の投入量の比率を変えても IC が生産できるような生産を構想しているのである。IC の生産には高度な技術と管理制御された多くの作業工程を必要とする。製造工程全体には物理、化学、電気、電子、工学、機械、計測、建築、情報処理などの技術と知識が必要である。ミクロ単位の高度な生産技術が必要である。

　新古典派が等産出量曲線で想定するような生産要素の組み合わせ比率のさまざまなパターンは問題になりもしない。それどころか半導体 IC の製造にあたっては、微量なゴミや金属、各種イオン、有機物などの不純物が存在することは許されない。形状不良、性能、信頼性低下の要因になるため、非常に清浄化された半導体工場特有のクリーンルームが必要不可欠である。

　生産物は抽象的な「ある物」、「ある財」ではなく、具体的な有用物である。その有用物をつくりだすには素材的、技術的に規定された生産要素と一連の生産工程が必要である。この素材的、技術的関係を無視して生産要素の投入比率や投入量を変化させることはできない。それぞれの生産要素の投入量を変化させたとき、産出量がどのように変化するのか、という問を提出すること自体が形而上学的である。

　「限界生産力」の考え自体が成立しない。いうまでもなく、「限界生産力
逓減の法則」も成立しない。生産要素の投入量を増加させるとき、すべての
生産要素を同じ割合で増加させなければ有用物を生産できないからである。
そして生産能力を超えず、生産過程に特別の不具合がないかぎり、増加した
投入量に比例して産出量は増加する。

　投入量が1.2倍になれば産出量は1.2倍になり、投入量が1.5倍になれば
産出量は1.5倍になる、等々。生産要素の投入量以上に、産出量がより多く
なるとか、より少なくなるということは、具体的な有用物の生産について語
っているかぎりありえない。産出量は投入量にただ物的に比例するだけであ
る。

　そこに投入量と産出量の関係が問題になるとすれば、それは歩留まり、不
良品の割合であり、「収穫逓減」や「収穫逓増」は問題になりはしない。特
別の不具合がない限り、産出量はつねに投入量に比例する。また、生産能力
を超えて生産することはできないし、過度の操業率の低下は生産の採算割れ
を引きおこすが、その場合でも投入量と産出量は物的に比例している。新
古典派は「限界生産力」という概念を構成するために、「投入と産出の数量
関係」をもちだしたが、そこには素材的、技術的に規定された比例関係しか
存在しないのである。

　同じように、新古典派による「規模にかんする収穫性」の議論も、投入と
産出の数量関係を誤って取り扱っている。すべての生産要素を同時に変化さ
せたとき、産出量がどのように変化するかを考えたものが「規模にかんする
収穫性」である。この考えは、他の生産要素の投入量を固定したままで、あ
る一つの生産要素の投入量だけを変化させる「限界生産力」とは異なって、
すべての生産要素を同時に変化させるから、妥当性をもっているようにみえ
るが、これも投入量と産出量のあいだに素材的、物量的に規定された関係以
上の「数量関係」を見いだした形而上学的な議論である。

　なぜなら、これまでくり返し述べたように、投入量と産出量のあいだには
素材的、技術的に規定された物量関係しか存在せず、規模の大小にかかわら
ず、産出量は投入された生産要素の量にただ物量的に比例するだけであるか
らだ。

　たしかに規模にかんする収穫性は存在する。一般に生産規模の拡大とともに生産量が増大するからである。だが、それは投入量にたいして産出量がより増大することを意味するのではない。生産規模の拡大とともに産出量は増大するが、そのとき同時に、ある特別の生産要素である労働以外のすべての生産要素の投入量も増大しているのである。具体的な有用物の生産について語っている限り、投入された生産要素より産出量がより増大するということはありえない。規模の生産性とは、新古典派が考えるように投入量の増大にたいして産出量がより増大するという「投入と産出の数量的関係」を意味するのではない[*1]。

　規模の大小によって、投入量の増大以上に産出量が増大する、あるいは減少する「収穫逓増」や「収穫逓減」という投入・産出の「数量的関係」が生産の性質として存在するのではない。そこにあるのは規模の大小に結びついた生産の技術的条件である。この技術的条件が生産が、より生産的であるか、そうでないのかを表現する。

　しかも、それは投入される生産要素と産出物との「数量関係」のことではない。規模の拡大によって生産性が向上したとき、産出量は増加するが、そのときただ一つの生産要素、労働を除いてすべての生産要素の投入量もその産出量に応じて増加している。新古典派は、投入量の増加以上に産出量が増加するような架空の生産を考え、それを「規模にかんする収穫逓増」と呼んでいるのである。

　　*1　生産がより生産的になるとは、より少ない投入量でより多くのものが生産されることを意味しているのが、それはただ労働力という一つの生産要素に当てはまることである。それは生産時間にたいする、つまり投入される労働量にたいする産出量の増大のことを意味する。より少ない労働量でより多くの生産物が生産できるようになったことを示している。

　　生産の技術的条件の向上によって、生産要素のなかでただ一つの例外的な生産要素、労働の投入量だけが他の生産要素にたいして減少する。労働を除くすべての生産要素はただ産出量とのたんなる物量的な比例関係にある。たとえば自動車工場で規模の拡大とともに製造ラインが高度化され生産性が向上し、生産台数が増加するとき、労働以外のすべての生産要素は同じ割合で

　　増加しているのである。

　　新古典派はある種の架空の世界に入りこんでいるため、事実を事実として
とらえることができない。そこでは「限界生産力」の観念が、純粋思惟の世
界で一人歩きしている。生産要素の投入量とその結果生産される産出量のあ
いだに、素材的に規定された物量関係以上の何かが存在するという観念に取
り憑かれているのである。
　　新古典派の生産理論は、生産技術を与件として固定したもとでさまざまな
生産要素の投入と産出の数量関係を論じたものである。問題にされるのは、
投入される生産要素の量と産出される生産物の量の「数量関係」であり、新
古典派はそれを数式を用いた関数関係としてあらわす。
　　新古典派の限界原理にもとづく分析は、技術的条件を所与として規定され
た生産関数のもとで生産量がどのように決まるかを論じたものである。しか
し、投入量と産出量のあいだには、素材的、技術的に規定された純粋に物量
的な関係以外は存在しない。この素材的に規定された物量関係を無視して、
投入される生産要素の物量と産出される生産物の物量のあいだに、「架空の
投入・産出の数量関係」を構想したものが、新古典派の生産関数である。
　　この生産関数を基礎にしたどのような議論も形而上学的である。新古典派
の生産理論は、「投入・産出」分析といわれるが、それは投入量と産出量と
のあいだに素材的、技術的な物量的関係とは異なる「架空の数量関係」を想
定した上に成立している。だが、それは新古典派にとって避けては通れない
手続きである。
　　それは「限界生産力」という概念を構成をするために必要な論理手続きで
あるからだ。限界生産力の概念は、それぞれの生産要素がどれだけ価値の生
産に寄与するかを考えたものであり、それは生産要素の物的投入量の変化が
生産物の産出量にどのような影響を与えるかという、素材的、技術的な物量
的関係とは異なる「架空の投入・産出の数量関係」を前提としているからで
ある。
　　投入と産出の関係は、素材的、技術的に規定された純粋に物量的な関係で
ある。それ以外の関係は投入と産出のあいだに存在しない。それはあくまで

素材的、技術的に規定された純粋に物量的な関係であって、商品の価格とは何の関係もない。だが、新古典派にとって、それがどこかで価格に結びつかなくてはならない。たんなる素材的に規定された物量的関係が価格に結びつく必要がある。そのための概念装置が「限界生産力」である。

　「限界生産力」の概念は、それぞれの生産要素の投入量の変化が生産物の産出量に与える影響をあらわすという奇妙な「投入・産出の数量関係」を前提としている。そして、新古典派はこの限界生産力の比が投入される生産要素の価格比に結びつき、生産物価格が限界費用、したがって限界生産力に結びつく、と主張するのである。

(2) 等産出量曲線──各生産要素の限界生産力

　新古典派は、あらゆる生産要素のあいだに代替性を想定する。生産要素の代替性は等産出量曲線に示されている。たとえば生産要素が二つである場合、一つの要素を減らしたとき、もう一つの生産要素をどれだけ増加させれば産出量を一定に保つことができるか、二財の代替性を想定し、産出量が一定となるような二財の組み合わせをグラフにしたものが等産出量曲線である。等産出量曲線は生産要素の投入比率を変化させても産出量を一定に保って生産できると想定されている。

　そして、生産者はある一定の産出量を生産する総費用を最小にするためには二財の組み合わせをどのようにすればよいかという問が提出される。等産出量曲線と等費用直線を用いた分析がおこなわれ、両者が接する点で要素投入量の望ましい組み合わせが決定される（図7）。すなわち生産要素AとBの技術的限界代替率（$-\Delta B/\Delta A$）がAとBの価格比 p_A/p_B に等しくなる点で組み合わせが決まる。

　それは同時に生産要素AとBの限界生産力の比　MP_A/MP_B に等しい点である。（これが企業の均衡条件と呼ばれるものであり、利潤最大化となる条件の一つである。）

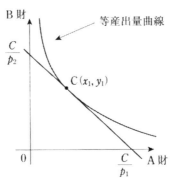

図7　等産出量曲線と等費用直線。
　　　　点Cで利潤最大化となる。
　　　　ただし、等費用直線を
　　　　$C = p_1 x + p_2 y$ とする

　およそ以上のようなことが、新古典派による等産出量曲線を用いた分析である。その内容は消費者行動の分析でみた無差別曲線の議論と基本的に同じである。等産出量曲線は無差別曲線と同じ性質をもち、そのグラフは原点にたいして凸である。無差別曲線は同一の効用水準をあらわす二財の組み合わせをあらわしていたが、等産出量曲線は同一の産出量をあらわす二財の生産要素の組み合わせをあらわしている。予算制約線のかわりに等費用直線が用いられ、曲線と直線が接する点で生産に投入される二財の生産要素の組み合わせが決定されるとする。

　こうした考察の特徴は、無差別曲線の場合と同じように商品が具体的な有用物であることを忘れている点にある。ある商品をつくりだすためには、素材的、技術的に規定された生産要素と生産工程を必要とする。生産に必要な生産要素の投入比率はその素材的、技術的に規定されている。その条件を無視してその投入比率を変えることはできないが、新古典派によればその条件とは関係なく、投入比率を変えることができる。しかも、一財を減じたとき、よりいっそう多くの他財を投入すれば同一の産出量が得られることになる。

　新古典派は生産の素材的、技術的条件とは無関係に生産要素の投入比率を

変えても生産できるような架空の経済を構想しているのである。限界原理に
はある種の抽象性がともなうが、それは商品が素材的、技術的に規定された
具体的な有用物であることを否定した上に成り立つ抽象性である。

　新古典派は商品や生産要素が素材的、具体的に規定された有用物であるこ
とを否定している。それは初期の限界効用理論にも、無差別曲線を利用した
議論にも、等産出量曲線を利用した議論にも共通である。新古典派は商品の
価値をその素材的要素に結びつけたいあまり、商品が素材的、技術的に規定
された具体的な有用物であることを忘れてしまったのである。

　商品の価値はその使用価値、その効用の程度とは何の関係もない。ところ
が新古典派は商品の価値をその使用価値、効用に結びつけようとする。もっ
とも直接結びつけるのではなく、その効用の程度、その限界における効用、
あるいは限界における生産力を商品の価格とその数量に結びつけるのであ
る。

　「同じ理由により、正統派の生産理論の基礎をなす等量線も、同様に疑わし
　い。個別企業の生産に関する手に入るデータから、この曲線を導きだせない
　ことが判明しているのである。等量線という概念は無差別曲線という概念に
　劣らず形而上学的である。むしろ等量線に否定的な論拠のほうがいっそう有
　力でさえある。等量線の含意──すなわち、技術進歩がないときでも、企業
　は労働と他の投入物のさまざまな組み合わせを採用することによって、ある
　与えられた産出量を生産しうるというもの──は、手に入る事実によって強
　く反駁されている。多くの製造業についての実証研究は──新しいプラント
　が建設されたり、あるいはまた、新しいプラント装置が設置され、新しい固
　定的な投入比率が採用されるようになるまでは──生産は労働、原材料、そ
　して他の投入物の使用をある固定的な比率で必要とすることが明らかにされ
　ている。」（アイクナー『なぜ経済学は科学ではないのか』p.309）

　アイクナーは新古典派の生産理論についてこのように述べたが、きわめて
当然である。生産される生産物は新古典派が想定するような抽象的な財では
なく、具体的な有用物である。それは素材的、技術的に規定された有用物で
ある。その有用物の生産には、それに見合った素材的、技術的に規定された
原材料、部品、生産設備と、その条件に適した具体的な有用労働が必要であ

る。つまり「生産は労働、原材料、そして他の投入物の使用をある固定的な比率で必要とする」のである。

　この固定的な比率は、素材的、技術的に規定されているのであって、生産要素の価格とは何の関係もない。他の生産要素と代替されるとすれば、同一の性質、物的特性や機能をもったものでなければならない。企業は商品の競争力を高めるために、新素材の開発、より高品質の部材や部品の開発、しかも廉価なものを生産要素の代替物として探し出そうとするが、その場合でも素材的、技術的条件に適合したものである。

　いま、H_2 と O_2 から H_2O を生産する工場を考えよう。H_2 と O_2 の比率は2：1である。生産に必要とされる生産要素の比率はその物理的、化学的性質によって規定されている。それは生産要素の素材的性質に結びつくのであって、生産要素の価格とは関係がない。H_2 がいくら高価であっても H_2O を生産する工場はこの技術的比率を変えるわけにはいかない。生産要素である H_2 と O_2 のあいだに代替性を想定し、等産出量曲線を考えることはできない。一方の生産要素を減らしたとき、他の生産要素をどれだけ増加させれば、産出量を一定に保つことができるかという問自体が成立しない。生産要素のあいだに代替関係はないからである。

　LSI、CD、コンピューター、テレビ、自動車などを製造するとき、じつに多くの多様な生産要素、原材料、部品とそれに応じた生産設備を必要とする。有用物を生産するためにはその技術的、素材的な特性に応じて必要な生産要素を組み合わせなければならない。IC チップを生産するためには、高度に管理・制御された多くの生産工程を必要とするが、その生産の素材的に規定された技術的条件を無視して、さまざまな生産要素を代替することはできない。

　使用価値が商品の条件であることにはかわりがない。使用価値をもたない物、つまり不十分な物、不良品、欠陥品は商品になりえない。また、使用価値の相違は交換の動機であり、人々を互いに依存させる。

　商品の使用価値は素材的性質によって規定されている。そして、その有用物をつくりだすために必要な生産要素の比率は技術的に規定されている。も

し、ある生産要素が高価であり、他の生産要素で「代替」される場合、その要素は素材のうえで同じような物理的特性、性質、機能をそなえたものでなければならない。こうした場合、品質や価格の両面からみてより望ましい物が採用されるのであって、その生産要素の「限界生産力」が問題になるのではない。

　生産者である企業が新素材の開発や生産技術の開発、改良にどれだけ熱心に取り組んでいるか。あらゆる生産要素はより高品質、高性能でより低価格のものにとって代えられる傾向をもつ。たとえば自動車部品の多くは高品質のプラスチック製品やセラミック製品で代替される。さらに、生産工程の機械化、工業ロボットの採用、作業工程の見直し等々の生産の高度化もあるが、これは自動車という有用物をつくりだすために必要とされる生産の技術的条件の問題である。この技術的条件を無視して、生産要素のあいだの投入比率をあれこれ変化させることは、形而上学的な試みである。

　「限界生産力」の概念は、生産に必要とされる多くの生産要素のなかからある生産要素の投入量を変化させたとき、全体の産出量がどれだけ変化するかを考えたものである。他のすべての生産要素の投入量を不変に保ったままで一つの生産要素だけを変化させる。生産要素 O_2 を固定させたままで、もう一つの生産要素 H_2 だけを変化させるのである。このとき H_2O の産出量がどのように変化するか、それを考えたものが限界生産力である。変化させた生産要素 H_2 の投入量と増加した産出量の比率が「H_2 の限界生産力」をあらわす。「限界生産力」は、「H_2 の限界生産力」あるいは「O_2 の限界生産力」といわれるように生産要素の一つひとつについて考えられたものであり、その生産要素の生産に対する寄与度を示すものと考えられている。

　限界生産力理論によれば、ある有用物をつくりだすために、生産手段、原料、材料などの生産要素は互いに代替される。また、他のすべての生産要素を固定したままで、ある一つの生産要素の投入量を変化させることができる。自動車にはステアリングが1個ついているがタイヤを4本必要とする。われわれは自動車の生産を分析するために、限界生産力理論にしたがって、タイヤとステアリングを代替することを考えねばならない。自動車を生産す

るには 1000 個以上の部品を必要とする。それぞれの部品はその独自の特性と機能をもっているが、限界生産力理論はそうした点を一切無視して互いに代替関係におくことで成立している。

　それぞれの生産要素はある有用物を生産するために、他の生産要素との素材的、技術的関連のなかで意味をもつのであって、他のすべての生産要素の投入量を不変にしたままで、ある一つの生産要素だけを変化させるという概念操作を考えること自体ばかげたことである。自動車を生産するために必要な多くの生産要素のなかからある一つの生産要素、たとえばステアリングの数を変化させ、そのとき自動車の生産台数がどれだけ変化するか、あるいはタイヤの数を変化させ、そのとき自動車の生産台数がどれだけ変化するかを考えるようなものである。

　他の生産要素を不変にしたままである一つの生産要素だけを変化させるという概念操作そのものが形而上学的である。商品は価値物であるまえに具体的な有用物である。それは素材的、技術的に規定された有用物である。たとえば IC チップを生産するためにはそれに必要な多くの生産行程を経ねばならない。IC チップの材料となるシリコンウエハーをつくるためにはイレブン・ナインといわれる 99.999999999 ％と 9 が 11 個もならぶ高純度のシリコン結晶が必要である。この作業工程だけで高度の技術と管理制御された多くの作業工程を必要とする。それはすべて科学技術の応用であり、厳密に素材的、技術的に規定された条件のもとでおこなわれる。

　　以下、『金属なんでも小事典』（講談社ブルーバックス）および『モノづくりの原点』（新日本製鉄ホームページ）を参照。

　　鉄（Fe）は地球上に存在する金属元素のなかで、アルミニウムについで多い。全元素中でも酸素、ケイ素、アルミニウムに次いで 4 番目である。

　　鉄の本来の姿である純鉄は銀白色の光沢があり、比較的柔らかい金属である。この「鉄」は原子構造が電子を放出しやすいため活性が高く、天然では単体では存在しない。単体の鉄の微粉末は空気中で自然発火して燃えてしまう。鉄の最大の欠点は錆びやすいことで、酸素と反応して表面に酸化鉄が形成される。この被膜は触媒として働き、内部まで錆を進行させてしまう。資源は豊富であるものの、柔らかい、活性が高い、錆びやすいなどの性質のた

め、鉄単体では用途が狭い。しかし、ほかのさまざまな元素を添加すると、いろいろな非常に優れた材質となる。そのような改良を重ねて生まれたのが鉄鋼である。

「鉄」の原料となる鉄鉱石は、大規模な酸化鉄鉱床から掘り出される。鉄鉱床は世界各地に分布しており、日本はおもにオーストラリアやブラジルから輸入している。鉄を主成分とする鉱物はさまざまな化合物の形をとり、その数は650種にもおよぶが、鉄の製造でおもに利用されている鉄鉱石は磁鉄鉱（Fe_3O_4）、赤鉄鉱（Fe_2O_3）、褐鉄鉱（$FeOOH$）、菱鉄鉱（$FeCO_3$）などである。

鉄を作るための原料として、鉄の酸化物である赤鉄鉱（Fe_2O_3）や磁鉄鉱（Fe_3O_4）などの鉄鉱石のなかから鉄のみを取り出すが、それには結合している酸素を取り除かなければならない（還元する）。

鉄の還元には、コークスや石炭などの固体の還元剤を用いて、炭素と酸素を直接還元（$Fe_2O_3 + 3C \rightarrow 2Fe + 3CO$）する方法と、水素や一酸化炭素などのガスにより酸素を取り除く間接還元（$Fe_2O_3 + 3CO \rightarrow 2Fe + 3CO_2$）する方法とがある。直接還元は熱を必要とする吸熱反応、間接還元は熱を発する発熱反応であり、この両方の反応が進行しながら鉄鉱石の還元がおこなわれる。

高炉でどのように鉄鉱石が鉄に生まれ変わるか。その化学反応のメカニズムを離れて鉄が生産されることはない。

高炉の最上部（炉頂）から鉄鉱石とコークスを交互に層を作るように装入し、その層をなるべく崩さないように炉内を下降させる。炉下部にある送風口から熱風とコークスの補完還元剤である微粉炭などを吹き込む。この熱風で微粉炭やコークスが燃焼し、一酸化炭素や水素などの高温ガス（還元ガス）が発生する。この還元ガスが激しい上昇気流となって炉内を吹き昇り、炉内を下降する鉄鉱石を昇温させながら酸素を奪い取っていく（間接還元）。溶けた鉄分はコークス層内を滴下しながらコークスの炭素と反応してさらに還元（直接還元）され、炭素5％弱を含む溶銑となり炉底に溜まる。これが銑鉄である。銑鉄は炉底横に設けられた出銑口から取り出され、次の鉄鋼プロセスへ運ばれる。出銑と同時にシリカやアルミナなどの鉄鉱石中の不純物が溶解・分離されたスラグも排出される。これらの副生品はセメントの材料とし

て再利用される。

　高炉自体はシンプルな構造だ。しかし生産性の向上や鉄鉱石、還元剤のコスト低減などで基本構造を変えずにさまざまな機能を付加している。超大型高炉において高品質の銑鉄を生み出す「操業のポイント」はコンピューターによる管理制御である。高炉の炉体周りには熱やガス圧力の状況を計測するセンサーが1000個以上設置されている。

「ガスが均等に上昇しているか」「装入物が安定して降下しているか」等を知るための情報をマップにして装入条件や送風温度の調整を行っている。高炉操業の理想は「頭寒　足熱」である。高炉では下部から上昇する高温ガスと、炉頂からおりてくる常温の装入原料との間で熱交換がおこなわれる。その熱交換が効率よくおこなわれるためには「頭寒足熱」型の操業が重要である。

　装入物を円周方向に同心円状に均等に入れる。精度の高い装入管理が必要である。とくに「融着帯」(炉内で鉄鉱石が下降しながら溶ける過程で、個体と液体の中間で密度の高い半溶解状態にあるドーナツ形状のもの) が高温ガスの整流板の役割を果たし、高温ガスは融着帯に沿って流れる。融着帯は薄いほうがよい。融着帯は半溶解の密度の高い状態で存在するため、帯の幅が厚すぎるとガスの流れへの抵抗が大きくなり、ガスが炉周辺側に十分廻らず、上部の固定部分に熱が伝わりにくい。鉄鉱石が軟化し始める温度をできるだけ高くし、溶け落ちるまでの温度との差を小さくすることで融着帯を薄くしている。鉄鉱石が軟化し始める温度をできるだけ高くするには「原料品質」を向上させることが大切で「原材料の事前処理」がポイントになる。さらに「浮島」と呼ばれる「炉芯コークス層の制御」も超大型高炉の操業にとって重要である。

　また、原燃料の品質を決める重要な工程は「焼結機」と「コークス炉」での事前処理である。その事前処理技術が原材料の品質を決める。「焼結機」は少量の石灰粉を混ぜ、粉鉱石を一定の大きさに焼き固めて鉱石の塊成物を造る。コークスには鉄鉱石を還元して鉄分を取り出す役割や鉄鉱石と石炭石を溶解する役割に加えて、還元ガスや溶けた銑鉄の通路を確保する重要な役割をもつ。そのため粘りの出方が違ういろいろな石炭を所定の粒度に粉砕した後、うまく組み合わせて「コークス炉」で蒸し焼きにし、簡単に割れたり潰

れたりしない強さと粒度をもたせることが必要である。「焼結機」と「コークス炉」での微粉原燃料の造粒増加強化技術の開発と確立。

　超大型高炉の操業は、「融着帯や炉芯心コークス層の制御」にその難しさがある。「新日鉄では、事前処理による原材料の高品質化をベースに優れた高炉操業診断技術、コントロールシステムの構築を進め、超大型高炉の高効率操業を高いレベルで実現している。」

このように現実の生産をみれば、他の生産要素を不変にしたままである一つの生産要素だけを変化させる「限界生産力」という考えは問題になりもしない。生産される財も投入される生産要素も物理的あるいは化学的な特性と機能をそなえた具体的な有用物である。有用物の生産にはそれぞれの有用物にしたがって必要とされる生産要素と一定の技術的条件のもとで生産されなければならない。生産要素のなかのある一つの要素だけを変化させるという概念操作そのものが成立しない。「限界生産力」の概念は純粋に形而上学的である。

　新古典派の根本的な誤りは、商品の「素材的規定」と「価値の規定」を混同させるところにある。この混同は「価値」の社会的性質を物の素材的側面に結びつけるための必要な手続きである。限界生産力理論は互いに通約されない何の共通性をもたない生産要素の素材的側面を価値に結びつけるために考えだされた理論である。が、逆に、商品が具体的な有用物であることを否定しているのである。商品は価値物であるまえに具体的な有用物である。それは素材的、技術的に規定されている。新古典派の願望は、商品の価値をその使用価値、効用に結びつけようとする点にある。この願望が生産要素間の代替性を前提とする形而上学をつくりだしたのである。

　「経済の少なくとも技術的に先端を行く部門の生産工程では、固定的技術係数が特徴となっているという事実がある。このことから、新古典派所得分配論の基礎をなす限界生産力分析は、直ちに疑わしくなる。固定的技術係数のもとでは、限界生産力理論を適用しようとするとき必要となる仕方で投入物を変化させることができない。この理論に対する疑問はこれにとどまらない。資本の限界生産力は、新古典派の所得分配論の説明で中心的な役割を演じるのであるが、その「資本」は、無差別曲線や等量線と同じ、いま一つの形而

　上学的な概念であることが明らかになっているからである。」（アイクナー
『なぜ経済学は科学ではないのか』p.311）

　アイクナーは、生産に固定的な技術的係数が特徴であるのは、技術的に先端をいく生産工程である点を強調するが、それだけではない。すべての生産部門で生産に必要な技術的係数は固定的である。生産物はすべて具体的な有用物であり、ある有用物を生産するために必要な原材料、生産設備、作業工程はその有用物の素材的、物的性質によって規定されているからである。

　第一次産業である農業、漁業部門でも例外でない。ある作物を生育させるためにはその作物に適した気温、日照、水量、肥料などが必要である。たとえば、白菜の栽培は秋口から冬にかけておこなわれ、肥料は窒素系のものを多量に必要とする。トマトやメロンは春から夏にかけて栽培され、リン酸系の肥料を比較的多く必要とする。サツマイモは暖かい気候のもとで、ジャガイモは涼しい気候のもとで、また里芋は夏の炎天下のもとで生育させねばならない。サツマイモは水はけがよく、ねばりけのない土質がよいが、里芋は湿地がよく、ある時期には水を張っておくことが必要である。さらに肥料の効かせ方も野菜によって異なる。トマトやスイカ、メロンなどは、生育初期に肥料が効くとツルボケし、実をつけない。実が適度の大きさになったときに肥料が効くことが大切である。白菜は生育初期から大量の肥料を必要とする。下葉が大きくならないと立派な白菜ができない。

　このように同じ野菜でも品種によってその性質が異なる。その野菜の特徴に応じた条件のもとで生育させなければならない。さらにまたどのような規模で栽培をおこなうか。そのために必要とされる耕作地、水路、農機具等々、それらもすべて素材的、技術的に規定されたものである。生産要素のあいだの代替性は問題になりもしない。生産の技術的係数は固定されたものなのである。そして、その野菜価格は、それをつくりだすのに必要な労力、その労働の程度によって規定されている。人手を多く必要とした野菜が高く、大規模で省力化された農場で生産された野菜が安いのはそのためである。

(3) 限界生産力逓減の法則

「価値と交換に関するヨリ狭い理論において仮定される主観的価値判断の原理を補足する主たる説明原理は、往々収穫逓減の法則とよばれる原理である。」（ロビンズ『経済学の本質と意義』p.116）

新古典派の生産理論に前提されている重要な命題が「限界生産力逓減の法則」である。生産要素の投入量の増加とともに、その産出量は増加するがその増加の割合は低下するという「収穫逓減の法則」は、限界生産力の概念とともに限界原理が成り立つためにもなくてはならない前提条件である。生産関数のグラフが上に凸であるという性質は、企業による利潤最大化行動を論じるための必要な条件であり、この条件がなければ限界原理にもとづく利潤最大化行動を論じることはできない。つまり与えられた価格に対して生産量を規定するという新古典派の議論が成立しなくなってしまう。

「この条件もまた、新古典派の理論で一般に仮定されていて、この条件がみたされないときには、新古典派理論の重要な部分について大きな修正を必要とする。」（宇沢弘文『近代経済学の再検討』p.45）

だが、不思議なことに新古典派理論のどこをみても、なぜ「収穫逓減の法則」が成り立つのか、都合のよい数値例は多く示されるが、その説明は少ない。新古典派の生産理論の中心をしめる重要な法則について、生産にはそのような性質がそなわっているとくり返されるだけで、その理由が明瞭に述べられないというのは不思議といわざるをえない。

「限界生産力逓減の法則」はリカードの「収穫逓減」の考えに根拠をもっているといわれている。それは何を論じたものであるか。リカードが考えた収穫逓減は、穀物需要の増加にともない耕作地が生産性の高い肥沃な優等地から順次劣等地へ拡大されていくにしたがって、生産量は増加するが、単位当たりの生産量が逓減していくことを説明するものであった。

それは農業生産における劣等地への生産の拡大を意味する。リカードによる収穫逓減の主張は、農業生産について考えたものであり、生産性の異なる土地の存在、つまり劣等地の存在を前提とする。劣等地とは、生産条件のよ

り低い土地のことである。人口増加にしたがって農地が次々と開拓され、次第に生産性の低い劣等地まで生産が拡大されるため、その生産の追加量が逓減するのである。

　ここで生産量の増加とともに収穫が逓減するのは、生産条件の低い条件（劣等地）のもとへ生産が拡大されたからである。新古典派が主張するように生産量の増加とともに「収穫が逓減する」という特徴が生産のもつ一般的な性質として存在するのではない。

　「収穫逓減の法則」は、生産の拡大とともに生産条件の低い領域へ生産が移行していくことを前提としている。それは多くの場合、生産の拡大とともに自然的条件が直接に生産の制約としてあらわれる場合に「妥当する」ことである。農業や漁業の場合、生産条件が自然によって直接に制約されている。土地の豊度、漁場の豊かさ、また気候とともに変化する自然条件、このことが直接に生産の条件としてあらわれるからである。もちろんこの自然条件も産業の発展とともに変化する。

　生産条件は自然によって制約されているとともに、これまで人間が獲得してきた生産の技術的条件によっても規定されている。自然の制約を人類の叡智でいかに克服してきたか。劣等地を普通の生産性の土地へ改良する。潅漑技術の発展、農地の改良、品種改良、栽培技術の向上、さらにバイオテクノロジー等々によって、生産性が向上し、かつて劣等地であった土地がより生産的な土地に改良される。そのとき「収穫の逓減」は意味のないことがらになっている[1]。

　逆の場合もある。近年では、資本主義生産の発展による大量生産、大量消費、大量廃棄は自然の生態系を壊し、農業、漁業などに深刻な影響を与えている。これまで肥沃であった土地で農作物ができにくくなり、また豊かな漁場で魚が捕れなくなる。人間による生態系の破壊が農業、漁業部門の生産条件を悪化させたのである。そこでは自然条件の悪化がそのまま生産性の低下に結びついている。

　　*1　自然的条件が生産の制約としてあらわれる。たしかにある意味では、すべての生産は自然によって制約されている。使用価値の生産についてみる限り、自然は父であり、労働は母である。しかし、産業の発展、科学技術の生

産への応用によって、人類はより大きな生産力を手に入れたのであって、む
しろ自然の制約をさまざまな叡智で克服してきたのである。

　新古典派が主張するように生産量の増加とともに「収穫が逓減する」とい
う投入・産出の数量関係が、生産の一般的な性質としてそなわっているわけ
ではない。生産条件に変化がなければ生産が拡大されても収穫が逓減するこ
とはない。たとえば、一般の工業製品の場合、同一の技術水準の生産設備を
つくれば生産は逓減されることなく拡大される。また、一般の工業製品で
も、何らかの事情によって技術的条件の低いところへ生産が拡大されれば、
その場合生産は「逓減」する。より低下した生産条件のもとへ生産が拡大さ
れたからである。
　生産量の増加とともに「収穫が逓減する」という主張の背景には、生産条
件の低下がある。リカードの例でいえば劣等地への生産の拡大を前提として
いる。自然によって条件付けられた生産条件の低下した生産部面へ生産が拡
大されたのである。このように「収穫逓減の法則」は、暗黙のうちに生産条
件の低下という仮定を闖入させているのである。しかも、新古典派はそれを
投入量と生産量のあいだの一般的な関係として、生産そのものがもつ特徴と
して理論の前提にすえるのである。ここまではリカードの収穫逓減について
である[*1]。
　[*1]　「収穫逓減」の説明のためにしばしばリカードが引き合いに出されるが、
　リカードの議論は他の生産要素（たとえば労働）を固定にしたままで、ある
　一つの生産要素の投入を増加させるという「限界生産力の逓減」を論じたも
　のではない。生産要素である土地と労働の双方の投入をともに増加させたと
　き、生産量が「逓減」することを主張したものである。その意味で次節で述
　べる「規模にかんする収穫逓減」の議論といえる。
　　新古典派は生産関数 $y = f(x_1, x_2, \cdots x_n)$ を用いて数学的な議論をしている
　ときは、他の生産要素を不変に保ったままで一つの生産要素の投入だけを変
　化させるという限界生産力（$\partial y / \partial x_i$）の逓減を問題にする。しかし、新古典派
　がさまざまな文脈で「収穫逓減」ということばを用いるとき、しばしば他の
　生産要素を不変に保ったままで一つの生産要素だけを変化させるという限界

生産力の概念に前提されているこの条件を忘れる。新古典派は「限界生産力の逓減」と「規模にかんする収穫逓減」を混同してはいけないというが、無自覚に混同させていることも少なくない。たとえばヒックスが「企業が一層大きくなるにつれて管理と統制との困難が増してくる」（ヒックス『価値と資本』下、p.28）ことを理由に、長期の場合の「収穫逓減」について論じているときがそうである。

　新古典派の生産理論が成立するためには、企業の拡張がどこかで停止しなければならない。そのためには、限界費用は企業が拡張するにつれて上昇しなければならない。つまり収穫逓減の法則が成立しなければならないのである。ヒックスは収穫逓減について次のように述べる。

　「生産物の製造に使われる資源のうち一種類の数量は増加するのに、ある他の一種類（もしくは諸種類）は不変のままであるか、あるいは比較的緩慢に増加するのであれば、そこには収穫逓減（費用逓増）への傾向がある。…換言すれば、ただある種の使用資源に稀少性がなければならぬのみならず、大規模生産による節約が現にどのようなものであろうとも、それをことごとく圧倒するに足るだけの稀少性があるのでなければならない。」（ヒックス『価値と資本』上、p.154）

　「静学的分析のうちで、完全競争下の安全均衡にとって必要とするたぐいの収益逓減が得られたのは、ただ何らかの固定的資源の存在を要請することによってのみであったということである。その固定的資源は、可変的要素が増加させられるときにも増加させることができず、またその固定的資源の能力の制限は、他の諸要素にたいして充分に逓減的な収益を喚起するはずのものであった。」（同上、下、p.26）

　ヒックスが収穫逓減のために指摘するのは「ある種の使用資源の希少性」と「生産要素の固定制*1」である。そのような生産要素はその固定制のために、可変的要素が増加されても、その投入量をすぐさま増加できない。「その固定的資源の能力の制限は、他の諸要素にたいして充分に逓減的な収益を喚起する」のである。

　「装備の固定性はかくして必要とされる収益逓減を提供する。」（同上、下、

p.27)

　ヒックスはきわめて当たり前のことを語っている。生産物は具体的な有用物である。それは素材的、技術的に規定された生産工程のもとで生産される。その条件を無視して有用物が生産されることはない。だから、「生産物の製造に使われる資源のうち一種類の数量は増加するのに、ある他の一種類は不変のままであるか、あるいは比較的緩慢に増加するのであれば、そこには収穫逓減への傾向がある」、とヒックスがいうのは当然のことである。

　ヒックスは「生産要素の固定制」のなかに収穫逓減の理由を見いだす。だが、これは問題のすりかえである。収穫逓減の説明のために生産要素の固定制をもちだすことは、新古典派の論法からも許されることではない。

　新古典派が限界生産力理論で想定する「収穫逓減」とは、生産要素の固定制のためにある種の生産要素の投入が増加できないということを理由にしたものではない。そもそも限界生産力の概念そのもが、他の生産要素を固定したままで、一つの生産要素の投入を増加させたときの産出の増加を考えたものである。そのうえで、一つの生産要素の投入増加に見合って産出が増加しないと考えたものが「限界生産力の逓減」である。

　「限界生産力の逓減」はそれぞれの生産要素について考えられたものであり、そこでは論理的前提として、つねに他の生産要素は固定されている。それゆえ、「限界生産力の逓減」を説明するために生産要素の固定制——ある種の使用資源の希少性や、装備の固定性のためにその生産要素の投入を増加できないこと——をもちだすことは、論理的に許されない。そうでなければ、はじめから「他の生産要素を固定したままで、ある一つの生産要素の投入量を増加させる」という限界生産力理論に前提されている「概念操作」そのものが無意味である。

　　＊1　ヒックスは生産要素の固定制について次のように述べている。

　　「必要とされる固定的資源はわれわれの手近に横たわっているように見える。企業者はすでにその配下に諸財の複合体、すなわち企業の装備をもっている。装備のうちには土地・建物・機械・器具・原料・加工中の諸財・技術的には完成したが未だ売られていない諸財が含まれる。さてこの装備はある有機的統一を得ていて、即座にそれをそのまま倍加することはできないと仮定する

のが穏当のように見える。装備は企業の過去からの遺産であって、かかるものとして、適切な意味での一団の「固定的資源」を組成するように見える。…期首の装備の固定性はかくして必要とされる収益逓減を提供するのであって、この収益逓減は、企業の究極の大きさを制限しないとしても、すくなくとも企業の拡張率を制限するであろう。けれども、当面の目的にはそれだけで充分である。」(『価値と資本』下、p.26)

ロビンズは「収穫逓減の法則」について次のように述べる。

「収穫逓減の法則というのは、たんに種々の生産要素は相互に不完全な代替財であるという明瞭な事実の一つの表わし方であるにすぎない。もし土地の量を増加しないで労働の量を増加するならば、その生産物は増加するであろう。しかし、それは比例的には増加しないであろう。もし土地と労働の双方を倍にしないでその生産物の倍を獲得するためには、これら両要素のういずれか一つを倍以上にしなければならない。…一種類の希少な生産要素は完全代替財である要素からなると定義することができる。換言すれば、要素の相違は、本質的には、不完全代替性であると定義することができる。したがって収穫逓減の法則は、希少な生産要素が一種類以上あるという仮定から生ずることとなる。一定の限界内では収穫は逓増しうるという補足的な原理は、同様直接に、要素は相対的に分割不可能であるという仮定から生ずる。」(ロビンズ『経済学の本質と意義』p.117)

ロビンズが主張することは次のことだ。生産要素が一つであれば完全代替であり、生産物はその投入量に比例して増加する。しかし、生産要素が二種類以上あるときは生産要素の代替性が完全でないから、一つの生産要素の投入をより増加させなければ生産物は増加しない。つまり異なる生産要素は「本質的には、不完全代替性」であり、この生産要素の不完全代替性が「収穫逓減」の根拠とされるのである。だから、ロビンズによれば収穫逓減の法則は「生産要素が一種類以上であるという仮定」から生じるということになる。(ロビンズは、収穫逓減の問題をこのように述べた最初の人がロビンソン夫人である、と指摘している。)

ロビンズは、さまざまな生産要素が「相互に不完全な代替財である」とい

うことは明瞭な事実であるという。だが、生産物も生産要素も具体的な有用物である。同一の機能や物的性質をもつ生産要素でない限り、そもそも生産要素のあいだに代替性がないことは、これまでみてきたとおりである。

　　「もし土地の量を増加しないで労働の量を増加するならば、その生産物は増加するであろう。しかしそれは比例的には増加しないであろう。もし土地と労働の双方を倍にしないでその生産物の倍を獲得するためには、これら両要素のうちいずれか一つを倍以上にしなければならぬ。」(同上、p.117)

　この説明は裏を返せば、他の生産要素の投入量を不変に保ったままで、ある一つの生産要素の投入量だけを変化させるという限界生産力の概念が無意味であることを示している。土地と労働の双方を同じように増加させれば、生産物は比例的に増加するが、一方を不変に保ったままで一つの生産要素を増加させると生産物の増加は逓減すると、ロビンズ自身が述べているのである。

　　「収穫逓減の法則とは、他の投入の不変量と組み合わせて、ある可変の投入をつぎつぎと加えていった場合に得られる追加的な産出が、次第に逓減するという事態を定式化したものである。」(サミュエルソン『経済学』13版、上、p.33)

　サミュエルソンは収穫逓減の法則を説明するためにさまざまな例を示す。投入と産出について自分の理論に都合のよい数値例を用意しておいて、他の生産要素を固定したままで、ある生産要素の投入を増加させたとき、産出の増加が逓減していく事態を説明する。たとえば次のようである。

　土地を不変に保ち、労働を1単位から2単位、さらに2単位から3単位へ増加させてみる。労働が1単位から2単位へいくと、産出水準は200単位から282単位、すなわち82単位増加する。労働を2単位から3単位増加させたとき、282単位から346単位、64単位の増加でしかない。さらに、労働を1単位ずつ増加させると、追加的産出量は54単位、48単位、42単位というふうに減少していく、等々。

　サミュエルソンはこのような例を示したあとで「収穫逓減の法則」が成り立つ理由を次のように述べている。

　　「われわれは、この例を使って、収穫逓減の法則の正当化——すなわち、固

定された要素が可変の要素に較べて減少するが故に法則が成立するという主張——を直観的に確認することができる。この説明によれば、可変要素の各単位が逓減する固定要素と結合するわけだから、追加的生産物が減っていくのは当然といえば当然であろう。

　もしもこの説明が成り立つとすれば、両方の要素が歩調を合わせて同じ比率でふやされた場合には、収穫逓減は生じないということになるはずである。労働が1から2にふえ土地も同時に1から2にふえるときには、その両方が2から3にふえるときと同じだけの生産物増加をもたらすはずであって、このことは第22A–1表からも確認できる。両方が同時に1から2にふえるときには、生産物は141から282にふえ、2から3にふえるときには、生産物は282から423にふえ、いずれの場合も増分は141単位という等しい量である。」(同上、下、p.528)

　このサミュエルソンの説明はロビンズと同じである。「限界生産力の逓減」を説明するために、生産要素の相互の関連性、その分割不可能性をもちだす。サミュエルソンによれば、収穫逓減の法則が成立するのは、「固定された要素が可変の要素に較べて減少する」からである。「可変要素の各単位が逓減する固定要素と結合するわけだから、追加的生産物が減っていくのは当然」ということになる。そして両方の要素が同じ比率で増加すれば収穫逓減の法則が成立しない、とサミュエルソンはいう。

　われわれはサミュエルソンによるこの説明を素直に受け入れねばならない。サミュエルソンはきわめて当然のことを語っている。他の生産要素を不変に保ったままで一つの生産要素の投入だけを増加させても、それに比例して産出は増加しないが、双方の生産要素の投入を「同じ比率」で増加させれば、それに比例して産出は増加すると述べているのである。

　以上、ヒックス、ロビンズ、サミュエルソンの収穫逓減に関する見解をみたが、そこに共通するのは、「収穫逓減の法則」の根拠におかれるものが、生産要素の相互の関連性をあらわした分割不可能性、不完全代替性だということである。

　　「収穫逓減の法則というのは、たんに種々の生産要素は相互に不完全な代替財であるという明瞭な事実の一つの表わし方であるにすぎない。」(ロビンズ、

『経済学の本質と意義』p.117)

　「可変要素の各単位が逓減する固定要素と結合するわけだから、追加的生産物が減っていくのは当然といえば当然であろう。」(サミュエルソン、『経済学』13版、下、p.528)

　このように新古典派は「収穫逓減の法則」を説明する理由として、生産要素の分割不可能性や不完全代替性をもちだす。だが、それはよく考えてみれば、「収穫逓減の法則」を説明しているのではなく、「限界生産力」概念そのものが成立しないことを示している。

　新古典派は生産要素の素材的・技術的に規定された相互の関連性、その分割不可能性を無視して、ある一つの生産要素の投入だけを変化させるという限界生産力の概念を構成する。そうしておいて、その限界生産力が逓減するのは、「可変要素の各単位が逓減する固定要素と結合する」からだ、つまり生産に必要な生産要素を「歩調を合わせて同じ比率」で増加させないから、生産物もそれに比例して増加しないという。

　「収穫逓減の法則」を説明する論拠そのものが限界生産力の概念に矛盾している。それは「収穫逓減の法則」を説明するのではなく、「限界生産力の概念」を否定する。「収穫逓減の法則」は、ただ新古典派の限界理論の展開にとって必要であるから、そのように前提されているのにすぎない。しかも、それは新古典派理論の内部で矛盾しているのである。

　事実は簡明である。生産設備の生産能力を超えないかぎり、サミュエルソンが述べるように投入量と産出量はたんに物量的に比例するだけである。生産設備もふくめて投入が2倍になれば、産出は2倍になり、投入が3倍になれば産出も3倍になる。

　ある一定の生産設備をもった工場プラントがあれば、その基本的な生産水準は決まっている。ここで生産量に関係するのは稼働率だけである。この稼働率の水準が企業の利益に直結する。企業は投下された資本の大きさ、つまり生産設備の大きさに合わせて生産量を決定するのであって、その資本の大きさに適合した水準で生産する必要がある。

　一般に企業のコストは生産量にかかわらない固定費用と生産量に比例する

変動費用に分かれる。単位あたりの変動費は製品の生産量が増えても一定で
あるが単位当たりの固定費は生産量が増えると低下する。すなわち固定費の
部分は生産量が大きくなればなるほど低コストとなる。(コストというのは
厳密には正確ではない。コストとは資本家の立場からみた生産に要した費用
のことであり、生産物をつくるだすために社会が要した「費用」、すなわち
労働のことではない。資本家が得る利潤を資本のもつ属性にもとづくものと
みなすと、コストという概念が妥当性をもってあらわれる。が、それは「限
界生産力」の概念と同じように、資本の素材的規定とその社会的形態規定を
混同させたものである。この混同によって、資本である生産の素材的要素が
それ自身で価値を生みだすものとみえることになる。)

　この事実が示すことは、企業はある稼働率以上で操業しなければ採算割れ
になるということだ。それは単位当たりの生産コストが問題になるからであ
る。また逆に、販売上の制約がなければ生産は拡大される。だが、新古典派
の生産理論によればこのようにはならない。より多くの商品を生産するため
に必要な追加コスト (限界費用という) が生産量の増加とともに次第に増加
していくからである。追加コストが増加するのは、投入量と生産量のあいだ
に、投入量の増加に比例して生産量が増加しないという新古典派が想定する
「投入・産出の数量関係」、つまり「収穫逓減の法則」があるからである。

　生産量と投入量の関係は素材的、技術的に規定された純粋に物量的な関係
である。生産設備が生産能力を超えない限り生産量は投入された生産要素の
量に比例する。投入量の増加に応じて生産量が増加しないような生産とは、
投入量の増加によって不良品がより増加するような歩留まりの悪い生産技術
のもとにある生産のことである。こうした技術的条件のもとにある企業は熾
烈な市場競争のなかですぐに淘汰されるであろう。だが、新古典派の主張し
ていることは、こうしたことではない。生産の技術的条件を固定したもとで
投入量の増加に応じて生産量が増加しないという生産の奇妙な性質である。
新古典派はそれを「収穫逓減の法則」と呼び、どのような生産にもあてはま
る生産の一般的な性質として生産理論の中心に据えるのである。

　　「収穫逓減ではなく、規模収穫一定、さらには逓増というのが原則のようで
　　ある[*1]。」(アイクナー『なぜ経済学は科学ではないのか』p.311)

　「収穫逓増」というのは、一般に生産規模の拡大とともに、作業工程が細分化・専門化され、機械化された流れ作業とともにその生産性が向上するときにあらわれる。それは技術的条件の向上をあらわしている。生産がたんに拡大したからではなく、生産の拡大とともに、無駄や浪費が省かれ、生産の技術的条件が向上したのである。生産規模が拡大されれば、生産設備は巨大になるが、それ以上に投入される生産要素、したがって産出量が増大するからである。それは投入される生産要素にたいして産出量がより増大するという「投入・産出の数量関係」の問題ではなく、ある一定量の生産物をつくりだすために必要な生産時間、つまり一つひとつの生産物の生産に必要とされる労働量の減少を意味する。

　たしかに「規模の経済」という問題は存在するが、それは新古典派が考えるような投入と産出の数量関係の問題ではない。それは規模の大きさに結びついた生産の技術的条件の問題であり、投入に対して産出がより増加するという「規模にかんする収穫性」の問題ではない。どのような生産規模、技術的条件のもとであっても、また生産の規模、技術的条件がどのように変化したとしても、産出量はつねに投入量に素材的、物量的に比例するのであって、投入量の増加よりも、より多くの産出量が増加するということはありえないのである。

　そもそも新古典派の生産理論は、生産の技術的条件を所与として固定したもとで一つの生産要素の投入量を変化させ、投入と産出の数量関係を考察したものである。新古典派は投入量と産出量のあいだに素材的に規定された物量的な関係以上の関係を想定し、生産について架空の概念をつくりあげているのである。「収穫逓減」も「収穫逓増」もこの架空の世界で意味をもつ、事実と無縁の形而上学的な考えである。

　*1　マーシャル流の部分均衡についてアイクナーは次のように述べる。

　「マーシャルの有名なはさみに不可欠の一方の片刃である右上がりの供給曲線が、少なくとも農業や鉱業以外では、経験的に支持されないということを認めれば、新古典派ミクロ経済理論のこの変種もまた疑わしくなる。右上がりの供給曲線は二つの仮定に基づいている。(1) 企業は、短期における純収益の最大化をはかる価格受容者である。そして、(2) 規模に関する収穫が可

変的であり、実際、生産はある一定規模をこえれば逓減するといった事態に
従う。手に入る事実は、少なくとも工業部門に関するかぎり、いずれの仮定
にも矛盾しているように思われる。工業部門における企業は、一般に価格受
容者ではなく、価格設定者であり、短期利潤の最大化ではなく、企業の長期
的な存続と拡大を目標としているように思われる。さらに収穫逓減ではなく、
規模収穫一定、さらに逓増というのが原則のようである。少なくとも工業部
門の企業では、生産量の拡大とともに単位費用がより高くなるという事実は
ないのである。」(アイクナー、同上、p.310)

　右上がりの供給曲線は二つの仮定にもとづいている。(1)企業は、短期に
おける純収益の最大化をはかる価格受容者である。(2)規模に関する収穫が
可変的であり、生産はある一定の規模をこえれば逓減する。

　企業が価格設定者であるというのは正しくない。企業もやはり価格受容者
である。かれらもまた、市場のメカニズムに従うからである。だが、新古典
派のいう「価格受容者」とは、人々が市場で価格を所与として受け入れる意
味ではなく、価格にパラメーターの性格を与えることを意味する。市場で価
格が人々にとって所与としてあらわれるのではなく、「市場にとっても価格が
所与のものとしてあらわれる」という意味である。

　だが、それでも企業は「価格設定者」であるという主張もある意味では正
当性をもっている。商品の価格はその商品を生産するのに必要な労働量によ
って規定されるからである。生産の技術的条件は商品を生産するのに必要な
労働量を左右する。それゆえ、生産の技術的条件は商品の価格決定要因とし
てあらわれる。商品価格の決定は需要と供給の関係ではなく、企業の技術的
条件に依存するのである。(マーシャル流の右上がりの供給曲線は短期の経済
を想定したものといわれるが、厳密にいえば短期ではなく市場経済の流れを
切り取ったある架空の静的世界のなかでの概念操作のことである。)

「さらに収穫逓減ではなく、規模収穫一定、さらに逓増というのが原則のよ
うである。」「少なくとも工業部門の企業では、生産量の拡大とともに単位費
用がより高くなるという事実はない」と、アイクナーはいう。工業部門以外
の企業で収穫が逓減するのは、自然的条件が生産の制約として働くからであ
る。産出量の拡大とともに、劣等地へ、あるいは劣等な地域(土地の肥沃度、

気候条件等々の悪い地域、あるいは海域の場合は魚影が薄い漁場）へ生産が
拡大されるからである。収穫が逓減したのは生産量の拡大とともに「生産に
収穫逓減する」という「投入・産出の数量関係」があるからではない。生産
性の低い劣等地や海域に、つまり生産条件の低い領域に生産が拡大されたか
らである。工業生産でいえば生産量の拡大が追いつかず、生産条件の劣った、
たとえば旧式の、劣悪の生産設備のもとへ生産が拡大・移行していくような
ものである。そうした場合、生産量の拡大とともに単位費用がより高くなる
ということが起きるかもしれない。

　そもそも新古典派は投入と産出の数量関係を誤って取り扱っているのであ
る。新古典派は投入量にたいしてより多くの産出量が得られる「収穫逓増」
や、より少ない産出量がえられる「収穫逓減」を想定するが、どのような生
産条件のもとであっても、投入量と産出量はただ物量的に比例するだけであ
る。生産物が素材的に規定された有用物であるから、それは当然のことなの
である。生産量の拡大とともに単位費用が低下するのは、新古典派が想定す
るような「投入・産出の数量関係」によるものではない。新古典派は産出量
の増大ということを、投入された生産要素と比較してより多くなることと解
するが、それはただ一つの生産要素、労働についてのみいえることである。
「供給曲線の概念が工業部門に対して仮に適用可能だとしても、少なくとも
観察しうる範囲内では、供給曲線は右上がりではなく、完全に弾力的なもの
のように思われる。工業部門の価格が需要レベルの変化に対して非感応的で
あることが、このことを証明している。それゆえ、右上がりの供給曲線を仮
定すること、およびそれによる常套的な需給分析は、包括性テストに合格し
ない。マーシャル流の部分均衡モデルは、たかだか農産物や、その他の国際
的に取引きされている商品のケースにのみ適用されるにすぎないのである。」
（アクイナー、同上、p.311）

　このアイクナーの指摘も厳密ではない。右上がりの供給曲線は、市場にお
ける均衡、需要と供給の一致をつくりだそうとする市場メカニズムを論じる
のに、何の役割も果たさない。次章でみるように、新古典派は市場で均衡を
つくりだそうとする市場メカニズムを取り違えているのである。新古典派が
論じる市場メカニズムとは、市場経済の流れの一断面にすぎないセリ値の形

成過程のことである。

　新古典派による生産者の利潤最大化行動の分析——限界費用と商品の価格が一致するところで企業にとっての最適な生産水準が決まる——を論じるために必要な条件は、「限界生産力」の概念と「収穫逓減の法則」である。この二つの条件がなければ、与えられた価格に対して生産量を規定するという新古典派の生産理論は成立しない。

　そもそも「限界生産力」という概念そのものを構成することが経済的に無意味である。「限界生産力」という概念は、個々の生産要素について考えたものであり、他のすべての生産要素を不変に保ったままで、ある生産要素の投入量だけを変化させたとき、産出量がどのように変化するか、という「投入・産出の数量関係」を前提にしている。有用物を生産するのにある一つの生産要素だけを変化させるという考え自体がすでに形而上学的である。そのうえで「限界生産力」が逓減するか、逓増するか、あるいは不変であるかと問うこと自体まったくばかげたことである。

　しかも、ロビンズやサミュエルソンなどは「限界生産力の逓減」を説明するために、生産要素の相互の分割不可能性や不完全代替性をもちだしたが、この生産要素の相互の関連性は「限界生産力逓減」を説明するのではなく、逆に「限界生産力概念」そのものを否定するのである。

　投入と産出の関係は素材的、技術的に規定された純粋に物量的な関係である。そこにそれ以上の投入・産出の数量関係を見いだすことはできない。あくまでも新古典派は生産物が具体的な有用物であることを忘れているのである。

（4）「規模にかんする収穫性」

　「限界生産力」の考えは、他のすべての生産要素の投入量を不変に保ったまま、ある一つの生産要素の投入量だけを変化させたとき、産出量がどれだけ変化するかを考えたものである。これに対して「規模にかんする収穫性」は、すべての生産要素を同時に比例的に変化させたとき、産出量がどれだけ変化

するかを考えたものである。そのなかでも投入される生産要素の増加に比例
して同じ割合で産出量も増加する場合が「規模にかんする収穫不変」といわ
れている。それはすべての生産要素の投入量を p 倍すれば産出量も p 倍にな
ることを示したものである。

新古典派にしたがって生産関数を
$$y = f(x_1,\ x_2,\ x_3,\ \cdots x_n)$$
とすると、生産要素 $x_1,\ x_2,\ x_3,\ \cdots x_n$ の投入量を p 倍したとき、産出量 y が
q 倍になることは、
$$qy = f(px_1,\ px_2,\ px_3,\ \cdots px_n)$$
とあらわせる。

$p = q$ のとき、すなわち投入量にたいして産出量も同じ割合で増加すると
き、生産関数は「規模にかんして収穫不変」である。また、$p > q$ のとき、
すなわち投入量の増加より産出量の増加が少ないとき、「規模にかんして収
穫逓減」、$p < q$ のとき、すなわち投入量の増加以上に産出量が増加すると
き、「規模にかんして収穫逓増」である。

すべての生産要素を同時に比例的に変化させたとき、産出量がどれだけ変
化するかを考えたものが、「規模にかんする収穫性」である。投入される生
産要素の比率を変える、あるいはただ一つの生産要素の投入量だけを変化さ
せるという「限界生産力」とは異なって、「規模にかんする収穫性」という
考えは、妥当性をもっているようにみえる。だが、この考えも「限界生産
力」概念と同じように形而上学的である。投入量と産出量のあいだには素材
的、技術的に規定された物量的な数量関係しか存在しないからである。特別
の不具合や歩留まりの悪さがないかぎり、産出量はつねに投入量に比例す
る。規模の拡大によって、投入されたよりもより多くの、あるいはより少な
い生産物が産出されることはありえない。$p > q$ も $p < q$ も成立しない。つ
ねに $p = q$ が成立する。

新古典派は問題を取り違えているのである。たしかに「規模の経済」は存
在する。規模の拡大によって産出量が大幅に増大することは、これまでの産
業の歴史が示していることである。だが、それは投入量にたいして産出量が

より増大するという「投入・産出の数量関係」（上式の $p < q$）を意味するのではない。新古典派は規模の拡大による産出量の増大を「収穫の逓増」と呼んで、投入された以上に産出量が増加する「投入・産出の数量関係」ととらえているが、それは誤りである。

　たとえば規模の拡大によって以前より大量の半導体 IC チップが生産できるするようになったとき、産出量の増加に対応して IC チップの生産に必要なシリコンウエハー、ガリウム、ヒ素などの生産要素の投入量も増加している。

　投入量と産出量は素材的、技術的に規定された生産工程にしたがって物量的に比例するだけである。そこには投入された生産要素の量より、より多くの生産物が産出されるという $p < q$ という数量関係があるのではない。新古典派は半導体の生産に必要なウエハーやガリウム、ヒ素などの不純物を8000 個分しか投入していないのに、IC チップが 10000 個も生産されるという架空の「投入・産出の数量関係」を構想しているのである[*1]。

　　*1　新古典派は「規模にかんして収穫不変」であるという命題を認めている。しかも、この命題は新古典派の所得分配理論で大きな役割を果たす。
　　　生産関数が規模にかんして収穫不変であるとき
$$py = f(px_1,\ px_2,\ px_3,\ \cdots px_n)\qquad p > 0$$
　　が成り立ち、生産関数 f は数学的に 1 次同次関数である。このときオイラーの定理が成り立ち、新古典派の帰属理論を展開するときに利用される。総生産物価値が生産要素の限界生産力に応じて分配される（各生産要素がその限界生産力に応じて生産に貢献する、つまり価値を生みだす）という帰属理論を説明するとき、重要な役割をはたすのが生産関数の 1 次同次関数の性質、つまり「規模にかんして収穫不変」であるという生産関数の性質である。
　　　また、この 1 次同次関数という性質は、産出量を生産物価格に結びつけるという新古典派の論理展開を無効にする。生産者が利潤を最大化するために与えられた価格に対応して産出量が決定されるという主張が数量的に無規定であることを示す。こうした点については次に触れる。

　一般に規模の拡大とともに産出量が増大するが、それは投入される原材

料、部品、生産設備などの投入量と生産物の産出量との数量関係の問題ではない。「規模の収穫性」にかんする議論について、新古典派は投入量の増加以上に産出量がより増加するという「投入・産出の数量関係」を主張するが、それは二重の意味で誤っている。一つは、生産条件が変更されていることを見落としていることである。規模の拡大によって生産がより生産的になり、産出量が増大するのは生産の技術的条件が向上し、生産性が向上したからである。新古典派は規模が拡大されたことで、生産がまったく別の生産条件のもとにおかれたことを見落としているのである*1。規模の拡大とともに投入と産出のあいだに「収穫が逓増する」という生産の性質があるのではない。

　二つ目は、生産量が増加したのは、投入量に対して増加したのではないということである。投入された生産要素と産出された生産物のあいだの量的関係が問題になるのではない。投入量と産出量は素材的に規定された技術的条件にしたがってただ物量的に比例するだけである。生産物は具体的な有用物であり、投入量の増大以上に産出量が増大することはありえないのである。生産がより生産的になるとは、新古典派が考えるように、投入にたいして、より多くの生産物が産出されることを意味しているのではない。それはただ時間にたいしてのみいえることであり、ある一定量の生産物を生産するのに必要な労働量が減少することを意味している。（この点についてはすぐあとで触れる。）生産規模の拡大によって産出量が増大したとき、同時に労働以外の生産要素の投入量も増大しているのである。

　同様に、投入量の増加に対して産出量がより減少するということもありえない。リカードの例でいえば、劣等地へ生産が拡大するような場合であるが、それはただ生産条件の低い領域への生産の拡大を意味している。たとえば生産が自然上の制約をうけて劣等地へ拡大されるとか、何らかの事情で必要な生産手段や材料が手に入らずより粗悪な代替品で生産しなければならないとかという、より劣悪な生産条件のもとに生産が移行しない限り、「収穫が逓減する」ことはありえない。だが、その場合でも、投入量と産出量のあいだの「収穫逓減」という「数量関係」を意味するのではなく、生産条件の劣化した領域へ生産が拡大されたことを示している。工業生産の場合、増産

が追いつかず、より劣悪な生産の技術的条件のもとへ、あるいは旧式の生産設備のもとへ生産が拡大されたことをあらわしている。

> *1　生産の拡大とともに生産の技術的条件が向上し、生産性が向上するのである。生産プラントそのものが革新された大規模生産の場合は、生産規模が拡大されただけでなく、生産規模の拡大にともなって生産の技術体系、さらに労働の組織編成そのものが革新され生産が高度化する（テーラーシステム、フォードシステム、古くはアダム・スミスのピン工場の例がそれを示している）。
>
> 　大量生産がいかに生産コストを低下させるか。生産工程が細分化され、それぞれの部分が特化され、全体が有機的な自動システムのもとに体系化される。労働の組織もそれにみあったものに編成される。そうすることによって無駄が省かれ、生産効率が高められる。つまり、労働の生産性が高められ、商品を生産するのに必要な労働時間が短縮されるのである。「規模の経済性」とは、生産規模が拡大されることによる生産の技術的条件の向上をあらわしている。いくら生産規模が拡大されてもあいかわらず同じ生産技術のもとであれば生産性が向上することはない。
>
> 　また、「規模の経済性」がはたらくのは、とくに生産設備を大規模化する重化学工業などによく当てはまるといわれるが、同じことは農漁業などについても指摘できる。大規模農場、あるいは高度の操業技術をもった大規模漁船団の場合、一般に生産性が高く産出量も多い。この場合も、規模の拡大によって生産性が向上するが、それは「収穫逓増」という「投入と産出の数量関係」をあらわしているのではなく、生産の技術的条件の向上をあらわしている。規模の拡大によって農産物、漁獲量は増大するが、それは投入された生産要素にたいして増大することを意味するのではない。唯一労働を除く他のすべての生産要素、たとえば種子、肥料、水、船舶、魚具などの投入量は産出量に見合った形で増大しているのである。

どのような生産規模、技術的条件のもとにあっても、投入と産出の数量関係についてみるかぎり、生産はつねに「規模にかんして収穫不変」である。生産物は具体的な有用物であり、素材的、技術的に規定された生産工程で一

定の順序にそって加工、生産される。生産に必要な原材料、部品は素材的、物的な特性、機能によって規定されている。生産に必要な生産要素の投入比率を変えることはできないし、工程の順序を変更することもできない。そして産出量は、投入された生産要素に素材的、物量的に比例するだけである。

新古典派は規模の拡大によって生産がより生産的になることを投入された生産要素と産出された生産物のあいだの量的関係に見いだすが、投入された以上のものが生産されるわけではない。たとえば自動車工場で生産ラインがより生産的になったとき、それは投入量に対して生産量がより増加することをあらわすのではない。生産設備の拡大とともに自動車生産台数が1.2倍になれば、その生産に必要な生産要素であるさまざまな部品、材料も1.2倍になり、自動車生産台数が1.5倍になれば、必要な生産要素である部品、材料も1.5倍になる。それは素材的に規定された物量的な比例関係である。新古典派の生産関数でいえば $p = q$ はどのような生産条件、生産規模のもとでもつねに成り立つのである。

新古典派によれば生産が「規模にかんする収穫逓増」であるのは、$p < q$ が成り立つときである。それは生産要素の投入量にたいしてより多くの生産物が産出されること、たとえば8000台の生産に必要な材料、部品しか投入量していないのに、自動車が10000台生産されるような架空の生産のことを意味している。

生産性の向上によって生産量が増加するが、それはいったい何にたいして増加するのか。投入される生産要素の量にたいして増加するのか。そうではない。それは生産に必要とされる時間、もっと正確にいえば生産に必要な労働時間にかんしてのみいえることである。それ以外の生産要素についてはいえない。規模の拡大や新たな生産プラントの導入によって、生産能力は向上し、生産量は増加するが、その場合でも労働以外の生産要素の投入量は産出量にみあって増加しているのである。

このように生産条件の向上、あるいは生産条件の相違があっても、特別の無駄や、浪費、歩留まりの悪さがない限り、産出量は投入量につねに物量的に比例する。新古典派が生産理論で論じるような投入される生産要素の量と産出量の関係、投入と産出のあいだに想定された「逓増」や「逓減」などと

いう数量関係は存在しない。投入量と産出量を問題にする限り、それらはつねに素材的・技術的に規定された物量的な比例関係である。

　唯一問題になるのは、生産時間、つまり投入される労働量である。それは決して新古典派が触れたがらない事実である。商品の価値が労働によって規定されていることを示唆するからである。新たな技術的条件のもとで生産がおこなわれれば、時間当たりの産出量の増大としてあらわれるからである。

　規模の拡大とともに生産性が向上するのは、新古典派が考えるような投入と産出の数量関係ではないと述べたが、厳密には、生産要素のなかでただ一つの生産要素、労働の投入量だけが他の生産要素にたいして減少する。労働を除くすべての生産要素はただ産出量とのたんなる物量的な比例関係にあるが、生産の技術的条件の向上とともに労働量は減少する。

　自動車工場で規模の拡大とともに製造ラインが高度化され生産性が向上したとき、生産台数は増加する。そのとき労働を除くすべての生産要素は産出量に応じて同じ割合で増加しているが、労働量は減少しているのである[*1]。

　生産がより生産的になるとは、新古典派が想定するように生産要素のより少ない投入量でより多くのものが生産されることを意味しているのではない。そのことが当てはまるのは、ただ一つの例外的な生産要素である労働の場合だけである。生産性は、投入された労働にたいする産出量の増加をあらわす。生産がより生産的になるのは、投入された生産要素と産出された生産物との量的関係のことではない。それは時間にたいする、もっと正確にいえば投入される労働量にたいする産出量の関係のことである。より少ない労働でより多くの生産物が生産できるようになったとき、生産性が向上したというのである。

　　＊1　この労働量の減少が産出物の価格に影響を与える。投入される労働量の程度が生産物価値（生産物の価格）を規定するからである。もちろん資本家には生産コストの低下として意識される。生産がより生産的になれば生産コストが低下するからである。だが、この問題を正面切って論じることを新古典派は何としてでも避けねばならない。価値の生産について述べることは新古典派にとって不都合である。

　これまで「生産性」について明瞭な概念規定を与えず、この用語を使用してきたが、ここで「生産性」についてはっきり述べることができる。「生産性」の概念ほど、現実経済では頻繁に問題にされるが、新古典派経済学で論じられない概念はない。「生産性の向上」は現実の市場経済ではつねに企業の第一の課題である。生産性の向上による商品価値の低下が企業の競争力を高めるからである。官庁エコノミストや企業家の議論はこの点にかんするものがほとんどである。

　新古典派は投入と産出の数量関係として「収穫の逓減」や「収穫の逓増」について語るが、生産性についてはほとんど語らない。ときに、「生産性」を論じることもあるが、それは「収穫の逓増」と同義語としてであって、そこに明確な概念規定があるわけではない。そもそも新古典派が「生産性」について論じることは不可能である。なぜなら、これまで触れてきたように「生産性」はただ投入された労働に対してのみ意味をもつ概念であるからだ。
　サミュエルソンは生産性について次のように述べる。

　「規模についての収穫の問題は、国ぐにの経済成長にとりきわめて重要である。大部分の国は、その人口や資本ストック、利用可能な土地やその他資源の上で、着実な増大傾向を体験してきた。成長の過程で、諸企業は拡大を続け、今日の典型的な企業の生産水準は、半世紀ないし一世紀前の大企業のそれに比べ何倍もの大きさである。大部分の企業の経済活動の規模が一般的に増大したことの効果とは、どのようなものであろうか。もしも収穫逓増の状態が広汎に見受けられたのであれば、投入や生産の規模の拡大は生産性の上昇をもたらしたと言えよう。ここで生産性とは、投入の加重平均にたいする産出合計の比率を算定したところの概念である。たとえば、もしも典型的な企業での投入が100パーセント増加し、その結果、産出が120パーセント拡大すれば、生産性（投入単位あたりの産出）は20パーセント上昇したということになるだろう。この例が教えることだが、国民一人当たりの産出ないし生活水準における上昇は、部分的には、その国の成長につれて生産過程で規模の経済を活かした結果として生じうるのである。」（サミュエルソン『経済学』下、p.501）
生産性の問題が、各国の経済成長にとって重要であることはだれもが知っ

ている。国民経済の第一の課題がこの経済成長にあり、それがつねに生産性
の向上と結びついていることは、『経済財政白書』をはじめ多くの経済書が
語っているとおりである。サミュエルソンは、「生産性」を「規模について
の収穫逓増」と同じ意味で論じている。サミュエルソンにとって、「生産性」
とは投入にたいする産出の数量関係をあらわす概念である。

　　　「投入や生産の規模の拡大は生産上の上昇をもたらしたと言えよう。ここで
　　　生産性とは、投入の加重平均に対する産出合計の比率を算定したところの概
　　　念である。」（同上、p.501）
　　　「企業での投入が 100 パーセント増加し、その結果、産出が 120 パーセント
　　　拡大すれば、生産性（投入単位あたりの産出）は 20 パーセント上昇したとい
　　　うことになる。」（同上、p.501）

　ここにはこれまで指摘してきたとり違えがある。たしかに、「投入や生産
の規模の拡大」は生産上の上昇をもたらす。だが、生産性はサミュエルソン
が述べるように生産要素の投入の増加にたいする産出の増加の比率（投入単
位当たりの産出）をあらわす概念ではない。

　たとえば、製鉄企業が超大型高炉の高効率操業を高いレベルで実現し、生
産性を向上させたとき、年間の生産量は大量に増加するが、それは投入の増
加にたいする産出のより多い増加を示しているのではない。生産プラントの
大型化、コンピューターによる高度な管理制御、高効率操業とともに、鉄の
生産に必要な鉄鉱石、コークスなどの生産要素の投入量も産出量と同じ比率
で増加しているのである。鉄を作るためには鉄鉱石から酸素を取り除かなけ
ればならない。その還元の化学反応のメカニズムを離れて鉄が生産されるこ
とはない。

　サミュエルソンが考えるように「鉄鉱石の投入が 100 パーセント増加し、
その結果、鉄の産出が 120 パーセント増加する」ということはありえないの
である。産出量を増加させようと思えば、投入量も増加させなければならな
い。鉄の産出を 120 パーセント増加させようとすれば、物質量として 120 パ
ーセント増加分の鉄原子を含んだ鉄鉱石を投入しなければならないのであ
る。投入と産出は素材的、技術的に規定されたたんなる物量的な関係にあ
る。その関係を離れて産出が増加することはないのである。

「この例が教えることだが、国民一人当たりの産出ないし生活水準における
上昇は、部分的には、その国の成長につれて生産過程で規模の経済を活かし
た結果として生じうるのである。」(同上、p.501)

　ここでサミュエルソンは現実に戻るが、無意識のうちに問題のすり替えが
ある。サミュエルソンにとって「生産性の20パーセントの増加」は、投入
の増加にたいする産出のより多い増加の比率をあらわす概念(投入単位当た
りの産出の割合)である。だが、国民一人当たりの産出水準は、一人ひとり
が取り扱う投入と産出の双方にかかわる概念であり、「投入単位当たりの産
出」とは何のかかわりもない概念である。
　われわれが、ある生産物を大量に生産するとき、巨大化された生産設備と
ともに、生産に必要とされる原材料、部品等の投入量も増加している。生産
性の向上をあらわす「投入単位当たりの産出」の増加とは、投入される生産
要素のなかで、唯一労働のみにあてはまる概念であり、他のどのような生産
要素にもあてはまらない。規模の経済による生産性の向上を投入と産出の数
量関係として「収穫逓増」と考えることは、これだけで誤りである。

　このように規模の拡大による生産性の向上は、生産量の増加をあらわして
いるが、それはただ時間に対してのみ、つまり労働時間に対してのみいえる
ことである。ある一定量の生産物を生産するための労働時間が短縮される。
それは一定の時間内に、一定の労働量をもって、取り扱える生産要素、生産
設備、原材料等々の量が増大することを意味している。資本主義生産にあり
がちな見方である生産の客体的条件(生産設備などの物的要素)の側面から
ではなく、人間労働という主体的側面からみれば、一定の時間内に、一定の
労働量をもって、取り扱える生産要素(生産設備、原材料等々)の量が増大
することを意味している。生産性の向上とは、労働にたいして運動させられ
る生産の素材的要素の大きさをあらわしているのである[1]。
　規模の拡大とともに生産性が向上するのは、生産の技術的条件が向上する
からであるが、それは投入された生産要素と産出された生産物のあいだの量
的関係のことではない。それは時間(より正しくは労働時間)にたいして取
り扱われる投入量・産出量との関係のことである。生産性の向上によって、

一定時間内により多くの生産物が生産されるようになったのである。それは
生産に必要な時間、生産に必要な労働量の短縮を意味している。

　規模の拡大によって生産性が向上したときでも、産出量は素材的、技術的
条件にしたがって、投入量の増大とともに同じ割合で増大するだけである。
新古典派が想定するような$p < q$となるような、投入量にたいして産出量
がより増加するという奇妙な「投入・産出の数量関係」が存在するのではな
い。新古典派は投入量の増大以上に産出量が増大するような架空の生産を考
え、それを「規模にかんする収穫逓増」と呼んでいるのである。そもそも投
入量された生産要素にたいして産出量がどれだけ増加するか、という問題は
それだけで形而上学的である。

　生産物は具体的な有用物であり、投入と産出のあいだには素材的、技術的
に規定された物量的関係しか存在しない。そして、商品の価値はその素材的
規定、使用価値とは何の関係もない。商品の価値は純粋に社会的であり、そ
れにかかわるのは人間労働だけである。だが、新古典派はそれを否定するた
めに、そこに素材的要因を混入させる。たんなる素材的に規定された物量的
関係を商品の価値に結びつけたい。そのために新古典派は素材的、技術的な
物量的関係を無視した架空の「投入・産出の数量関係」を構想しなければな
らないのである。

　　＊1　われわれは生産物や生産手段の側から経済を見ることに慣れている。ど
　　のような生産物がどれだけ生産できるか。これが国民経済学の観点であり、
　　資本主義生産のもとでの普通の思考形態である。労働手段といわず、生産手
　　段という。労働条件といわず、生産条件という。労働過程といわず、生産過
　　程という。人間の労働手段に対する直接の関係行為、つまり人間労働の主体
　　的な側面から資本主義生産をみることは難しいのである。労働過程の最も重
　　要な要因である人間労働が軽んじられるのは、資本主義生産の特徴である。

　　　だが、『経済財政白書』などがつねに問題にするのは、GDPや経済成長で
　　あり、そこでの第一の課題が「労働生産性」の伸びである。一人当たりの産
　　出量の増加、つまり労働生産性の向上が、国民経済にとっても、企業にとっ
　　てもいかに重要であるか、現実の経済がそのことを語っている。

　　　『経済財政白書』によれば、労働生産性の伸びは資本装備率、資本稼働率の

伸びと全要素生産性の伸びの加重平均で与えられる。さらに、全要素生産性の上昇をもたらす要因として、技術進歩、企業経営の効率化、資源配分の効率化、人的資本の高度化が挙げられている。だが、労働生産性の伸びがどのように与えられようとも、それらはすべて、一定量の生産物を生産するために必要とされる労働量の減少をあらわしている。なぜなら、これまでくり返し述べてきたように、生産性は投入量の増加に対する産出量の増加をあらわす概念でないからだ。

(5) 資本と労働との代替性
——生産の技術的条件と限界理論

　資本 K と労働 L との代替性は経済的に特別の意味をもっている。それは生産の技術的条件の変更をあらわす。多くの場合、技術的条件の向上による生産性の向上をあらわす。技術的条件の向上が生産に必要な労働時間の短縮をもたらすかぎりで、生産性の向上として、つまり商品の価値低下としてあらわれる。新古典派の投入・産出分析は、生産の技術的条件を固定したままで資本 K と労働 L との投入比率を変えることであるが、その論理操作はそれだけで形而上学的である。一定の技術的条件のもとで、K と L との比率は素材的技術的に固定されたものであり、この生産の技術的条件を無視して生産要素の投入比率を変えることはできないからである。

　生産要素のなかで最も重要な要素である人間労働力の場合、その他の生産要素との代替関係は経済的に特別の意味をもっている[*1]。
　社会の富のうち不変資本、素材的にいえば生産手段、原材料として機能する部分を運動させるには一定量の労働が必要である。この量は技術的に与えられている。そしてこの生産手段と労働との量的割合が労働の生産性、したがって資本の生産性をあらわす指標である。

　　*1　マルクスが指摘したように、労働力の使用価値は経済的に特別の意味をもっている。他の商品の使用価値は経済的諸関係の展開にとってどうでもよいが、労働力のもつ価値を創造するという使用価値は、経済的諸関係の展開

にとって本質的である。

　経済学者は資本主義生産を資本家と労働者がそれぞれ所有する生産要素を互いに提供し合って生産するシステムだというが、それは正しくない。資本の生産過程は資本家に領有された生産過程である。資本家は生産に必要なすべての生産要素を買い入れる。資本家は機械や原材料とともに生産要素の一つとして労働力を買い入れる。生産過程の個々の要素だけでなく、生産過程の全体が資本家に属する過程である。資本家は他の生産要素と同じように生産過程で労働力を消費するのである。

　生産要素のある部分、生産手段、生産設備は労働との代替関係にある。労働集約的な生産と資本集約的な生産があるように、特別に高度の技術を必要としないかぎり、資本と労働はある一定の範囲内で代替関係にある。それは生産過程で同一の機能をはたすかぎり、代替可能である。

　技術革新による新しい生産方法、生産プラント、機械設備の導入は、生産に必要な労働を減ずる。新古典派の生産理論が想定する生産要素のあいだの代替性には意味がないが、労働と機械装置との代替性には大きな経済的意味がある。それは生産の技術的条件の変更を意味し、その代替の程度が生産の高度化を示すからである。労働生産性を高め、生産に必要な労働時間を短縮し、生産物の価値の大きさを左右することになる。

　市場経済のなかで、各企業が市場競争にうち勝つために、生産性をたかめる不断の努力をおこなうのはそのためである。生産規模を拡大したり、技術革新によって生産方法の改良に努めるのは、それが労働の生産性を高め、より多くの商品を生産できるからである。労働生産性の向上は、生産される商品の価値を低下させ、競争力をもった商品にする。

　このように資本と労働との代替性は、資本の生産性をあらわし、それ自身生産の高度化を示す。どの程度代替できるかは科学技術の開発、応用、生産の技術的条件にかかわることであり、新古典派が等産出量曲線で想定するように、生産要素のあいだに代替関係があるわけではない。そもそも新古典派の議論は生産の技術的条件を固定したうえで、生産要素の投入比率を変えるというおよそ有用物の生産とは無縁の論理操作である*1。

＊1　新古典派の限界理論は、あらゆる生産要素に適応されるから、資本をあ
らわすK、労働をあらわすLについても適用される。新古典派がもっとも主
張したいのは、このKとLの「限界生産力」である。それは新古典派の所得
分配理論を展開するために中心的な役割を果たすからである。資本と労働が
それぞれ生産に対する貢献度——その限界生産力に応じて価値を生みだして
いるという観念を帰属理論として根拠づけるからである。

　新古典派の限界生産力の概念は、所与として一定の技術的条件を固定した
もとで、投入される生産要素と産出量の関係を考察したものである。いま、
新古典派にならって生産関数を $Y = f(L, K)$ とする。技術的条件は不変と
されている。限界生産力の概念はこの固定された技術的条件のもとで、生産
要素であるLとKの代替性、またLとKの投入量をそれぞれ変化させたと
き産出量がどのように変化するかを考えたものである。
　技術的条件とは、まさに技術的条件であって、生産されるべき有用物に必
要な、物理的、化学的な特性や機能をもった生産手段、生産要素と具体的な
有用労働の組み合わせである。したがってその技術的条件のもとで投入され
る生産要素の比率は技術的に規定されていて、それを変更することはできな
い。技術的条件が所与であれば、LとKとの比率は固定されたものであり、
LとKとの代替性を考えることはできない。
　新古典派が考えるように技術的条件を一定に保ったままでLとKとの比
率を変える（これ自体形容矛盾である）、あるいは、産出量を一定に保つよ
うなLとKとの投入量の組み合わせを考える、という限界生産力の考え自
体が成り立たない。LとKとの代替性は存在しない。そもそもこうした考
え自体がきわめて観念的であり、素材的、技術的に規定された具体的な有用
物の生産を論じたものでない。
　もし、LとKとの代替性を考えるのであれば、それは新古典派が想定す
るような投入量と産出量の「数量的関係」をあらわすのでなく、生産の技術
的条件の変更を意味する。それはある有用物を生産するために必要な素材的
要素の技術的比率の変更であり、多くの場合人間労働力が機械設備にとって
代えられる程度をあらわす。生産の技術的条件の異なる機械装置、生産設

備、製造ラインのもとへ生産が移行したことを意味する。

　LとKがどの程度代替されるか、それは生産の技術的条件にかかわる問題であり、技術革新によって生産方法が開発、改良された場合に、LとKの比率が変化する。LがKにとって変えられた程度に応じて生産性が向上する。

　このように資本と労働との代替性は、限界生産力という形而上学的概念とはちがって現実の経済的意味をもっている。それは資本の生産性、つまり労働の生産性をあらわす。そして労働生産性の向上によって商品の価値が低下するのは、その商品の生産に必要な労働時間が短縮されるからである。労働による価値規定の法則が貫徹するのである。

　新古典派は生産性の向上を「資本による寄与」と「労働による寄与」に分けて考える。生産の技術的側面（生産設備、生産プラント）にもとづく生産性の向上を「資本による寄与」、労働の強度、密度、熟練、編成にもとづく生産性の向上を「労働による寄与」と呼ぶ。

　生産性の向上がどれだけ大きな関心事であるかは『経済財政白書』をはじめ国民経済学にかんする多くの経済書に示されているとおりである。そこでは「生産の効率性」が文字どおり問題にされる。新古典派経済学が唱える限界原理にしたがうという意味での架空の「効率性」ではなく、市場競争のなかで現実に要請される「生産の効率性」である。それは商品の品質を高め、その価格を低下させるために、新技術の開発、生産への応用などによって生産の技術的条件を向上させることである。一言でいえば、労働生産性を向上させ、生産物の価値を低下させるという効率性である。

　生産性の向上にもっとも寄与するのは、生産の技術的条件の向上である。新技術にもとづく生産方法の改良が、どれだけ生産能力を高めるか。それは産業の発展史が示しているとおりである。だが、それは新古典派が考えるような投入量にたいする産出量の奇妙な「数量関係」のことではない。

　新古典派にとって、生産性の向上とは各生産要素の「限界生産力」が向上することを意味する。投入量にたいして産出量がより増加すること、つまり生産工程で技術的、素材的に規定された物量関係以上の「投入・産出の数量

　関係」が存在することを意味している。新しい生産プラントが導入されて生産条件が向上したとき、新古典派の世界では、投入された生産要素よりもより多くの産出物が生産されるのである。

　生産性の向上による産出量の増加ということは、投入量に対する産出量の増加のことではなく、それはただ生産時間にたいする、その投入された労働量にたいしてのみいえることである。ここから次のことがいえる。たしかに生産の技術的条件の向上は生産性の向上にたいする「資本の寄与」をあらわすが、それはその商品を生産するのに必要な労働時間の短縮、つまり労働生産性の向上としてあらわれるということである。旧式プラントよりも新型プラントの方が生産能力が高い。一定時間内により多くの物が生産できる。新しい生産設備は生産能力を高める。生産設備が物の生産に貢献するのは当然である。だが、それは使用価値の生産の側面であって、価値の生産にはかかわらない。新しい生産設備が導入された結果はどうなるか。商品の使用価値は向上するが、それに反して、その価値は低下するのである。

　労働の強度、密度、熟練、編成などによる生産性の向上が労働の生産性を高めることは当然だとしても、それだけでなく生産設備や生産工程などの技術的条件の高度化による生産性の向上も労働の生産性を高める。生産性向上にたいする「資本による寄与」も、「労働による寄与」も、どちらも労働生産性の向上としてあらわれる。どちらも商品を生産する労働時間の短縮としてあらわれるからである。

　そもそも生産性の向上とは投入された生産の素材的要素にたいする産出量の関係ではなく、生産された産出物にたいする必要な労働量の関係をあらわす。それは商品を生産するのに必要な労働時間の短縮をあらわす。そして、その生産物の価値は低下する。これは労働による商品の価値規定の表現である。

　市場経済の競争のなかで生産性の向上とともに強調されるのは「付加価値」の高い商品の開発である。現代の企業は、「付加価値」の高い商品の開発、他社が真似をできないユニークな商品やブランド性をもたせる差別化、等々に努める。付加価値の高い商品の開発が企業に大きな利潤をもたらすと考えられている。

　「付加価値」とはなにか。それはその商品がより大きな価値をもつからだと考えられている。生産の技術的条件が向上したためにより多くの付加価値をつくりだすものと考えられているが、逆である。生産の技術的条件の向上によって、その商品の価値は低下する。にもかかわらずその商品の生産者がより多くの利潤（超過利潤と呼ぶ）を手にすることができるのは、その商品の個別価値よりもより高い価格で売ることができるからである。

　どのような商品であっても市場価値がつねに存在する。同一の、同種類の商品であれば、その商品の市場価値はすべて同一である。市場価値の存在、商品の一物一価は、商品生産の本質的な特徴である。それは別の箇所で触れたように、価値の社会的性格のあらわれであり、商品生産のもとにおける人々の労働の関連の仕方の表現である。この市場価値の存在が優位な生産条件のもとにある生産者に超過利潤をもたらす。優位な生産条件のもとにあるためその商品の個別価値は市場価値よりも低いが、その商品を市場価値で売ることができる。このように付加価値の高い商品とは、個別的価値より高い市場価値で売ることのできる商品のことであり、そこにいわゆる超過利潤が生まれるのである。

　「付加価値」とは超過利潤の別の表現である。その商品が特別の機能や意匠をもつため、他社が容易に真似できない、あるいは特別に高度な生産技術があるため、商品をその個別的価値以上で売ることができるところに「付加価値」の本当の姿がある。「付加価値」とは、その商品がより大きな価値をもつことではないが、企業家や経済学者にとって超過利潤を得ることができるため、その商品が「付加価値」を生みだしているとみえるのである。

　生産性は企業の競争力の指標である。同一の機能、使用価値をもつ商品であれば、より安価な商品に市場競争は軍配を上げるからである。国際的な規模でますます熾烈になる企業間の競争は、つねに生産性の向上を要求する。生産性の向上は商品価値を低下させ、企業の競争力を高める。これは新古典派経済学者が実際上は熟知しながらも、彼らの理論のもっとも根本的な部分で忘れるこができる事実である。労働生産性の向上が現在の激しい競争社会のなかでいかに最大の関心事であるか、実践派エコノミストや企業経営者がつねに言及するところである。

　生産の技術的条件と商品の価値は密接に結びついている。技術的条件の向上は商品の価値を低下させる。技術的条件の向上は労働の生産性を高め、商品を生産するのに必要な労働時間を短縮させるからである。新古典派は、「限界原理」にもとづく消費者と生産者の行動のなかに「効率性」と「合理性」の概念を見いだすが、現実の市場経済における「効率性」、「合理性」は、生産性の向上、とくに生産の技術的条件の向上としてあらわれる。生産の技術的条件が向上することによって商品の品質が向上し、その価格が低下し、その商品の競争力を高めるからである。

　しかし、新古典派はその点にふれるわけにはいかない。生産の技術的条件が商品価値の規定にかかわるものであり、技術的条件の向上は商品価値を低下させるからである。それは商品の価値が労働によって規定されることを示唆するとともに、「需要と供給が一致するように価格が決まる」という新古典派の価格理論の無意味さをさらけ出すからである*1。

　新古典派によれば商品の価格は「需要と供給が一致する」ところで決定される。需要と供給がそれぞれ価格の関数としてあらわされ、その交点で価格と数量が同時決定される。（この価格決定論は市場経済の流れの一断面にすぎないセリ値の形成過程に、市場メカニズムを見いだすという取り違えをしたものであり、市場の均衡をつくりだす現実の市場メカニズムとは関係ないが、その点を別としても）生産の技術的条件の向上の結果、新古典派の論法にならって供給曲線をシフトさせてみる。その場合、商品の価格はどうなるか。新古典派によれば需要曲線と供給曲線の交点で価格が決定されるから、供給曲線のシフトによって価格が低下することになる。これは生産の技術的条件の向上にともなって生産価格が低下したことを示している。

　新古典派は商品の価格決定について「需要と供給が一致」するように価格が「決まる」というだけで、その価格の大きさそのものについては何も主張していない。しかし、決定される商品の価格の大きさは、供給曲線のシフトによって示されるように生産の技術的条件にもとづいて変化するのである。新古典派にしたがって、たとえ「需要と供給が一致」するように価格が決まるといっても、商品の価格は、新古典派の主張とはちがって生産の技術的条件によって規定されるのである*2。

　新古典派にとって、商品の価格決定とは、「需要と供給が一致するように
価格が決まる」という命題をくり返すことである。それ以上に突っ込んで価
格決定の問題に取り組むことは不都合なのである。

　　「産業の供給曲線が存在すると敢えていうとすれば、観察可能な範囲内で供
　　給曲線は右上がりではなく、むしろ完全に弾力的なものであるということを、
　　このモデル（マーク・アップモデル、すなわちフルコストによる価格設定モ
　　デル――筆者）は意味している。工業製品の価格変化は、費用価格の変化、
　　すなわち、供給曲線そのもののシフトによってのみ生みだされる。つまり、
　　産業レベルでも集計的レベルでも価格は供給曲線にそった動きによって、し
　　たがって需要曲線のシフトによって、影響されないということになる。」（ア
　　イクナー『なぜ経済学は科学ではないのか』p.322）

　次章でみるように、そもそも需要曲線と供給曲線というものを構成するこ
とが経済的に成立しないが、たとえ需要曲線と供給曲線を前提としても、こ
の曲線を利用した価格決定論には何の意味もないことになる。なぜなら、商
品の価格変化は「供給曲線そのもののシフトによってのみ生みだされる」か
らである。

　　*1　新古典派は技術進歩による生産性の向上を生産関数のシフトによってあ
　　らわす。それは供給曲線の上方へのシフトに反映させられる。新古典派にと
　　って、生産性の向上とは各生産要素の「限界生産力」が向上することを意味
　　する。それは投入量にたいして産出量がより増大すること、技術的・素材的
　　に規定された物量関係以上の「投入・産出の数量関係」が存在することを意
　　味する。

　　*2　商品の価値が生産の技術的条件によって、あるいは自然的条件によって
　　規定されるという主張はある意味では正しい。なぜなら、その商品を生産す
　　るために必要とする労働量はまさに生産の自然的条件および技術的条件によ
　　って規定されているからである。技術革新や新たな生産方法の採用によって
　　生産性が高まれば、その商品の価値は低下する。また環境破壊によって自然
　　的条件が悪化すれば魚介類などの商品価値は高騰する。それらの商品を生産
　　するために必要な労働量が減少、あるいは増加するからである。

　「『創造的破壊』の過程こそ資本主義についての本質的事実である」。（シュムペーター『資本主義・社会主義・民主主義』上、p.150）

　経済変動のなかに資本主義の本質をみたシュムペーターは、新古典派理論が生産関数不変を仮定とした経済学であるという。資本主義の本質は生産関数がたえず変革されることにある。生産関数の不変を前提とした理論は現代の産業的事実との接触を欠いている、と。

　シュムペーターによれば、経済は企業による新結合（イノベーション）の遂行によって発展する。新結合とは、新商品の生産、新方法による旧商品の生産、原材料の新供給源や生産物の新販路の開拓、産業の再組織などによって生産様式を革新することである。

　　「およそ資本主義は、本来経済変動の形態ないし方法であって、けっして静態的ではないのみならず、けっして静態的たりえないものである。…資本主義のエンジンを起動せしめ、その運動を継続せしめる基本的衝動は、資本主義的企業の創造にかかる新消費財、新生産方法ないし新輸送方法、新市場、新産業組織形態からもたらされるものである。…内外の新市場の開拓および手工業の店舗や工場からＵ・Ｓ・スチールのごとき企業にいたる組織上の発展は、不断に古きものを破壊し新しきものを創造して、たえず内部から経済構造を革命化する産業上の突然変異——生物学的用語を用いることが許されるとすれば——の同じ過程を例証する。この『創造的破壊』の過程こそ資本主義についての本質的事実である。」（シュムペーター『資本主義・社会主義・民主主義』上、p.150）

　シュムペーターが資本主義の本質的事実と呼ぶ『創造的破壊』の過程、「資本主義のエンジンを起動せしめ、その運動を継続せしめる基本的衝動」、不思議なことにこうしたことは新古典派経済学で論じられることはない。それは経営学の問題であって、経済学の問題とはみなされていない。

　新古典派が語ってやまない経済人の「合理的行動」、「効率を追求する最適化行動」によって、このような資本主義の事実が説明されることはない。経営学であれほど強調されている企業の効率性の追求、合理的行動である技術革新、新商品の開発、生産方法の改良、労働の再編成、等々が新古典派経済

学で問題になることはない。新古典派経済学の「効率性」や「合理的行動」とは、この経済学の内部でのみ通用する限界原理にしたがうという意味であって、現実の効率性や合理的行動をあらわすものではないからだ。「使用価値の代替的評価」や「限界生産力」という架空の概念によって商品の価格と数量を結びつけることをこの経済学は「効率的」という。それは、シュムペーターが指摘する「新結合」や「創造的破壊」に示される企業の効率的、合理的行動とは無縁の形而上学的概念である。

資本主義発展の特徴である「創造的破壊」は、資本主義生産にとって外的ではなく本質的である。それはマルクスが指摘した資本主義の一般的傾向、その革新的な側面のことであるが、シュムペーターが語ったこととは別の意味で本質的である。シュムペーターは、「新結合」や「創造的破壊」を企業家精神、先見の明、実行力、指導力という要因から語ったが、その本質はもっと深いところにある。企業家精神それ自体が資本主義生産の本質から生まれる。それは価値法則が個々の生産者に外的強制として押しつける競争法則のあらわれである。労働時間による価値規定の法則が個々の生産者に対してつねに商品価値を低下させるように、つまり技術革新を強制するからである。

市場経済、自由競争のもとでだれも「競争の権威」以外なにも認めない。だれもが自己の商品の競争力を高めようとする。自己の商品の品質を高め、その価値を低下させようとする。自己の商品をよりいっそう安く生産できるようにすること、それは唯一その商品を生産するのに必要な労働時間を短縮することによってのみ可能である。そのために生産者は技術革新に努めるのである。価値法則は資本主義生産の内的法則として貫徹する。その価値法則が競争の外的法則として生産者を生産の革新に駆り立てるのである。

このようにシュムペーターが強調したイノベーション（技術革新）やそれを遂行する企業家精神も、個々の企業家精神や意識の問題ではなく、価値法則が個々の生産当事者に競争の強制法則として押しつけたものである。価値法則は個々の生産当事者にとって、競争の強制法則としてあらわれる。（労働による価値規定をあらわす）内的法則である価値法則が競争の外的法則として、競争力をもった商品を開発し、生産すること、その生産力を高めるこ

と、つまり商品を生産するのに必要な労働時間を短縮させることをつねに強制するのである。

（6）新古典派帰属理論
——新古典派所得分配理論：メンガーの帰属理論

「限界生産力」は他のすべての生産要素の投入量を不変に保ったまま、ある一つの生産要素の投入量だけを変化させたとき、産出量がどれだけ変化するか、その生産要素の生産力がどれだけ変化するかを考えたものである。それは生産に対するその生産要素の貢献度をあらわすものとみなされている。使用価値の生産について貢献するだけでなく、生産物価値の生産にも結びつけられる点に特徴がある。資本 K の投入量にたいする産出量の割合をあらわす「資本の限界生産力」が生産物価値の資本への帰属を「論理的に証明する」とみなされている。

　新古典派は各生産要素の限界生産力を 1 単位当たりの帰属価値と考えた。この考えによって資本による利潤獲得は、資本そのものがもつ属性として示されるされることになる。ここで重要な役割を果たすのが、「規模の同時性」、生産関数が「規模にかんして収穫不変」であるという 1 次同次関数の性質であり、それが新古典派の所得分配理論の内容である。

限界生産力の概念は新古典派にとってもっとも重要であるといえる。限界生産力の概念が、新古典派の所得分配理論の説明で中心的な役割を演じるからである。資本という生産要素の限界生産力が生産にたいする貢献度をあらわすと考えられ、それが生産物価値と結びつけられる。この点こそ新古典派経済学が本当に主張したい点であろう。資本主義生産のもとで、年々新たに生産される価値のうちで利潤として資本家に帰属する価値部分が、労働に関係なく資本それ自身が生み出すという考えを「合理化する」ためだ。

　新古典派が、他の生産要素を固定したままで、ある一つの生産要素の投入量だけを変化させるという概念操作をおこない、そのとき産出量がどのように変化するかという投入と産出の「数量関係」を構想するのは、すべて「限

界生産力」という概念をつくりだすためである。ある一つの生産要素だけを
変化させたとき、生産量がどのように変化するかという「限界生産力」の考
えは、その生産要素の生産に対する貢献度に結びつけられ、それぞれの生産
要素が生産過程ではたすその「機能」に応じて価値を生みだす（帰属させら
れると新古典派はいうが、その本質は同じである）ものとみなされることに
なる。

　メンガー、ヴィザー、ベーム・バヴェルクを中心とするオーストリア学派
は帰属理論を唱えた。商品の価格は消費者の判断する主観的効用によって決
まるが、この主観的価値をその生産に用いられた生産要素に帰属させる問題
をもち出した。各生産要素が商品の生産にどれだけの貢献をしたのかという
観点から、各生産要素の限界生産力を1単位当たりの帰属価値としたのであ
る。こうした問題の論じ方じたい奇妙である。

　一方で価値は人の主観的価値判断によって決まるといいながら、他方でそ
の価値の帰属を問題にしようとするからである。初期の限界効用理論を除け
ば、新古典派には、そもそも価値概念は存在しない。とくにパレートが経験
科学としての経済学の確立をめざしてからは、「客観的な数量関係」だけを
問題にし、「価値」という概念は放棄されたはずであった。ところが、所得
分配論という新古典派のもっとも主張したい点にくると、価値概念が何の脈
絡もなく突如として登場することになるのである。

　新古典派によれば、生産関数が1次同次関数、つまり規模にかんして収穫
不変であるとき、オイラーの定理から生産物完全分配が数学的に証明され
る。総生産物価値が生産要素の限界生産力に応じて分配されるという命題が
あきらかになり、総生産物価値が賃金所得、利潤所得に完全分配されること
が示される。

　新古典派の説明によれば次のようになる。生産関数が規模にかんして収穫
不変であるという仮定は、次式のようにかける。

$$py = f(px_1, px_2) \qquad p > 0$$

これは数学的には1次同次関数である。

　いま、生産関数を

$$Y = F(L, K)$$

とする。この生産関数が1次同次の性質を満たしているとき、任意の実数 $\lambda > 0$ にたいして

$$\lambda Y = F(\lambda L, \lambda K)$$

が成り立つ。このとき、1次同時関数についてのオイラーの定理から、次式が成り立つ。

$$Y = \frac{\partial Y}{\partial L} L + \frac{\partial Y}{\partial K} K$$

この両辺に生産物価格 p をかければ

$$Yp = p \frac{\partial Y}{\partial L} L + p \frac{\partial Y}{\partial K} K$$

が成立する。また、資本家の利潤最大化行動から次式が成り立つ。ただし、w は労働力の単位価格、賃金率であり、r は資本の単位価格である。

$$w = p \frac{\partial Y}{\partial L} \ , \ r = p \frac{\partial Y}{\partial K}$$

これを前式に代入すれば、次式が導かれる。

$$pY = wL + rK$$

この式は、総生産物価値（pY）が賃金所得（wL）と利潤所得（rK）に完全分配されることを示している。このように1次同次の生産関数を前提とするかぎり、生産要素の所有者に完全分配されるという命題が論理的に導かれる。労働分配率（wL/pY）、資本分配率（rK/pY）は、それぞれの生産要素の限界生産力に応じて規定される。

　以上が新古典派による説明である。生産関数が1次同次関数であるとき、オイラーの定理を用いて生産物価値の完全分配が数学的に証明される。それは生産要素の「限界生産力」に応じる「要素報酬」として生産要素の所有者に、完全分配されるという分配方式をあらわすものと考えられている。各生産要素の限界生産力が1単位当たりの帰属価値とされ、各生産要素の機能に応じてその所有者に「要素報酬」というかたちで生産物価値が帰属するということになる。このように新古典派は価値の生産については述べないが、価

値の帰属については語る。各生産要素の生産にたいする貢献度に応じて価値が帰属するから、その所有者が報酬を得ることが当然ということになる。

　これまでみてきたように、そもそも限界生産力という概念が成立しない。むしろ、限界生産力という概念は商品の価値概念を否定するためにつくられたものである。商品価値が労働とは別の要素によって規定されているという考えを擁護するために、新古典派は商品の価値をその使用価値に、その素材的要素に結びつける。つまり、商品の価値と使用価値を混同させる。そのために新古典派は、他の生産要素を固定したままで、一つの生産要素の投入量だけを変化させるという、素材的、技術的条件を無視した「投入・産出の数量関係」を構想したのであった。

　概念の一人歩きとは恐ろしいもので、その世界に一旦入ってしまうと現実と遊離した世界で自己完結する。事実が事実としてみえなくなる。投入する生産要素の素材的比率を変更しても、なお生産物が生産されると考えることは現実に対応していないが、新古典派はその点をみることはできない。生産物は素材的に規定された具体的な有用物である。その素材的な特性、物理的・化学的な特性や性質を無視して、さまざまな生産要素の投入比率を変化できるという考えそのものが成り立たない。他のすべての生産要素の投入量を不変に保ったまま、ある一つの生産要素の投入量だけを変化させ、そのときの投入量と産出量の関係を考えることは純粋に形而上学的である[*1]。

　だが、それは新古典派にとって、避けることのできない既定の手続きである。マルクスが指摘したように、人々の労働の社会的関連をあらわす商品価値は、純粋に社会的なものであり、そこには使用価値、商品の素材的な要因は何も含まれていないが、新古典派はそこに、何らかの素材的要因を含ませたいのである。そのために投入量と産出量のあいだに素材的、物量的に規定された関係とは別の「投入と産出の数量関係」を構想したのである。

　しかし、新古典派の主張がそれなりにもっともらしくみえるのも確かである。労働だけでなく、すべての生産要素がそれぞれ価値を生みだしているようにみえる。なぜか。その理由は資本主義生産そのものにある。マルクスが三位一体の定式と呼んだように、年々生産される価値の諸部分が収入形態として資本・労働・土地の生産要素に関連させられるからである。資本には利

潤が、労働には労賃が、土地には地代が対応する。それは年々生産される価値の諸部分が収入としてその生産要素の所有者に帰属する形態、生産要素に結びつけられた分配形態にすぎないが、価値の諸部分が収入として生産要素に直接に関連させられ、独立の自立した形態を受け取ることによって、生産の素材的要素そのものが、それぞれ価値を生みだしているようにみえるのである*2。

　帰属理論は新古典派にとってもっとも重要な理論である。それは資本家による利潤取得の根拠を資本という生産要素そのものの属性として示すには都合のよい論理だからである。新古典派は、「経済学の本質と意義」として市場経済のもつ「最適性」や「効率性」を強調してきたが、それは限界原理を擁護するために後付けされた目的にすぎない。市場均衡の最適性あるいは資源配分の効率性は、すべてに新古典派に独自の限界原理にもとづくという意味であって、現実の市場経済の効率性とは何の関係もない概念である。新古典派は限界原理を壊さないかぎりで扱える問題を「経済学の課題」とみなしてきたのである。

　　*1　「経済の少なくとも技術的に先端を行く部門の生産工程では、固定的技術係数が特徴となっているという事実がある。このことから、新古典派所得分配理論の基礎をなす限界生産力分析は、直ちに疑わしくなる。固定的技術係数のもとでは、限界生産力理論を適用しようとするとき必要となる仕方で投入物を変化させることができない。この理論に対する疑問はこれにとどまらない。資本の限界生産力は、新古典派の所得分配論の説明で中心的な役割を演じるのであるが、その「資本」は、無差別曲線や等量線と同じ、いま一つの形而上学的な概念であることが明らかになっているからである。」（アイクナー『なぜ経済学は科学ではないのか』p.311）

　　*2　自明なものと前提されているのは、収入と収入源泉の同一性である。年々生産される価値部分は大きく分けて利潤、労賃、地代に分割される。そして、資本には利潤が、労働には労賃が、土地には地代が対応する。それはその生産要素の所有者に価値が収入として帰属する関係をあらわしている。この関係は、価値の諸部分が生産の素材的要素に結びつけられた関係でしかないが、この関係が資本主義生産を規定する本質的な関係とみえるのである。

ここからもっともらしい考えが生まれる。生産要素が「収入の源泉」である
のは、それが同時に「価値の源泉」であるからだ、ということになる。生産
の素材的要素のすべての部分がそれぞれ生産過程ではたす機能に応じて価値
を生みだすようにみえるのである。

　封建時代には生産された農産物などの富はその身分的に固定された社会的
地位に結びつけられて分配されたが、資本主義生産のもとでは、生産された
価値である富はその生産要素に結びつけられて分配される。それは年々生産
される価値の諸部分が生産の素材的要素に結びつけられた分配形態であり、
それ自身価値の生産とは何の関係もない。

　生産手段はその素材的側面からみれば、人間の有用労働を実現する手段で
しかなく、価値の生産とは何の関係もない。それは賃労働という労働を見い
だすかぎりで価値増殖する価値、すなわち他人の労働を吸収する価値に転化
する。資本主義生産を規定するのは、資本・賃労働関係である。資本は物で
はなく、人々の一定の生産関係である。この生産関係のもとで生産手段は資
本として、労働は賃労働としてあらわれる。資本と賃労働は同じ一つの社会
関係の両面をあらわしているのである。資本という生産手段の形態は、賃労
働という労働の形態に対応している。この一定の生産関係を離れてしまえば、
生産手段が資本に、価値増殖する価値に転化することはない。それゆえ、資
本という生産手段の形態、賃労働という労働の形態を見失うと、生産手段そ
のものがその素材的性質によって資本とみなされ、それ自身で価値を生みだ
しているようにみえるのである。

(7) 数量の無規定

　新古典派理論の全体にとって重要であるのは、限界生産力理論にもとづく
生産者行動の分析によって供給量を決定することである。生産要素の価格と
生産物の価格が与えられると、それに応じて生産量が一意的に規定されるこ
とを主張するところに限界生産力理論の要点がある。

　新古典派の限界生産力理論によれば、与えられた価格のもとで、これ以上
市場に供給しないという生産量が各企業で決まる。さらに生産量を増やせる

が、そうすると費用が増大して、その価格で販売するとかえって損をするという数量が存在する。

　販売上の制約がなければ、生産は拡大される。しかし、新古典派の理論ではそうはならない。新古典派にはこれ以上は生産したくないという数量がある。各生産要素の限界生産力が逓減するため、より多くの商品を生産するために必要な追加コスト（限界費用）が増大するからである。限界費用と生産物価格が一致するところで企業にとっての最適な生産水準が決まることになる。供給曲線は「限界生産力逓減」あるいは「限界費用の逓増」を前提としているが、そもそも投入量と産出量のあいだに素材的、技術的に規定された関係とは別の「投入・産出の数量関係」を想定することが間違っている。

　これまでみてきたように「限界生産力」や「限界生産力逓減の法則」は現実の経済とは何のかかわりももたない形而上学的概念である。その点を不問にして、われわれは新古典派の論理展開にしたがうとしよう。その場合でも、限界生産力理論にもとづく生産者行動の分析がこの理論の内部でも破綻していることが示されてしまうのである。

　ある技術体系のもとで生産関数が与えられたとき、価格に対応して産出量が規定されるという、限界原理にもとづいた主張はこの理論内部でも根拠をもっていない。新古典派の想定する理論的前提から出発しても、価格に対応して産出量が規定されることはない。産出量はどのようにも規定されるし、また規定されない。産出量はあくまで無規定な数量として存在する。商品の価格と産出量のあいだに新古典派が想定するような数量的関係を見いだすことはできない。

　新古典派は限界生産力理論にもとづく生産者行動分析において次の問を提出する。ある一定の生産技術を前提とし、所与の制約条件のもとで利益を最大にするような産出量はどのように決定されるか。そして、各生産要素の価格が各要素の限界生産力に等しいとき、利潤が最大化する、と新古典派はいう。前提されているのは、「限界生産力逓減の法則」である。各生産要素の限界生産力は逓減するから、より多くの商品を生産するために必要な追加コスト（限界費用という）が生産量の増大にともなって増大することになる。

　それゆえ、利潤が最大化する点が存在することになる。

　いま、新古典派の教科書にもとづいて生産要素が労働だけからなる生産を考える。ここでは生産要素が労働だけからなる経済をとりあげるが、生産要素の数が多数の場合でも同様の議論がおこなわれる。

　生産物の価格を P、その産出量を Q、労働賃金を W、投入される労働量を N とすれば、利潤 π は次式によって与えられる。

$$\pi = PQ - WN$$

上式を変形すれば、次式が得られる。

$$Q = \frac{W}{P} N + \frac{\pi}{P}$$

　これは N と Q の1次式であり、直線をあらわす。この直線上の点はすべて同一の利潤 π をあらわすため等利潤直線と呼ばれる。等利潤直線の勾配は実質賃金 w（W/P：賃金を生産物価格で割ったもの）をあらわし、産出量 Q をあらわす縦軸との交点を E とすれば、OE が実質利潤（π/P）をあらわす。

　生産曲線を $Q = f(N)$ とすれば、生産曲線の接線の勾配が実質賃金率 ω に等しいところ（$df/dN = \omega$）で実質利潤が最大になる。図8でみるように、OE > OE′ であり、OE が生産曲線 $Q = f(N)$ のもとで実現される最大の実質利潤をあらわす。

　このように、労働の限界生産力 df/dN が実質賃金 w に等しいとき、利潤が最大となり、産出量 Q が決まる。産出量 Q は賃金 W と生産物価格 P によって一意的に決まる、と新古典派は主張する。

　しかし、われわれは、百歩譲って限界生産力理論にしたがったとしても、商品の価格に対応して産出量 Q が決定されることは単なる錯覚にすぎないことを示すことができる。無差別曲線で指摘したことがここでもいえる。議論の手続きを少し変更すればよい。その場合でも新古典派の基本命題である生産曲線がもつ限界生産力逓減という性質——グラフが右上がりで上に凸の関数であるという性質——をそこなうことはない。

　ⅰ）傾きが w である直線 L をひく。（OE の大きさは固定してよい。）

　ⅱ）L 上に任意の点（n_1, q_1）をとる。

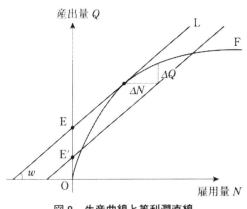

図8　生産曲線と等利潤直線

ⅲ）点（n_1, q_1）において直線Lに接し、原点を通る上に凸である右上がりの曲線を描く。そしてこの曲線を生産曲線と呼ぶ。

これで新古典派の生産力理論すべてはいい尽くされている。同じ利潤をもたらすものであっても産出量 Q は任意の値をとることができる。図9（a）と同（b）の点 Q_1 と Q_2 は別の点である。要するに L 上の点であればどこでもよい。ある企業の生産曲線は F であるかもしれないし、生産曲線 G であるかもしれない。どの生産曲線があてはまるかは不明である。その場合でも生産曲線が上に凸である右上がりの曲線、すなわち限界生産力逓減の法則は守られているのである。（生産曲線 $Q = f(N)$ が、上に凸である増加関数のとき、$df/dN > 0$ かつ $d^2f/dN^2 < 0$ である。）

前章で無差別曲線の無概念、無規定について述べたが、同じことが生産関数についてもいえる。新古典派によれば、生産関数は技術的条件を所与のものとして固定したうえで、投入量と産出量の数量関係を扱ったものである。生産技術が一定という条件のもとで生産関数は規定されるが、同一の（同種の）商品を生産するすべての企業で技術的条件が同一であるとは限らない。むしろさまざまな企業で技術的条件が異なることのほうが一般的である。技術的条件は企業の競争力のもっとも大きな指標であり、企業は競争力を高めるためにつねに技術的条件の向上に努力している。だから、企業Aでは、

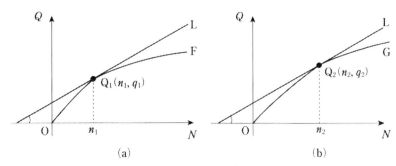

図9　生産曲線と等利潤直線との関係。(a)、(b) のように、産出量 Q は無規定である

　生産曲線Fがあてはまるかもしれないし、企業Bでは、生産曲線Gがあてはまるかもしれない。あるいは別の第3の生産曲線があてはまるかもしれない。

　商品には市場価格が存在する。同一種類の商品であれば生産物価格はすべて同一である。一物一価は市場経済の特徴であり、価値の社会的性格が貫徹する様式である。市場に特別の制約がないかぎり企業Aにとっても企業Bにとってもその商品の生産物価格は同一である。この価格にたいしてさまざまな産出量 Q が存在することになる。たしかにそれぞれの企業にとって、産出量 Q は一意的に規定されたものとしてあらわれるが、その産出量 Q 自体の値は任意なものとして存在する。なぜなら、L上に任意の点（n_1, q_1）をとり、その点で直線Lに接する右上がりの凸の曲線をいつでも描くことができるからである。

　われわれが新古典派の理論から知りうることは、ある技術体系のもとで生産関数が規定される際、その生産関数が限界生産力逓減の法則にしたがうという性質である。われわれは生産関数を規定するそれ以上の内容をもっていない。収穫逓減の法則にしたがうといっても、生産関数はあくまでも無規定なものとして存在する。「限界生産力＝生産要素の実質価格」という限界原理にしたがっても、生産数量はどのようにも規定されるし、また規定されない。つまり、無規定なのである。

　このようにたとえ新古典派の論理展開にしたがったとしても商品の価格と産出量のあいだに関係を見いだすことはできない。ある技術体系のもとで生産関数が与えられたとき、限界原理にもとづいて価格に対応して産出量が規定されるという主張には何の根拠もない。この理論内部でも根拠をもっていない。生産関数そのものが経済的に意味あるものとして概念的に規定されないかぎり、生産物の価格 P に対して産出量 Q が一意的に規定されることを主張できないのである。そして、事実そのような生産関数を規定することは不可能である[*1]。

　他のすべての生産要素の投入量を不変に保ったまま、ある一つの生産要素の投入量だけを変化させるという限界生産の考えそのものが形而上学的であるが、そればかりではない。そもそも新古典派の生産関数で扱われている投入量も産出量もはじめから規定されない無規定な経済量として存在する。そこには一つの抽象性がある。それは事物の普遍性や一般性をあらわす理論の抽象性ではなく、現実のと対応を欠いているという意味での形而上学的な抽象性である。この「抽象性」が、商品の価格に対応して産出量が規定されるという限界原理を用いた分析にもっともらしい外観を与えるのである。どのようにも規定されるし、また規定されないという抽象性は、生産関数が増加関数で上に凸であるという性質以上に規定される経済的内容をもたないという点にある。

　それは投入される生産要素が素材的、技術的に規定されたものであることを否定し、また産出量と投入量のあいだには素材的、技術的に規定された関係以上の「ある特別の数量関係」が存在するという考えを前提としている。そもそも新古典派が想定するように生産の素材的、技術的条件を無視して、それぞれの生産要素の投入量を変化させるという概念操作は成立しないが、この現実との対応関係を欠いた抽象の世界では、そのような概念操作は、妥当な論理操作とみられている。

　新古典派にとって商品とは素材的にも技術的にも規定されていないある抽象物、「ある物」、いわばカントの「物自体」のようなものである。このような抽象物である「ある物」の生産を扱う新古典派の生産関数は、投入物である生産要素、さらに産出物のあいだに共通な物的尺度をもつことはない。そ

こには経験的な対応物に応じる実在的な尺度が存在しない*2。それゆえ、新古典派が価格に対応して産出量を規定するというときも、投入量も産出量もはじめから規定されない無規定な量として存在する。

　*1　新古典派の生産理論でよく利用されるコブ・ダグラス型生産関数、CES型生産関数はどのようにして構成されたか。その関数はなにを分析して導出されたものであるか。p.139の註で述べたように、それはあくまでも「限界理論」の展開にとって都合のよいものとして考案されたものであり、生産の技術的条件の分析から導かれたものではない。

　*2　「生産工程で投入物として用いられる生産された財の重要性を誰も否定しはしない。問題は、これらの資本投入物が異質的であり、トン、バーレル、あるいはBTU（英式熱量単位）のような共通の物的尺度を持っていないという点にある。このことは、生産工程で用いられる資本投入物の実物的な尺度がありえないことを意味し…「資本」の物的な限界生産力は決定されえないことを意味する。資本投入量は物的な単位で集計できない。したがって、抽象的な「資本」を表わす変数 K を、説明変数として含む企業の生産関数また集計的生産関数のいずれかに基づくいかなる議論も、経験的には立証されえない。経験的な対応物を欠いているので、K という記号は形而上学的なものである。」（アイクナー『なぜ経済学は科学ではないのか』p.312）

　新古典派の論理展開にしたがえば、限界生産力理論にもとづく分析によって個々の生産者の生産量が決定される。各生産者が利潤を最大化する行動によって、産出量は生産物価格が限界費用に等しくなる（同時にそのとき、各生産要素の投入量はその限界生産力が実質要素価格に等しくなる）ように決まる。新古典派にとって、生産者が利潤を最大化させるのは、価格に対応してその産出量を決定する点にある。このような考えそのものが現実とは無縁であるが、投入量の増加以上に産出量は増加しないという素材的、技術的条件を無視した奇妙な「投入・産出の関係」を前提にしているから、利潤を最大化するようなある産出量というものが存在することになる。

　次に、新古典派の生産者行動の分析で問題にされるのは、価格に対応して規定された個々の生産者の産出量を価格の関数としてあらわすことである。

いうまでもなくここでも価格はある与えられた価格、それ自身ある値を自由にとりうる独立変数としての「価格」である。その価格に対応して産出量が、関数関係にあるものとして規定されることになる。さらに市場分析で問題になるのは個々の生産者の生産量ではなく、社会全体の生産量、すなわち総供給である。ある与えられた価格に対応して規定された個々の生産者の供給関数を社会全体に集計して総供給量を規定することである。

　だが、このような試みもうまくいかない。総供給量を価格に対応させることはできない。そこには生産者による利潤最大化行動の分析でふれた限界理論の欠陥とは別の問題がある。新古典派が強調する「規模の同次性」、「規模にかんする収穫不変」の命題である。

　「限界生産力」の概念は、他のすべての生産要素の投入量を不変に保ったまま、ある一つの生産要素の投入量だけを変化させたとき、産出量がどれだけ変化するかを考えたものである。これにたいして「規模に関する収穫性」は、すべての生産要素を同時に比例的に変化させたとき、産出量がどれだけ変化するかを考えたものである。そのなかでも投入される生産要素の増加に比例して同じ割合で産出量も増加する場合が「規模にかんする収穫不変」である。それはすべての生産要素の投入量を p 倍すれば産出量も p 倍になることを示している。

　生産がもつ「規模にかんする収穫不変（規模の同次性）」の性質は、新古典派にとっては特別の意味をもつものであった。生産関数が「規模にかんして同次性」であるとき、数学的には1次同次関数であり、この1次同次関数の性質（オイラーの定理）が新古典派の所得分配理論で重要な役割を果すからである。帰属理論の中心にあるのが、生産がもつ「規模の同次性」の性質である。

　このように「規模の同時性」は新古典派にとってなくてはならない重要な命題であるが、じつは新古典派の論理展開にとってはたいへん都合が悪い。すべての生産要素の投入量を p 倍すれば産出量も p 倍になるというこの自明なことが供給量を価格の関数として取り扱うことを否定するからである。たとえ、限界生産力理論にもとづく各生産者の利潤最大化行動によって、あ

る与えられた価格に対応して最適な産出量が規定されたとしても、価格の関数として供給量を規定するという理論的手続きを無意味にしてしまう。ある商品を生産するのに必要な生産要素がすべて2倍、3倍に拡大されれば、その生産量は2倍、3倍になることを「規模の同次性」の命題は主張しているからである。

　新古典派の限界原理にしたがって、ある価格に対応して生産量が一意的に規定されたとしよう。いま、ある生産プラントについて限界理論が成立したとしても、同一の生産プラントをもう一つ設ければ、生産量は全体としては2倍になる。さらに生産プラントをもう一つ増設し、すべての生産要素を3倍にしてやれば、全体としての生産量は3倍になる。この単純な事実が、価格を与えてやればそれに応じて最適な生産水準が存在し、生産量が一意的に規定されるという命題を意味のないものにしてしまう。

　このように「規模にかんする収穫不変」の命題は価格に対応して供給量を規定するという新古典派の論理展開を否定する。限界生産力と要素の実質価格が等しいところで商品の生産量が決定される、という主張を無意味にする。たとえ個々の部分で限界原理が成立しても「規模にかんする収穫不変（規模の同次性）」の命題によって、全体としての供給量はどのようにも規定されるからである。

　同じことが、個々の企業の生産量から社会全体の総供給量を導く手続きについてもいえる。新古典派理論では個々の生産者の供給量を社会全体に集計したものが社会全体の総需要として規定されているが、その手続きが論理的に成り立たない。たとえ個々の生産者について限界原理が成立し、それぞれの企業の供給曲線が決定されたとしても、その商品の社会全体の供給関数、総供給関数を構成することができない。なぜなら、社会全体として同種の商品を生産する企業がどれだけ存在するか、その企業数によって総供給量はいくらでも変わるからである。それは個々の生産量を社会全体に集計し、総供給関数として価格と数量のあいだに関係をみる論理手続きを無意味にする。ここでも経済量は無規定な量として存在する。

　しかし、新古典派にとってそうした不都合な問題は存在しない。そもそも新古典派理論のなかにあらわれる商品の価格と数量は、現実の市場経済とは

何の関係もない無規定な量としてはじめから存在するからである。ここにこの経済学の欺瞞がある。価格と数量の関係を規定することは、この経済学にとって本質的である。新古典派が考える「需要と供給の作用」も、また均衡概念も、価格の関数としてあらわされた需要量と供給量を数式として等値する点にあるからである。マーシャル流の鋏状曲線を用いた分析も、ワルラスの一般均衡論もふくめて、新古典派の市場分析はすべて価格の関数としてあらわされた需要量と供給量の関係を論じる点にある。

　だが、限界原理で分析される価格と数量の関係がこれらの市場分析で問題にされることはない。新古典派理論の市場分析のなかでも商品の価格と数量はあくまで無規定な量として存在する。実際ワルラスの一般均衡論の中心的な課題である、市場均衡の存在を証明する「均衡解」の分析にも市場均衡の「安定性」の分析にも、価格に対応して商品の数量が規定されるという限界原理が利用されることは一度もないからである。

第5章　新古典派の市場分析
——需要と供給による価格決定論の誤り：
　市場メカニズム、「需要と供給の作用」の
　とり違え

　需要量、供給量が価格の関数として規定されると考えることは、需給関係が市場価格の変動を引きおこし、その価格変動がふたたび生産に影響を与え、供給量を調整することとはまったく別のことである。

　新古典派は価格変動ということをとり違えている。新古典派はセリ市において取引に先だって競売人が提示する価格のことを価格変動ととらえているが、市場における価格変動とは需給関係の結果、市場で形成される市場価格の変動のことである。それは生産され市場に放出された供給量の大きさにもとづいている。需要過多であればより高い市場価格が、供給過多であればより低い価格が形成される。そして、この価格の高低が生産に反作用し、生産量を調整する点に、需要と供給の作用の働きがある。

　需要と供給の作用は、ある価格に対応する需要量と供給量の関係にもとづく作用ではない。需要と供給の作用は、市場における価格変動を通じて社会の需要量にたいして均整のとれた供給量をつくりだそうとする作用である。それは商品の価格と数量のあいだに一定の関係が存在するなどということにもとづく作用ではなく、社会の需要量にたいする供給量の大きさをあらわすだけである。需給関係を反映して価格はつねにある価格をめぐって変動し、供給量を調整する。そうすることによって商品価格の重心をつくりだす。その一定のある価格は需給関係とは別の事情によって規定されている。

　新古典派は市場メカニズムをとり違えている。現実の市場メカニズムは時間経過をともなう経済の流れのなかで一つの社会過程としてあらわれる。再生産を含む交換のくり返しが、交換の規律性、すなわち市場の均衡をつくりだすからである。新古典派が想定するように、経済の流れのある一断面に市場の均衡があらわれるのではない。

　新古典派の市場メカニズムは、経済の流れをある一時点で切り取った静的

世界で商品の価格と数量のあいだに一定の関係を想定したものである。それは「現実取引の結果を理論的に整理」したものではなく、「時間を抽象した仮想取引の系列を整理したもの」である。需要と供給による価格決定論という新古典派の価格理論、均衡分析は、このような仮想取引のなかでの価格形成を論じたものである。

(1) 新古典派の市場メカニズムと均衡概念
——需要曲線、供給曲線のドグマ

　新古典派経済学は需要と供給のどちらか一方を重視することは正しくない、両者の関係の中で商品の価格は決まると考えた。マルクスは供給の側面、生産の側面をみるだけで、需要側の要因を無視していると新古典派はマルクスの「労働価値説」を批判した。

　ジェボンズやメンガーの限界効用理論は商品の交換比率、価格を限界効用に直接結びつけて説明することを試みたが、そこには市場の問題が抜け落ちていた。そこで論点をかえて、「需要と供給が一致するように価格が決まる」という価格論を展開することになった。需要量と供給量を価格の関数として規定し、両者が一致する点で価格が決定されると考えたのである。

　新古典派の市場分析の基本的な考え方は次の命題に示されている。

　「需要と供給が一致するように価格が決まる。」

　「価格と数量は本質的に同時決定である。」

　この命題はきわめて当たり前のものとみえるが現実の市場経済にとってどのような意味をもっているか、その点をよく考える必要がある。この短い命題には新古典派が想定する独自の「市場メカニズム」と「均衡概念」が対応している。

　「需要と供給が一致するように価格が決まる」という命題に前提されているのは、価格と数量のあいだに規定されるような一定の関係があるという想定である。与えられた「価格」に対応して需要量と供給量が一つの規定された大きさとしてあらわれる、つまり需要量と供給量が価格の関数としてあらわされるという想定である。一財の場合は、マーシャル流の需要曲線と供給

曲線であり、多数財の場合はワルラスの超過需要関数である。

　需要量と供給量は価格の関数関係にあると想定されているから、与えられたある価格に対応して需要量と供給量がそれぞれ規定された一つの大きさとして存在する。それゆえ、新古典派の市場メカニズムは次のように働く。

　「価格が高ければ、需要が少なく供給が多い。需要と供給は一致せず価格変動が生じる。逆に、価格が低ければ、需要が多く供給が少ない。需要と供給は一致せず価格変動が生じる。需要と供給が一致するまで価格変動が生じる」と。

　この市場メカニズムは、価格と数量のあいだに一定の関係が存在するということを前提としている。新古典派にとって「需要と供給の作用」とは、ある価格に対応する需要量と供給量の関係、価格の関数としてあらわされた需要量と供給量の関係にもとづく作用のことである。新古典派の「均衡概念」も価格と数量のあいだに一定の関係があるという想定から生まれてくる。需要と供給が一致するような状態をこの経済学は「市場均衡」と呼ぶが、それは価格の関数としてあらわされた需要量と供給量を等値する点にある[*1]。それゆえ、「価格と数量は本質的に同時決定である。」

　このような市場メカニズムとそれに対応する均衡概念は、広く世間に受け入れられているが、どちらも正しくない。それは二重の意味で誤っている。

　①　需要と供給の作用は価格調整メカニズムとして働き、均衡をつくりだすが、それは新古典派が考えるような「商品の価格と数量のあいだに規定されるような関係」にもとづく作用のことではない。需要と供給の作用は、社会の需要量にたいする供給量の大きさをあらわすにすぎない。生産され市場に放出された供給量が社会の需要量にたいしてどのような大きさであるか、その大きさにしたがってより高い、あるいはより低い市場価格が形成される。そして、この市場価格が次の生産に影響を与え、生産の拡大・縮小を引きおこす点に需要と供給の作用の働きがある。市場経済の流れのなかで、市場価格の変動を通じて社会の需要量に適合した供給量をつねにつくりだそうとする。これが需要と供給の作用である。市場の均衡は再生産を含む交換のくり返しのなかから、生産の諸変動を通じて一つの社会過程としてあらわれるのである。

②　需要と供給の作用は商品の価格をつくりだすのではなく、社会に適合した供給量をつくりだす作用である。需要と供給の作用は、商品の価格を規定しないし、また数量も規定しない。それはある一定の価格からの上下の価格変動のほかは何も説明しない。需要と供給の作用は市場価格の変動を通じて社会の需要量に適合した供給量をつくりだす作用である。

たしかに需要と供給が一致するところで商品の価格、いわゆるその「自然価格」があらわれるが、商品価格の大きさそのものは需要と供給の関係とは別の事情によって規定されている。決して需要と供給が一致するように価格が決まるのではない。新古典派によれば、「需要と供給の作用」によって商品の価格と数量が決定されるが、それは「商品の価格と数量のあいだに規定されるような関係」を想定するからである。だが、そもそも市場に存在する商品の価格と数量のあいだには規定されるような必然的な関係はない。

*1　新古典派の市場分析の特徴は均衡分析という分析装置にある。需要量と供給量を価格の関数として取り扱い、それらの連立方程式体系の解として市場の均衡を考える。価格の関数としてあらわされた需要量と供給量が一致するところにこの経済学の均衡概念がある。マーシャル流の鋏状曲線を用いた分析では、二つの曲線の交点として均衡価格が成立し、ワルラスの一般均衡論では、連立方程式体系の解として均衡価格が与えられる、ということになる。

市場における需要と供給の関係を論じる際、人々に当たり前のものとして受け入れられている分析方法が需要曲線と供給曲線を用いた分析である。需要曲線は右下がりの形状で価格の上昇とともに需要量が減少し、供給曲線は右上がりの形状で価格の上昇とともに供給量が増加するという特徴をそなえている。

こうした議論の特徴は価格をパラメーターとして需要量と供給量を価格の関数として規定する点にある。需要量と供給量はある与えられた価格に対応して規定された一つの大きさとしてあらわれる。

価格が上がれば需要量を減らし供給量を増す。あるいは逆に、価格が下がれば需要量を増やし供給量を減らす。消費者にとって価格が高ければ買うの

を控えよう、価格が安ければもっと買おう、ということになる。また生産者にとって商品の価格が高騰していれば、もっと売れるにちがいない、生産を拡大しよう、あるいは逆に、商品の価格が低下すれば、あまり売れないので生産を縮小しよう、ということになる。価格の減少関数である需要曲線、価格の増加関数である供給曲線は、このような日常意識を背景にしている。日常的に見られる市場社会の諸現象が需要曲線と供給曲線の存在を示唆しているようにみえる。

　だが、需要曲線や供給曲線という概念を構成することは正しくない。この日常意識の背後には市場のある状況が前提されている。新古典派はそれを忘れて価格変動の要因をとり違えているのである。価格変動の要因は二つある。一つは需給関係にもとづくものであり、もう一つは市場とは別の要因、生産条件の変化にもとづくものである[1]。

　右下がりの需要曲線は正しくみえる。一般に価格が低下すれば需要量が拡大されるからである。だが、どのような場合に価格が低下するか。その点を考えてみればよい。新古典派は市場における価格の低下という事態を考察するのではなく、価格に独立変数の性格を与えているから、アプリオリに低い価格を想定するが、その想定がすでに誤っている。市場での価格低下は二つの要因にもとづいている。

　新しい生産方法、新しい技術導入による生産条件の向上である。技術革新などにより労働生産性が向上する。普段見られる、ますます熾烈になる企業の競争に示される生産性の向上である。技術革新による労働生産性上昇の結果、その商品の価格が低下する。そしてこの価格低下よってその商品に対する社会の需要が拡大される。たとえばビデオカメラやパソコンの例がそれである。ビデオカメラやパソコン価格の低下は社会の需要を一挙に拡大した。現在ではハイビジョンテレビやハイブリッド自動車の価格低下——企業にとってはコスト低下と呼ぶ——が大きな課題である。一般大衆の手が届く範囲の価格を設定する必要がある。そのためには企業は惜しみない努力によって生産条件を向上させ、価格を低下させる。ここでの価格低下は、需要と供給の関係にもとづく市場メカニズムとは何の関係もない。それはもっぱら生産条件の向上にもとづく価格低下である。社会の消費が飽和状態に達していな

い限り、一般に価格が低下すれば需要量が拡大される。

　また、市場での需給関係にもとづく価格変動はどのようにあらわれるか。あるいは何にもとづいているか。市場で価格が低下するとすれば、それはすでに供給過剰の状態、社会の需要量にたいするより多くの供給量、過剰生産をあらわしている。逆に、市場価格が高騰するとすれば、それはすでに供給不足の状態、社会の需要量にたいしてより少ない供給、生産不足をあらわしている。売り手と買い手の総体としての作用、これが需要と供給の作用として商品の価格変動を引き起こす。この需給関係から離れたところで、価格が変動するのではない。

　そもそも価格は自ら任意の値をとる独立変数ではない。市場において価格が変動すれば、変動それ自体がすでに需給関係の結果である。市場における需給関係を新古典派が想定するような価格と数量の関係としてではなく、再生産を含む交換のくり返しがおこなわれる一つの社会過程としてみれば、市場価格の変動は、ただ社会の需要にたいする供給量の大きさをあらわすだけである。それはすでに生産され市場に放出された供給量の大きさにもとづくものである。

　供給過剰であれば市場価格は下がり、供給不足であれば市場価格は上がる。もちろん社会の需要量は固定された大きさではなく、さまざまな事情によって変化する。その需要量にたいして供給量がどれだけの大きさであるか。それが市場価格の高低に表現される。このように価格の変動自体が需給関係の結果である。価格は自由に変動する独立変数ではなく、需給関係を反映して変動する。そもそも需給関係を論じるのに、「価格が高ければ、需要が少なく供給が多い、あるいは価格が低ければ、需要が多く供給が少ない」と問いかけること自体が正しくない[*2]。

　右上がりの供給曲線も正しくみえる。新古典派によれば、供給曲線は限界生産力の考えから導かれる。供給曲線は「収穫逓減」あるいは「限界費用の逓増」を前提としている。限界生産力の概念を用いた生産者行動の分析が、形而上学的であること、さらに新古典派の論理展開にしたがっても、価格と数量を対応させることができないことは前章でみたとおりであるが、ここで

はその点を不問にしておこう。供給曲線は価格を独立変数とする右上がりの曲線である。生産者は価格が高ければ生産量を増加し、逆に価格が低ければ生産量を減少させることになる。

　たしかに価格が高ければ高いほど供給量を増加するという考えは市場における一つの事実をあらわしているといえる。市場において価格が高ければ、あるいは生産者が価格が高いと判断すれば、それは需給関係の結果として供給不足の状態を示しているからである。それは生産され市場に放出された供給量が社会の需要量にたいして少ないことのあらわれである。

　だから、価格が高ければ高いほど生産者が供給量を増加するのは、市場における供給不足の状態に対応している。逆に、価格が低ければ、それは市場における供給過剰の状態に対応している。生産者は供給量を減少させる。採算割れにならないように生産量を引き下げることになる。だが、こうした事実は決して新古典派が想定するように供給量が価格の増加関数であることを示すのではない。

　一定の価格が採算のとれる基準の価格として与えられるのであって、その価格以上であれば生産者は供給を増加するし、逆にその価格以下であれば供給を減少させる。そして、市場価格がこの一定の価格より高いか、低いかは、社会の需要量にたいするその時々の供給量の大きさによって規定されているのである*3。

　*1　塩沢由典は需要や供給を価格の関数として構成することが成り立たないことを次のように指摘する。

　「一般的には、需要関数とは、ある変数の領域において、ある商品の需要を値としてもつような関数のことです。…しかし、新古典派の価格理論における需要関数は、時間経過とともに確定できるような関数ではありません。

　新古典派の需要関数は、価格を任意に与えたとき、ひとびとが商品をどれだけ需要するかを仮想的に考えて構成したものです。」（塩沢由典『複雑系経済学入門』p.89）

　「新古典派では供給関数も、時間を変数として供給量を記録したようなものではありません。任意の価格体系を与えたとき、この価格体系のもとで、製品をこれだけは供給したいが、それ以上は供給したくないという数量をひと

まとめにしたものです。」（同上、p.90）

　塩沢は、無差別曲線を用いた効用最大化問題が、指数関数的に増大する時間を必要とし、実際には解けないことを指摘する。また供給関数は限界費用の逓増という仮定が正しいという虚構のもとでのみ成立し、非現実的であるという。これは需要関数や供給関数という概念そのものが成り立たないことを意味する。

*2　この問いかけに示されるように新古典派の市場メカニズムは、新古典派自身が主張するようにセリ値の形成過程を想定したものである。だが、それは市場における需給関係を正しく考察したものではない。セリ値の形成は買い手と売り手との合意を示すものであっても、決して需要と供給の一致を示すものではないからだ。セリ値は需給関係を反映してより高い、あるいはより低い価格として形成される。新古典派は市場における需要と供給の一致という状態を、セリ市場における買い手と売り手との合意と取り違えたのである。

*3　新古典派の市場分析は、社会の欲望を所与とし、生産条件も所与としたとき、需要量と供給量の関係がどのようになるのか、あるいは商品の価格がどのように決定されるのかを考えたものである。供給曲線は所与の技術条件のもとで価格の変化とともに供給量がどのように変化するかを限界原理にもとづいて規定したものである。

　いま、技術革新などによって「所与の生産条件」が変われば、生産関数が変わり、その生産関数から導かれる供給量も変化する。したがって、価格をパラメーターとする供給関数がシフトすることになる。それにつれて需要と供給が一致する点、つまり商品の均衡価格も変化する。

　新古典派の提唱する「需要と供給による価格決定論」によればこのようになる。この新古典派の価格決定論も、見方をかえれば、生産条件の変化とともに商品の均衡価格が変化することを否定するものではない。生産条件の向上とともに商品価格が低下するのである。新古典派もこの考えを認めている。商品の価格決定について生産関数が大きな役割を果たすことを新古典派は否定していない。

　このことは新古典派にとって、たいへん不都合な内容をもたらす。「需要と

供給が一致するよう価格が決まる」という主張は、ただの同義反復にすぎないことを暴露するからである。需要と供給による価格決定論は、需給が一致したときに商品の価格が「決まる」ということを主張するだけで、それ以上の内容を含んでいないことを示すからである。熾烈な競争のもとで不断に実現される技術革新、生産方法の改良は商品価格を低下させる。だが、需要と供給の一致による価格決定論は、この価格低下を説明できない。

　もし、供給曲線をシフトさせることによってこの価格低下が説明できると主張するならば、そもそも、需要と供給による価格決定論は不用である。なぜなら、この場合の価格低下、つまり価格決定の要因は、需要と供給による一致ということではなく、もっぱら生産条件の変更によって規定されているからである。

市場均衡の予定調和――価格と数量の形而上学的性格

　「需要と供給が一致するように価格が決まる」。この命題に前提されているのは価格と数量のあいだに一定の関係があるという想定である。新古典派の均衡分析という方法は商品の価格と数量のあいだに規定されるような関係が存在するとみなすことによって成立している。

　新古典派にとって価格はそれ自身独立して変動できる自由な性格をもっている。価格は個々人にとって「所与」としてあらわれるだけでなく、市場に対しても「所与」の性格、独立変数の性格をもったものとしてあらわれる。また、需要量と供給量は価格の関数として規定されているから、自由に任意の値をとる独立変数としての価格に対応して規定される経済量として存在する。つまり、需要量と供給量は価格変動とともに瞬時にある一定の値をとる経済量として存在する。

　市場の均衡は、価格の関数として規定されこの需要量と供給量が一致したときに成立する。一致しないときは価格が変動し、その価格に応ずる需要量と供給量が示される。それが繰り返され、やがて需要と供給の一致が生まれ、均衡が成立する。古典派が想定する市場メカニズムは、このような需要量と供給量が一致するまでの価格調整メカニズムである。

　価格と数量はただ表象された抽象物であり、経済学者の観念としてのみ存

在する。それゆえ、どのような論理操作も可能である。しばしば問題にされる市場の非摩擦性や、生産要素の可変性、可塑性、経済諸量が瞬時に変化するという新古典派理論の非現実性は、このような価格と数量の概念にすでに含まれている。

　新古典派の市場分析は予定調和である。商品の価格と数量のあいだに一定の関係を想定する新古典派の市場分析からは、「市場均衡の予定調和」という考えが必然的に生まれる。生産や取引に先だって、需要と供給が一致するように生産量があらかじめ調整されるのである。しかも、生産量が調整されるのは市場における価格調整メカニズムの働きによるのもだとされるのである。

　新古典派の考える需要と供給の作用は、任意の価格を与えたときに人々が応ずると予想される「需要量」と「供給量」の関係である。それは生産に先だって想定された「供給量」である。マーシャル流の鋏状曲線を用いた分析も、ワルラスの一般均衡論で均衡が成立していく調整過程（模索過程）もその想定のうえに成立している。

　だが、供給量は新古典派が想定するように価格の変化に応じて自由に変動する経済量ではない。それは私的生産者のそれぞれの思惑で生産された一定量である。もちろん個々の私的生産者に生産の計画性があるとしても、社会全体としては生産の計画性や、予定された調和性はない。生産はあくまで独立した私的生産者による生産であり、分権主義的で無政府的である。

　新古典派の市場分析は、「予想量」や「計画量」として個々人の意識のなかに存在する経済量の関係を念頭においたものであり、それ自身現実の市場経済とは無縁の抽象である。そもそも「市場均衡の予定調和」という課題を提出すること自体が滑稽であるが、さらに、この「予定調和」が市場メカニズムの働きによって達成されると主張することは、不思議なことである。それは市場経済にたいする経済学者の「願望」を表現するものであっても、現実の市場経済をあらわすものではない。しかも、経済学者は大真面目でその見解をくり返し、その見解が全世界を覆いつくしているのである。

　新古典派の取り扱う価格と数量の関係は、一つの思弁物にされた価格と数量との関連である。現実から切り離され経済学者の頭のなかだけに存在する

価格と数量の関係である。

　新古典派は「所与」という名のもとに価格を自由に想定することができる。市場における価格の低下や上昇という事態を考察するのではなく、アプリオリに低い価格や高い価格を考え、この価格に対応する需要量と供給量を想定する。しかも、この需要量や供給量は、任意の価格を与えたときに人々が応ずると予想される経済量であり、「予想量」や「計画量」として人々の意識のなかに存在する。

　これまでみたように新古典派の市場メカニズムは次のように働く。

　「価格が高ければ需要が少なく供給が多い。逆に、価格が低ければ需要が多く、供給が少ない。需要と供給が一致しないから、一致するように価格が変動する。」

　こうした考えの特徴は価格の変動だけではなく、価格の変動に対して需要量と供給量が自由に変化できる点にある。新古典派は需要量と供給量を価格の関数としてとらえているから、需要量と供給量は価格の変化に対応して瞬時にある値をとる経済量として存在する。この市場メカニズムも商品の価格と数量のあいだに仮想的に想定された関係から生まれてくる考えである。

　また、新古典派の市場分析が本質的に静学といわれるのも同じ理由にもとづく。商品の価格と数量のあいだに一定の関係をみる見方からは「仮想取引」という考えしか生まれようがないからである。商品の価格と数量のあいだに一定の関係が想定されているから、需要量と供給量はつねに価格の変化に対応して瞬時にある値をとる経済量として存在する。それはある価格に対応すると予想される「需要計画」や「供給計画」として存在する経済量にほかならない。それは時間の流れと結びついた現実取引を論じようとするのではなく、経済の流れをある一時点で切り取った静的世界で「仮想取引の系列」を論じたものにほかならない。新古典派経済学が本質的に静学であり、静止均衡状態を扱うのは、商品の価格と数量のあいだに一定の関係を想定することの必然的な帰結なのである[1]。

　　*1　新古典派経済学のなかで、「短期的」とは、経済の流れを短期間にとらえたものではない。それは経済の流れをある一時点で切り取った時間の流れのない静的世界のなかで商品の価格と数量のあいだに一定の関係を想定した

ものである。新古典派がいう「長期的」とはこの静的世界に対応するもうひ
とつ別の静的世界のことである。ワルラスの一般均衡論が本質的に「静学」
であるといわれるのにたいして、しばしばマーシャルの経済学は「動学的」
であるといわれるが、それは正しくない。

　マーシャルの「動学的」「長期的」世界もじつは時間の流れをもたない、静
的世界である。商品の価格と数量のあいだに一定の関係を想定するかぎり、
どれだけ動学的要因、時間的要因を持ち込もうとも必然的に「静学」になる
のである。それはある価格に対応して規定される、つまり価格の変化ととも
に瞬時にある値をとる経済量として存在する需要量、供給量の関係を問題に
することになるからである。

(2)　新古典派の市場メカニズム――セリ値の形成過程

　われわれがよく知っている命題、「需要と供給が一致するように価格が決
まる。」この命題には、次のような新古典派が想定する市場メカニズムが対
応している。

　「価格が高ければ需要が少なく供給が多い。逆に、価格が低ければ需要が
多く、供給が少ない。そうした場合、需要と供給が一致せず、需要と供給が
一致するように価格変動が生じる。」

　この市場メカニズムに前提されているのは、これまでみてきたように商品
の価格と数量のあいだに規定されるような一定の関係が存在するという想定
である。価格を独立変数として扱い、需要量と供給量はこの独立変数として
の価格に対する減少関数、増加関数として規定される。だから、新古典派の
市場メカニズム、「需要と供給の作用」とは、ある価格に対する需要量と供
給量の関係、つまり価格をパラメーターとしてあらわされた需要量と供給量
の関係ということになる。

　このような新古典派の市場メカニズムと均衡概念は現実の市場経済のなか
で実際は何をあらわしているか。しばしば新古典派の市場分析は青果市場の
ようなセリ市場を念頭においたものといわれるように、セリ値の形成過程、
つまり売り手と買い手との行為を叙述したものである。新古典派は競売人が

次から次へと価格を提示し、その価格に応じようとする売り手と買い手の関係、両者が合意に至る過程に「需要と供給の作用」をみいだしたのである。

　価格を独立変数として扱うことは、競売人が次々と提示する価格に対応している。需要量と供給量が価格との関数関係にあり、価格にたいする一つの大きさとしてあらわれるのは、競売人の価格提示に応じようとする売り手と買い手をあらわしている。そしてこの売り手と買い手の関係が、新古典派の想定する「需要と供給の関係」ということになる。

　しかし、セリ値の形成とは何か。それはいったい何をあらわしているのか。セリ値の形成は、たしかに売り手と買い手との合意であるが、決して社会全体の需要と供給の一致をあらわしているわけではない。新古典派はセリ市における売り手と買い手の合意を、そのまま「需要と供給の一致」と解し、セリ値の形成を商品の「適正な価格」、「自然価格」の決定と理解しているが、それは正しくない。セリ値の大きさは社会の需要量にたいして市場に出された供給量の大きさを反映して決定されるからである。

　新古典派はきわめて単純な事実を見落としているのである。需要と供給が一致しなくても「価格は決まる」ということである。社会の需要にたいして供給過剰であっても供給不足であっても、商品交換は中止されることなくおこなわれる。需要過多、すなわち需要にたいして供給不足であればより高い市場価格が形成され、供給過剰であればより低い市場価格が形成される。このように需要と供給が一致しなくても市場価格は需給関係を反映してある一定の大きさに決まる。

　市場価格に高低が生まれるのは、市場に放出された供給量の大きさによる。これこそ「需要と供給の作用」のあらわれの重要な側面である。そして、これは経済学者が実際上はよく知っていることであるが、経済学の理論に立ち向かうと忘れてしまう事実なのである。商品の「価格が決まる」ということをどのように解するかという点を別にすれば、とにかく市場の状況に応じて商品価格が「決まる」のである[*1]。

　とくに自然的条件が生産に直接影響を与える生産物の場合、セリ市の形態をとる。野菜などの生産物は天候によって品質や供給量が大幅に変動する。供給不足であればより高い市場価格が、逆に、供給過剰であればより低い市

場価格がセリ市場で形成される。市場に出荷される供給量の大きさによって市場価格の高低が生まれる。

　一般に工業製品の場合、セリ市の形態をとらないが、「需要と供給の作用」のあらわれは同じである。たとえば石油生産量が過剰になってだぶついてくればその市場価格は低下し、逆に何らかの要因によって石油生産量が減少すれば市場価格は高騰する。ICチップも同じである。ICが供給不足であれば市場価格は高騰し、供給不足であれば市場価格は高騰する*2。

　需要と供給の作用による市場価格の変動は供給側の要因だけにもとづくものではない。それは需要側の要因にも影響される。当然なことに需要量も固定された一つの大きさではなく、社会条件や生活条件の変化とともに変わる。たとえば急激な経済成長によって石油需要が増加し、石油供給がそれに対応できなければ、供給不足の状態となり市場価格は高騰する。だが、このことは新古典派が考えるように商品の価格と数量のあいだに規定されるような一定の関係があることを意味するのではない。市場価格の変動はそのときどきの社会の需要に対する供給量の水準をあらわしたものである。

　*1　新古典派の市場分析では、「需要と供給が一致した」ときのみ、価格が形成され、商品の取引が許される。それ以外の状況で商品が交換されることはない。つまり商品の生産や取引に先だってあらかじめ市場メカニズムが働き、需要量と供給量が調整されてしまう。新古典派はそのような架空の経済を想定しているが、それはセリ値の形成を「需要と供給の一致」による価格形成ととり違えることによって成立している。

　*2　資本主義生産には一般的に過剰生産がつきものである。いうまでもなく過剰生産は、過剰な生産設備にもとづいている。そして、過剰な生産設備は、過剰な資本投下にもとづいている。決して新古典派が想定するように需要と供給が一致するように生産の設備投資がおこなわれるわけではない。投下された資本の大きさによって生産設備の大きさ、生産量が規定される。しかも、資本はつねに拡大される規模で投下されなければならないし、また生産性を高めるためにも生産規模を拡大しなければならない。したがって、過剰生産は資本主義生産の一般的傾向である。

　このようにセリ値、市場価格の形成は売り手と買い手との合意をあらわすが、需要と供給の一致をあらわすのではない。それは社会全体の需要量に対する供給量の水準をあらわす。需要と供給が一致しない状態とは、供給不足か供給過剰の状態をあらわすのであり、それには市場価格の高低が対応する。そしてこの市場価格がふたたび生産に影響を与え、生産の拡大、縮小を引きおこすところに、需要と供給の作用の重要な働きがある。需要と供給の作用は、市場価格の変動を通じて社会の需要量（これ自身さまざまな要因によって変化する）に対応する供給量をつねにつくりだす作用である。

　市場で価格がある一定の価格より上下に運動するのは、社会の需要量にたいして供給量が多いか少ないかによる。需要過多、つまり供給不足であれば価格は上昇し、逆に供給過剰であれば価格が低下する。こうしたことが需給関係にもとづく価格調整メカニズムとして働く。このきわめて自明なことが経済学者のあいだでは実際に承認されている（というのは新古典派経済学者が現実経済に立ち向かうとき、この自明なことをつねに口にするからである）が、不思議なことに彼らの経済理論のなかでは無視されることになるのである。逆に、「完全競争の前提」という条件がもちだされて価格に独立変数の性格が与えられる。

　誤解を避けるために述べておかねばならない。新古典派の想定する価格変動、自由に任意の値をとって変動する独立変数としての価格変動とは、ここで述べた需給関係を反映して形成される価格の変動ではなく、市場経済の流れの一場面であるセリ市で競売人が次から次へと提示する価格のことを意味している。新古典派の想定する需要量、供給量も競売人が提示するこの価格に応じようとする売り手と買い手の経済量のことである。

　「価格が高ければ需要が少なく、供給が多い。逆に、価格が低ければ需要が多く、供給が少ない。そうした場合、需要と供給が一致せず、需要と供給が一致するように価格変動が生じる。」

　このように新古典派がくり返し述べる市場メカニズム、それはセリ値の形成過程、つまりセリ市場で競売人の価格提示に応じようとする買い手と売り手との関係を模式化したものである。だが、それははじめから「需要と供給の作用」とは関係がない。なぜなら、セリ値の形成は買い手と売り手との一

致（というより合意）をあらわしているが、決して社会全体の需要と供給の一致をあらわすものではないからである。セリ値（市場価格）は、需給関係を反映してより高い、あるいはより低い価格に決定される。

　新古典派はセリ市場における売り手と買い手の合意をそのまま市場の需要と供給の一致ととらえているが、ここに大きな取り違えがある。セリ値は社会の需要量にたいする供給量の大きさをあらわすにすぎないからである。それゆえ、セリ値が形成されていく過程、つまり提示価格に対する売り手と買い手とのやりとりは、市場メカニズムの一断面を示しているといえるが、それは市場の均衡をつくりだす「需要と供給の作用」をあらわしているのではない。セリ市における「需要と供給の作用」はセリ値の大きさ、つまりセリ値として形成される市場価格の高低に示されているのである。

　市場経済のもとで供給量は個々の独立した私的生産者によって生産され、市場に出される一定の大きさである。新古典派の市場分析で想定されているように、価格をパラメーターとして変幻自在に変化する供給量、つまり商品の生産や取引に先立ってある価格に対応させられた「生産予想」という架空の経済量ではない。新古典派はセリ市場における市場価格の形成過程——買い手と売り手との意思行為——に市場メカニズムをみる。そのため、価格を独立変数として扱い、需要量と供給量はこの独立変数である価格に対応して変動する経済量としてあらわれる。それは他面では、新古典派理論の全体を貫く基本的な考え、すなわち商品の価格と数量のあいだに一定の関係が存在するという誤った想定に支えられている。ある価格を提示すればそれに応じようとする売り手と買い手の意思行為として需要量と供給量が一つの大きさとしてあらわれるからである。

　だが、セリ値の形成自体が需給関係を反映してより高い、あるいはより低い価格が形成されることを思い起こすと、ここである価格に応じようとする売り手の供給量自体が、じつはすでに生産され市場にもちだされた一定の大きさとして存在していることを見落とすわけにはいかない。

　新古典派の市場分析に前提されているのは、商品の価格と数量のあいだに想定された一定の関係、つまり需要関数と供給関数の存在である。価格をパ

ラメーターとして取り扱い、需要量と供給量はこの価格に対応する予想量、
計画量として存在する。価格は独立変数として任意の値をとって変化する性
格をもち、需要量と供給量はその価格に対応する「消費予想」「生産予想」
として架空的に想定された経済量である。それはセリ市で競売人の価格提示
に応じようとする買い手と売り手との関係を想定したものである。

　新古典派が「需要と供給の作用」と解している需要曲線と供給曲線をもち
いた分析は、市場における「需要と供給の作用」を論じたものではない。そ
れは市場経済のほんの一断面であるセリ市における「セリ値の形成過程」
──競売人の価格提示に応じようとする買い手と売り手との関係──を模式
化したものにほかならない。それは無政府的、分権的な市場経済制度のもと
で生産がつねに均整のとれた水準に還元されていく市場メカニズムを論じた
ものではない。経済の流れの一断面における市場価格の形成、売り手と買い
手の合意、すでに生産され市場に放出された供給量にもとづく一つの市場価
格（セリ値）の形成を論じたものである。

　新古典派は、需給関係を反映してある市場価格、つまりセリ値が形成され
ることを「需要と供給の一致」だと誤解し、競売人の価格提示に応じようと
する買い手と売り手との関係、両者が合意に至る過程を「需要と供給の作
用」ととり違えたのである。

(3) 市場均衡のあらわれ方
──価格と数量の同時決定論の誤り

　市場均衡あるいは商品生産のもとで生産の規則性や規律性はどのようにあ
らわれるか。

　これまでみてきたように、新古典派の市場分析は経済の流れをある一時点
で切り取った静的世界で、商品の価格と数量のあいだに一定の関係を想定し
たものである。需要量と供給量がそれぞれ価格の関数として規定されるとい
う想定によって成立している。それゆえ、新古典派の均衡概念は、価格の関
数として規定された需要量と供給量を等置するところに存在する。新古典派
が想定する市場均衡はもうこれ以上変化しないようなある一点としてあらわ

れる[*1]。

　新古典派の均衡概念はこの理論が想定する架空の世界で意味のあるもので
あっても、現実の市場経済をあらわすものではない。なぜなら、市場経済の
もとで均衡は、新古典派が想定するようなある時点の静的状態としてあらわ
れるのではなく、再生産を含む交換のくり返しのなかから一つの社会過程と
してあらわれるからである。市場メカニズムはたえずくり返される交換のな
かでその力を発揮する。交換の不断の反復が交換を一つの規則的な社会過程
にするのである。そして、商品の交換比率、その適正な価格、いわゆる「自
然価格」はこの一つの社会過程のなかであらわれる。決して一回のみの生産
や交換のなかに商品の「自然価格」があらわれるのではない。

　新古典派の市場分析によれば、「調整過程」と「均衡」は切り離されて存
在する。あらかじめ一連の調整過程があり、その後ある点で均衡が生まれ
る。市場の「調整過程」と「均衡」が同一の社会過程のなかであらわれると
は理解されていない。それは商品の価格と数量のあいだに一定の関係を想定
する新古典派均衡分析の必然的な帰結である。新古典派の方法から、ある静
的な一点という均衡概念が必然的に生まれてくるからである。

　商品の価格と数量はある一つの「均衡」として同時決定されるのではな
い。市場経済のもとで均衡はある時点における価格と数量の同時決定として
あらわれるのではなく、一つの社会過程としてあらわれる。需要と供給の一
致とは、くり返される交換の流れのなかで一つの平均としてあらわれる。そ
れは一つの社会過程であり、需給関係にもとづく市場メカニズムはこの過程
のなかで働き、交換のくり返しが生産に反作用することによって一つの均衡
をつくりだす。市場それ自体が需給関係による調整過程であり、市場経済に
おける均衡は「無規律の平均」としてあらわれる[*2]。

　新古典派によれば、商品の価格と数量は同時決定される。「価格と数量は
本質的に同時決定」である。新古典派の価格理論は「需要と供給による価格
決定論」であり、その基本命題は「需要と供給が一致するように価格が決ま
る」である。それは商品の価格と数量のあいだに規定されるような必然的な
関係をみる見方、需要量と供給量が価格の関数関係にあるという想定によっ
て成立している。

　そうした想定からは、「需要と供給の一致」は需要量と供給量を数式として等置する点にあらわれることになる。それゆえ、商品の価格と数量のあいだに必然的な関係をみる新古典派の方法からは、「需要と供給が一致するように価格が決まる」あるいは、「価格と数量は本質的に同時決定」という均衡概念が当然なものとして出てくるのである。

　商品経済のもとで、社会の欲望と生産条件との調整を市場での価格機構を介してすすめるが、それは新古典派が想定するような商品の価格と数量のあいだに一定の関係が存在することにもとづく作用ではない。「需要と供給の作用」は市場価格の変動を通じて社会的欲望に対応する供給量をつねにつくりだそうとする作用であるが、それは不断にくり返される交換の過程、再生産を含む一つの社会過程のなかで働く。商品交換の状況、市場価格の高低が生産に反作用するからである。

　　*1　なぜなら、新古典派によれば需要と供給が一致しないときはつねに価格変動が生じ、その価格変動とともに需要量と供給量は変化し、需給が一致するまで続くからである。もうこれ以上価格が変化しない点、つまり需給が一致した点で均衡が生まれる。そして新古典派の市場分析ではこのとき初めて一斉に商品の取引、交換がおこなわれる。それまで商品が交換されることはない。ワルラスの模索過程、ヒックスの「週」のたとえは、こうした非現実的な抽象のもとで構想したものである。

　　*2　マルクスが商品社会において「理性的なものや、自然必然的なものは、盲目的に作用する平均としてしか貫徹されない」と述べたように、商品生産における規律性は「無規律の平均」としてあらわれる。また、これが価値法則の貫徹の仕方であることは、別の箇所で述べることになる。市場メカニズム、需要と供給による価格調整メカニズム、需要と供給の作用とは、価値法則の貫徹の仕方であり、それは商品生産のもとでの人々の労働の社会的性格、労働の関連の仕方に結びついている。

　市場経済のもとで生産は独立した私的生産者による生産である。そこには個々人のもくろみや思惑、予想があるが、市場全体をみれば生産はあくまで無政府的で分権主義的である。需要と供給が一致するように生産されるわけ

ではない。ましてや新古典派が想定する「予定調和」のように交換に先きだってあらかじめ生産が調整されるわけではない。商品の価格と数量のあいだに必然的な関係をみる新古典派の方法によれば、交換に先だって（もっと厳密にいえば、生産に先だって）生産量があらかじめ調整されるという「予定調和」が必然的に生まれてくる。

　社会の需要量に対して供給量がどれだけの大きさであるか。それが市場価格の変動としてあらわれる。ある商品の市場価格が高騰すれば、社会の需要に対して供給が足りないことを示している。企業は一定の価格以上で売れると判断し、生産を拡大する。逆に、市場価格が低下すれば供給過剰であることを示している。その場合企業は生産を縮小する。減産を余儀なくされる。それもかなわない場合、生産設備の廃棄、資本の引き上げがおこなわれる。

　たとえば石油産出国の戦争などで原油の供給が滞れば、原油価格が高騰し、逆に過当競争などによって供給過剰となれば市場価格は暴落する。また、原油の供給が変わらなくても、世界的な景気の落ち込みで石油需要が減退すれば、そのとき供給過剰となり市場価格は低下する。原油価格の高騰は世界経済に大きな影響を与える。先進諸国は石油備蓄を放出し、市場における原油供給不足を解消しようとする。逆に原油価格の暴落は産油国に経済的打撃を与える。産油国は結束して減産体制に入る。要するに社会の需要量に見合った水準につねに供給量を保とうとするのである。

　あるいはICチップの生産をみてもよいかもしれない。パソコン業界が好況のためICチップの生産が需要に追いつかなければ市場価格が高騰する。逆に、予想に反して需要がそれほど伸びず過剰な設備投資となれば、ICチップは供給過剰となり、市場価格が低下する。こうした市場価格の変動を通じてICチップ生産の拡大、縮小、つまり新たな設備投資、あるいは既存の設備投資の引き上げがおこなわれる。

　市場価格の変動はすべて社会の需要（この需要そのものも刻々と変化し固定された大きさではない）にたいする供給がどの程度であるかを示している。社会の需要に対して供給が不足すれば市場価格は高騰し、逆に、供給過剰であれば市場価格は低下する。商品が市場に多く放出されて供給過剰であれば市場価格が低下し、その生産は縮小される。また供給不足であれば市場

価格が上昇し、生産は拡大されることになる。生産の拡大縮小はすべて市場における価格変動を通じておこなわれるのである*[1]。

　需要と供給の作用の要点は、この市場価格が次の生産に影響を与え、生産の拡大、縮小を引きおこす点にある。そうすることによって社会の需要量に見合った供給量をつねにつくりだそうとするのである。

　需要と供給の作用はこのように生産と交換のくり返しのなかで一つの社会過程として働く。また市場の規律性、つまり生産の規律性もこの社会過程のなかであらわれてくる。そして商品の適正な交換比率、その「自然価格」はこの社会過程のなかであらわれてくるのである。

　需給関係にもとづく価格変動がさまざまな商品にたいする供給量をつねに社会的欲望に適合させようとする。生産の諸変動を通じて維持する。これが需要と供給の作用にもとづく市場の価格調整メカニズムである。価格調整メカニズムはくり返しおこなわれる交換と再生産のなかで一つの社会過程として働き、均衡は生産の諸変動を通じて維持される。

　　*1　このように需要と供給の作用は、ある一定の価格からの上下への市場価格の変動をあらわす。それは供給不足であるか、あるいは供給過剰であるかを示している。この最も単純なことをどの経済学者も実際は知っている。市場で価格が高騰すれば供給不足であり、価格が低下すれば供給過剰であることを。しかし、彼らは経済理論に立ち向かうと、そのことを忘れる、いや忘れなくてはならないのである。自らの理論に都合が悪いからである。「需要と供給が一致するように価格が決まる」という命題を自ら否定することになり、市場分析の誤謬を認めなければならないからである。やがて、それは限界理論を否定することをうながすであろう。

需要と供給の関係は「価格」も「数量」も規定しない

　「市場に見いだされる諸商品の量的規模ととそれらの市場価値とのあいだには必然的な連関は実存しない。」（マルクス『資本論』⑨ p.320）

　需要と供給の作用による価格調整メカニズムは、商品の価格と数量のあいだに想定された一定の関係にもとづく作用ではない。市場価格の変動は、ただ社会の需要量にたいする供給量の水準をあらわすにすぎない。価格は、新

古典が想定するような自由に動く独立変数ではない。価格の変動自体が需給関係を反映させたものである。

　市場メカニズムを論じるとき重要なことは、「需要量」を規定することでも、「供給量」を規定することでもない。新古典派による「需要と供給の作用」は需要量と供給量がそれぞれ価格に応じて規定される点にあるが、そもそも商品の価格と数量のあいだに規定されるような関係は存在しない[*1]。

　　　[*1]　新古典派の市場分析は経済的要因の相互独立性を前提しているといわれているように、需要量と供給量は価格にたいしてそれぞれ独立に規定される。消費者の効用最大化行動、生産者の利潤最大化行動によって、商品の価格が与えられるとそれに応じて需要量と供給量がそれぞれ規定されることになる。それは商品の価格と数量のあいだに規定されるような一定の関係があると想定し、需要量と供給量をそれぞれ価格の関数としてあらわす方法の帰結である。新古典派はその両者の関係のなかに市場メカニズムの働きをみる。新古典派の「需要と供給の作用」とは、この両者の関係、ある価格に対応する需要量と供給量の関係ということになる。したがって、両者を等置する点に新古典派の均衡概念がある。

　　　だが、そもそも需要量と供給量を価格の関数としてあらわすという想定自体が、現実の市場経済とは何の関係もない。それは経済の流れを一時点で切り取った架空の静的世界の出来事である。

　需給関係とは、生産の諸変動を通じて供給量をたえず均斉のとれた水準に引き戻そうとする作用である。そうすることによって市場の均衡をつくりだす。ここから次のことが指摘できる。需給関係は価格変動を通じて社会的欲望に対応した供給量、つまり均衡をつくりだすが、その均衡の上にあらわれる「価格」をつくりだしはしないということである。なぜなら、需要と供給の作用は価格の変動、ある一定の大きさの上下への市場価格の変動のほかは何も説明しないからである。

　需要と供給が一致するとき[*1]、あるいは需要と供給が均衡を保っているとき、いわゆる商品の「自然価格」があらわれるが、それは需要と供給の関係とは独立に決定される。それは商品の市場価格がそれをめぐって運動する

その平均化された重心であることを意味する。

　需要と供給の作用は、ある一定の価格からの偏倚を相殺するために働く。それは同時に供給量をたえず均斉のとれた水準に引き戻そうとする作用である。需給関係が価格変動をもたらすのは、社会的欲望に対応した供給量をつくりだすために、たえず生産量を調整するからである。需給関係はその商品の生産量を社会が必要とする需要量にたえず適合させようとする。市場における過不足をその価格変動を通じて調整するのである。

　このように需要と供給の作用は市場の均衡をつくりだすが、この均衡の上にあらわれる「価格」や「数量」をつくりだすのではない。需要と供給の関係による価格調整メカニズムとは、均衡が「価格」をつくりだすのではなく、ある一定の価格のもとに価格が上下運動することによって供給量をたえず均斉のとれた水準に調整する点にある。それは社会の欲望に対して供給量をたえず一定の限度に引き戻そうとする作用のことである。

　需要と供給の作用は、決して商品の価格や数量を規定するものではない。しかし、新古典派はそのことをとり違え、需給関係が諸商品の価格や数量を規定すると考えるのである。価格と数量のあいだに規定されるような一定の関係をみて、数量を価格の関数として描き出す新古典派の市場分析によればそのようになる。「需要と供給が一致するように価格が決まる」という誤った価格理論が必然的に生まれてくるのである。

　それは現実の市場経済とかけ離れた形而上学の世界を形成している。そもそも本来、関係がない価格と数量のあいだに一定の関係を想定すること自体が間違っている。この間違ったことを押し通そうとするから、現実とかけ離れたおかしな世界を形成するのだ。だが、新古典派はそれをやめるわけにはいかない。何としてでも価格と数量のあいだに一意的な規定される関数関係をつけなければならない。それは自己の理論に確信があるからではない。それは限界理論を守り、商品の価格はそれを生産するために社会的に必要な労働量によって規定されているという事実を否定するためにそうしなければならないのである[2]。

　　*1　ただし、この「一致」を新古典派が想定するように、価格の関数として規定された需要量と供給量の一致と解してはならない。需要と供給の一致は、

くり返される交換の流れのなかで「一つの平均」として、一つの社会過程としてあらわれるのである。

*2　マルクスの学説に抗するためにも限界原理は死守されなければならない。だが「限界効用理論」は効用の可測上の点から破綻した。個々人の主観的判断という「主観的」なものを、商品の価格というだれにも共通である「客観的」なものに結びつけることは、はじめから無理であった。そこで新古典派はこの問題を避けるためにこぞってワルラスの方法に移行したのである。

　ワルラスの方法はある意味で都合がよい。商品の価格や価値について触れなくてよいからだ。それは商品の価格を限界原理に結びつけるのではなく、限界原理を介して商品の価格を数量に結びつけ、あとは均衡解が存在するかどうかという数学的議論で終了し、商品の価格そのもについて触れなくてすむからである。

　しかし、ワルラスの方法は完全に形而上学に入り込む道であった。なぜなら、一つの社会過程としてあらわれる現実の市場メカニズムとは別の世界、つまり経済の流れを切り取った架空の静的世界のなかで想定された商品の価格と数量の関係を、市場メカニズムととり違え、市場均衡分析と考えているからである。

　需要と供給の作用は、需要と供給の一致、すなわち均衡をつくりだそうとする作用である。そして、需要と供給が一致したとき商品の「自然価格」があらわれるが、その価格の大きさはマルクスが指摘したように需給関係とは別の事情によって規定されている。

　それは生産条件によって規定されている。生産の技術的条件が向上し生産性が高まればその商品の価格（正確にはその価値）は低下する。なぜなら、商品の価値はマルクスが指摘したようにその商品を生産するのに社会が必要とする労働時間によって規定されているからだ。生産性が向上した生産部門で商品の価値が低下するのはその商品を生産するのに必要な労働時間が短縮されるからである。また、生産が一般的に規模を拡大する傾向をもつのは、全体としての生産設備は拡大されるが個々の生産物が大量に生産されることによってその商品価値が低下する、つまり、個々の生産物に振り向けられる

労働時間が短縮されるからである。

　たとえば、需要と供給が一致したとき、ボールペン一本の価格が100円であり、自動車一台の価格が100万円であるのはどこから生まれてくるか。あるいは何によって規定されているのか。新古典派は「需要と供給が一致するように価格が決まる」という命題をくり返すかもしれないが、それは同義反復である。この命題は自動車価格が100万円、ボールペン価格が100円でそのあいだに100倍の差があることを説明できないからである。

　この命題が意味するのは文字どおり「需要と供給が一致するように価格が決まる」ということであって、それ以上の内容をもたないからである。この命題は、需要と供給が一致したとき、商品の価格が決まる（正しくは「価格があらわれる」というべきである）ことを主張しているが、価格そのものの大きさについては何もいっていないからである。くり返し述べるように、「需要と供給の作用」とはある一定の価格からの上下の価格変動のほかは何も説明しない。それは市場価格の変動を通じて、社会の需要量に対して供給量をたえず均斉のとれた水準に引き戻そうとする作用である。需給関係から、商品の価格、その適正な「自然価格」を規定することはできないのである。

（4）市場メカニズム──価値法則の貫徹

　アダム・スミスは「みえざる手」に導かれて市場経済が調整されると述べたが、市場メカニズムとして作用する「みえざる手」とは、じつは新古典派経済学者が何としてでも否定したい「価値法則の貫徹」のことにほかならない。新古典派の形而上学ともいうべき市場分析にとらわれず、市場における需要と供給の作用を正しく理解すれば、こうしたことも容易に理解できよう。

　マルクスは価値法則がどのように貫徹するかという点から、需要と供給の作用と「市場均衡」を説明した。

　　　「理性的なものや、自然必然的なものは、盲目的に作用する平均としてしか貫徹されない。」（マルクス『クーゲルマンへの手紙』p.89）

　「規律が、盲目的に作用する無規律性の平均法則としてのみ自己を貫徹しう
る一つの生産様式」(マルクス『資本論』① p.174)

　商品経済は社会的欲望との調整を市場の価格機構を介してすすめるが、そ
れは新古典派が想定するように商品の価格と数量のあいだに規定されるよう
な関係があるからではない。商品経済において規則性は、交換のくり返しの
なかから生まれてくる。交換の反復が交換を一つの規則的な社会過程にする
のである。

　需要と供給の作用が生産の社会的均衡をつくりだすのは、それに応ずる市
場価格の変動を通じて社会的欲望に対応する供給量につねに引き戻そうとす
るからである。くり返し述べるように、需要と供給の作用は、ある価格に対
応する需要量と供給量の関係ではなく、社会の需要量に対する供給量を均整
のとれた水準に――市場価格の変動を通じて――引き戻そうとする働きであ
る。それはさまざまな商品種に振り向けられる労働の分割、配分をたえずそ
の限度に引き戻すことを意味している。つまり社会的労働の配分が市場メカ
ニズム――需給関係を通じて調整され、実現されるのである。

　それはいいかえれば、各商品の価格（価値）がちょうど社会的に必要な労
働時間を含むように調整することを示している。つまり、労働による商品の
価値規定の法則が商品生産の均衡をつくりだし、商品生産を律するのであ
る。

　商品生産は独立した個々の私的生産者による生産である。ここには予定調
和や計画性はない。個々の私的生産者に計画性や企業戦略があったとして
も、商品生産全体を支配するのは偶然である。価値法則はこの偶然を通じて
貫徹し、またこの偶然を調整する内的法則である。

　「私的諸労働が社会的に均斉のとれた基準に絶えず還元されるのは、私的諸
　労働の生産物の偶然的でつねに動揺している交換比率を通して、それらの生
　産のために社会的に必要な労働時間が規制的な自然法則として強力的に自己
　を貫徹するからである。」(マルクス『資本論』① p.128)

　供給過剰であれば、市場価格が上昇し、供給不足であれば、市場価格が低
下する。あたかも社会が必要とする労働量が含まれたものとして売られるほ
かはないからである。さまざまな財貨の生産に社会が必要とする労働をそれ

ぞれの生産部面に分割、配分する。そしてこの労働の分割、配分される割合が財貨の価値、すなわち商品の価値を規定する。個々の商品はその生産部面に割り当てられた社会的に必要な労働量の加除部分をなすのである。

　このように需要と供給の作用、市場メカニズムとは価値法則の貫徹の仕方のことである。商品生産のもとで社会の総労働をさまざまな生産部面に振り向けるやり方をあらわしている。それは価値法則が鉄の必然性をもって貫徹することのあらわれである。

　産業の発展とともに人々の生活様式も変化し、社会の需要も変化する。それに応じて新たに発展する産業もあれば、衰退する産業もある。とくにめざましい科学技術の発展、生産への応用はその変化を加速させる。また、生産技術の発展によってその生産部面の生産性が高まれば、より少量の労働で同量の財貨、使用価値が生産できるようになる。その部門に振り向けられていた労働の一部分は不用となり、他の生産部門に移っていく。このように社会の需要に対して過剰となった生産部面から資本や労働は引き上げられ、別の生産部面に再配分される。そうすることによって生産の均衡をつくりだすのである。それはすべて価値法則の貫徹のあらわれである。

　歴史上のどのような社会においても、社会の需要、すなわち社会的欲望に応じてさまざまな財貨を生産する。そのために社会の総労働を分割、配分し、それらの生産に振り向ける。どのような財貨をどれだけ生産するか、あるいはどれだけ生産できるか。それは生産条件、生産の技術的条件[*1]によって規定されているとともに、それぞれの財貨の生産にふり向けられる労働の問題でもある。そして、その労働の分割・配分、いいかえれば人々の労働の社会的関連の仕方が、商品生産のもとでは労働生産物を商品として、価値物として等値することによってあらわれるのである。（このことが商品生産のもとにおける労働の独自性、商品を生産する労働の社会的性格を特徴づけるが、これまでのマルクス主義者の議論では、まったく忘れられている。）

　資本主義社会において社会の労働の分割、配分は産業間の資本移動という形態をとる。もちろん資本主義生産の基礎にあるのは商品生産である。利潤率を指標とする産業間の資本移動にもとづく調整メカニズムも、その基礎にあるのは価値法則である。人、モノ、資本が利潤率をめぐって産業間のあい

だで移動するが、結局のところ、それらの生産に振り向けられる社会の労働の分割、配分の問題に帰着するからである＊2。生産手段であるモノはその生産手段を生産する産業部面にふり向けられる労働の問題であり、また一定の価値額である資本は過去の堆積された労働である。

　＊1　社会がどれだけの有用物を手にすることができるか。それは新古典派が引き合いに出すように自然による制約、希少性や賦存量の問題ではなく、むしろ生産条件、生産の技術的条件、科学の発展、生産への応用の問題であることは産業の歴史が示している。

　＊2　個々の生産者をみれば、競争は二つの作用としてあらわれる。同一産業部門内の競争と部門間の競争である。同一産業部門内の競争は、商品に競争力をつけること、つまり生産性を向上させ、より品質の良い商品をより安く生産することである。

　生産性の向上によって商品価値が低下するのは、その商品の生産に振り向けられる必要な社会的労働が技術的条件の向上によって短縮されるからである。自由な市場経済のもとで各生産者がつねに生産方法の改良や技術革新を余儀なくされる（つねに新たな生産方法を追求しなければ競争に生き残っていくことはできない）のは、価値法則が個々の生産者に競争の外的強制として押しつけるからである。

　産業部門間の競争は平均利潤率をめぐる資本移動としてあらわれる。利潤率が低下した産業部門、たとえばかつての石炭業、繊維業、造船業では、社会の需要の変化とともに、一定の利潤をあげることができなくなったが、それもその産業部門にふり向けられている労働の問題である。つまり、その産業部門にこれまでふり向けられていた労働が過剰となったことを意味している。その一部は他の生産部門に移っていくことになる。資本が引き上げられ、労働者が解雇される。

「需要と供給が市場価格を規定するとすれば、他方では市場価格が、そしてさらに分析すれば市場価値が、需要と供給を規定する。」（『資本論』⑨ p.327）
　需要と供給の関係が市場価格を、つまり市場価格からの偏倚を調整する。他面では市場価格が需要と供給の関係を調整する。

　だが、ここに新古典派が想定するように、需要曲線や供給曲線という商品の価格と数量の関係をもち込むことは正しくない。たとえば、技術革新や生産方法の改良によって生産性が向上すれば、その商品の価格（価値）は低下する。この価格低下によって、その商品にたいする支払い能力がある社会的欲望が拡大される。これをみて、商品の需要量が価格の関数であると理解することは誤っている。ここで価格が低下したのは需要と供給による市場メカニズムが働いたからではない。労働生産性が向上したからであり、その商品を生産するのに社会が必要とする労働量が減少したからである。

　このような価格変動を誤って解釈し、数量を価格の関数としてあらわしたものが需要曲線である。需要曲線は価格が低下すれば需要が増加し、価格が上昇すれば需要が減少するという性格をもっている。この右下がりの需要曲線は、需要と供給による価格調整メカニズムと商品価値の低下による需要量の拡大を混同させたものである。パソコンの価格が年々低下し、人々のあいだに急速に普及したのは、需要曲線があらわすような価格と数量のあいだに一定の関係（価格の減少関数であるという関係）があるからではない。

　すでに指摘したように、そもそも新古典派による需要関数と供給関数をもちいた市場分析は、セリ値の形成にいたる買い手と売り手との意思行為を描いたものである。それはただセリ値が形成される市場機構の一断面を模式化したものにすぎず、それ自体市場における価格調整メカニズム、需要と供給の作用とは何の関係もない。

　ここまでみてきたように、市場経済を調整するアダム・スミスの「みえざる手」とは、価値法則の貫徹のことを示している。価値法則は偶然を通じて貫徹し、この偶然を調整する内的法則である。市場に一つの規則性、均衡や調和が生まれるのは、価値法則が貫徹するからである。それは決してマンディヴィルの寓話に示される「蜂の巣」のたとえではないのである[*1]。

　なお、ついでに述べておけば、市場メカニズムの最も強力な作用は恐慌である。恐慌は暴力的であり、社会に混乱と犠牲をもち込むため市場メカニズムとは別の作用であると一般にみられているが、それは正しくない。恐慌とは市場メカニズムの欠陥ではなく、不均衡を均衡にひき戻そうとする市場メカニズムのもっとも強力な作用である。長年蓄積された生産と消費の不均衡

を一挙に取り除こうとする市場メカニズムの働きである。恐慌の可能性はすでに商品生産そのものに内在している。それはマルクスが指摘したように商品の価値と使用価値との分離に根拠をもっているからである*2。

*1　いうまでもなく、ここでは個々人の行為は個人としては何の意味もない。それは市場のこうした作用に呑み込まれるからである。マンディヴィルは私的利害の追求が社会の公益、あるいは社会の秩序と調和をもたらすことを述べたが、市場経済に一定の調和や均衡が生まれるのは、価値法則が貫徹するからである。新古典派は個人の主観的価値判断を「経済の絶対的本質」と考え、個々人の「合理的行動」から市場経済の成り立ち——市場の予定調和や均衡——を説明するが、それは二重の誤謬によって成立している。新古典派が想定する市場経済のもとで人々がおこなう合理的行動とは、新古典派自身が主張する「限界原理」にしたがって行動するという意味であり、現実経済の「合理性」や「効率性」とは関係ない。それは「限界原理」にもとづいて、与えられた商品の価格にたいして商品数量を対応させることである。

新古典派が市場経済の成り立ちを個々人の「合理的行動」に還元して説明できると考えるのは、商品の価格と数量のあいだに規定されるような一定の関係が存在すると想定するからである。だが、その試みも新古典派経済学の内部で論理的に破綻している。前章でみたように限界理論は価格に対応して数量を規定する理論内容をもちあわせていないからである。

事実、限界原理にもとづく分析が見かけ倒しでしかないのは、限界理論と一般均衡論のあいだの論理的関連をみればよい。一般均衡論における「均衡解の存在」分析にも、市場均衡が達成される安定性分析にも限界理論が利用されることはないからである。限界理論と一般均衡論のあいだに論理的関連がないことをこの経済学自身が示しているのである。限界理論は純粋な虚構である。

さらに、新古典派経済学のもう一つの柱である市場分析も虚構である。新古典派の「市場メカニズム」と「市場均衡」概念は現実の市場経済とは何の関係もない。新古典派は市場メカニズムを取り違えた。市場経済の一断面にすぎないセリ値の形成過程における「売り手と買い手のやりとり」を「需要と供給の作用」と考え、「売り手と買い手との合意」を「需要と供給の一致」

と取り違えたのである。この取り違えによって、セリ値価格の形成がそのま
ま需要と供給の一致による価格決定とみなされることになる。それはまた、
商品の価格と数量のあいだに一定の関係を想定する新古典派の方法に結びつ
いた市場メカニズムと均衡概念である。

　新古典派理論は限界理論と市場分析、この二つの誤りが重なって現実の市
場経済とは何のかかわりのない形而上学を形成しているのである。

*2　使用価値と価値との内的対立は、一つの外的対立において、すなわち、
二つ商品の関係（貨幣商品と普通の商品）においてあらわれる。この対立
において使用価値としての商品が交換価値としての貨幣に相対する。なお、
恐慌の可能性と現実性は区別されなければならばならない。恐慌の可能性は
商品そのものに内在する性格にもとづくものであり、恐慌の現実性は、たと
えば穀物恐慌、金融恐慌といわれるように、そのときどきの経済条件にもと
づくものである。

需要と供給による価格決定論の誤り：その結論

　新古典派の需要と供給による価格決定論、需要と供給が一致するように価
格が決まるという理論は、市場メカニズムを論じたものではなく、市場経済
の流れの一断面、セリ市におけるセリ値の形成過程を論じたものである。そ
れはただセリ値が形成される市場機構の一断面を模式化したものであり、そ
れ自体市場における価格調整メカニズム、需要と供給の作用とは何の関係も
ない。

　それは競売人が示す価格に応じようとする売り手と買い手との関係を論じ
たものであって、市場メカニズムの働きの全体、市場経済のもとで生産が均
斉のとれた水準に還元されていく市場メカニズムを論じたものではない。

　現実の市場メカニズムは時間経過をともなう経済の流れのなかで一つの社
会過程としてあらわれる。市場における需給関係を新古典派が想定するよう
な価格と数量の関係としてではなく、再生産を含む交換のくり返しがおこな
われる一つの社会過程としてみれば、市場価格の変動は、ただ社会の需要に
たいする供給量の大きさをあらわすだけである。それはすでに生産され市場
に放出された供給量の大きさにもとづくものである。この価格変動が次の生

産に影響をあたえ、生産の諸変動を引きおこす点に、需要と供給の作用がある。

　取引の結果にもとづく市場価格の変動が、次の生産に影響を与え、社会の需要量に適合する供給量をつくりだそうとする。これが需要と供給の作用である。需要と供給の作用は、新古典派が考えるような商品の価格と数量のあいだに想定された一定の関係——ある価格に対応する需要量と供給量——にもとづく作用ではない。市場の規律性や均衡は、再生産を含む交換の繰り返しのなかから生産の諸変動を通じて一つの社会過程としてあらわれる。決して一度きりの交換やセリ市場における売り手と買い手との合意のなかに市場の均衡があらわれるのではない。市場経済のもとでの規律性や均衡はつねに揺れ動く「無規律の平均」としてあらわれるのである。

第6章　市場均衡の分析──一般均衡論の批判

(1) 完全競争の前提

　新古典派の市場分析は、「絶対的な自由競争」、いわゆる「完全競争」と呼ばれる世界での価格決定論である。完全競争のもとでの「経済諸量」の分析、一般均衡を「競争経済の本質」としてとらえたものといわれている。また、新古典派の市場分析はミクロの価格理論ともいわれるが、その要点は「価格」にはない。市場経済の「均衡」と「資源配分の効率性」にかかわる議論である。

　新古典派の市場分析の特徴は、市場の働きを価格均衡として定式化する均衡分析という方法にある。市場は価格を変化させて需要と供給を調整し、均等化させる。新古典派の価格調整メカニズムはこのように働く。それは市場の働きを価格の関数としてあらわされた需要と供給の関係としてとらえようとする新古典派の方法と結びついている。

　これまでくり返し指摘したように、新古典派理論の全体は価格と数量のあいだに規定されるような関係が存在するという想定によって成立している。需要量と供給量は価格との関数関係にある。価格を与えると、それに応じて需要量と供給量が一つの規定された大きさとしてあらわれる。この想定が新古典派理論の全体を貫いている基本的な考えである。

　新古典派が強調する「完全競争のもとでの経済諸量の分析」、あるいはパレートが強調した「客観的で経験的に確定できる経済諸量の相互関係」も商品の価格と数量のあいだに想定された関係のことを指している。経済主体の合理的行動を論じる限界理論も、需要と供給にもとづく市場均衡分析もこの想定のもとに成立している。「完全競争の前提」はこの論理的手続きに必要な前提条件である。価格に独立変数の性格を与えるところにその真意がある。

需要と供給の作用を否定する完全競争の前提

　新古典派は、市場で価格形成力をもつ独占や寡占が存在しない状態を「完全競争」と呼んでいる。独占や寡占が存在せず、どの個人にも価格形成力がないという意味である。人々には価格支配力がなく、商品の価格は各個人にとって「所与」とみなせることを想定したものである。完全競争の条件のもとで価格は各個人にとって所与であり、人々は価格受容者として行動する。

　「完全競争」の概念は、原子論的な考えにもとづくといわれている[*1]。いわば物質に対する原子のごとく、各経済主体は非常に小さい部分を占めるため、その生産量や消費量は少量であり、市場の価格にまったく影響を与えない。価格が「所与」とみなせるのは、各個人は社会の一分子として振る舞い個々人の行動は市場価格の形成に影響を与えないからである。

　このように市場で価格形成力をもつ独占や寡占が存在しない状態が「完全競争」であるが、それは各経済主体のあいだの「競争」をあらわす概念ではなく、むしろ各経済主体が価格を「所与」として受け入れるという点に重点がある。「完全競争」の概念は、各経済主体が市場において価格形成力があるのかないのかという点から考えられたものである。しかし、新古典派の真意はこの考えを越えて価格に「独立変数」という性格をもたせる点にある。

　たしかに、個々の人にとって価格は市場から与えられる「所与」とみなせるが、市場にとってはそうではない。市場価格の変動それ自体が需給関係の反映である。新古典派はその点をみていない。新古典派にとって価格は個々人にとって所与としてあらわれるだけでなく、市場にたいしても「所与」のものとして、つまり市場の外部から与えられる独立変数の性格——それ自身で任意の値をとって変動できる性格——をもったものとしてあらわれるのである。

　各個人にとって価格が「所与」であるのは、消費者や生産者が大量に存在し、個々の人々は全体のごく一部しか占めず、個々人の消費量や生産量の変化は全体に影響を与えないからである。しかし、新古典派はこのように主張しながら個々の需要や供給を社会全体に集計したものを、市場経済の全体をあらわす総需要、総供給と規定する。つまり、この総需要量、総供給量にも価格が「所与」であるという前提をそのまま持ち込んでいるのである。

　個々人の消費量や生産量の変化は全体に影響を与えないから、その総計である総需要、総供給も市場価格に影響を与えないと考えることは正しくない。たとえ全体のごく一部しか占めない個々の人々の消費量や生産量の変化は全体に影響を与えないとしても、その総体は集合力として作用し市場経済に影響をあたえるからである。それは需要と供給の作用として価格変動をもたらすのである。

　このように完全競争の前提そのものが、すでに論理矛盾に陥っている。「完全競争」の条件は需要と供給の相互作用が市場の集合力として価格変動を引きおこすことを否定する。市場における価格変動が需給関係にもとづくものであることをみることはできない。

　新古典派は需要と供給の作用について述べるとき、つねに価格調整メカニズムを強調する。価格が需要量と供給量を調整し、均衡させる媒介の役目をはたすという点に市場メカニズムの重要なはたらきをみる。だが、前章でみたようにこの価格調整メカニズムもたんなる取り違えである。新古典派の価格変動とは、需給関係の結果、市場で形成される価格の変動を意味しているのでなく、取引に先だってあらかじめ示される価格のことである。セリ市において競売人が次々と示す価格提示である。新古典派はセリ値の形成過程における売り手と買い手のやりとりのなかに市場メカニズム、需要と供給の作用をみるから、競売人の価格提示ということが新古典派にとっての価格変動なのである。

　＊1　動学的経済学の必要性を説くハロッドは次のように述べる。
　「それ（伝統的ミクロ静学）は、いわゆる『原子論的』仮定に立脚していた。すなわち、各生産者は、経済全体の中で非常に小さい部分しか占めないので、彼の生産量の変化は、その生産物の価格に何らの影響も与えないという想定に立っていた。」（ハロッド『経済動学』p.6）

　「完全競争の前提」は、新古典派が主張するような市場における競争、あるいは独占や寡占といった市場における企業の価格支配力の問題とは関係がない。しばしば「完全競争」と「不完全競争」ということが問題にされ、「完全競争」という市場の理想像が強調されるが、そこに論点はない。「完全

競争の前提」は、価格が個々人にとって「所与」としてあらわれるだけでなく、市場にとっても「所与」としてあらわれること、つまり価格がそれ自身で任意の値をとる「独立変数」という性格をもつために導入された前提である。

　価格に独立変数の性格を与えることは、新古典派理論にとって必須の条件である。商品の価格と数量のあいだに一定の関係を想定し、需要や供給という経済量が価格の関数関係にあると想定することは、新古典派理論の全体を貫く基本的な考えであるからだ。需要や供給という経済量を価格の関数としてあらわすためには、「価格」は独立変数の性格をもたねばならない。「完全競争の前提」は、需要量、供給量という経済量を価格の関数として扱うために必要な新古典派の理論的手続きである。それは価格に独立変数という性格をもたせるための手続きであって、市場に独占や寡占が存在せず、個々人の価格支配力のない理想的な市場とは無縁の形而上学的な概念である。

「価格」と「数量」の形而上学的性格

　「完全競争の前提」には、独立変数という価格の性格だけではなく、そこで取り引きされる財・サービスの性格もふくまれている。新古典派は理想的な市場経済を想定しているといわれているように、「完全競争」の概念には自由な取引を妨げる支障や制限の存在しない理想的な市場という意味が含まれている。財・サービスが特定の用途に固定されることなく、そのときどきの条件に応じてさまざまな用途に自由に移動できるという「市場の非摩擦性」である。生産要素の「可塑性、可変性」にかんする前提といってもよい。

　商品の価格と数量のあいだに一定の関係が存在するという見方は、価格を独立変数として扱うという考え方と必然的に結びついている。価格は「所与」として与えられる性格をもつ。それは個々の人々にとって「所与」であるだけでなく、社会全体の総需要、総供給、つまり市場そのものにとっても「所与」としてあらわれる性格をもっている。

　価格は自由に任意の値をとりうる独立変数の性格をもったものとしてあらわれる。そして、その価格に対応する需要量や供給量は、この独立変数とし

　て任意の値をとる価格に対応する経済量、つまり自由な価格変動とともに変化する経済量として存在する。このような独立変数として任意の値をとって変化する価格に対応する経済量とは何か。それは生産され市場に放出される経済量ではなく、交換に先だって人々の意識のなかに「予想量」や「計画量」として存在する経済量である。それは任意の値をとって変化する価格に対応して瞬時にある値をとる経済量、すなわちある架空の経済量である。

　「完全競争の前提」には、このように自由に任意の値をとって変化する価格変動に対応して瞬時にある値をとる「架空の経済量」の概念が含まれている。しばしば新古典派理論の生産手段の可塑性、可変性、あるいは市場の非摩擦性という想定の現実性が問題にされるが、それは新古典派が想定する「市場の理想像」や「その前提の恣意性」の問題ではない。またハロッドが指摘した「静学」や「動学」といった問題でもないし、ロビンソンが批判した一般均衡論のもつ時間の取り扱い方の問題でもない。

　それは新古典派理論全体を構成する価格と経済量の概念の問題である。新古典派理論は商品の価格と数量のあいだに規定されるような関係が存在するという想定によって成立している。新古典派の市場メカニズムもこの関係のなかで構想されている。そのためには価格が独立変数の性格をもたなければならないし、その価格に対応する需要量、供給量は、その価格変化とともにつねに（瞬時に）ある値をとる経済量として存在しなければならないからである。

　このように新古典派理論で問題にされる生産手段の可塑性、可変性、あるいは市場の非摩擦性という問題は、商品の価格と数量のあいだに規定される関係を想定する、均衡分析という新古典派の方法から必然的に生まれてくる価格と数量の性格である。新古典派理論ではつねに、ある価格を「与えた」とき、それに対応する需要量と供給量が想定されるが、それは形而上学的ともいえる性格をもった「価格」と「経済量」の関係である。それは現実の市場経済と無縁な抽象物である。

現実の競争とは無縁の「競争」概念

　「絶対的な自由競争」「完全競争」のもとにおける均衡分析、あるいは

「競争均衡」といわれるように、徹底的に「競争」をおこなわせると、もうこれ以上変化しない均衡が生まれる。新古典派のいう「競争」とは、価格の自由な変化に応じて架空の「需要量」と「供給量」を対応させる作業のことである。

　新古典派の市場分析は、変動している現実の社会過程をとらえたものではない。変動している現実を一時点で切り取り、技術、資源、欲望等の条件を固定し、そのもとで「競争を徹底的におこなわせる」ともはやこれ以上の変わることのない均衡状態が生まれる、という均衡状態を構想したものである。

　変動している現実ではなく、市場経済の流れの一時点で切り取った静的な世界で「競争を徹底的におこなわせる」とはどういうことか。そうした概念操作に矛盾を感じない「競争」概念である。

　「完全競争の前提」のもとで人々は合理的行動をおこなうが、そこには実際の競争は存在しない。人々が互いにしのぎを削る競争も、互いに加える圧迫もない。新古典派は個々人の振る舞いを分析し、その集計から商品経済をとらえようとするが、そこに想定されている個々人は互いに競争する社会成員ではない。とくに生産者どうしの競争、商品の品質や価格をめぐる競争、技術革新や生産方法の改良などによって生産性を向上させること、これこそ現実経済のなかで全面的に出てくるが、新古典派の経済理論の中ではまったく出てこない競争である*1。

　新古典派にとって、企業に競争を徹底的に行わせる過程には、「森の中に栄枯盛衰をつづけている各種の木があるなどという姿ではない。すべての木は同じ姿ですくっと立っている。」（伊東光晴『経済学全集3　経済学史』p.283）

　新古典派は市場で価格形成力をもつ独占や寡占が存在しない状態を「完全競争」と呼んでいるが、それは各経済主体のあいだの競争をあらわす概念ではない。新古典派にとって、「競争」とはただ価格を所与として受け入れるという意味にすぎない。消費者、生産者は社会全体にとってごく小さい部分しか占めないため価格形成にかかわらないということであった。しかし、実際には「完全競争」の概念は、各経済主体が市場において価格形成力をもつ

独占や寡占が存在しない状態とも関係がない。それはただ価格に独立変数という形而上学的な性格を与えるための前提である。

　新古典派によれば、各人は「完全競争の前提」のもとで自己の主観的判断によって「合理的」に行動するが、それは新古典派に独自の概念である限界原理にしたがうという意味である。人と財の関係であり、人の財に下す判断のことである。

　このように新古典派がいう「競争を徹底的におこなわせる」とは、消費者、生産者が限界原理にしたがって、与えられた価格に対応してさまざまな商品の数量を組み合わせる作業のことを意味する。しかも、先にみたように価格に対応して商品の数量を規定する試みは、この理論の内部でも破綻している。限界原理にもとづいて需要量、供給量が規定されることはないからである。

　新古典派の「競争」は現実の市場の競争とは何の関係もない。新古典派は「競争」という言葉に、およそ現実の市場経済とは無縁の意味をもたせているのである。

　＊1　たしかに、競売人の提示する価格にたいする売り手と買い手との関係が競争をあらわしているといえる。買い手が多ければ、買い手どうしの競争によって価格が上昇する。売り手が多ければ、売り手どうしの競争によって価格が下落する。新古典派が「競争」に唯一現実経済の意味をもたせているとすれば、それは買い手どうしの競争、売り手どうしの競争、売り手と買い手の競争のことを指している。

　　ある商品の需要量が増加して供給量を超えたとすれば、買い手どうしの競争によって価格は上昇する。この価格上昇によって需要量は減少し、また売り手は供給量を増加させる。逆に供給量が増加して需要量を超えれば、売り手どうしの競争によって価格は下落する。価格下落によって供給量は減少し、需要量は増加する。需要と供給が一致するまで、価格が変動し、やがて、需要と供給が一致したとき価格変動が止まる。

　　このように新古典派はセリ市場における売り手と買い手のやりとりのことを競争と呼んでいる。だが、これまでくり返し触れてきたように、経済の流れの一場面にすぎないセリ値の形成過程に市場メカニズムを見いだすことが

すでに誤っている。

(2)　一般均衡論──「均衡分析」という分析装置

　ワルラスの一般均衡論は新古典派経済学のもっとも中心的な役割を果た
し、その理論的枠組みを与えているといわれている。一般均衡を競争経済の
本質としてとらえ「変動している経済の現実を一点で切り取り、競争を徹底
的におこなわせると、もうこれ以上変化しない一般均衡状態が成立する」。

　新古典派の市場分析は、「完全競争」のもとでの経済諸量の分析であると
いわれている。分権的な市場経済制度のもとで、各産出物および生産要素に
かんする市場がそれぞれ「完全競争」であるとき、また各人がそれぞれ自ら
の主観的価値基準にもとづいて、もっとも望ましいと思われる行動を選択し
たとき、市場の均衡が生まれる。新古典派のいう望ましいと思われる合理的
行動とは、「競争を徹底的におこなわせる」と同じく、限界原理にしたがっ
て消費者、生産者が行動するという意味である。それは「与えられた価格」
に対して「商品の数量」を対応させる行動のことである。

　新古典派によれば市場均衡はすべての財の需要と供給が等しくなるときに
実現する。ワルラスの一般均衡論は完全に相互依存的な連立方程式体系であ
る。ある財の需要量と供給量は他の財の価格に依存すると考え、需要量と供
給量は価格体系（価格ベクトル）の関数として規定される。価格が市場調整
の役を果たし、需要と供給が一致しないような状態があれば、価格変動がお
きて一致するような状態、均衡状態、均衡市場価格体系ができあがる。

　これまで、限界原理が経済的に無内容であること、また新古典派の論理展
開にしたがっても商品の価格に数量を対応させることはできないこと、つま
り需要と供給という経済量が無規定であること、さらに、「需要と供給によ
る価格決定論」とは市場メカニズムを取り違えた、市場経済とは無縁の虚構
であることをみてきた。

　需要と供給の作用とは、新古典派が想定するように、商品の価格と数量の
あいだに一定の関係があることにもとづく作用、つまりある価格に対応する
需要量と供給量の関係のことではない。そもそも市場に存在する商品と価格

のあいだには規定されるような関係は存在しない。商品の価格と数量のあいだに一定の関係を想定すること自体が、現実の市場経済とは無縁の形而上学的な考察である。新古典派理論は市場の事実を一片たりとも説明しない。

　一般均衡論は市場経済のなにを論じようとするのか。その本質は、シュムペーターが「おもちゃの豆鉄砲」と揶揄したように、現実の市場経済とは無縁の虚構物、経済学者の玩具である。

　新古典派の市場分析の特徴は「均衡分析」という分析装置にある。市場経済の働きを均衡分析という概念用具でとらえる。それは商品の価格と数量のあいだに一定の関係があるという想定によって成立している。価格をパラメーターとして需要量と供給量を規定する。価格の関数として需要量と供給量をあらわす方法によって成立している。それも経済の流れをある一時点で切り取った、その静的世界における商品の価格と数量の関係を想定したものである。

　　「一般均衡論の想定している市場は一言でいって等質的経済構造である。…一般均衡論は変動している現実そのものをとらえるのではなく、それを一時点でせきとめ、技術、資源、欲望等の条件を固定し、その下で競争を徹底的に行なわせると、もはやこれ以上変わることのない均衡状態にいたるにちがいない。こうした均衡状態を記述する、これが一般均衡論なのである。」（伊東光晴『経済学全集 3　経済学史』p.282）

　一般均衡論は本質的に静学であり、予定調和である。静学は本質的には静止状態を取り扱う。そして市場の取引に先だって需要量と供給量はあらかじめ調整される。変動している現実ではなく、一時点で切り取った静的な世界で「競争を徹底的におこなわせる」とは何か。それは消費者、生産者が限界原理にしたがって、与えられた価格に対して商品の数量を組み合わせる行動のことを意味している。また、一般均衡論が本質的に静学であり、静止状態を扱う予定調和であるのは、市場経済の働きを均衡分析という概念用具でとらえようとする方法にある。

　　「すべての利用可能な生産資源量を所与とし、技術の状態を所与とし、そして一つの経済内における各個人の欲望と嗜好を所与とした場合、資源はどの

ように選択用途の間に配分されるのか。それらの資源に対する価格はどのように決定されるのか、そしてそれらによって生産される財およびサービスの価格はどのように決まるか。」（ハロッド『経済動学』p.4）

　ワルラスの一般均衡論の基礎にあるのは次の考え方である。個々の消費者の行動を集計し、国民経済全体にかんして、財、サービスに対する需要と生産要素の供給とを価格の関数としてあらわすことができる。所与の市場価格体系のもとで各生産主体の供給量、各消費主体の需要量を集計し、両者が一致したところで価格が決まる。

　しかし、ワルラスの一般均衡論が解かれて、商品の価格や数量について何らかの有意義な説明がされるわけではない。ワルラス法則をもちいて、未知数の数と方程式の数が一致することを確認すればこの議論は実質的に終了する。そこにはこの方程式体系からもたらされる市場経済の特徴や傾向についての何らかの内容、たとえば商品の価格の大きさや数量にどのような性質や特質があるのか、そのようなことが説明されることはない[1]。

　ワルラスの一般均衡論は市場経済の「均衡」と「予定調和」にかんする議論である。「均衡解の存在」と「市場均衡の安定性」を分析することがおもな内容である。新古典派にとって市場均衡の成立を意味する「均衡解の存在」と、不均衡から均衡へ収斂していく調整過程である「市場均衡の安定性」の分析であるが、それは純粋に数学的な議論である。そこには経済的な内容はない。（均衡解の存在については角谷の不動点定理をもちいた証明がある。最近の研究ではオーマンによる測度論をもちいた証明がある。）ワルラスの均衡論は現実の市場経済を説明する内容を何ももちあわせていないのである。ここにこの理論の不毛性がある。「需要と供給が一致するように価格が決まる」という同義反復に終始することが、この理論の特徴である。しかも、この数学的な議論に商品の価格と数量を対応させる限界原理が利用されることは一度もない。限界原理と一般均衡論のあいだにはなんの論理的関連もないのである。これは新古典派理論そのものが、この理論の内部で破綻していることを意味している。

　[1]　「現実にはワルラスは、これらの函数を特定化し、それにデータを与えてじっさいに方程式を解く、というようなことをやったわけではない。『ここ

で問題になっていることは、与えられたいかなる場合にも、問題をじっさいに立てて解くことでなく、市場において提示され、経験的に解かれている問題の性質を科学的に解釈するというだけのことである』と彼は述べた。市場においてじっさいには価格と需要量・供給量はその時その時に『経験的に解かれている』。重要なことは、その決定のメカニズムを概念の世界にもってきて論理的分析のレールに乗せることである。」(富永健一『現代の社会科学者』p.235)

　富永健一は新古典派経済学者ではないが、この見解は新古典派の考えを代表している。たしかに連立方程式体系を特定化し、データを与えてじっさいに解くことはできない。もちろん実際に解くことを要求するのは不適切であろう。問題はワルラスが考える「価格と数量の決定メカニズム」が、現実の市場メカニズムと無縁なことである。ワルラスは、「市場において提示され、経験的に解かれている問題の性質」を正しく扱っているわけではない。そもそも、市場メカニズムとは商品の価格と数量のあいだに規定されるような関係があることにもとづく作用ではない。

一般均衡論全体の理論的枠組は、次のようになっている。
① 　ワルラスの一般均衡論は完全競争のもとで妥当する。
　所与の条件*1のもとで、各人がそれぞれの主観的価値基準にもとづいて、もっとも望ましいと思われる行動を選択する。新古典派がいう「望ましいと思われる行動」とは、価格に対応させて消費量と生産量を決める行動、限界原理にもとづく行動のことである。
　家計（個人）は予算制約のもとで、みずからの「効用」を最大化するように各財や各サービスの価格をみながら消費行動をおこなう。各財、サービスの限界代替率が価格に等しくなるように消費パターン、各財の消費量を決める。企業は利潤を最大化するように、与えられた価格に応じて生産要素の組み合わせを決め、産出量を決めて行動する。産出物の量は、どのような技術が採用され、生産要素のどれだけ投入されたかに依存する。その関係は生産関数によってあらわされ、価格に応じて産出量が決定されることになる。
　各財の投入量、および産出量は価格ベクトル $\boldsymbol{p} = (p_1,\ p_2, \ldots, p_m)$ の関

数としてあらわされる。つまり価格が与えられれば産出量は一意的に決定される。同様に家計も効用最大化条件をみたす需要、消費財の組を一意的に決定する。各消費財とサービスは価格ベクトル **p** の関数としてあらわされる。家計の需要量は財の価格と所得の関数であるが、所得も価格の関数であるから、結局需要量は価格の関数としてあらわされることになる。

　*1　所与の条件として考えられているのは、各消費者の嗜好、各生産者のもっている生産の技術的条件である。この所与としての外生的条件を固定し、この条件のもとで資源がどのような用途のあいだに配分されるか、資源の価格はどのように決まるか、生産される財の価格はどのように決まるかを論じたものがワルラスの一般的衡論である。この所与として与えられる外生的条件が変化すれば、それに応じて均衡価格体系も変化すると考えられている。

　②　各家計、各企業を社会全体に集計することによって、各財について市場全体の総需要、総供給が規定される。各財の総需要から総供給を差し引いたものが超過需要である。需要量、供給量は価格ベクトル **p** の関数であるから、超過需要も価格ベクトル **p** の関数としてあらわされる。そして、すべての財について需要と供給が一致し、超過需要がゼロとなる状態を一般均衡と呼ぶ。第 j 財の超過需要を E_j とし、財の数を m 個とすれば m 個の式の体系が成立する。

$$E_1(\boldsymbol{p}) = E_1(p_1, p_2, \ldots p_m) = 0$$
$$E_2(\boldsymbol{p}) = E_2(p_1, p_2, \ldots p_m) = 0$$
$$\cdots\cdots\cdots\cdots\cdots\cdots\cdots\cdots\cdots\cdots\cdots\cdots \quad \cdots\cdots (*)$$
$$E_m(\boldsymbol{p}) = E_m(p_1, p_2, \ldots p_m) = 0$$

この連立方程式体系をみたす価格体系が一般均衡価格体系とされる。

　この連立方程式体系はどのような性質をもっているか。指摘されるのは次の二点である。一つは、超過需要関数が価格にかんしてゼロ次同次関数という性質があること、もう一つは、ワルラス法則と呼ばれる価格にかんする恒等式である。

　超過需要関数には価格にかんしてゼロ次同次関数という性質がある。価格 $p_1, p_2, \ldots p_m$ が同じ割合で変化しても投入量も産出量も変化しない。企

業の利潤最大化の条件は、各生産要素の技術的限界代替率が価格比に等しいときであり、投入と産出については限界変形率が価格比に等しいときである[*1]。すべての価格が同じ比率で変化したとき、それに対応する技術的限界代替率も限界変形率も変わらないから、各生産要素の投入量もまた各財の産出量も変化することはない。家計についても効用最大化の条件は各消費財の限界代替率が価格比に等しいときである。価格が同じ比率で変化すれば、限界代替率も変わらないから各財の消費量が変化することはない。

ワルラス法則は　$\Sigma p_j E_j(p) = 0$　とあらわされる。超過需要は消費者と企業がそれぞれ独立に計画した需要量と供給量の総計の差であるにもかかわらず、どのような価格についてもワルラス法則は成り立つ。各企業の利潤をすべて消費者に分配し、消費者が所得を全額、財の購入に支出すれば、各消費者の超過需要に価格を乗じたものを合計すればゼロになるからである。

ワルラス法則　$\Sigma p_j E_j(p) = 0$　により方程式の数が1個減り、$m-1$個になる。未知数の個数はm個で方程式の数を超えている。だが、超過需要関数の価格にかんするゼロ次同次性を利用することによって、m個の未知数を1個減らして$m-1$個とすることができる。このようにして、未知数の数と方程式の数が一致し、解ける可能性がある。（以上、伊東正則他編『ミクロ経済学要論』（有斐閣双書）p.88を参照）

③　すべての財について超過需要がゼロになるように、つまり需要と供給が一致するように価格が決まる。連立方程式体系（＊）を満たす均衡価格の存在が確認される。そのとき同時に各財の数量も決定される。価格と数量の同時決定である。

④　「市場均衡の安定性」にかんする議論を模索過程として数学的に論じる。

　　[*1]　新古典派によれば限界変形率は次のようになる。二つの生産要素 x_1、x_2 から二財A、Bが生産される場合についてみる。生産される財A、Bの価格を P_A、P_B、生産要素 x_1、x_2 の価格を p_1、p_2 とする。一定の生産要素を固定したとき、生産される財の産出量の組み合わせをあらわしたものが生産可能性曲線（生産フロンティア）である。これは一方の財の産出量を所与としたときの他方の財の生産可能な最大量をあらわす。限界変形率は生産可能性曲線の

傾きにマイナスを掛けたものであり、A財の生産 1 単位の減少によって、B財の生産が何単位可能であるかをあらわす。

　生産可能性曲線上の点で生産される二財 A、B の組み合わせは二財の価格比 P_A/P_B が限界変形率に等しくなることが、次のようにして示される。

$$\text{限界変形率（MRT}_{AB}) = \cfrac{\text{B財の生産における } x_1 \text{ の限界生産力（MP}^B_{x_1})}{\text{A財の生産における } x_1 \text{ の限界生産力（MP}^A_{x_1})}$$

$$= \cfrac{\text{B財の生産における } x_2 \text{ の限界生産力（MP}^B_{x_2})}{\text{A財の生産における } x_2 \text{ の限界生産力（MP}^A_{x_2})}$$

すなわち

$$\frac{\text{MP}^B_{x_1}}{\text{MP}^A_{x_1}} = \frac{\text{MP}^B_{x_2}}{\text{MP}^A_{x_2}}$$

が成り立つ。

　また、企業の利潤最大化行動から、A、B の産出量は価格と限界費用（MC_A、MC_B）が等しいところで決定されるから、次式が成り立つ。

$$P_A = \text{MC}_A = \frac{p_1}{\text{MP}^A_{x_1}} = \frac{p_2}{\text{MP}^A_{x_2}}$$

$$P_B = \text{MC}_B = \frac{p_1}{\text{MP}^B_{x_1}} = \frac{p_2}{\text{MP}^B_{x_2}}$$

この両式を変形すれば次式が得られる。

$$\frac{\text{MC}_A}{\text{MC}_B} = \frac{\text{MP}^B_{x_1}}{\text{MP}^A_{x_1}} = \frac{\text{MP}^B_{x_2}}{\text{MP}^A_{x_2}} = \frac{P_A}{P_B}$$

　つまり、生産される財 A、B の限界変形率（MRT_{AB}）は限界費用の比 MC_A/MC_B に等しく、価格比 P_A/P_B と一致する。

　このように新古典派によれば、限界変形率は生産物の価格比に等しく、価格が同じ比率で変化したとき、各生産要素の投入量と産出量は変化しないことになる。

一般均衡論の全体は上の①〜④によって構成されている。
まずはじめに消費者行動と生産者行動を個別に分析し、それらの集計から

総需要関数と総供給関数が導かれ、さらにその差として各財の超過需要関数
が導出される。すべての財について需要と供給が一致し、超過需要がゼロとな
るようにそれらの連立方程式体系の解を求める。ワルラスの一般均衡モデル
の解は存在するのだろうかと問われ、それが新古典派にとっての重要な関心
事となる。未知数の数と方程式の数を一致させるためにワルラス法則と超過
需要関数のゼロ次同次性という条件が付けたされ、あとは純粋に数学上の議
論として展開される。均衡条件とされる数学的議論のための条件は連立方程
式体系（＊）とワルラス法則、超過需要関数のゼロ次同次性である。解の存
在の証明は数学の不動点定理や測度論などをもちいた純粋に数学的な議論で
ある。競争均衡の安定性にかんする議論はアロー＝デブリュー論文などによ
る。

　新古典派の議論で特徴的なことは、需要量、供給量は他の商品の価格に依
存すると考え、需要と供給の差をあらわす超過需要関数をすべての商品の価
格の関数としてあらわすことである[＊1]。

　だが、じつは①と②は何の関係もない。①が主張することは、限界代替
率、限界変形率が価格比に等しくなるように各財の消費量、生産量を決める
ことであるが、これまでみてきたように価格に対応して消費量、供給量が規
定されることはない。これは新古典派経済学のドグマの一つである。たとえ
ば、与えられた2財の価格比に対して2財の消費パターンをいくらでもつく
ることができる。個々人が主観的価値基準にもとづいて、もっとも望ましい
と思われる行動をすれば、価格に応じて消費量と生産量が規定されるという
主張はこの理論の内部でも根拠をもっていない。さらに、個々人の消費量、
生産量を社会全体に「集計」した経済量は、ますます規定されない無規定な
量である。

　このように①と②とのあいだには何の関係もない。総需要と総供給という
概念が限界理論との論理的関連をもっていない。それはワルラスの一般均衡
論が、新古典派の基本的な考えである合理的個人の主観的価値判断にもとづ
く行動と何の関係がないことを意味している。実際、新古典派による連立方
程式体系（＊）がどのように導かれているかをみればよい。そこには需要量
と供給量の差をあらわす超過需要関数が価格ベクトルの関数として「あらわ

される」という指摘があるだけで、連立方程式体系（＊）が限界原理から論理的（数学的）に導かれているわけではない。新古典派は需要量、供給量が価格の関数としてあらわされることを強調するが、それは言葉の上での強調でしかない。超過需要関数であらわされた連立方程式体系（＊）がどのような特徴や性質をもったものであるか、それが限界原理に論理的に関連させられることが一切ないからである。

そこには超過需要関数の性質を規定するいかなる経済的内容もない。超過需要関数はただ無規定な関数として存在する。物理学や化学の分野でさまざまな事象にもとづいて立てられる方程式（たとえばニュートンの運動方程式やマクスウェルの電磁場方程式、シュレディンガーの波動方程式など）とちがって、超過需要関数はただ価格ベクトルの関数として「示される」という抽象性のみをもっている。

連立方程式体系（＊）に含まれている経済的内容は、超過需要関数のゼロ次同次性とワルラス法則の二つである。それ以外の内容は一切含まれていない。そこには限界原理から導かれるどのような経済的内容も含まれていないのである。新古典派の議論は方程式の数と未知数の数を確認すれば経済的内容は終了する。あとは不動点定理などを用いた純粋な数学的な議論である。新古典派にとっての経済的内容は限界原理のなかにあるが、「均衡解の存在」や「市場均衡の安定性」を分析するために、この限界原理が用いられることはない。

＊1　新古典派によれば、ワルラスの一般均衡論は完全に相互依存的な連立方程式体系である。多数の財の価格、需要・供給量などの経済量は相互に依存しあっている。たとえば、ミカンとリンゴのような代替財にある商品の場合、ミカンの価格が高騰し、リンゴの価格がほとんど変化しないとすれば、ミカンの需要量は減少するが、それに見合ってリンゴの需要量が増加すると考えられている。ヒックスによる所得効果・代替効果の議論がそのことを示している。

たしかに多数の商品の価格と、需要・供給の経済量は依存関係にある。その意味で商品の価格変化は他の商品の需要量に影響を与えるといえるが、問題は次のところのある。新古典派のいう「経済諸量の相互依存関係」とは、

　　与えられた価格（価格ベクトル）に対して需要量と供給量が規定された一つ
　　の大きさとしてあらわれる「価格と数量の関係」を意味しているという点に
　　ある。

　新古典派の市場均衡分析は「需要と供給による価格決定」の理論である。
それは価格と数量の同時決定であり、価格と数量のあいだに一定の関係が存
在することを前提としている。需要量と供給量は価格をパラメーターとする
関数関係として扱われるから、与えられたある価格に対応して需要量と供給
量がそれぞれ規定された一つの大きさとして存在する。
　価格が高ければ需要が少なく供給が多い、価格が低ければ需要が多く供給
が少ない。需要と供給が一致せず価格変動が生じて、需給が一致するまで価
格変動が続く。新古典派の市場メカニズム、需要と供給の作用はこのように
働く。それは価格調整メカニズムといわれるように、ある価格に対応する需
要量と供給量の関係、価格をパラメーターとして関数としてあらわされた需
要量と供給量の関係のことを意味している。新古典派の均衡概念もこの需要
量と供給量を等値する点にある。したがって、価格と数量は本質的に同時決
定である。
　マーシャルの市場分析も基本的な考え方は同じである。ワルラスの一般均
衡論は同じ方法を多数財に適用したものであり、需要量と供給量を価格をパ
ラメーターとする関数関係にあると考える点ではどちらも同じである。
　こうした理論にとって価格と数量は連立方程式の構成要素として関連する
から、数量と価格は切り離されて存在するのではない。数量を規定すること
は全体の論理構成にとって本質的な意味をもつ。数量は商品の価格決定に副
次的な意味をもつのではなく、それ自体この理論の本質的な構成要素であ
る。新古典派の市場メカニズムも均衡概念も、価格とその価格に対応する数
量、この両者の関係のなかに存在する。この理論にとって価格に数量を対応
させることは本質的なのである。そして、価格に数量を対応させるのは限界
原理である。
　限界原理によれば、限界代替率＝価格比、限界費用＝生産物価格（限界生
産力＝要素の実質価格）となるように各財の需要量、供給量が決定される。

限界原理の要点は、限界代替率＝価格比、限界費用＝生産物価格となるように財の需要量、供給量が規定される点にある。それは「限界代替率＝価格比、限界費用＝生産物価格」がたんに成立していることを主張したものではない。価格に対応して需要、供給という経済量が一意的に規定された大きさとしてあらわれる点にその要点がある。

　新古典派は消費者が効用を最大化するように、生産者が利潤を最大化となるように財、用役を組み合わせ生産、消費するという。この理論にとって重要なことは、限られた資源である生産要素をどのように組み合わせ、どのような財、用役をどれだけ生産、消費すればよいのかということである。それは限界原理にしたがって、財の価格に数量を対応させることである。また新古典派の「効率的」という意味もそこにある。

　しかし、実際に商品の価格と数量が関連づけられることはない。前章でみたように、さまざまな財についてどのような数量比であっても限界代替率＝価格比、限界費用＝生産物価格（限界生産力＝要素の実質価格）が成り立つことを主張できるからである。このように新古典派理論のもっとも肝要な部分でその論理的な関連がないのである。価格と数量の関係を取り扱っているようにみせて、じつはその関係を扱っていない。それはたんに財の数量の多さにもとづく問題ではない[*1]。新古典派理論の内部でも価格と数量の関係をつくりあげることができないという理論そのものに内在する欠陥である。

　数学的にいえば微分係数とそのときの関数の値とは直接の関係がないからである。それは同時に無差別曲線と生産関数そのものが概念的に規定されないことのあらわれでもある。新古典派理論の内部で扱われる数量は、どのようにも規定される無規定な数量としてはじめから存在するからである。

　新古典派自身の論理展開によっても、一般均衡論と限界原理のあいだに何の関連もない。商品の価格と数量を対応させる限界原理が「均衡解の分析」や「市場均衡の安定性」のために利用されることは一度もないからである。数学的な手続きを売り物とする新古典派理論がそのもっとも肝要な部分で数学的なつながりをもたないのである。

　こうしたことは、新古典派の論法からしても許されることではない。なぜなら、新古典派の分析は、ポパーが科学としてのお墨付きを与えたように数

量的な議論の緻密さに経済学の「科学性」をみるからである。その後の経済学の発展は、限界理論や一般均衡論の分析にますます数学の上で緻密さを増してきたが、そこに商品の価格と数量を対応させる限界原理があらわれることはない。それだけにいっそう経済的内容の貧困さが目立つようになった。

　市場経済の成り立ちを個々人の合理的行動に還元してとらえる経済学が、限界理論と均衡論との結びつきというもっとも重要なところで論理的な関連がない。こうしたことを経済学者自身が気がつかないのは不思議なことである。

　　*1　たとえば、ワルラスの問題設定は正しいが、現実には解けないといって、この集計の計算可能性を問題にしたのが塩沢由典である。塩沢は予算制約下の効用最大化問題について計算上の時間を問題にして、理論上の解は存在するが、実際上は解けないという。つまり、効用最大化問題は論理的には誤りはないが、現実的な判断としては誤りであるということになる。だが、問題は需要量・供給量があくまで無規定な経済量として存在するという点にある。ワルラスの連立方程式体系そのものが限界理論に根拠をもっていないのである。

パレート最適

　ワルラスの一般均衡論のもう一つの重要な主張は、「パレート最適」と呼ばれる資源の効率的配分、市場機構の効率性にかんするものである。

　　「分権的な市場経済制度のもとで、各産出物および生産要素にかんする市場がそれぞれ完全競争的であるときには、実現した希少資源の配分が効率的であるという命題が検証される。」（宇沢弘文『近代経済学の再検討』p.64）

　　「各人がそれぞれ自らの主観的価値基準にもとづいて、もっとも望ましいと思われる行動を選択したときに、その結果実現する資源配分がパレート最適性という基準にてらしてみて、社会的な観点からも最適であるということは、往々にして、分権的市場経済制度のもつ最大の長所として理解されてきた。」（同上、p.64）

　新古典派によれば、一般均衡分析で実現する市場均衡の状態（競争的市場均衡）で、パレート最適と呼ばれる性質がみたされる。この「パレート最

適」という命題は、新古典派経済学にとってもっとも重要な命題である。それは市場経済の最適性、効率性をあらわす命題とみなされているからである。ロビンズは経済学の対象は「効率性」の問題に限ると主張した。この経済学の「本質と意義」も限られた資源をどのような用途に配分すればもっとも効率的であることを明らかにする点にあるからである。

　市場主義は政府による介入、大きな政府を排し、小さな政府を提唱する[*1]。政府の経済政策や金融政策は市場の働きを歪めると考える。市場における自由競争にまかせておけば、すべてうまくいく。徹底した自由競争、効率性の追求、規制のない自由な経済行動が市場における調和と均衡をもたらし、そして資源配分が最適になる、と。こうした主張の基礎におかれているのが「パレート最適」の命題である。

　新古典派は「パレート最適」の命題をよりどころとして市場経済の優位性や最適性を唱えてきたが、それは正しくない。新古典派は決して現実の市場経済の「効率性」を論じているわけではないからである。そこにあるのは新古典派自身が現実経済とは無縁の概念に加工した「効率性」という言葉である。

　新古典派にとっての「効率性」、資源の「効率的」配分とは、各人がそれぞれ自らの主観的価値基準にもとづいて、もっとも望ましいと思われる行動を選択すること、つまり新古典派に独自の限界原理にしたがって行動するという意味である。限界原理は、現実の市場経済とは何の関係もない形而上学的概念である。それは決して現実の市場経済の効率性をあらわす概念ではない。新古典派は現実の市場経済とはまったく無縁の架空の経済世界をつくりあげ、その架空の世界で「競争」とか、「市場均衡」とか、「効率性」を論じているのである。

　　*1　といいながら、彼らはつねに強い軍隊、強国を要求する。その意味では彼らは大きな政府、強い権力ももった巨大な政府が好きなのである。人々の生活条件、労働条件、あるいは社会福祉という生活基盤に根付く「個人主義」を嫌い、強い軍隊に裏打ちされ、国家への忠誠心と一体となった弱肉強食の個人主義が好みである。個人主義と国家主義は双生児であり、どちらも市場主義者が好むところである。そこでは彼らの（資本の）利益がもっとも実現

　されるからである。

　ロビンズが『経済学の本質と意義』で述べたように経済学は「与えられた目的」を達成するために、さまざまな資源をどのように配分し、どのような技術的手段を選択したらよいかという問題を考察する。所与の資源をどのように配分すればもっとも「効率的」であるか、「パレート最適」と呼ばれる資源配分の効率性を問題にする。

　それは条件つきの最大化問題ともいわれる。与えられた価格体系のもとで、生産者は利潤が最大化するように、生産技術、生産要素を組み合わせ、産出量を選択する。消費者は消費活動から得られる主観的満足についてある価値判断をもち、効用満足を最大化するように消費パターンを選択する。つまり、生産者は各生産要素の限界生産力がその市場価格（実質価格）に等しくなるように生産要素を組み合わせ、生産量を決定する。消費者は、すべての財の組み合わせにたいする限界代替率が価格比に等しくなるように消費量決定する、ということになる。

　しかし、一般均衡が成立するとき、「パレート最適」と呼ばれる命題が実現するという主張もこの理論の内部で破綻している。ワルラスの一般均衡論は新古典派の中心理論である限界原理と何の関係をもっていないが、それと同じように「パレート最適」の命題もじつは一般均衡論とは何の関係もないからであある。

　パレート最適の要点も効用最大化、利潤最大化となるように財、用役を組み合わせ生産、消費するという点にある。つまり、限界代替率＝価格比となるように消費量、生産要素をそれぞれ組み合わせ、限界費用＝生産物価格（限界生産力＝要素の実質価格）となるように生産量を規定する点にある。

　この主張の本質は、そしてワルラスの一般均衡論もそうであるように、数量が無規定である点にある。価格に対応して数量はどのようにも規定されるし、また規定されない。数量はあくまで無規定なものとして存在する。これまでみてきたように、どのような需要量、供給量についてもつねに限界代替率＝価格比が成り立つことを限界原理にもとづいて主張することができる。だれであっても、どのような条件であっても、またどのような価格比であっ

　ても、財の任意の数量比にたいして適当な「無差別曲線」や「生産関数」を
選べば、そこで限界原理が成立していることがいえるからである。また、だ
れがどのように行動しても、そのように振る舞うものと想定されているか
ら、新古典派の世界では限界原理がつねに成り立つのである。
　だから、ある財と他の財の限界代替率がだれにとっても等しくなるように
消費財を組み合わせる、あるいは生産要素を組み合わせる、という「パレー
ト最適」の命題もこの理論の前提で述べたことを結論でもう一度繰り返して
いることであって、論理展開の推移とともに内容が展開されているわけでは
ない。
　「パレート最適」の命題は限界原理のいいかえにすぎない。そして、先に
みたようにワルラス均衡成立の分析のために、価格と数量を対応させる限界
原理が利用されることはない。つまり、限界原理と一般均衡論は論理的関連
をもっていないから、「パレート最適」と一般均衡論のあいだにも論理的関
連がないのは当然である。だから、一般均衡の状態で「パレート最適」が成
立しているという主張、「ワルラス資源配分はパレート最適である」という
厚生経済学の第1基本命題や、「任意のパレート資源配分はその配分を初期
保有量としたときのワルラス資源配分である」という厚生経済学の第2基本
命題が成立するという新古典派の主張も、新古典派理論の内部で何の根拠を
もっていないのである。一般均衡の状態では「パレート最適」と呼ばれる資
源の効率的配分が成立する。これは、実質上の同義反復である。いつでもど
こでも「パレート最適」の状態は成立しているのである。
　一般にパレート最適である点は無数に存在する。それも当然といえよう。
限界代替率＝価格比、限界生産力＝要素の実質価格となるように財の需要
量、供給量が規定されると主張しても、あくまで数量は無規定なものとして
存在する。厚生経済学の二つの命題のどちらも、各消費者にとってそれぞれ
の財の限界代替率が価格比と等しくなっていること、また各生産者にとっ
て、各生産要素の限界代替率が価格比に等しいこと、さらにさまざまな生産
物のあいだの限界変形率がそれぞれの生産者にとって等しいことは確認され
るが、そこでは限界原理のもっとも重要な主張点である「財の価格と数量の
関係」が問題にされることはないからである。

　一般均衡分析で実現する市場均衡の状態で、パレート最適と呼ばれる性質が満たされるために論じられる「エッジワースの問題」も同じである。つねに限界代替率と価格比の関係が論じられることはあっても、それに財の数量が結びつけられることはない。「二つの商品間の交換の理論において交換当事者の双方の満足が極大化するのは二財の限界代替率が二財の価格比に等しくなるときである*1。」この主張をくり返せば、それで事足りるのである。あくまで需要量と供給量は価格に対してなにも規定されない無規定な経済量として存在する。そのことが新古典派の限界原理にもとづく分析にもっともらしい外観を与えるのである。

　新古典派が提出した経済学の主要な問題は二つある。「市場均衡」の問題と「希少資源の最適配分」の問題である。どちらも限界原理を損なわない限りで扱える問題を経済学の課題としたのである。価格と数量の関係を論じることがこの経済学にとって本質的であるが、そのもっとも重要な点で論理的な内的関連をもたないのである。

　　*1　パレート最適とは、社会のどの成員も他のいずれかの成員の経済状態を悪化させることなしには、自分の状態を改善することができないような状況をさしている。一定量の二財の配分を二人の消費者がどのようにおこなうか。ボックス・ダイヤグラムにおいて、二人の消費者の無差別曲線の接点のつくる軌跡――契約曲線と呼ばれる――上の点まで交換が続けられる。契約曲線上の点はすべてパレート最適の条件を満たしている。一度契約曲線上の位置を占めると、もはやどちらか一方の状態を悪化させることなしには、どの方向にも進めることができない。二人の交換は契約曲線上のどこかの点に落ち着く。契約曲線上では、二人にとって二財の限界代替率が等しくなっている。二人の交換が契約曲線上のどの点に落ち着くかは不明であるが、それにはパレート最適性基準に加えて価格の需給調整機能を考慮に入れることが必要といわれる。

　　　生産要素の効率的配分についても同様の議論がなされる。各生産者の等産出曲線の接点の軌跡が契約曲線である。その曲線上では、二つの生産要素の限界代替率が二人の生産者にとって等しいとされる。（以上、前出『ミクロ経済学要論』（有斐閣双書）p.141）

(3)　一般均衡論——模索過程

　ワルラスの一般均衡論において所与の条件として与えられているのは、すべての利用可能な生産資源、生産技術、各個人の欲望と嗜好である。この条件のもとで市場の均衡はどのように生まれるか。また、この外生的条件の変化とともに均衡価格体系も変化するが、一つの均衡から別の均衡へどのように移行するか[*1]。

　ワルラスは一般均衡の数値的解法を与えただけではなく、「市場における解法」を提示したといわれている[*2]。パリの証券取引所をモデルに均衡価格が市場メカニズムによって実際に達成される過程を構想したもので、「模索過程」と呼ばれている。新古典派の均衡分析がいかに現実の市場経済と無縁であるかを示しているのが、均衡が達成される調整過程を分析した「模索過程」である。この模索過程の叙述のなかに新古典派理論がいったい何を論じているのか、この経済学の性格がもっともよく示されている。

　ワルラスは一般均衡論の均衡を達成するために、競売人が介在する模索過程を想定する。「救いの神」として競売人が存在し、需要と供給が一致しないような状態があれば、この競売人が第三者の立場で調整し、すべての商品について市場の需給均衡をもたらす価格を発見する。そこではじめて取引、交換がなされる。それまで市場で取引がおこなわれることはないとされる。

　　[*1]　注意しなければならないことは、このような問がすでに誤っていることである。市場経済のもとで均衡は一つの社会過程としてあらわれる。調整過程と均衡が切り離されて存在するのではない。新古典派によればまず一連の調整の過程があって、その後ある一つの状態として均衡が生まれるが、このような均衡概念が間違っている。均衡は市場のある一つの定常状態としてあらわれるのではない。調整過程そのもののなかに、市場の均衡が「無規律の平均」としてあらわれるのである。

　　[*2]　ワルラスによる一般均衡の数値的解法とは、超過需要関数のゼロ次同次性とワルラス法則を用いて方程式の数と未知数の数の一致を確認する方法のことである。そこにあるのは「需要と供給が一致するように価格が決まる」という主張の同義反復である。

　一般均衡が成立していく調整過程をもっともよく説明しているのが、ヒックスの「週」概念である。ヒックスの模索過程（タトヌマン過程）ともいわれる。各経済主体がそれぞれ望ましいと思う生産計画、消費計画を立て、すべての財・サービスの市場で、需要と供給が等しくなるような価格体系が実現し、各経済主体が生産・消費を実行に移すまでの期間を「週」にたとえたものである。

　「ヒックスの「週」は月曜日にはじまる。月曜日の朝、国民経済の構成員はすべて、それぞれ自ら所有する財をもって市場に集まる。市場では、オークショナーが各財について需要と供給とが一致するような価格体系を見いだすために、いわゆるタトヌマンのプロセスを行なう。まず、試行的に出された価格体系のもとで、各経済主体は、自ら所有する生産要素をどれだけ市場に提供し、それから得られる所得をどのように使うかという計画を立て、オークショナーに提出する。この計画には、どのような生産要素をどれだけ市場で購入して、どのような生産計画を行なうかということも含まれている。オークショナーはすべての財について、どれだけの需要と供給が存在するかを、全員から提出された計画を集計して求める。そして、需要と供給とが一致しないような財について、価格を修正して新しい価格体系を発表する。各構成員は、新しい価格体系のもとで計画を修正し、ふたたびすべての財について需要と供給とをオークショナーに提出する。オークショナーはまた、すべての財にかんして各人の計画を集計して、需要と供給とを計算し、乖離が存在するような財にかんしては価格を修正する、という作業を行なう。月曜日を通じてこのようなプロセスが繰り返され、月曜日の夕方には、オークショナーはすべての財について需要と供給とが一致するような価格体系を見いだすことができるとする。このとき留意すべきことは、月曜日に行なわれる過程によって均衡価格体系を見いだすことができ、夕方にはその価格体系のもとで各構成員が消費・生産計画を立てることができる、ということが仮定されていることである。このタトヌマン過程の安定性については、個々の経済主体の主体的行動を分析して検証されたものではなく、むしろ前提条件として仮定されていることである。また、このような意味における市場機構の安定性を仮定することなく、ヒックスの「週」概念を理解することはできないと

いうことを指摘する必要があろう。

　さて、火曜日から金曜日にかけて、各人は、月曜日の夕方立てた計画にもとづいて、生産要素の供給および生産活動を行なう。そして、金曜日の夕方に、賃金その他の支払いが、これも月曜日にたてられた計画通りになされる。実際の消費活動は土曜日から日曜日にかけて行なわれ、ヒックスの「週」は終わる。次の月曜日には、また新しい「週」がはじまり、同じような過程が繰り返される。」(宇沢弘文『近代経済学の再検討』p.58)

「外的な条件が所与であって、不変に保たれるような一『週』の間に、各経済主体がそれぞれ自らもっとも望ましいと思うような生産ないしは消費計画を策定し、市場価格が絶えず需要と供給との乖離に応じて変動し、やがてすべての財・サーヴィスの市場で需給が均衡するような価格体系が実現し、そこで、すべての経済主体が計画通りに生産と消費を行ない、一『週』が終わる。一『週』が終わると外部の時間が動き、一時点だけ時間が進み、つぎの『週』の月曜日の朝を迎える。そして、新しい『週』でふたたび前と同じようなヒックス的調整過程が繰り返される。」(同上、p.62)

　およそこのような調整過程が一般均衡論が考えている市場経済の働きである。この議論の最大の特徴は、取引に先だってあらかじめ生産が調整される経済を描き出している点にある。

　月曜日にはじまる「ヒックスの週」は、月曜日にオークショナーの提示する価格体系にたいして、各経済主体はそれぞれの財について需要計画と供給計画を立てる。オークショナーは、すべての財にかんして各人の計画を集計して、需要と供給を計算し、乖離が存在するような財にかんしては価格を修正する。各経済主体は計画を修正し、ふたたびすべての財について需要計画と供給計画を提出する。需要と供給が一致するまで新しい価格体系が次から次へと提示され、月曜日の夕方には、オークショナーはすべての財について需要と供給とが一致するような価格体系を見いだす。

　そして、火曜日から金曜日にかけて、この生産計画にもとづいて生産活動がおこなわれ、消費活動は土曜日から日曜日にかけておこなわれる。このようにワルラスの一般的均衡論の特徴は「予定調和」にある。生産や取引に先だって市場メカニズムが働き、需要量と供給量はあらかじめ調整されるので

ある。生産がおこなわれるのは、市場の調整メカニズムが働いた後である。

　ワルラスの一般均衡論は、現実の市場経済を言いあらわしたのではないという指摘が近代経済学者のあいだにある。たとえば、「静学」であり、時間経過を無視しているという批判が多い。ハロッドはミクロ理論もマクロ理論も動学を展開していないと批判し、自ら動学を展開することに努めた。ロビンソンは、経済学と現実的な諸条件との乖離を問題にした。

　ロビンソンがとくに問題にしたのは、ヒックスの「週」概念の二重性、定常状態と短期均衡とのあいだの矛盾である。調整過程のすべてが完了するという長期的な性格とすべての外生的な条件が一定に保たれるという短期的な性格をあわせもつという矛盾である。それはまた、一般均衡論のもつ時間の取り扱い方にかんする矛盾でもある。

　　「ヒックスの『週』はまた、新古典派理論における時間の取り扱い方を端的にあらわしたものとなっている。すなわち、基本的には時間的経過をともなわない静学的な分析の枠組みのなかで、すべての市場が均衡するという長期的な現象を取り扱おうとしていることである。」（同上、p.61）

　　「現実の市場経済で行なわれている価格調整のメカニズムをこのような比喩（ヒックスの『週』のたとえ）によって説明したときに、じつは現実とは大きく乖離したものになってしまう可能性が大きい。まして、価格調節のプロセスが月曜日に完了するという前提は、理論的にも実証的にも検証できないような性格をもつ。仮にこのような価格調節の過程が安定的であると想定しても、すべての財市場にかんして均衡条件がみたされるようになるためには、長い時間的経過を必要とし、ヒックスの『月曜日』はじつはきわめて長い期間であると考えざるをえない。

　　　ところが、月曜日に立てられた生産・消費計画にもとづいて、火曜日から日曜日にかけて実際の経済活動が行なわれるという前提は、逆に、この『週』が実際には非常に短い期間であることを意味する。とくに生産期間はきわめて短いと考えなければ、斉合性を保ちえないともいえる。」（同上、p.60）

　宇沢弘文はワルラスの一般均衡論の非現実性としておもに次の3点をあげている。①生産手段の可塑性、可変性。②無時間制、生産期間の瞬時性。③市場均衡の安定性（調整過程の瞬時性）である。

　この３点はお互いに関連している。需要と供給とが一致しないような状態
があれば、市場価格の調整がただちにおこなわれて、均衡市場価格体系が瞬
時的に実現するという仮定は、生産要素がある用途から別の用途へすぐさま
転用されるという生産手段の可塑性と、生産要素を投入すると瞬時に生産物
となってあらわれるという生産期間の瞬時性を前提としている。もっと厳密
にいえば、この３点は同一の内容を表現している。それは、新古典派が想定
する商品の価格と数量の性格にすぎないからである。

　　「ワルラスの一般均衡理論を中核とする新古典派経済学を特徴づけるものは、
　　無時間性と可変性との前提条件である。」（同上、p.62）

　ワルラスの一般均衡論によれば、所与の条件のもとで価格と取引数量の市
場均衡が条件の変化にともない瞬時に次の市場に移行してしまう。いわゆる
生産手段の「可塑性」「可変性」にかんする仮定である。ここで有用物の
「代替性」が変幻自在の概念としての役割を果たす。生産要素が特定の用途
に固定されることなく、そのときどきの条件に対応して一つの用途から他の
用途にすぐさま転用される。

　ある一つの均衡から次の均衡に移行するのに、それなりの時間を要する
し、その移行過程において市場における不足や過剰が一時的にせよ生じるに
ちがいない。市場経済のこうした過程を無視した考えは、「市場における非
摩擦性」の仮定といわれ、近代経済学者のあいだでも現実離れした仮定であ
ると批判されている。

　生産手段の可塑性、可変性にかんする前提は、生産期間はゼロであって、
さまざまな生産要素が生産過程に投入されると、ただちに産出物になってあ
らわれることを想定している[1]。

　　「生産要素が可塑的であって、生産期間がゼロであるというような前提条件
　　のもとでは、資本主義的な経済制度の成立自体、論理的に意味をなさない」
　　（同上、p.94）

　生産手段、生産要素がさまざまな用途に固定されることなく、すぐさま別
の用途に転用できる。それは市場に商品と資本の自由な移動が保障され取引
に支障がないという意味での「市場の摩擦性」が問題にされているのではな
い。たしかに転用するにはそれなりの時間を要するし、また生産するにはそ

れなりの期間を必要とする。しかし、そこには新古典派に独自の意味がある。それは生産要素の「可塑性」ではなく、「代替性」である。新古典派によればあらゆる財は互いに「代替」される。消費財だけでなく生産財もすべて代替関係に置かれる。限界原理の根底にある考えはこの代替性であり、そもそも限界生産の概念は生産要素の代替性のもとに成立している。だから、新古典派の前提にすえられているのは、生産要素の可変性ではなく代替性である。新古典派は素材的にも技術的にも規定されない変幻自在に変化する抽象物、「あるもの」によって理論を構成しているからである。当然のこととして、そのような性格をもった抽象物は、瞬時に生産されることになる。生産期間はゼロであって、生産要素を生産過程に投入すると、ただちに産出物になってあらわれる。

　*1　宇沢弘文は生産要素の可変性と生産期間の瞬時性を前提とした新古典派理論をとりわけ投資理論の欠如として批判する。投資という行動は固定的な生産要素の蓄積にかかわるもので、生産要素の可変性を前提とした新古典派理論では、そもそも投資行動ということを考えることができないからである。「生産要素の可塑性と生産期間の瞬時性という仮定が置かれているときには、企業という制度ないしは組織はまったく無意味なものとなってしまう。企業は、たんなる生産要素の集まりにすぎなくなってしまい、市場の条件が変化するとともに自由にその形を変えることができるような存在となってしまうからである。」（宇沢弘文『経済学の考え方』p.81）

　ケンブリッジ的投資理論によれば、企業は、工場、機械設備などの物的な生産要素、技術的な知識、マーケティングの能力、新しい製品・技術の開発のための能力などという人的資源から構成されている。企業はこのようなさまざまな生産要素が有機的に構成された経営・管理組織なのである。

　必要とされる生産要素は、二つの種類に大別される。固定的な生産要素と可変的な生産要素である。固定的な生産要素は、企業という組織に特化し、固定化して、その有機的構成の一部分となっているものである。工場、機械設備などの多くのものは、注文生産によって調達されたり、建設されたりするものであって、固定的な生産要素と考えられる。

　固定的な生産要素とちがって、可変的な生産要素は、市場を通じて自由に

調達される。可変的な生産要素についてはその限界生産が市場価格に等しく
なるまで調達するという、限界原理が成立するが、固定的な生産要素にかん
しては、このような限界原理を適用することはできない、と宇沢弘文はいう。
（以上、宇沢弘文『近代経済学の再検討』）

　だが、固定的な生産要素には限界原理が適用できないが、可変的な生産要
素については限界原理が適用できるという主張は正しくない。限界原理はす
べての生産要素に適用できないことはこれまでくり返し見てきたとおりであ
る。

　不均衡状態から均衡への収斂が問題とされる市場均衡の安定性についても
その仮定の非現実性が問題にされる。宇沢弘文は「月曜日におこなわれる過
程によって均衡価格体系を見いだすことができ、夕方にはその価格体系のも
とで各構成員が消費・生産計画を立てることができる」というタトヌマン過
程の安定性に留意することを指摘する。需要と供給が一致するような均衡価
格体系が生まれるというタトヌマン過程の安定性は、「個々の経済主体の主
体的行動を分析して検証されたものではなく、むしろ前提として仮定されて
いる。」「このような意味における市場機構の安定性を仮定することなく、ヒ
ックスの『週』概念を理解することはできない」のである。

　新古典派は需要と供給との乖離に応じて、価格が調整されるが、不均衡な
価格体系から出発しても必ず均衡状態に近づいてゆく傾向をもつ「価格機構
の安定性」を前提としているが、それよりもっと非現実的であるのが調整過
程の瞬時性である。

　　「需要と供給とが一致しないような状態があれば、市場価格の調整がただち
　　におこなわれて、均衡市場価格体系が瞬時的に実現するという仮定が置かれ
　　ている。」（宇沢弘文『経済学の考え方』p.82）

　宇沢によれば、この条件は市場均衡の安定性より、はるかにきびしい条件
であって、事実上、市場均衡以外の状態は存在しないことを意味する。それ
はまた、時間的経過をともなわない静学的な分析の枠組み、生産手段の可塑
性の必然的な帰結でもある。

　　「このプロセスが果たして収斂するか否かということもはっきりしない。一

般に分権的な市場経済制度のもとでは、不均衡の状態自体を叙述すること自
体不可能になってしまう。」（同上、p.83）

　このようにワルラスの一般均衡論の非現実性は模索過程によく示されてい
る。そこでは新古典派の理論的前提の現実性がとくに問題にされる。多くの
経済学者は新古典派理論の非現実性を、模索過程におけるその仮定や前提条
件の現実妥当性に見いだしてきたのである。

　「生産手段の可塑性、可変性」、生産期間がゼロであるという「生産期間
の瞬時性」、「市場均衡の安定性」、さらに市場価格の調整がただちにおこな
われて、均衡市場価格体系が瞬時的に実現するという「調整過程の瞬時性」
の仮定は、あまりにも現実の経済とかけ離れている、と。

　　「生産手段の可塑性を仮定し、すべての生産過程、市場均衡過程が瞬時的に
　　完了するという新古典派の理論前提を仮定しなければならなくなる」（宇沢弘
　　文『近代経済学の再検討』p.107）

　　「ワルラスの一般均衡理論を中核とする新古典派経済学を特徴づけるものは、
　　無時間性と可変性との前提条件である。」（同上、p.62）

　この主張に新古典派の理論的前提の現実性にかんする批判が明快に示され
ている。たしかにそのとおりであろう。だが、問題はそこにはとどまらな
い。多くの経済学者が指摘する新古典派経済の非現実性は、その仮定や前提
条件にかんするものであり、あくまで理論の「前提」や「仮定」としてのそ
の現実妥当性が問題とされる。決して限界原理や市場均衡分析という新古典
派理論を構成する基本的概念に結びつけられることはない。だから、時間要
因や動学的要因を導入しようという試みが生まれてくる。しかし、それでも
問題が解決することはない。

　問題は「静学的」か「動学的」か、市場の「摩擦性」を無視できるかどう
か、あるいは「動学的要因」や「時間的要因」が欠如していることではな
い。さらにまた、「生産手段の可塑性、可変性」、「生産期間の瞬時性」、「調
整過程の瞬時性」「市場均衡の安定性」などのあれこれの理論的前提の現実
妥当性の問題でもない。問題はもっと別のところにある。

　それは新古典派が取り扱う「価格」と「経済諸量」の概念にある。商品の
価格と数量のあいだに規定されるような一定の関係があると考え、市場の働

きをこの「価格と数量の関係」にもとづく作用とみなすところにある。需要
量と供給量を価格の関数としてとらえ、需要関数や供給関数というものを構
成できると考えるこの経済学の方法——均衡分析という方法——の必然的な
帰結である。一般均衡論の静学的本質、時間的経過をともなわない静学的な
分析の枠組み、その論理構造は、商品の価格と数量のあいだに一定の関係が
あると想定する点にある。

　価格は独立変数としての性格をもつから自由に任意の値をとることができ
る。需要量と供給量は、この価格の関数関係にあるとされているから、つね
にある価格に対応する一つの規定された大きさとしてあらわれる。それは価
格の変化とともに瞬時にある値をとる経済量として存在する。そこに現実経
済の意味をもたせるとすれば、それはある価格に応じようとする経済量、つ
まり生産や取引に先立って人々の意識のうちに存在する「予想量」や「計画
量」としての経済量ということになる。

　このように生産手段の可変性、可塑性、あるいは市場の非摩擦性という非
現実的な想定は、価格と数量とのあいだに一定の関係を想定する新古典派の
方法にすでに含まれているのである。「生産手段の可塑性、可変性」、「生産
期間の瞬時性」、「市場均衡の安定性」、さらに「調整過程の瞬時性」という
新古典派の理論的前提は、新古典派が取り扱う商品の価格と数量の性格の表
現でしかない。価格に独立変数の性格を与える「完全競争」の前提がそうで
あるように、これらの理論的前提はすべて新古典派が想定する価格と数量の
形而上学的性格のあらわれなのである。

　新古典派の特徴は市場の働きを均衡分析という形で定式化することであ
る。前提されているのは、商品の価格と数量のあいだに一定の関係があると
いう想定である。新古典派の考える需要と供給の作用——価格変動が需要と
供給を調整し、均等化させるという「価格調整メカニズム」——も、この価
格と数量の関係にもとづく作用である。それはある価格に対応する需要量と
供給量の関係ということになる。

　需要量と供給量は価格の関数として規定され、需要量と供給量は価格の変
動とともにつねにある値をとって変化する経済量として存在する。だから、
「需要と供給とが一致しないような状態があれば、市場価格の調整がただち

におこなわれて、均衡市場価格体系が瞬時的に実現する」ということは、商品の価格と数量のあいだに規定されるような関係をみる新古典派理論の必然的な帰結である。新古典派の方法からは、そのように論じるほかはないのである。

　ヒックスの「週」概念を理解するうえで取りあげられる、均衡価格体系が見いだせるか否か、あるい需要と供給の乖離がただちに価格体系の変動となってあらわれ、均衡価格体系へ収斂するかどうか、そうした「市場機構の安定性」が問題なのではない。

　ヒックスの「週」に示される模索過程の最大の問題は、生産に先立ってさまざまな財の生産量があらかじめ調整される市場経済を描き出している点にある。新古典派の市場均衡分析は「予定調和」といわれるように、取引に先だって生産量があらかじめ調整される架空の経済を論じている。

　取引に先だって需要量と供給量があらかじめ調整される。もっと正確にいえば、生産される前に需要と供給の作用、市場の価格調整メカニズムが働き、生産量と消費量が調整される。新古典派によれば、消費者と各企業は限界原理にもとづいて、それぞれ効用と利潤を最大化するように合理的行動を選択するが、その消費量と生産量は「市場における需給関係の結果」として取引や生産に先だってあらかじめ調整されるのである。

　ワルラスの一般均衡論では、均衡が達成されるまでは取引はされない、取引は均衡状態でのみ許されると仮定されている。これは新古典派理論の暗黙の前提である。「完全競争の前提」のようには明示的に述べられていないが、繰り返し述べられている前提条件である。この暗黙の仮定が新古典派理論を経済学として成立させるために必要な前提条件であり、商品の価格と数量のあいだに一定の関係を想定する経済学の必然的な帰結である。

　新古典派は明言すればよいのである。われわれの経済学は生産や取引に先だってあらかじめ調整される経済学を構想している、と。価格調整メカニズムである需要と供給の作用は、さまざまな財が生産される前に市場の機能として作用する。生産がおこなわれるのは、均衡が実現してからである。均衡価格体系が成立した消費計画、生産計画にもとづいて生産と消費がおこなわ

れる、と。

　新古典派の市場メカニズムによれば、生産量は取引に先立ってあらかじめ調整されてしまう。それも瞬時にあらゆる財が調整される。生産される以前に市場メカニズムが需要と供給の作用として働き、生産量があらかじめ確定する。

　各経済主体は与えられた価格体系に応じてさまざまな財の需要計画と供給計画を立てる。需要と供給が一致するまで、新たな価格体系の提示とともに需要量と供給量の計画変更がなされる。それは市場均衡の安定性——需要と供給の乖離が価格体系の変動としてあらわれ需要と供給が調整され、均衡状態が成立する——などという問題ではなく、新古典派が現実の市場経済とはまったく無縁の形而上学的世界を構想していることを示している。

　それは商品の価格と数量のあいだに規定されるような関係があると想定することの帰結である。需要量と供給量が価格との関数関係にあるという考えに必然的に結びついて生まれた「市場メカニズム、需要と供給の作用」である。「需要と供給が一致するように商品の価格が決定される」、「商品の価格と数量の同時決定は本質的である」という新古典派の価格決定論もここから生まれてくる。マーシャルによる需要曲線と供給曲線を用いた考察もその本質は同じである。

　新古典派の市場均衡分析は「本質的に価格と数量の同時決定」である。それもこの理論そのものに内在する商品の価格と数量の取り扱い方から必然的に導かれる結論である。数量は価格の関数として扱われているから、数量はつねにある価格に対応する一つの大きさをもった経済量として存在する。価格を規定することは同時に数量を規定することを意味しているからである。

　また、新古典派の市場分析が経済の流れをある時点で切り取り、その切り取った静的世界で商品の価格と数量の関係を論じたものといわれるが、一般均衡論が本質的に時間的要素を含まない静態的均衡論であるのも、同じ理由による。

　価格と数量のあいだに規定されるような一定の関係があると想定すること自体が、現実の市場メカニズムとは無縁の形而上学の世界に入りこむことである。そこからは「予定調和」や「静的均衡」という考えが必然的に生まれ

てくるのである。経済の流れをある時点で切り取った架空の静的世界で想定
された商品の価格と数量の関係が、パレートなどが強調する「客観的で経験
的に確定できる経済諸量の関係」、「相互依存的な関係」ということになる。

　新古典派の均衡分析が想定する市場メカニズムは、需要と供給の関係によ
る価格調整メカニズムである。それは需要と供給の乖離に応じて価格が変動
し、その価格変動が需要と供給を調整する「需要と供給の一致」が成立して
いく調整過程であり、次のように働く。
　ある価格 p に対して需要量 $D(p)$ と供給量 $S(p)$ の双方を想定する。ある
時点において需要過多、供給過多という状態を想定することはできるが価格
p の関数として需要量 $D(p)$ と供給量 $S(p)$ を考えることはできない。同様な
ことは、需要量 $D(p)$ と供給量 $S(p)$ の差をあらわす超過需要関数についても
いえる。もし、ある商品の需要量が供給量を超過するならば、その商品の価
格 p は上昇するであろう。超過需要関数の値が正か負かということではな
く、商品価格の高低が需要過多か供給過多かという状態をあらわすのであ
る[1]。
　にもかかわらず、ある価格 p に対して需要量 $D(p)$ と供給量 $S(p)$ という二
つの経済量を考えることができるのは、需要量 D、供給量 S は消費計画、
生産計画として存在する架空量であって、現実に市場で取り引きされる商品
量をあらわしていないからである。一つの過程として市場に存在する需要量
と供給量ではなく、取引に先立って個々人の意識のなかにのみ存在する予想
量である。あるいはセリ市においてオークショナーが提示する価格に対応し
ようとする売り手と買い手の関係を念頭においたものともいえる。これを市
場経済に当てはめるとこのような分析になる。与えられた価格に対応して消
費計画、生産計画を立てる。価格を変動させ、消費計画と生産計画が一致し
たところで取り引きが一斉になされる。模索過程では、均衡状態だけ取引が
許される。したがって、市場が不均衡であるかぎり、売り手と買い手との資
産状態（初期保有）は変化せず、また不均衡のもとでの価格はたんなる呼称
価格にすぎない、ということになる。ヒックスの「週」のたとえは、さらに
滑稽である。この需要と供給が一致した段階でようやく生産活動に入るから

である。需給が一致するまで、取引がなされないどころか、生産もおこなわれないのである。

　ある価格に対応するとされる需要量と供給量という経済量は、市場に存在する需要量と供給量をあらわすのでなく、商品交換に先立って消費計画、生産計画として個々人の期待や予想をあらわす架空の経済量である。新古典派はこうした予想量や計画量によって市場メカニズムを論じているのである。

　このような新古典派の市場分析は商品の価格と数量のあいだに一定の関係が存在するという想定の必然的な帰結である。それは市場経済の流れのある一場面を切り取り、この切り取った静的世界のなかで商品の価格と数量の関係を想定したものである。それは現実の市場経済とは無縁の純粋な概念操作である。

　新古典派理論の全体は、商品の価格と数量のあいだに規定されるような関係が存在することを想定することによって成立している。限界理論にもとづく消費者と生産者の行動分析は、「商品の価格と数量を結びつける」分析であり、市場分析はこの「結びつけられた価格と数量の関係」にもとづく均衡分析である。新古典派にとって、商品の価格と数量のあいだに一定の関係を想定することが、この理論の本質的である。だが、この想定からは「時間と結びついた現実取引」という考えは生まれず、「時間を抽象した仮想取引」という考えしか生まれない。

　価格は一つの概念操作として任意の値を取る独立変数としてあらわれ、需要量と供給量は、この任意の値を取りうる価格に対応して変化する経済量として存在する。その両者の関係のなかに新古典派の想定する市場メカニズムがある。新古典派の市場分析が「静学」であり、「本質的に静止状態」を扱うといわれのは、そのことを示している*2。ワルラスの一般均衡論だけでなく、マーシャル流の需要曲線と供給曲線を用いた議論も、商品の価格と数量のあいだに一定の関係を想定する点で、その本質は同じである。

　*1　ここで述べたのはワルラス的調整過程といわれるものである。新古典派の教科書をみればわかるように、もう一つマーシャル的調整過程と呼ばれるものがある。マーシャル的調整過程は、ある量 q に対して需要価格と供給価格の双方が存在する。この議論が成り立つためには、市場において二つの価

格が存在することを想定する必要がある。ワルラスの調整過程もマーシャル
の調整過程も商品の価格と数量のあいだに規定されるような一定の関係が存
在すると考える点では、同じである。

*2　新古典派経済学は本質的に静学である。杉本栄一は「経済静学の論理的
本質」について次のように指摘する。一般均衡論は本質的に時間的要素を含
まない。それは静態的均衡論であり、それ自体自足完了的な静的均衡状態を
構想している。静態的均衡論であるのは次の二つの意味においてである。

　一つは厳密な意味において「同時均衡理論」であるということである。静
的均衡状態においてあらゆる商品の需要量と供給量とは一致する。ここで考
えられている需要量と供給量は、同一時点において成立するところの需要量
と供給量である。つまり静態が同時均衡状態である。与件を固定し経済競争
を徹底的におこなわせたとき、結局において成立する状態が、同時均衡状態
である。

　二つ目が均衡状態の理論であるということである。この理論の目指すとこ
ろが、「厳密にいえば均衡状態の理論であって、均衡成立の理論ではない」
(杉本栄一『近代経済学の解明』上、p.170) ということである。

「静的均衡理論は、元来、均衡の状態が不均衡の過程のうちに如何にして成
立するに至るかを、説明するのではありません。」(同上、p.170)

「その本論をなすものは、あくまでも厳密な意味における静的均衡状態の記
述であって、発生論的説明は、厳密な意味においては、経済静学が本来企て
えない説明なのです。」(同上、p.171)

　したがって、ワルラスの一般均衡論の静学的な本質は次のようになる。

「それは結局において、同時均衡の理論であり、静的均衡状態の理論であり、
静的均衡状態の構造論なのです。」(同上、p.174)

　新古典派の価格理論はミクロの静学といわれるように、本質的に静止状態
を扱う。商品の価格と数量のあいだに規定されるような一定の関係をみる経
済学が行き着く先は、経済諸量の相互依存的な変化が停止する究極の状態、
これ以上変化への傾向を示さないような状態、静的均衡状態である。商品の
価格と数量のあいだに規定されるような一定の関係をみる理論構造からは、
「静的一般均衡状態」を構想するほかはないのである。

「それは時間と密接に結びついた現実取引の結果を理論的に整理しようとするのではなく、時間を抽象した仮想取引の系列を理論的に整理したものにすぎません。それは、均衡状態がどのように成立するかという、現実の動的過程を明らかにする動態理論ではなく、仮想取引の系列を整理することによって静的均衡状態の構造を説明するところの、一種の静態理論なのです。」（同上、p.174）

　新古典派の市場分析はセリ値の形成過程に市場メカニズムの働きをみたものといわれている。商品の価格と数量のあいだに一定の関係を想定する市場分析は、たしかにセリ値の形成過程によく符合している。だが、前章でみたように、新古典派の根本的な誤謬はセリ値の形成を需要と供給の一致、市場の均衡ととり違えたことにある。

　セリ値の形成は市場経済の一断面をあらわすにすぎない。セリ値の形成は売り手と買い手との合意をあらわすが、需要と供給の一致の事態をあらわすのではない。社会の需給量にたいする供給量の大きさを反映してより高い、あるいはより低いセリ値が形成される。セリ値市場における需要と供給の作用は、セリ値の形成過程ではなく、セリ値価格の高低にあらわれる。

　市場メカニズムの働きである需要と供給の作用は、新古典派が考えるように、セリ市場においてセリ値価格が形成されていく「調整過程」での作用ではない。それは取引と再生産の繰り返しのなかから、生産の諸変動を通じてたえず市場の均衡をつくりだそうとする一つの社会過程として働く。

　新古典派は、場違いなところに市場メカニズムの働きをみたのである。市場メカニズムの働きを、セリ値の形成過程という非常に「狭い範囲」でとらえ、セリ市で市場価格が形成されていく過程、売り手と買い手とのやりとりのなかに市場メカニズムの働きを見いだしたのである。商品の価格と数量のあいだに一定の関係があるという新古典派の見方は、このようなとり違えと結びついているのである。

　新古典派にとって需要と供給の関係は、価格の関数としてあらわされた需要量と供給量が一致にいたる「作用」としてとらえられている。価格が高すぎれば、需要が少なく供給が多い、逆に価格が低すぎれば需要が多く供給が

少ない。需要と供給が一致せず、価格変動が生じて、新たなその価格に応じようとする需要量と供給量があらわれる。こうしたことが需要と供給が一致するまで続けられる。そして、このような調整過程の後、取引はいっせいにおこなわれる。

　ワルラスがパリの証券取引所をモデルに構想したといわれる模索過程も同じである。価格を媒介として買い手と売り手の関係を調整し、証券取引の市場価格が決定される[*1]。ワルラスはこのように考える。だが、市場価格の形成を需要と供給の一致と解し、商品の価格決定と同一視し、価格理論のなかにもち込むことは正しくない。そもそも均衡概念とそれに前提されている需要と供給の作用が間違っているのである。

　新古典派は市場メカニズム、需要と供給の作用を取り違えた。市場経済の流れのある一場面にすぎないセリ値の形成過程に、均衡をもたらす市場メカニズムを見いだした。セリ値の形成過程は、売り手と買い手のやりとりをあらわすものであっても、市場における需要と供給の一致、つまり均衡をつくりだす調整過程をあらわすのではない。

　「需要と供給の作用」のとり違えには、当然のこととして、誤った「均衡概念」が対応する。新古典派理論によれば、所与としての条件のもとで、均衡をつくりだす調整過程があり、その後均衡が生まれる。あらかじめ調整過程があり、その後に均衡がある一つの状態として生まれると考えられているが、そのような均衡概念が間違っている。

　「調整過程」と「均衡」は切り離されて存在するのではなく、それは同一の過程のなかにあらわれる。市場経済の均衡は一つの社会過程としてあらわれるのであって、一つの静止状態、定常状態としてあらわれるのではない。それは消費と生産を含む交換のくり返しのなかから生産の諸変動を通じて一つの社会過程としてあらわれる。その社会過程のなかで「市場における均衡」、つまり市場経済の規則性が無規律の平均としてあらわれる。それは需給関係にもとづく市場価格の変動を通じて、生産量を社会の欲望に対応したものにつねに調整するからである。需要と供給の作用もこの社会過程のなかで働く作用である。

　需要と供給の作用は、新古典派が考えるような、ある価格に対応するとさ

れる需要量と供給量の関係ではない。そもそも商品の価格と数量のあいだに規定されるような必然的な関係はない。市場経済のもとで生産は独立した私的生産者による生産であり、生産はあくまでも分権的で無政府的であり、生産量は取引に先だってあらかじめ調整されわけではない。この生産がつねに均斉のとれた水準に還元されるのは、需要と供給の作用を通じて、つまり市場価格の変動を通じてつねに生産量を社会的欲望に対応するように調整するからである。

　市場における価格変動は、すでに生産され市場に放出された供給量の大きさにもとづいている。この供給量が社会の需要に適合したものであるか、それが市場価格の高低となってあらわれ、その市場価格が生産に影響を与え、生産の諸変動を引きおこす。

　セリ値の形成に至る過程に市場の均衡をつくりだす需要と供給の作用があるのではない。需要と供給の作用は、消費と生産を含む交換のくり返しのなかから一つの社会過程としてあらわれる。市場の均衡もこの社会過程のなかで「無規律の平均」としてあらわれるのである。新古典派は市場メカニズムを取り違えたのである。市場経済の流れを切り取ったある一場面における市場価格の形成に、需要と供給の作用を見いだすという誤った分析をもちこんだのである。商品の価格と数量のあいだに規定されるような一定の関係をみる市場分析という方法からは、そのような市場メカニズムを想定するほかはないのである。新古典派の理論全体が市場経済と無縁である。

　*1　市場価格の変動を通じて、生産がつねに均斉のとれた水準に還元されるのは、それぞれの商品を生産する社会的に必要な労働時間が自然法則として貫徹するからである。ある商品が過剰に生産された場合、市場が吸収できる価格に低下する。あるいは逆に不足の場合、市場価格が上昇する。ちょうどそれらの商品の生産に社会が必要とする労働時間を費やした価格で市場に受け入れられるのである。これは価値法則の貫徹の表れである。

　需要と供給の作用、市場メカニズムとは何か。たしかに需要と供給の作用は商品生産にとって本質的である。それは新古典が考えるのとは違った意味で本質的である。また、多くのマルクス経済学者がそのように取り扱ったように、この作用は市場機構を説明するために、外的に、あるいは便宜上に商

品生産に付け足される概念ではない。

　それは商品生産の本性から生まれてくる。マルクスが指摘したように、「需要と供給の法則」は商品の価格そのものについて何ごとも説明しない。だがそれは商品生産のもとにおける価値法則が貫徹する仕方をあらわしている。それはまた、人々の労働の社会的性格の表れでもある。商品生産、独立した私的生産者が自己の労働生産物を商品として交換する社会（労働の社会的関連が直接にあらわれるのではなく、その労働支出の結果として、その労働生産物の形態で社会的な関連を結ぶ社会）、そこでは社会的分業が自然発生的な諸分肢として全面的に依存し合う私的諸労働として前提されている。生産は独立した私的生産者による生産であり、生産は分権主義的、無政府的である。この生産がつねに均整のとれたものに還元されるのは、市場価格の変動を通じてそれらの生産に振り向けられる労働、その社会的総労働の分割、配分をつねに調整するからである。

　商品生産のもとで、人々の労働の社会的関連が諸物の運動という形態をとり、その揺れ動く交換比率を通じて社会的に均斉のとれた水準に絶えず還元される。それぞれの商品を生産する社会的に必要な労働時間が自然法則として貫徹するからである。

(4)　市場分析と限界理論——数学的議論

　一般均衡論の中心課題は「均衡解の存在」と「市場均衡の安定性」の分析である。新古典派によれば均衡解の存在によって市場均衡の成立が証明される。市場均衡の安定性分析は、均衡が生まれる調整過程、不均衡から均衡へ収斂していくための必要条件を明らかにしたものである[*1]。

　ワルラスは一般均衡論という基本的枠組みをつくりだしたが、連立方程式体系の解として定まる均衡の存在証明については、方程式の数と変数の個数の一致を示しただけであった。その後の経済学の発展は、「均衡解の存在」と「市場均衡の安定性」についてのおびただしい数学的な議論をつくりだした。この数学的な議論が新古典派経済学の主要な論点を形成していた[*2]。

　その議論の特徴は、新古典派の基本命題である限界原理とは関係がないこ

とを経済学者みずから明らかにしていることである。ワルラスの一般均衡論それ自体は、現実の市場経済を論ずるには何の役にも立たないが、それだけではなく一般均衡論を分析したどのような議論も限界理論との論理的関連をもたない。市場均衡の成立をあらわす「均衡解の存在」の分析にも、均衡が成立していく「市場均衡の安定性」の分析にも新古典派の中心命題である限界理論が利用されることがないからである。

　指摘しなければならないことは、一般に信じられているのとは違って、市場均衡分析と限界理論のあいだに何の論理的関連もないということである。これまで新古典派の取り扱う「価格」や「数量」の性格、さらに限界理論の誤謬、市場メカニズムのとり違えを見てきたがその点を不問にしても、限界理論が市場均衡分析に果たす役割はどこにもない。新古典派は個々人の合理的行動から市場均衡の成り立ちを説明する点に、市場経済の本質をみようとするが、実は両者のあいだに何の関連もないことを経済学自身が示しているのである。ワルラスの一般均衡論と限界理論の関係、これは新古典派理論の全体構造にかかわる根本的な問題であるが、その両者のあいだに論理的関連はない。新古典派理論の内部で論理的に破綻しているのである。

　＊1　「競争均衡の安定性というのは、市場価格が需要と供給の乖離に応じて調整されるとき、不均衡状態から出発しても必ず均衡状態に近づく傾向をもつときである。」(宇沢弘文『経済学の考え方』p.165)

　＊2　「均衡解の存在」と「市場均衡の安定性」にかんする数学的議論の概要は次のようなものである。

　「経済主体の相互作用を一群の連立方程式系に表現し、複雑な相互依存関係を数学を利用して厳密に分析する途を拓いたのは、ワルラスである。ワルラスのこの着想は、その後の数理経済学発展のための堅固な基礎を用意したけれども、彼自身の分析は、連立方程式系の解として定まる均衡の存在証明について、方程式の数と変数の個数の一致で満足するという素朴なものであった。」(高橋泰蔵他『体系経済学辞典』第6版、p.558)

　「均衡解の存在について、はじめて数学的に厳密な議論が展開されたのは、1930年代であり、ワルドの業績がその代表である。その後1950年代に、アロー、デブリュー、二階堂副包らの数理経済学者により、厳密な基礎の上に、

そして十分自然な仮定のもとに、均衡解の存在が証明された。これらの存在証明は不動点定理に訴えて行なわれるが、逆に均衡解の存在から不動点定理が導かれることも明らかにされた。1960年代に入り、オーマンにより新しい分析方法として測度論の導入が試みられ、大きな成果があげられた。たとえば均衡解の存在には効用関数や生産関数の凸性は必ずしも必要でないことの発見は、その著しい一例である。」（同上、p.558）

「1960年代の終わり頃に、スカーフにより均衡解の数値計算法が発見され、この方法を利用して、不動点定理に訴えることなく、均衡解の存在を構成的に証明する途が拓かれた。」（同上、p.558）

「安定性分析については…1940年代にサムエルソンが価格の変化過程を微分方程式系（あるいは定差方程式系）に記述し、その解径路の性質を分析するという方法を確立して以後、はじめて厳密な解析が可能となった。この方法に従って、その後多くの安定条件が、需要・供給関数の性質と関連づけて提案された。その最も有名な例を一つあげれば、超過需要関数の粗代替性、すなわち、他財の価格上昇は自財の超過需要を喚起するという条件であろう。この方法は多くの成果をあげたけれども、必ずしも満足のいくものではない。その理由の一つは、このモデルの記述している価格調整過程の現実関連性が十分でないことである。この調整過程は模索過程と呼ばれ、実際の取引は均衡においてのみ行なわれ、均衡価格が発見されるまでは、取引は行なわれない、あるいは取引は仮のものであって、その価格が均衡価格でないことが明らかになれば、取引契約は自由に解除されると想定されている。しかし、この想定は非現実的である。」（同上、p.559）

　市場均衡の安定条件としてサムエルソンは、超過需要関数の粗代替性を明らかにした。このモデルの価格調整過程が非現実的であるのは、そのモデルやそれに付けたされる安定条件のせいではない。それは新古典派理論そのものがもつ欠陥である。均衡価格が発見されるまで市場で取引がおこなわれず、均衡価格の発見とともに取引が一斉におこなわれるという想定は、新古典派が想定する価格と経済量概念の必然的な帰結である。新古典派理論の全体は商品の価格と数量のあいだに一定の関係をみることによって成立してい

るからである。そのような商品の価格と数量にかんする見方からは、「仮想取引」という考えしか生まれないことはこれまでくり返し触れてきた。

　ここでの問題は、一般均衡論と限界原理の関係である。新古典派経済学は市場経済の成り立ちを個々人の合理的行動に還元する。個人の主観的価値判断にもとづく合理的行動が市場経済の成り立ちを説明する。限界原理にもとづく行動が市場経済の均衡と最適性をつくりだすことを主張する。

　そもそもワルラスをはじめとする新古典派の特徴は財の需要、供給を考えるさい、個々の経済行為者の主観的満足という要因に着目し、行為者は自らの満足が最大化するところで交換量を決定する、としたことにある。しかし、この主張はこの経済学自身によって否定されることになる。

　緻密化された数学的議論のなかで、とくに有名なのはアロー＝デブリュー論文である。

　　「アロー＝デブリュー論文は、ワルラスの一般均衡論の基礎的条件を明確にし、もっとも一般的な状況における競争的均衡の存在を可能にするような条件を導き出した。」(宇沢弘文『近代経済学の転換』p.207)

　　「市場を構成する経済主体は、生産者と消費者との二種類に分かれる。各生産者は、技術的な知識と物的な生産要素の蓄積をもっていて、完全競争的な条件のもとで、利潤を最大にするように生産物の種類と生産技術とを選択する。各消費者は、主観的な価値基準のもとで、最適な消費パターンが得られるように所得の使い方を決める。すべての財貨・サービスについて、需要と供給が等しくなるような価格体系が成立したとき、市場経済の競争的均衡が実現することになる。」(同上、p.207)

　　「アロー＝デブリュー論文は、このような競争的均衡が存在するためには、生産者のもっている技術的条件と消費者の主観的価値基準とにかんして、どのような制約条件がみたされていればよいかということを明らかにしたものであった。そして、このような競争的均衡解の存在問題から出発して、競争均衡の最適性、安定性にかんして、厳密な分析を展開していったのが、1950年代の一般均衡分析であった。」(同上、p.207)

　われわれは素朴な疑問につきあたるであろう。新古典派によれば、個々人の主観的価値判断にもとづく合理的行動が市場経済の成り立ちを説明するは

ずであった。「経済の絶対的本質」としての「主観的価値判断」が市場経済を律する。評価の主体としての個人、個人にたいする与件としての財、両者の関係を考察することが、市場経済の成り立ちを説明することであった。それは限界原理にもとづく行動のことであり、新古典派の「競争的均衡の存在」という意味もここにある。

　だが、このように主張しながらも、その上になお「競争的均衡の存在」を可能にするような「制約条件」を探し出そうとするのである。生産者のもつ技術的条件と消費者の主観的価値基準とにかんして、どのような制約条件をつければよいか。競争的均衡の存在やその安定性分析のために限界原理とはべつの条件を必要とするのである。

　新古典派の市場分析の特徴は均衡分析という方法にある。それは需要量と供給量を価格の関数としてあらわし、両者の関係を数式として等値する方法である。与えられた価格に応じて需要量と供給量が一意的に規定された大きさとしてあらわれる点にその分析の特徴がある。価格と数量を一つの関係に結びつけるのは限界原理である。各生産者は利潤を最大にするように生産物の種類と生産技術とを選択する。各消費者は、主観的な価値基準のもとで、最適な消費パターンが得られるように所得の使い方を決める限界原理は、価格を与えるとそれに応じて「需要量」と「供給量」が一意的に決まることを主張する。だから、一般均衡論の連立方程式体系は、その根拠を限界原理にもっているはずである。ワルラスの連立方程式体系は、その内容として、その性質として限界原理をうちに含んだものでなければならない。

　新古典派の均衡分析は、価格と数量の同時決定である。財の価格と数量は切り離されて存在するのではない。価格と数量は一体の関係にある。また、完全に相互依存的な体系といわれるように、どの財の超過需要も他の財の価格に影響される。それぞれの財の超過需要はすべての財の価格、つまり価格ベクトルの関数として規定されることになる。そして価格と数量を結びつけるのは限界原理である。それ以外のいかなる原理も価格と数量の関連をつけることはできない。

　限界原理は、限界代替率＝価格比、限界費用＝生産物価格（限界生産力＝要素の実質価格）が成り立つということを単に主張したものではない。限界

代替率＝価格比、限界生産力＝要素価格となるように需要量、供給量が規定されると主張するところに限界原理の要点がある。それは新古典派理論の全体系にとって本質的である。商品の価格と数量のあいだに規定されるような一定の関係を想定することが、新古典派理論の本質であり、新古典派の市場分析もその想定によって成立しているからである[*1]。

　*1　パレート最適の欺瞞もここにある。新古典派が資源の効率的配分として
　　　パレート最適を述べるとき、限界代替率＝価格比、限界変形率＝生産物価格比と
　　　いう点は強調されるが、それが財の数量に結びつけられて論じられることは
　　　ないからである。

　だが、ワルラスの連立方程式体系に含まれているのは、先にみたように、方程式の数と未知数の数を一致させるために導入されたワルラス法則 $\Sigma p_i E_i(p) = 0$ と超過需要関数が価格にかんしてもつゼロ次同次関数という性質だけである。それ以外のいかなる内容も性質もこの連立方程式体系に含まれていない。限界原理から導かれるとされる価格と数量にかんする関係は含まれていない。つまりワルラスの連立方程式体系と限界原理とのあいだには何の論理的関連も存在しないのである。アロー＝デブリュー論文にみられる「競争的均衡の存在」を可能にするような「制約条件」をつけようとする試みは、ワルラスの連立方程式体系、超過需要関数が限界原理に何の根拠をもっていないことを新古典派の経済学者自身が示すものにほかならない。

　事実、「均衡解の存在」と「市場均衡の安定性」にかんする数学的議論はどれだけ厳密さを加えようとも、限界原理に結びつけられることはない。均衡解の存在について、不動点定理を利用した分析、さらにオーマンによる測度論を導入した分析も限界原理とは関係がない。とくにオーマンによる測度論の分析では、効用関数や生産関数の凸性は必ずしも必要でないとされる。

　新古典派にとって、効用関数と生産関数の凸性は経済主体の合理的行動を分析するためになくてはならない前提条件ではなかったのか。限界原理にもとづく消費者の効用最大化と生産者の利潤最大化の分析のなかで、商品の価格と数量を対応させるために重要な役割を果たしたのが効用関数と生産関数の凸性であった。この前提条件が均衡解の存在のために必要ではないと新古

典派経済学者自身が主張する。ワルラスの一般均衡論の基礎に据えられたのは経済人の合理的行動——限界原理にもとづくすべての行為者の最大満足の実現と生産者の利潤最大化——ということであったが、それは結局のところ一般均衡論とは何の関係もないのである。

　さらに、新古典派は競争均衡の存在問題から出発して、その最適性、安定性にかんする分析に進むが、その分析の特徴はどれも新古典派の基本命題である限界原理とは関係がないという点にある。

　とくに一般均衡論と限界原理との関係がどのようなものであるかを示しているのが、市場の調整過程の安定条件を論じた「市場均衡の安定性」の分析である。「競争的均衡」が安定であるための条件とは、市場価格の調整機構が安定的であるということ、需要と供給の乖離に応じて調整されるとき不均衡状態から出発しても必ず均衡状態に近づく傾向をもつことをいう。市場において不均衡から均衡へ収斂していく条件、均衡へ調整されていくための調整過程の安定条件が新古典派理論の内部においても限界原理と何の関連がないことを示している。

　　「新古典派理論はさらに、市場均衡の安定性についてきわめて特異な仮定を設ける。すなわち、すべての財・サーヴィスについて、需要と供給とが等しくなるような市場価格体系が存在し、しかも需要と供給との乖離はただちに価格体系の変動となってあらわれ、この均衡市場価格体系が常に成立するという条件がみたされている。この条件は普通いわれている価格機構の安定性よりはるかにきびしい条件で、均衡価格体系への収斂がきわめてはやい速度で行なわれるということを意味している。」（宇沢弘文『近代経済学の再検討』p.103）

　　「このとき留意すべきことは、月曜日に行なわれる過程によって均衡価格体系を見いだすことができ、夕方にはその価格体系のもとで各構成員が消費・生産計画を立てることができる、ということが仮定されていることである。このタトヌマン過程の安定性については、個々の経済主体の主体的行動を分析して検証されたものではなく、むしろ前提条件として仮定されていることである。また、このような意味における市場機構の安定性を仮定することなく、ヒックスの「週」概念を理解することはできないということを指摘する

　必要があろう。」(同上、p.59)

　タトヌマン（模索）過程の安定性について、宇沢がこのように述べている
ことは重要である。それは新古典派が一般均衡論で前提として想定する「完
全競争の前提」や「生産手段の可塑性、可変性」、「生産期間がゼロであると
いう瞬時性」、あるいは「需給が一致するまで取引はおこなわれない」とい
う均衡分析の非現実性とは別の意味で重要である。新古典派のもっとも基本
的な理論である限界原理がじつはワルラスの一般均衡論を論ずるのに何の関
係もないことを示しているからである。それは新古典派理論の全体系そのも
のを否定することを意味している。

　一般均衡論において需要と供給が一致するような均衡価格体系の成立は、
「個々の経済主体の主体的行動を分析して検証されたものではなく、むしろ
前提として仮定されている」のである。「調整過程の安定性」はただ前提と
してそのように仮定されているにすぎない。それは新古典派があれほど強調
する、個々の経済主体の合理的行動が市場経済の成り立ちを説明するという
見解をみずから否定するものである。均衡価格体系が必ず見いだせるという
調整過程の安定性、つまり市場均衡の成立は、その前提とされた限界原理に
もとづいた消費者行動、生産者行動の分析とは何の関係もないのである。

　新古典派経済学の教科書、ミクロの価格理論をみれば、均衡解へ到達す
る、ある特定な点へ収束する可能性、その条件をみつけだす数学的な議論が
いたるところで展開されている。

　安定分析の基礎となっているリャプノフの直接法、リャプノフの局所的安
定であるための条件、粗代替性を前提として模索過程の大局安定性を論証す
る粗代替性と大局安定にかんする議論、均衡点の局所安定にかんするヒック
スの完全安定条件、等々。その多くは微分や定差方程式体系の安定問題に帰
着する数学的な議論である[1]。

　　*1　たとえば粗代替性は第 j 財価格の騰貴（下落）がそれ以外の財にたいす
　　　る超過需要を増大（減少）させることを意味する。粗代替性は所得効果を考
　　　慮してもなお第 j 財の騰貴が第 i 財需要量を増加させることを意味する。（荒
　　　憲次郎他編『経済学 1　価格の理論』p.155 参照）

　これらはすべて数学的には意味のある議論かもしれないが、経済学的にどれだけの意味をもつのか。とくに新古典派理論の体系にとってどのような意味をもつのか。つぎのことを確認すればよい。すなわち、限界原理はどこへいったか。与えられた価格に対応して、需要量と生産量が規定されるという新古典派のもっとも基本的な限界原理が、不均衡から均衡へ収斂する安定性分析にどのように生かされているというのか。ワルラスの一般均衡論成立のために限界原理がどのような役割をはたしているのか。

　　「サミュエルソンは、市場価格の調節機構は必ず安定的でなければならないという前提に立って、その安定性から逆に、需要曲線や供給曲線の構造にかんしてなんらかの知識を求めようとしたのであった。」(宇沢弘文『経済学の考え方』p.165)

　アロー＝デブリューの共同論文は安定性分析について別の視点から論じた。

　　「市場機構の安定性は自明のものではなく、個別的な経済主体の合理的行動という前提から演繹的に導き出されるのではないだろうか、という問題意識であった。」(同上、p.165)

　　「この問題については…微分方程式体系によって表現された動学過程について、その大局的安定性を証明するという、数学的にきわめて困難な問題を解かなければならなかった。この試みは結局、ハーバート・スカーフが巧妙な反例をつくることに成功して、予期の結果を生み出さなかった。」(同上、p.166)

　新古典派は「経済の絶対的な本質」としての「主観的価値判断」が市場経済を律すると考え、社会的な現象である市場経済を個人の振る舞いに還元して説明しようとした。経済人の主観的価値判断による合理的行動が市場経済の成り立ちを説明するのである。市場分析の基礎に据えられているのは合理的行動を分析する「限界原理」である。

　当然のこととして、需要曲線や供給曲線の構造にかんして何らかの知識が得られるとすれば、それは限界原理から導かれるのものでなければならない。ある価格に対応して個々人の需要量と供給量を社会全体に集計したものが総需要と総供給である。新古典派にしたがえば、需要曲線や供給曲線は限

界原理を適用した個別的な経済主体の合理的行動——消費者の効用最大化行動、生産者の利潤最大化行動——から演繹されたものであり、需要曲線と供給曲線は限界原理に根拠をもっているはずである。需要曲線や供給曲線の構造にかんする何らかの知識が限界原理から演繹されるものでなければ、新古典派の論理展開そのものが無意味である。

　サミュエルソンが試みたように、「市場価格の調整機構は必ず安定的でなければならない」という安定性から逆に、需要曲線や供給曲線の性質を求めようとするのは本末転倒である。それは新古典派自身の論法によっても許されることではない。だが、個別的な経済主体の合理的行動から市場機構の安定性を導き出すいかなる試みもうまくいかない。はじめから不可能である。限界原理の批判で触れたように数量はあくまで無規定であるからだ。新古典派自らが奇妙な錯覚に陥っているのである。限界原理にもとづく分析が商品の価格に数量を対応させているようにみえるのである。

　宇沢弘文は次のようにいう。数学的分析手法の高度さ、論理的精緻さはあっても、その経済学的思考の深さ、現実的対応という観点には、十分な検討がなされていない、と。それも当然といえよう。新古典派の経済的概念のうちで現実の経済に対応しているものは一つもないからである。しかも一般均衡論と限界原理のあいだに何の論理的関連もないからである。

　一般均衡論の数値的解法はワルラスが示した方程式の数と未知数の数を確認する方法だけである。それはまさに方程式の数と未知数の数の一致を確認するだけであって数学的にも、また経済学的にもそれ以上の内容をもっていない。p.247〜249でみた連立方程式体系（＊）のもつ唯一の性質は、超過需要関数については価格にかんしてゼロ次同次関数ということだけである。この連立方程式体系には限界原理からもたらされるどのような内容も含まれていない。さらに、「均衡解の存在」と「市場均衡の安定性」にかんする数学的分析に、価格と数量を対応させる限界原理が適用されることは一度もない。つまり、一般均衡論は限界原理との内的関連をもたないだけでなく、外面的な接触さえもないのである。

　一般均衡論の経済的内容は均衡価格が市場メカニズムによって達成される模索過程に明瞭に示されている。均衡が成立していく模索過程を分析したヒ

ックスの「週」のたとえが一般均衡論の本質をあらわしている。

　このばかげた非現実的な考察が市場均衡の分析として商品生産社会に適用される。経済学者がいささかの疑問をもつこともなく大真面目に取り組むのは滑稽といわざるを得ない。供給される財は、すべてこれから生産される予想量、計画量としてのみ存在する架空の経済量である。新古典派の市場メカニズムは、生産や取引に先だって働く。生産される以前に需要と供給の作用が働き、生産量はあらかじめ調整される。

　理論には抽象がつきものといえ、それはつねに現実の抽象である。だが、新古典派の抽象とは現実とはまったくかかわりをもたない、現実との対応関係を欠くという意味での抽象である。それは純粋思惟の世界のみに存在する抽象である。

　経済学者自身が強調するように、商品生産は分権主義的である。独立した私的生産者による生産は無政府的であり、そこにはあらかじめ調整や計画性が存在するのではない。ましてや、生産や取引に先だって市場メカニズムが働くわけではない。

　新古典派は商品生産と資本主義生産を区別しない。両者を混同させたものを市場経済と呼ぶ。それは彼らにとってたいへん都合のよい呼び名である。資本の性質、資本の価値増殖の秘密に触れなくてすむからである。資本家による利潤の源泉が労働者の労働にあるなどという考えは否定されねばならない。

　新古典派は商品生産の分析のなかにすでに「資本の玄妙な性質」をもち込んでいる。資本が価値増殖するのは資本それ自身の性質、すなわち生産要素が生産の機能としてもつ素材的性質として、限界理論のなかにもち込んでいる。限界原理は商品の素材的規定と社会的な形態規定を混同させた上に成立している。商品の素材的要素を価値の性質にもち込むところにその本質がある。そうすることによって、資本の価値増殖が、資本それ自身の生産要素としての素材的性質にもとづくものだと主張する。

　限界原理は何としてでも擁護されなければならない。そのために新古典派はワルラスの一般均衡論にとびついた。経済学者が一般均衡論を豊富にさせようと数学的議論を展開すればするほど、一般均衡論が限界原理と無縁であ

ることを示してきたのである。

〔補Ⅰ〕　経済的諸カテゴリーの追求
——素材的規定と形態規定

(1) 経済学が論じるものは何か、問題をどのように取り扱うか

「商品世界のまさにこの完成形態——貨幣形態——こそは、私的諸労働の社会的性格、それゆえまた私的労働者たちの社会的諸関係を、あらわに示さず、かえって、物的におおい隠すのである。もし私が、上着、長靴などが抽象的人間的労働の一般的化身としてのリンネルに関係すると言えば、この表現がばかげていることはすぐに目につく。ところが、上着、長靴などの生産者たちが、これらの商品を、一般的等価物としてのリンネルに——または金銀に、としても事態に変わりはない——関連させるならば、社会的総労働にたいする彼らの私的諸労働の関連は彼らにとってまさにこのばかげた形態で現われるのである。

　この種の諸形態こそが、まさにブルジョア経済学の諸カテゴリーをなしている。それらは、商品生産というこの歴史的に規定された社会的生産様式の生産諸関係にたいする、社会的に妥当な、したがって客観的な、思考諸形態なのである。」(『資本論』① p.129)

　現象形態は、直接に自然発生的に普通の思考形態として再生産される。支配的な思想とは、支配的な物質的諸関係の観念的な表現である。それは思想として把握された支配的な物質的諸関係以外のなにものでもない。

「思惟過程はそれ自体が諸関係からうまれるものであり、それ自体自然過程であるから、現実に把握する思惟はつねに同一でしかありえない」(マルクス『クーゲルマンへの手紙』p.88)

　そこには認識や価値判断といった問題は存在しない。

多くの経済学者が提起する問題は、GDP、景気動向、失業、雇用、物価、

賃金水準、貨幣供給量、恐慌の可能性などが中心である。要するに、不況やインフレのない資本主義の安定した経済成長、健全な発展に関するものが主要なテーマである。資本主義生産には景気循環がつきものである。それが極端な形を取らないように経済指標に注視し、その関連を論じることである。景気変動に応じて適切な経済政策を提言することも主な役割である。

　それ以外の経済問題は「イデオロギー」とされ、「科学」の名のもとに放り出されている。現在の経済体制に対する問い、たとえば商品とは何か、貨幣とは何か、資本とは何か、そうした問いはイデオロギーとされ、論じる対象でないとされている。

　現在の社会を特徴づける経済的条件を人類の歴史的な発展行程のなかで考えてはいけないのか。何故、経済的諸カテゴリーを追求してはいけないのか。昔から商品が社会全体をとらえていたわけではないし、貨幣が社会に全面的に流通していたわけではない。ましてや資本というものが存在していたわけではない。それらは人間の長年にわたる諸行為の産物であり、歴史的所産である。商品生産、流通の全面的な発展、資本主義生産の発展は、近世になってその端緒につき、その後の100年に渡って全面的に仕上げられてきた。

　商品、貨幣、資本は歴史的に規定された経済的カテゴリーである。市場経済、商品生産の性格、資本・賃労働関係を歴史的に規定された一つの社会的形態として追求すること、それは近代経済学によれば「科学的」ではないことにされる。経済的諸カテゴリーを批判的に考察したり、分析することは「科学性」の名のもとに否定されている。それはイデオロギーや価値判断の問題であり、そもそも経済学の対象ではないということになる。

　論ずることができるのは、もろもろの経済指標、その数量的関係であり、しかも多くの場合、変化や変化率、偏差である。社会の表面にあらわれる諸現象を「数量的」に取り扱う点に経済学の「科学性」があるということになる。

　マルクスは「価値法則」というたった一つのことから、商品生産と資本主義生産のあらゆる諸側面を統一的に説明した。社会の表面にあらわれる直接の現象形態に惑わされることなく、商品生産、資本主義生産を構成するさま

ざまな諸契機を内的関連のもとに展開した。しかし、この方法は近代経済学者からプラトン主義や観念論であると批判された。近代経済学者にとって、社会に客観的分析を加えることは、ただ「数量的」な観点から経済諸量の変化を論ずる点に存在するからである。

　ポパーの「科学的発見の論理」が世に出てから、もっともらしい科学観が広まり、マルクス批判に拍車をかけたが、その基礎にある考え方はきわめて素朴である。社会の表面にあらわれる諸現象を数量的に扱うことが「科学」であり、事実を固有の内的関連のもとに展開することはイデオロギーなのである。ポパーによれば、経済的諸カテゴリーを内的関連のもとに展開すること、その諸契機を展開することは「検証可能な事実」についての判断ではなく、科学の外部にある一つの価値判断になるからである。簡単にいえば、数量的データのみが「反証可能性」をもちうるのである。それは事物の概念的追求を許さないのである。

　近代経済学は数え切れないほど多くの経済モデルをつくりだした。それは現実をうまく説明するようでもあるし、またそうでもないようでもある。なかでも比較的に有力なモデルが投入・産出を分析したレオンチェフの産業連関表である。それは現実経済をうまく表現するといわれるが、それはある意味では正しいといえよう。国民経済や国際経済についてのさまざまな数量的データは一種の統計学的処理として現実経済の動向をそれなりに表現するからである。

　われわれは同様な試みを江戸時代についても見いだすことができるであろう。耕作地の大きさが何単位であり、それに投入される自然肥料は何単位であり、投入される労働は何単位であり、使用される農機具は何単位であり、それらの諸要素の組合せはどのような技術係数として規定されるか。土地の豊度や灌漑の程度、農業技術の発展程度も考慮に入れなければならない。ここでは商品経済が全面的に発展しておらず、さらに農林魚業などの第一次産業が中心であるから、資本主義経済に特有な景気循環とはちがって、自然条件、とくに天候が一国の経済を大きく左右する。日照りが続けば、あるいは逆に冷夏であれば、それが一国の経済に直接の影響をあたえる。

　年々のデータを蓄積し、この分析手法によって投入物と産出物の関連を確定することができる。さらに、データ処理の経験は理論モデルに適当な修正をもたらし、より良いモデルをつくりだすであろう。

　こうした手法によって、一国の経済について何らかの相互関係を説明することができるかもしれない。たとえば、生産の技術係数が明らかになれば、そこから生産力の発展を示す指標を見いだすことができるかもしれない。ポパーにしたがえば、こうしたものこそ「有意味な命題」であり、ポパーの意味での反証可能な要件をそなえた「科学的」なものになるのであろう。

　忘れてならないのは次のことである。この方法によって封建社会における経済の発展程度、生産力、生産性、技術水準がわかるとしても、封建社会の経済制度、その仕組み、その社会を規定する人々の生産関係は何もわからないということである。同じように、こうした経済モデルによって、現在の資本主義経済を規定する生産関係を理解することはできない。新古典派にとって商品や貨幣、資本という経済的諸カテゴリーは疑うことのない与件である。歴史的に規定された一つの社会的形態として批判的に考察したり、展開することは許されない神聖不可侵な経済的諸カテゴリーである。しかも、「科学」の名のもとにそのことが強調されるのである*1。

　*1　新古典派の理論体系はポパーの「反証主義」に準拠するものといわれている。新古典派経済学は有意味な定理、反証可能性をもつ。新古典派経済学の方法が社会科学のなかではもっとも「科学的」であるとみなされている。

　　カール・ポパーの「経験科学に関する命題の判定基準」によれば、「反証可能性」、「反証可能か不可能か」ということが科学と非科学の基準である。ある命題が「科学的」であるのは「その命題が誤謬であることを経験証拠によって、明らかにしうる」ことであり、そうしたことが不可能な命題、すなわち「反証不可能」な命題は、科学的な命題ではなくイデオロギー命題、すなわち形而上学的命題である。ポパーの反証基準に照らし合わせて科学とイデオロギー命題を峻別し、イデオロギーを排除する。イデオロギーは「反証不可能な命題」である。有意味な定理とは、データとの照らし合わせが可能な命題のことである。（以上、佐和隆光『経済学とは何だろうか』）

　　ポパーは『歴史主義の貧困』において、社会科学をヘーゲルやマルクスな

(省略)

どの歴史主義から解き放ち「漸次的工学」（ピースミール・エンジニアリング）として扱われなければならないと主張した。

歴史主義は「歴史的な予測が社会諸科学の主要な目的であり、またその目的は歴史の進化の基底に横たわる『律動（リズム）』や『類型（パターン）』、あるいは『法則』や『傾向』を見出すことによって達成しうると仮定するところの、社会諸科学に対する一つの接近法である」（ポパー『歴史主義の貧困』p.18）

歴史主義の方法は、「全体論的」であり、ユートピア主義的であり、「科学的方法」ではない。「歴史主義」に特有な「全体論的な接近方法」は「科学的探求」の対象になりえない。社会研究を「科学」に高めようとするならば、歴史主義やユートピア主義の妄想を捨て、漸次的工学——それ自体としては小さい「調整」や「再調整」によって、目的を達成しようとする方法、「つぎはぎの繕い」という漸次的な——接近法でなければならない。ポパーはこのように主張する。

たしかにポパーがいうように「歴史主義」は「歴史的な予測が主要な目的」である。実際、正統派「マルクス主義」は、資本主義批判の全意義を資本主義崩壊の統一描写に見いだし、資本主義的生産様式の内的作用を分析するのではなく、その分析の外部に歴史の発展図式として「生産関係と生産力の矛盾」論を設定してきた。正統派「マルクス主義」はマルクスの学説を歴史の発展図式に変え、その正当性を「弁証法的唯物論」や「史的唯物論」という哲学に求めてきた。

第1章の註で触れたように、正統派マルクス主義はさまざまな経済的諸カテゴリーを歴史的に取り扱ってきたのではない。正統派マルクス主義は、経済的諸カテゴリーの歴史的、社会的な側面、つまり歴史的、社会的に規定されたその独自の社会的形態を問題にしたのではなく、それらの経済的諸カテゴリーを歴史の発展法則という図式のなかで意味する「純然たるカテゴリー」として取り扱ってきたのである。だから、正統派「マルクス主義」を「歴史主義」だと批判することは、ある意味では当たっている。

だが、「歴史的な予測が社会科学の主要な目的である」と歴史主義を批判したポパーが歴史に見いだしたものはその発展図式である。その点ではポパーも正統派「マルクス主義」も変わらない。両者ともに歴史に対する観念論に

陥っているのである。経済的諸カテゴリーを歴史的関連のなかでみること、つまり諸カテゴリーの歴史的側面、社会的側面を追求し、歴史的に規定されたその独自の社会形態を明らかにすることは見失われている。

　問題が混同されている。「社会の発展法則」などの普遍的な発展図式や、「社会の存立構造」という純粋の社会歴史理論を構成し、そのような図式や体系のなかに経済的諸カテゴリーをおくことを、歴史的、社会的に論じることだと取り違えているのである。そうではない。経済的諸カテゴリーを歴史的関連のなかでみることは、あらゆる先入観や妄想にとらわれず、また経験的事実として固定することではなく、事実をそれ自身の関連のなかで展開することを意味する。

　たとえば、資本は一つの社会関係である。資本は物としてあらわれるかぎり、それは生産手段である。しかし、生産手段が資本としてあらわれるといえ、生産手段が資本であるという規定は、生産手段の物としての規定、その素材的規定とは何の関係もない。生産手段（それは人間労働という主体的側面からみれば労働手段、労働対象である）は一定の社会関係のもとで資本に転化するが、この一定の社会関係を見失うと、生産手段はその素材的属性によって資本とみなされることになる。

　ポパーも正統派「マルクス主義」も歴史的に規定されたこの一定の社会関係をみない。どちらも生産手段という資本の形態は、事実として、何の説明も要しない経験的事実としてあらかじめ前提されているのである。正統派「マルクス主義」は、生産手段の「資本主義的所有」について述べるが、それはすでに「資本としての生産手段」という機能を前提としたものであり、資本関係について述べたものではない。ポパーにとっても「資本としての生産手段」は説明を要しない与えられた経験的事実として前提されている。

　事実をあるがままにみる見方、その固有の内的関連をみない態度は、他方で歴史に対する観念論に対応している。その点ではポパーも正統派「マルクス主義」も変わりはないのである。

　「複雑な経済現象を単純な数式モデルにうつして、それに数学的演繹をほどこし、さまざまな政策命題を導出する、という『モドゥル（モデル）経済学』

に特有の方法は、まさしく『漸次的工学』と称するにふさわしいと同時に、歴史主義的方法とはまったく相いれないものである。歴史の進化の『法則』や『傾向』が、月並みな数式モデルの解析によって発見できるとは、誰も思わないであろう。

　なんらかの経済現象を数式モデルにうつすにあたっては、数量化しがたい要因や、数量化できても数学解析の便宜上、無視せざるをえない要因は『不変』であることを、否応なしに仮定しなければならない。つまり、経済体制はもとより、制度、習慣、技術、等々の数量化しにくい要因は、すべて『不変』と仮定されているのである。こうした仮定がまずまず妥当と思われるのは、分析の視野がきわめて短期間に限定されている場合に限ってのことであろう。また、数式モデルにとりこまれている『変数』は、たいていが連続的に変動する量であるため、導出される『政策』は、政策変数の量的変化（たとえば公共投資を増減させたり税率を変化させる）に関わるものにかぎられ、制度の大幅な改変に言及するものとはなり難いのである。」（佐和隆光『経済学とは何だろうか』p.100）

　ポパーが唱えた「漸次的工学」は、それ自体としては小さい「調整」や「再調整」によって、目的を達成する方法であるが、それは現象の観点にほかならない。それは数量的方法であるとともに、さまざまな経済的諸カテゴリーの概念的展開を許さない。それ自身の固有の関連のもとで経済的諸カテゴリーを展開すること、その歴史的に規定された社会形態を追求することは、問題にもならない方法である。

　それはまた、新古典派の要素還元主義、数量的方法に対応している。市場経済を個人の合理的行動に還元して理解するという「方法的個人主義」、すなわち社会は合理的経済人の集合体であるという仮説から出発して、市場均衡という分析装置を拠り所として演繹的分析を行う新古典派の方法に対応している。

　しかし、新古典派のいう数量的方法、「方法的個人主義」に立脚した要素還元主義——それこそがポパーのいう「反証可能性」をもった命題とされるものであるが——それは商品の価格と数量のあいだに想定された架空の関係のことを意味しているにすぎない。またパレートが「経験科学」としての経済

学のために強調した「客観的で経験的な数量関係」、「経験科学的にとらえら
れる相互依存的な経済諸量の関係」も、商品の価格と数量のあいだに想定さ
れた架空の関係のことを意味している。それは新古典派の想定する架空の世
界のみで意味をもつ関係であり、それ自身これまでどのようなデータとも照
らし合わされたことのない、「反証不可能」な数量関係である。

　しかも、「社会は合理的経済人の集合体である」という仮説から出発して、
市場均衡という分析装置を拠り所として演繹的分析を行う方法自体が新古典
派理論の内部で破綻している。ワルラスの一般均衡論と限界理論とのあいだ
には何の論理的関連はないからである。「均衡解」や「市場均衡の安定性」の
分析のために限界理論が利用されることはない。ポパーが新古典派経済学に
「科学」としてのお墨付きを与えた「反証主義」、その要素還元主義的な数量
的方法は、このように二重の意味で破綻しているのである。

(2)「理論分析」と「実証分析」の本質

　近代経済学によれば、経済学の科学性は「理論分析」と「実証分析」とい
う方法にあるといわれている。理論は現実経済に数量的意味づけを与える理
論モデルであり、理論は経済モデルとしてあらわされる。経済モデルは複雑
にからみあった現実経済の仕組みを浮かびあがらせ、現実の主要な相互関係
をそのなかに取り込んでいる。

　「経済モデル」と「実証分析」を二本柱とする新古典派的な方法は、戦後
次第に普及して60年代末には日本の官庁、民間企業のエコノミストのあい
だに全面的に取り入れられた。とくに計量経済学は国民経済の分析にそれな
りに威力を発揮し、経済諸データの分析を中心とする「数量的方法」は実証
的で客観的な「科学」であるとみなされるようになった。

　しかし、計量経済学の本質は、計量経済学に長年取り組んできた佐和隆光
の次の言葉に示されている。

　「各種経済変数の過去の動きの95％以上を説明する連立方程式モデルを構築
　することは、いとも容易な仕業である。ところがその精巧なモデルを用いて、
　向こう一年間の動きを数量的に予測しようとすると、まったく当てが外れて

　しまうことが多い。」（佐和隆光『これからの経済学』p.189）

　佐和は計量経済学にそれなりの信頼を寄せていたが、計量経済学そのものには懐疑的である。計量経済学の計算技術は大きな進歩を見せているが、経済理論とモデル予測の精度はほとんどあがっていない。計量経済学の「現実への妥当性」はもっぱら計算技術の側面にあって、経済理論にはないことを佐和は指摘しているのである。しばしばいわれる未来予測の不確実性や分析対象の特殊性という経済学に特有な問題があるとしても、ことの本質は経済理論そのものがもっているその内容にあるといえる。

　「理論分析」と「実証分析」という考え方は、社会科学の分野で広く受け入れられ、とくに経済学の分野では経済現象の数量的な考察と結びつき人々の常識となった。「理論」と「実証」という方法は理論の取り扱いについて次のような考えに立脚している。「理論」というものはあくまで仮説の体系であり、本当に正しいかどうかは現実のデータと照らし合わせてそのモデルの正しさが検証される、と。

　その点を強調したのがポパーの「科学的方法の論理」である。ポパーの単純なモデルは三つの構成要素と三つの操作から成り立っている。三つの要素とは科学的実験における特定の初期条件、特定の最終条件、仮説的な特性の普遍化である。初期条件と最終条件は直接観察することによって検証できる。仮説は検証できない。反証されるだけである。三つの操作とは予測、説明、テストである。テストをいくらやっても仮説を検証することにならないが、仮説が反証されない限り、それは有効なものとして受け入れることができる。「有意味な定理」とはデータとの照らし合わせが可能な命題のことをいう。

　こうした考えは、きわめて当然で正しくみえる。現実のデータと合わないような理論、事実を説明しないような理論は科学の名に値しないことはいうまでもない。それはたんなる形而上学であろう。その点では自然科学も社会科学も変わりがない。しかし、経済学のもつ科学性の特徴は、自然科学とちがって「理論分析」と「実証分析」の関連をことさらに強調しなければならない点にある。「理論」と「実証」の関連を強調しないことには、いまにも経済学の科学性が失われそうである。何故か。理由は単純である。経済モデ

ルをつくり上げた経済学者自身が自らの経済モデルに信頼を寄せていないからである。どのような経済モデルもある程度現実のデータに当てはまるし、また当てはまらないようでもある。適度な修正を加えれば、たいていの経済モデルは現実経済を説明できるようになる[*1]。

> [*1] 「理論と実証」の関係をことさらに強調し、そこに科学性を見いだす試み（これがポパーの試みである）は、理論の数量的取り扱いだけを見て、概念的規定や内部的な統一性をまったく見ないところから生まれてくる。概念的規定、内部的な統一性がまったくないのに現実をそれなりに説明した例としてプトレマイオスの天動説をあげることができる。プトレマイオスの天動説はそれなりに天体運動をうまく説明した。不自然さを残しながらも天体運動のかなりの部分を説明したのである。「理論と実証」という点に科学性を見いだす試みは、プトレマイオスの天動説に科学性を見いだすようなものである。それは概念のないところにやってくる「方法」である。

　計量モデルのほとんどは計算技術の問題であり、その多くは統計処理上の取り扱いであり、理論モデルには経済的意味がほとんどない。それはいわば現象の観点である。「理論モデル」といっても変化量 Δx と Δy との関係、つまり、ある経済要素 x が変化したとき、それに応じて他の経済要素 y がどれだけ変化するのかということを統計学的処理の問題として短期間に数量的に論じることに限られているからである。

　こうした方法は実生活や実際の経済運営にとって有効である。さまざまな経済データは統計的に処理できるし、また過去のデータ蓄積から今後の変化量をある程度の確率をもって予測することもできる。x と y との相互関係の主要な内容は、線形回帰モデルに関する理論、最小 2 乗法、同次方程式あるいは連立方程式モデルの推定である。これらはほとんど統計学的処理に関する手法である。

　変数 x がある値をとるとき、y はどのような値をとるか、x と y との相関関係を統計学的方法で処理し、そのための比例定数を探し出す。予測される諸条件の変化を加味して適度の修正を加える。

　これで近代経済学の理論はすべて言いつくされてしまう。コンピューター

の発展とともに計算技術は進んだが、その基礎にある経済理論はそれほど進歩したともいえない。理論は現実経済に数量的意味づけを与える「経済モデル」といわれているが、それはたんなる数量的関係——しかも、経済現象の個々の断片がきわめて狭い範囲、短期間に妥当する、あるいは数式としてあらわせる数量関係——を問題にしているだけで、そこにはいっさいの内的脈絡や概念的なものは存在しないのである。その内容を担うのは経済理論ではなく統計学的方法にある*¹。

　*1　たしかに景気予測、成長率の予測の基礎に効用関数や生産関数などの「経済モデル」があるといえる。しかし、経済分析や予測にたいして「経済モデル」が威力を発揮するのではない。もし何らかの有用な経済分析が得られるとすれば、その源は「経済モデル」ではなく、統計学的方法にある。また、次のことを指摘してもよい。近代経済学のなかで最も基本的な理論といわれている限界理論や市場均衡を論じたワルラスの一般均衡論が、現実の経済分析に利用されたことは一度もないということである。これはきわめて特徴的であり、この経済学の本質をよく示している。

　　要するに、近代経済学の「経済モデル」そのものが現実の経済現象を説明するために役立ったことは一度もないのである。役立ったように見えるのは「経済モデル」のせいではなく、その統計的手法のせいである。

　xに対して内的関連が少しもなくyを関連させるやり方は、この世に存在する多くの出来事に適用することができる。（事実、統計的手法はあらゆる分野で利用されている。）いま、私がペンを走らせている万年筆のインク量と字数の関連を「近代経済学の方法」により、一つの仮説として示すことができる。字数の増分をΔx、それに応じたインクの変化量をΔyとすれば、そこに一つの数量的関係が得られる。残りの書かねばならない文字のために必要なインク量を予測できるにちがいない。ときには画数の多い文字をたくさん書く必要があるかもしれない。その場合、理論モデルはいくつかの修正を受けることになるであろう。

　ここには概念的なものは何もない。近代経済学による量的方法の特徴は内的論理がまったくないという点にある。ある一定期間におけるxとyとの関

係が統計上の問題として処理されればよいのである。これが客観的で科学的といわれる「理論分析」と「実証分析」の正体である。ものごとを数量的に取り扱うという一点があるのみで、内部的な統一性と概念的な追求を一切否定するところにその特徴がある。内部的な統一性と概念的な追求と関係なく、ただ、ものごとを数量的に取り扱うこと、唯一この一点がこの経済学の科学性の根拠でもある。ポパーが唯一社会研究の科学的方法とみなした「漸次工学」の正体もここにある。

　数学的に表現された経済モデルは科学的な装いの外観でしかない。自然科学の「科学性」に寄り添ってその外観だけを利用したのである。数学的な表現のなかに「科学性」の指標があるのではない。自然科学における数学的な表現は、事実の説明のために追求された概念と理論の内部的な統一性を表現するための手段である。
　「モデルづくりはエコン族の専売特許である。」
　佐和隆光は皮肉をこめてこう述べた。近代経済学にとって「科学性」は、ただ数量的であるという点以外に存在しない。それは自然科学が否定した現象の観点である。自然科学の場合、事実の観測にもとづく多数のデータが統合されて一つの理論に定式化される。そこには多くの諸現象を包括する概念の追求と内部的な統一性がある。たとえば、素粒子論のモデルをつくるときそれは多くの諸現象を包括し、かつ内部的な統一性のある理論でなければならない。しかも説明原理が単純であればあるほど、その理論の正しさは揺るぎないものとされている。
　近代経済学の場合は逆である。現実のデータを取り扱うとき、それは狭い範囲でしかも短気に妥当することに限られる。そのため、複雑なモデルを次々とつくり出さねばならない。100個の現象があればそれに応じてもっともらしいような100個の経済モデルが存在する。それらは互いに何の関連もないし、内的論理の必然的な関連もない。また、互いに矛盾する理論モデルを平然と同居させても不都合は生じない。
　サミュエルソンが次のように述べているのは近代経済学の本質をついている。

　「経済学というのは、経済学者の数の自乗に正比例するぐらいの繁雑さで、
カテゴリーや体系のはんらんをみせてきているが、結局は概念規定や推理の
過程をはっきりつきつめてみると、原理的な骨格というべきものは、案外に
簡単なものであり共通性をもったものである」（都留重人『近代経済学の群
像』（日経新書）p.240）

　われわれはここで素朴な疑問に突き当たるであろう。概念規定や原理的な
骨格がきわめて簡単であり、共通性をもっているのに、何故、数々の理論モ
デルが生まれるのか。どの理論モデルも正しく見えるし、またそうでないよ
うにも見える。理由は単純である。共通な概念規定や原理的な骨格それ自体
が、現実に対応したものでないからだ。新古典派理論の基本に据えられる
「限界」や「代替」という概念は現実の市場経済とはどのような点からも関
係ない。それは市場経済とはまったく無縁の代物である。それゆえ、ここか
らはどのようにしても現実を説明するような理論モデルが生まれるはずはな
いのである。そもそも原理自体が間違っているのである。

　新古典派の理論モデルのなかでもっとも基本的モデルといわれているのは
ワルラスの一般均衡論である。近代経済学はこの理論を賞賛してやまない
が、不思議なことに、この一般均衡論が現実の経済分析に利用されたことは
一度もない。とくに官庁や民間の経済研究所をはじめとする実践派エコノミ
ストは、ワルラスの一般均衡論やパレート最適の命題に見向きもしない。む
しろ彼らはこうした理論に懐疑的である*1。このような簡単な事実が新古
典派理論の性格をあらわしている。「科学性」を表看板に掲げた新古典派の
ミクロ理論は現実の経済を一片たりとも説明しないと。

　*1　「近代経済学者自身による『理論』の非現実性の告発と、一部の理論経
　　　済学者の実感密着派への『転向』は…既成の理論体系は、ここにきて再び、
　　　『玩具の豆鉄砲』であるかのように揶揄され、『理論ぬき経済分析』が大手を
　　　振ってまかり通るようになったのである。…しかし、『理論』のリアリティー
　　　が次第に薄れてゆく半面、『実感』ないし『現場感覚』を重んずる経済談義が
　　　日増しにリアリティーを高めてきた…。その証拠に、経済学者の発言よりも、
　　　官庁や銀行のエコノミストの発言の方が、いまや、はるかに強い世論への影
　　　響力をもつようになったのである。」（佐和隆光『経済学とは何だろうか』

p.178)

　実践派エコノミスト、古くは高橋亀吉、金森久雄、竹内弘、民間や官庁など
のエコノミストの発言の影響力のほうが大きい。シュムペーターは新古典
派の経済理論を「玩具の豆鉄砲」と揶揄する。

　たしかに新古典派理論はある意味ではうまくできているといえる。「限界」
と「代替」という概念にもとづいて各生産要素の生産に対する「機能」（限
界生産力）に応じて年々の生産物価値が生産要素の所有者にもれなく配分さ
れ、さらにパレート最適と呼ばれる「効率性」と「最適性」が論理的に証明
されるからである。

　しかし、ミクロ理論といわれる新古典派の理論は、自ら設定した「目的」
を説明することはあっても、事実の一片たりとも説明しない。それは事実に
関するというより、むしろ諸行動の合理的基準にかんするものである。

　しかも、新古典派の「効率性」や「最適性」は「限界」と「代替」という
この理論独自の基本概念に一致するという意味であって、現実の効率性や合
理性をあらわすわけではない。新古典派が語ってやまない合理的経済人の
「最適化行動の基準」とその行動の帰結である「資源配分の最適性」とは限
界と代替の考えにもとづいて、限界代替率が商品の価格比になるように商品
数量を組み合わせるという意味である。それは現実の経済現象を説明する内
容をもっていない。それは事実に関する議論ではなく、むしろ新古典派自ら
設定した「目的」を導出するために存在意義があるような議論である。

　アイクナーは新古典派経済学の基本的な要素として、無差別曲線群、等量
線群、右上がりの供給曲線群、限界生産物曲線群の四つの理論構成概念をあ
げつぎのように述べている。

　「この四つの理論構成概念について最も驚くべきことは、それらがずっと前
から用いられてきたにもかかわらず、今なお経済学者によって経験的に立証
されていない、ということである。」（アイクナー『なぜ経済学は科学ではな
いのか』p.308）

　「正統派の消費者需要に関する理論が依拠する無差別曲線については、個々
人であれ個々人からなるグループであれ、そのいずれにとっても、手に入る

データからこれらの曲線群を導き出しえないことが判明しているので、疑わしいものとされている。それゆえ、無差別曲線という理論構成概念は、一角獣、幽霊、そしてかつて人間に生命を吹き込んでいると考えられた『生気』が形而上学的であるのと同じ意味で、形而上学的である。そのようなものが実在する経験的事実は何もない。」(同上、p.309)

「同じ理由により、正統派の生産理論の基礎をなす等量線も、同様に疑わしい。個別企業の生産に関する手に入るデータから、この曲線を導きだせないことが判明しているのである。等量線という概念は無差別曲線という概念に劣らず形而上学的である。むしろ等量線に否定的な論拠のほうがいっそう有力でさえある。等量線の含意──すなわち、技術進歩がないときでも、企業は労働と他の投入物のさまざまな組み合わせを採用することによって、ある与えられた産出量を生産しうるというもの──は、手に入る事実によって強く反駁されている。」(同上、p.309)

「理論の本質的な要素が、観測可能な世界で経験によって確かめることのできる対応物をなんらもたないとき、理論それ自体の経験による立証が不可能になる。それゆえ、消費者需要についての正統派の理論は、先に確認したその他の経験的テストのなかでも、とりわけ対応性テストを満足していない。」(同上、p.309)

　新古典派理論の基本的な概念である無差別曲線、生産関数はすべて形而上学的である。それは事実との関連をまったくもたず、ポパーの意味においても「反証不可能」である。理由は単純である。現実のデータとの検証を許さないからである。新古典派の限界理論はポパーの意味においても「科学性」の要件をそなえていないのである。

　そもそも新古典派理論は単位をもたない抽象的な経済量によって構成されている。現実のデータとの照らし合わせそのものが不可能なのである。物理学をはじめ自然科学で取り扱われるデータにはすべて単位がある。さまざまな物理量や化学量がどのような単位、あるいはディメンジョンのもとにあるか、それ自体理論と一体の重要な構成要素である。それはつねに理論と現実のデータとの照らし合わせをするための最低限に必要な前提であるが、新古典派経済学で取り扱われる経済量には単位がない。新古典派理論は経済単位

のつけようがない抽象概念によって構成されている。限界と代替の理論を構成するために想定されている経済量は、はじめから現実のデータとの検証を許さない抽象物である*1。

　新古典派の要素還元主義、方法的個人主義の本質はその数量的方法にある。それは商品の価格と数量のあいだに一定の関係が存在するという想定のもとに成立している。新古典派の限界原理も市場分析も、商品の価格と数量の関係を論じる点にその理論展開の本質がある。にもかかわらず、「限界」と「代替」の考えにもとづいて、実際に何らかの数量的関係をもちこむことはできない。とくに新古典派の生産理論は、投入と産出のあいだに素材的、技術的に規定された関係とは別の「投入・産出の数量関係」を想定したものであり、そこに資本投入物の実物的な尺度をもちこむことは、そもそも始めから不可能であるからだ。

　経済学における数量的な分析とは、一つの経済理論に取り組むというより、むしろデータの統計学的処理にその意味がある。それは先にも指摘したように、経済分析に当たって、この理論の基本概念である「限界」と「代替」の考えが意味をもつのではなく、統計学的方法が意味をもっているのである*2。そこでは、無概念が主役を果たし、統計的処理がそのすべてである。だから、モデルが次から次へとつくられ、思いついたままの理論仮説が一つの「数式体系」として定式化されるのである。計量経済学が一定の成果を収めたとすれば、それは新古典派の限界理論を中心とする基本原理のおかげではなく、統計的処理のおかげである。

　　*1 「問題は、これらの資本投入物が異質的であり、トン、バーレル、あるいはBTU（英式熱量単位）のような共通の物的尺度を持っていないという点にある。このことは、生産工程で用いられる資本投入物の実物的な尺度がありえないことを意味し…「資本」の物的な限界生産力は決定されえないことを意味する。資本投入量は物的な単位で集計できない。したがって、抽象的な「資本」を表わす変数Kを、説明変数として含む企業の生産関数また集計的生産関数のいずれかに基づくいかなる議論も、経験的には立証されえない。経験的な対応物を欠いているので、Kという記号は形而上学的なものである。」（アイクナー『なぜ経済学は科学ではないのか』p.312）

　　新古典派の生産関数にあらわれる「資本」は、さまざまに異質な資本投入
物のあいだに共通の物的尺度をもたない抽象的な変数Kである。それはアイ
クナーが述べるように生産過程で用いられる資本投入物の実物的な尺度があ
りえないことを意味し、「資本」の物的な限界生産力は決定されないことを意
味する。資本投入量は物的な単位で集計できないのである。新古典派の生産
関数は「経験的な対応物を欠いているので、Kという記号は形而上学的なも
のである。」

*2　第6章でみたように、驚くべきことに新古典派の「限界」と「代替」の
基本概念は、新古典派のミクロ理論の内部でさえ意味をもたない。この概念
はワルラスの一般均衡論を論ずるのにもっとも重要な均衡条件とされている
が、じつは一般均衡論を展開するのに何の役割を果たさないからである。限
界概念の積極的な意味は、商品の価格比が限界代替率に等しくなるように消
費数量を、また限界生産力が生産要素の実質価格に等しくなるように生産数
量を、規定する点にある。しかし、そのことが一般均衡論の「均衡解の存在
と安定性」を論じるために利用されることはない。ワルラスの一般均衡のモ
デルとして立式された連立方程式体系そのものが、限界原理とは何の論理的
関連をもっていないのである。

　たしかに、計量経済学に示される理論モデルは、多かれ少なかれ新古典派
の生産関数や効用関数が用いられるが、それは経済モデルをつくりあげるた
めの「手続き」にすぎない。その実質的な内容は統計学の手法にある。たと
えば、『経済財政白書』などで効用関数やコブ・ダグラス型の生産関数が利
用されるが、その推計式の多くは経済ファクターの対数をとった一次式であ
る。その数式の意味は経済の趨勢（トレンド）をあらわすその係数を見つけ
だす作業に還元される。ここでの経済分析の実質的内容は効用関数や生産関
数にあるのではなく、最小2乗法などの統計学的処理にある。新古典派の基
本原理である「限界」と「代替」の考え方が計量経済学の理論モデルに利用
されることは一度もないのである。

　「実証分析」という考え方は、経済学の科学性の理由とされているが、わ
れわれが空想や作り物ではなく事実について論ずることは当然のことであ

り、そもそも「実証性」ということをことさらに強調しなければならないことは不思議である。経済学の分野における「実証性」とは一つの信念のようなものであるが、それは自らの科学性を強調したいため、概念のないところにやってきた言葉といえよう。

近代経済学が主張する実証主義とは、数量的モデルが諸現象の個々の断片に数量的に妥当するということでしかない。それは現象の観点である。寄せ集められた数量的データが「妥当する」数学的モデルをつくればそれでよいのである。

新古典派は要素還元主義、方法的個人主義に立脚しているといわれるように、経済構造の成り立ちを個々人の振る舞いに還元して考える。その方法の本質は数量的方法にあり、自然科学のなかでも最も科学的とみられた物理学の方法を真似たものといわれている。物理学は数学的な推論と事実の検証だけを根拠として構成されている。経済学もこの物理学の思考方法にならって数学モデルの作成、データ分析を中心とし、客観性や普遍性を取り入れたものとされている。マルクス経済学は革命運動のためのイデオロギーであるが、近代経済学は資本主義や市場経済を客観的で科学的に分析する「実証科学」である、ということになる。

たしかに、物理学の客観性や普遍性は、数学的な推論と事実の検証の積み重ねが重要な要件となって構成されている。しかし、その点だけに着目して、経済学の科学性を主張するとすれば、それはただ理論の形骸にしがみついた表面的なものといえよう。最も重要な問題が抜け落ちている。何よりも理論そのものがもつ内部的統一性であり、それを支える概念である。

われわれが事実について語るのは当然のことであり、先入観や妄想から出発してはならない。しかも、それは現象の観点、諸現象の羅列であってはならない。事実をそれ自体の関連のなかで展開することである。ヘーゲルの言葉でいえば、「概念の言葉」であらわすことであり、事物を固有の内的関連のもとに取り扱うことである。事柄の証明とは事実にたいする論理展開そのもののうちに与えられているのである。

商品について明瞭な価値概念がなく、多分に日常的な意味で用いられる価格の概念があるにすぎず、あらゆる経済的カテゴリーが没概念的である。そ

れゆえ、無数の数学的モデルが次々と生まれるのも当然といえよう。そこに
は理論の全体を貫き、諸契機の内的連関を押し進める概念がないからであ
る[*1]。

　新古典派は価値概念を追放した。当初は主観的価値説を唱え、経済的諸カ
テゴリーを追求したが、うまくいかない、あるいは不都合なことが分かる
と、数量的なものをそれとして取り扱うことになった。経済的カテゴリーを
追求することは、すべて「価値判断」に属するという理由によって経済学か
ら追放されたのである。それ以後、経済学はたんなる数式いじりに堕するこ
とになった。そのきわめつけがワルラスの一般均衡論である。経済学者自身
によってその数学的な審美性が讃えられれば、それだけに一層その滑稽さは
増す。そこには均衡解の存在と安定性に関する数学的議論はあるが、経済上
の内容は一片たりともないからである。

　さらに、「均衡解の存在」にかんするオーマンによる測度論を導入した分
析によれば、効用関数や生産関数の凸性は必ずしも必要でないとされる。ま
た、市場の調整過程の安定性にかんするサミュエルソンの分析も需要曲線や
供給曲線の構造を明らかにしようとする試みであるが、調整過程は安定的で
なければならないという前提から逆に導かれたものであり、限界原理に根拠
をもったものではない。つまり、新古典派の基本である限界原理はワルラス
の一般均衡論を論ずるのに何の関係もないのである。

　　[*1]　新古典派経済学は日常意識に訴えることによって、理論としての外観を
　　　与えている。新古典派を支えているのは商品、貨幣、資本、価値、価格にた
　　　いする日常観念である。そこにあるのは価格のついている物が商品であり、
　　　生産過程で生産要素として機能し、価値増殖するものが資本であるという観
　　　念である。あらゆる経済的諸カテゴリーは没概念的であり、どのような形態
　　　規定性も、その社会的形態をみることはない。
　　　　資本主義生産にあらわれるさまざまな経済的カテゴリーは、歴史的に規定
　　　された一定の社会関係のもとでのみ妥当する。そして、この社会関係のもと
　　　で富の素材的要素である諸物は一定の社会的形態をうけとる。それは歴史的
　　　に形成されてきたものであるが、現にそこで生きている人にとっては空気を
　　　吸うがごとく当然なことであり、それがどのような社会関係に根ざしている

かをみることはむつかしいのである。新古典派はその社会的形態をみない。この一定の社会的形態、性格をその物のもつ社会属性としてその物に由来するものとみる。むしろ新古典派にとってその点を追求することは不都合である。経済的カテゴリーの素材的規定と形態規定を混同させ、価値の規定のなかにその素材的要素をもちこむことがこの経済学の本質である。とくに限界生産力理論によって、資本の収穫逓減を強調して利潤の資本への帰属を正当化することが新古典派にとって大切である。

　一般に信じられているのとはちがって、自然科学者は概念の追求を大切にする。

　　「理論物理学は今日一つの困難に出会って、何か根本的に考えを改めないかぎり、われわれは先に進むことは出来ない。」(朝永振一郎『量子力学的世界像』p.115)

　　「量子力学と相対性理論とをそのままの形で結び合わせたわれわれの理論は、このどちらにも属せずに内に矛盾を含んでいるのである。この矛盾の所在は多分この理論の中の素粒子とか相互作用とかあるいは時間とか空間とか、そういう概念にあるのだろう。なぜならこれらのものは相対性理論において絶対運動の概念が、量子力学において粒子、波動の概念が受けたような批判を、まだ少しも受けずに多分に日常的な意味で用いられているからである。」(同上、p.158)

　これは相対性理論と量子力学を結びつける問題に直面したとき、朝永が語った言葉である。あれこれの小手先のつじつま合わせではなく、素粒子や相互作用、あるいは時間や空間という概念を根本的に改める必要を強調している。それは理論の内部的な統一性を重視するからであり、事実について全体を統一的な概念のもとにおくことが大切であるからだ。

　　「論理的手続きによってすべての概念や関係が統一的な組織原理をもって導かれうるように、最小限度の概念および基本的関係を構成することによって、これら個々の科学部門のすべてに通じる統一的な理論的基礎を求めようとする試みも、科学のそもそもの始まり以来つねに存在してきている。物理学全体に対する一つの基礎の探求ということの意味はこのことにほかならない。」

（アインシュタイン『アインシュタイン選集』3 巻 p.348）

　観測された事実だけを頼りにして法則を発見することはできない。最小限度の概念および基本的関係を構成することによって、内部的な統一のある理論を実験事実から出発した仮説と思考によってきたえあげることが必要である、とアインシュタインはいう。

　19 世紀末、ニュートン力学と相入れない事実が電磁気学の分野で発見されたとき、アインシュタインは理論が実験事実と合わない以上、根本から改革すべきだと考えた。しかし、それは決して「理論」と「仮説」、あるいは「仮説」と「数学的モデル」という方法論の問題ではない。さらにまた、「仮説」と「実験事実」との関係、あるいは演繹と帰納の関係の問題でもない。重要なのは「内部的な統一性のある理論」である。それは空想によるものでなければ、純粋思惟にもとづくものでもない。また、経験事実をたんに取り上げるというものでもない*1。

　*1　近年、社会科学の分野では「科学方法論」が盛んであるが、方法論自体に何らかの意義があるのではない。また方法論は解決すべき当の問題に解決の道しるべを与えるのではない。ヘーゲルがいうように方法は内容の形式である。方法を押し進めるのは内容それ自身である。したがって、内容の展開に先立ってあらかじめ方法論を確立しようとする試みはそれだけですでに誤っている。あらかじめ方法論を展開しなければならないという要請自体が、その理論内容に確信のないことのあらわれである。ロビンズが「経済学の本質と意義」をことさらに強調し、ポパーが科学方法論を唱えなければならないという事情がそのことを示している。

　複雑な記述によらなければ運動を表現できないプトレマイオスの天動説よりも、コペルニクスの地動説のほうが真実だと考えられた。ガリレイ、ティコ・ブラーエ、ケプラーを経てニュートンが万有引力の法則を定式化したとき、地動説はその言葉をよけいとするほど当たり前となった。ニュートンは、万有引力の法則と力学の法則を組み合わせることにより、地上の物体運動と地球から遠く離れた天体の運動を同じ一つの原理から説明した。ニュートンはいくつかの単純な前提から出発し、物体や天体の運動を記述するため

に自ら微積分学という数学的方法をつくり出した。それによって力学を統一的に展開したのである。

　マイケルソン・モーリーの実験結果をどう解釈するかでローレンツはローレンツ変換を導いたが、アインシュタインは独自の理論構成でこれを導いた。しかも、アインシュタインは、「光速度不変の原理」と「座標変換の相対性」という二つの単純な原理からそのことを示した。

　微視世界の出来事を説明するために量子力学があらわれたとき、それはこれまでの物理学の考えとあまりにも異なったため一大論争を引き起こした。粒子の位置と運動量を同時に測定することは不可能であり、このことは観測者と対象との関係についての日常的な意味を否定した。観測のもつ意味、主体と客体との関係、そして数学的に定式化された諸理論が何を意味するのか、またそれは意味のあるものなのか（粒子と波動の二重性、不確定性原理、アインシュタイン・ボーア論争等々）。これは深刻な論争であり、しばしば認識・存在論的な哲学論争の性格をおびたものでもあった。量子力学の考え方、その概念がこれまでの日常的な考え方の枠組みをはるかに越えていたからである。しかし、ハイゼンベルクの行列力学やシュレディンガーの波動方程式は微視世界の事実をうまく説明した。重要なのは事実であり、事実をその固有の内的関連のもとに展開することである。それは微視的世界の出来事であっても、巨視的世界の出来事であってもかわりがない。

　物理学では自然法則がシンプルで美しい数学的定式として表現されるが、それはつねに概念の追求と一体のものであった。さまざまな事実についてその物理的意味が考えられ、どのような原理にもとづいているかがつねに問題にされる。しかも、より単純な前提からより多くの諸現象が説明できる内部的統一性のある理論が重視される。これまでまったく別個のことだと考えられた諸現象が、じつはもっと深いところで関係しており、より高度の統一的な理論に統合されたとき、その理論の正しさはますますゆるぎのないものと考えられている。

　経済学の場合は逆である。さまざまな理論は個々バラバラで併存され、何の脈絡もない。日常意識に合致すればするほど科学的であると考えられている。相容れない事実があれば、次々と既成の「理論」に何の脈絡もなくある

「理論」が付けたされていく。たとえば、「規模の同次性」と限界理論は矛盾するが、それらは平然と並列におかれている。「規模の同次性」は価格に対応して生産量が規定されるという限界生産理論を無意味にするからである。また、新古典派の中心にあるワルラス一般均衡論は、新古典派の基本概念である限界理論や代替理論とは何の内的関連をもたない。そして、何よりも新古典派のミクロ理論は事実を少しも説明せず、自らが経済学の目的と設定した「最適化行動の基準」について述べるだけである。

　他方、実証性を売りものにする「計量経済学」は、国民経済の分析にそれなりの成果をあげているが、どれもこれもとってつけたような数学的モデルであり、その本質は経済理論ではなく、統計学上の処理方法にある。ここでの「実証分析」とは、ものごとをただ数量的に取り扱っているという点にある。

　経済学において科学性は、「数学的モデル」をつくりあげるという点にあると考えられているが、それらのモデルが現実の量的関係をあらわしたとしてもそれは現象の量的記述、現象の観点でしかない。とくに近代経済学の実証分析で特徴的なことは、経済現象の個々の断片がきわめて狭い範囲、短期間の変化を叙述することにある。（しかも、この経済学のもっとも基本的な理論である限界原理がこの分析に利用されることは一度もない。）

　自然科学において、自然現象を示す法則が数学的に記述されるが、それをたんに「数学的モデル」と呼ぶことはない。物理学をはじめとして自然科学は、自然現象をそれ自身の関連のなかで統一的に説明するために「数学」という表現を生みだしてきたのであってその逆ではない。もし数量的関係を定式化するたんなる「数学モデル」ということであれば、相対性理論の考えなしで、ローレンツ変換の数式があればよいのであり、量子力学の基本的な概念なしでシュレディンガーの方程式があればよいということになる。そればかりではない。たとえばプトレマイオスの天動説は、天体運動をそれなりに説明したのである。

　経済学が科学性の標準と考える「理論分析」と「実証分析」の立場からみれば、プトレマイオスの天動説は「科学」ということになる。それは経済学者がまさにそのように考えるように、天体現象の個々の断片についてたとえ

狭い範囲、短期間であってもその変化を「数量的」に叙述することができるからである。

　数学的な推論ということを表面的に受け取って、自然科学は数学を「利用している」ということは適切でない。そもそも、ニュートンが微積分学をつくりだしたのは、物体運動の統一的な表現を見いだすためであって、その逆ではない。ハイゼンベルクは電子の運動を説明するために、数学者とはべつに独自の演算方法として行列をつくりだした。ディラックのデルタ関数もそうである。ディラックは、量子現象をより統一的に説明するために、ある一点で無限大の値を取り、それ以外の点では値がゼロであり、$-\infty$から∞まで積分すると1になる奇妙な関数、超関数をつくりだした。数学者はデルタ関数が数学の公理上の厳密性を欠くという理由で受け付けなかったが、やがて数学的に定式化され安心して取り扱えるようになったのである。

　たしかに、物理学では数学の成果が多く利用されている。数学の存在なしに物理学は成立しえないといえる。しかし、重要なことは、数学的な方法ではなく、事実を説明する理論の内部的な統一性であり、その概念の追求である[1]。事物の概念的な展開、事実をその固有の内的関連のもとに展開すること、ここに科学性がある。内容それ自身が要求する表現や形式を生みだすのである。なぜなら、ヘーゲルがいうように方法は内容の形式であり、方法はそれ自身の内容のうちにあるからである。外部からある形式が押しつけられるのではない。論理の展開がそれ自身の必然的な流れのうちにあって、媒介の要求をみたしていること、理論の個々の部分が、全体の必然的な契機をなしていること、まさに関係の真理はその媒介性、論理の移りゆきにあるからである。

　*1　ここでおこりうる誤解についてふれておかねばならない。社会科学の分野で概念の追求というと、社会と歴史をつつみこむ森羅万象を構成する諸カテゴリーを形成することだと解されていることである。「社会の存立構造」、「歴史の発展図式」などをつくりあげるために、概念の浄化作用をおこなう。哲学的に詳述された高尚なカテゴリーをつくりあげる点に、「概念の追求」を見いだすからである。それは事実をそれ自身の関連のなかで展開する態度ではない。それはある哲学図式、形而上学のなかで意味する純粋なカテゴリー

　　を構成することを意味する。

　　われわれは、想像の根拠のないもの、空想物から出発するわけではない。
事実から出発する。そして、事実を固有の内的関連のもとに展開する。これ
は自然科学であっても社会科学であっても同じである。自然科学の発展がこ
れまで「科学的」であったのは、自己の内容を数式として表現したからでは
なく、事実をそれ自身の固有の内的関連のもとに展開したからである。数学
はその内容から必然性をもって生まれてきた方法である。

　　それゆえ、物理学が成功したからといって、その形式や数学的方法という
外観にしがみつくことは、事物についてその客観性や普遍性、したがってそ
の科学性を見失うものである。

　　近代経済学が論じるのは現象の観点である。表面にあらわれるとおりの事
物の関連である。それが多少なりとも科学的に見えるのは、統計学的処理の
おかげである。いわば、天体運動について天動説を唱え、人々の目に映ずる
ままにその運動を記述するに等しい。

　　もちろん、事実との接触をかた時も忘れることはできない。自然科学者は
概念を大切にする。理論の内部的統一性を重んじる。この点で経済学者とき
わめて対照的である。近代経済学者は経済的諸カテゴリーの追求を許さな
い。数量関係を扱うことが「経験科学」だという名分のもとに、新古典派経
済学から概念的なものは排除され、たんなる「数式」だけが残った。そこに
あるのは形而上学ともいうべき数学的モデルである。

　　計量経済学の実証分析の特徴は、表面的な外観の数量的な定式化にある。
さまざまな諸現象に応じて数学的モデルが存在する。すべてのものがバラバ
ラで併存され、それぞれがそれぞれの数学的モデルにしたがう。全体を統一
する固有の内的関連がない。寄せ集められたデータがきわめて狭い範囲、短
期間に妥当する経済モデルが形成されればよいのである。これは当然のこと
だといえる。数学的モデルの基礎にあるのは経済学ではなく、統計学である
からだ。問題にされるのは相関関係、傾向であり、それがどの程度のもであ
るかが統計学の処理として示されることになる。

　　こうしたやり方は決して事実の諸関連をそれ自体として考察するものでは

なく、外部から数学的モデルが押しつけられたものである。そこにあるのは数学的モデルという形骸のみである*1。

　それが「実証性」の名のもとに科学的にみえるのは、数学的モデルがきわめて狭い範囲で数量的に妥当するからにほかならない。それはちょうどプトレマイオスの天動説が個々の断片をみれば、それなりに天体運動を説明するのと事情は同じである。
　経済学の分野であらわれる「実証主義」とは、概念のないところにやってくる余計な言葉である。それは現象の観点である。数学的モデルや事実の検証という実証主義は、事実の個々の断片がただ数量的に妥当するということである。
　自然科学者とちがって、経済学者は「実証的」ということを字面の上で理解している。経済上の諸問題における数量的考察、この一点に彼らは実証性をみる*2。それは決して事実をそれ自体としてその内的関連のもとにみる態度ではない。ポパーが科学の標準としてもちだす「反証主義」も単純なもので、その本質は数量的な考察のみを科学的とみなすという考えにほかならない。なぜなら、経済的カテゴリーの展開、その歴史的形態や社会形態の追求はポパーのいう意味での「反証主義」という基準に当てはまらないからである。ポパーの「反証主義」そのものが反証不可能であるという矛盾を内にもっているが、それは科学を越えた超世界、すなわち超越論的な孤高の世界に自らをおくことによってその矛盾にふれなくてすむ。ポパーの反証主義によれば、アインシュタインの相対性理論とは関係のないローレンツが無理矢理こじつけたローレンツ変換の数式が反証可能性の要件をそなえた科学的命題ということになる。
　　*1　とくにポパーが科学的方法であるというお墨付きを与えた「漸次工学」がまさにそうした方法だ。それは何の概念もなく、ただ数量的関係、データとの照らし合わせを要求する。しかも実際にはデータとの照らし合わせはない。新古典派経済学の基本に据えられる限界・代替理論は現実のデータとの照らし合わせをまったくもたない。それは純粋に形而上学であり、ポパーの意味でも「反証不可能」な命題である。経済学のなかで実際にデータとの照

らし合わせがおこなわれるのは、ポパーやハイエクが否定したケインズ的な「集計量」である。

＊2　表面的な外観の数量的な定式化、それを統計学上の処理としておこなう。ここに経済学者の主張する「実証性」とポパーの意味での「科学性」がある。もちろん統計学が科学的でないということではない。また、統計としての方法が本質的である場合もある。たとえば量子統計におけるボーズ・アインシュタイン統計、フェルミ・ディラック統計がそうであるが、それは波動関数の対称性に結びついている。

　だが、経済学の場合は、回帰分析や最小2乗法という文字通りの「統計学的方法」が本質的である。経済的諸カテゴリーの概念的な追求を一切許さず、それらの内的関連を展開することは問題にならない。もっぱら「数量的関係」の定式化に「科学性」を見いだすのである。

(3)　「科学哲学」という不毛な問題
――社会科学方法論批判

　経済学者や社会科学者が「実証性」を強調するのは、自らの拠って立つ基盤が自分自身の理論にないことのあらわれである。それは事実をそれ自身の固有の内的関連のもとに展開しないことから生まれてくる帰結である。そのため、理論の「科学性」を根拠づけるための哲学が必要とされる。

　社会科学の「科学性」は自然科学ほど社会から認められていない。社会科学の場合、つねに価値判断やイデオロギーの問題がつきまとい、なによりも対象領域の相違の問題があげられている。対象が人間の生きた社会と歴史であるため、理論の「客観性」や「普遍性」をとらえることが困難であるといわれている。そのため、理論の科学性を根拠づけるために「認識論」や「存在論」、さらに社会科学方法論という哲学的論議を多く生みだした。「科学哲学」という呼称さえ生まれたのである＊1。

　＊1　科学的認識の論理分析、事実の展開に先だって社会科学方法論が確立されなければならないという要請は、社会認識における全体性の問題、主体と客体の問題、価値判断の問題などとからんで現代社会学の主要課題である。

たとえば、60年代後半のアドルノ、ホルクハイマーなどのフランクフルト学派とポパーとの実証主義論争が有名であるが、このような議論のなかに社会科学性を解決する問題があるのではない。社会科学論争は方法論として哲学的に問題を解決しようとする試みであるが、事実の展開と切り離されうえで、あらかじめ方法論が展開されるのではない。その意味で方法論というものは存在しない。科学論争のなかにあらわれる実証性とは、哲学的世界の内部に存在する超越論的な問題である。

　しかし、そうした試みは転倒したものといえよう。事実の分析に先立って、あらかじめ全体を包み込む認識や方法の体系を保証する科学方法論や科学哲学が必要だと考えることは問題の本質を見失うものである。理論の体系とは事実の体系であり、体系を押し進めるのは事物それ自身である。方法は内容の形式であり、内容それ自身が要求するものである。方法は「認識論」や「存在論」、あるいは「方法論」として外部から押しつけられるものではない。方法は内容のうちに存在するのである。

　これまでみてきたように、理論の客観性や普遍性、あるいは科学性は事実を固有の内的関連のもとに展開するところにある。アインシュタインはそのことを理論の内部的統一性と呼んだ。ヘーゲルの言葉でいえば、「概念的に把握する」ということである。関係の真理はその媒介性、論理の移りゆきにある。理論の個々の部分が全体の必然的な諸契機になっていること、すなわち媒介の要求を満たしている点に真理がある。

　量子力学が誕生したときの論争をみてもよい。微視的世界の出来事をどのようにとらえたらよいか。それはなかば哲学的世界に入りこんだ深刻な論争であった。エネルギーが不連続の値をとること（エネルギー準位、定常状態）、観測にある種の制限がみられること、どれもこれもこれまでの物理学の常識的な範疇ではとらえられない現象であった。「観測」の意味そのものが問い直され、それは認識対象と認識主体の関係という哲学的な問題まで波及した。しかし、議論がどれだけ哲学的性格をおびたものであっても、哲学的に、あるいは科学哲学という科学方法論によって決着がつけられたのではない。議論に決着をつけるのは事実を固有の内的関連のもとに展開するとい

う、粒子や波動などの概念の追求と一体となった論理の内部的統一性である。

　重要なのは事実であり、事実をそれ自身の関連のもとで、つまり固有の内的関連のもとで取り扱おうとする態度である。この態度が微視的世界の出来事をとらえる概念とそれを表現する数学的方法を生み出したのである。そこでは哲学的に詳述された主体と客体の関係が問題なのではない。われわれが科学方法論という哲学的議論をどれだけ深めようが量子力学という新しい理論をつくりだすことはできないのである。

　これまでとは根本的にちがった新しい考えが生まれたとき、あるいはまったく新しい論理が形成されたとき、その考えの枠組みをパラダイムの変換と呼ぼうが、また、歴史的社会的文脈との結びつきを強調しようが、その根底にある価値観の変更をみようが、それはことの本質上どうでもよいことである。世界に科学哲学をはじめ多くの科学論があるが、それによって科学の発展が促されることはないし、「科学性」が根拠づけられることはない。

　社会科学の場合も同じである。事実をそれ自身の固有の内的関連のもとに展開するところに科学性がある。ところが、事実を論じるまえにあらかじめ一つの理論として方法論体系がつくりだされなければならないと考えられている。その理由として自然科学と社会科学との相違が強調されてきた。自然科学とちがって分析対象のなかに主体、つまり人間活動が入りこんでいるという対象領域の相違の問題がある。そのため「主体と客体」、「認識と価値判断」「理論と実践」の問題がある、と。しかも、それは自らの理論の科学性を根拠づけるために「科学哲学」ともいわれている。

　社会科学の場合、理論の「普遍性」や「統一性」にも特別の注意が必要である。社会や歴史の問題を論じはじめると、問題を深化させる、あるいは普遍化させるという口実で、すぐに哲学的世界に入りこんでしまうからである。多くの場合、理論の「普遍性」や「統一性」は、事実について客観的分析を与える点にあるのではなく、社会と歴史にかんする「普遍的原理」「普遍的価値」をつくりあげる点にあるとみなされている。現実をあらわすさまざまな諸カテゴリーは純粋なカテゴリーに昇華され、それはただ哲学的世界

のなかで意味あるものと解されている。

　諸カテゴリーを現実の歴史的土台から切り離し、歴史の出発点にもってく
る試みがそうである。どのようなカテゴリーも歴史的に形成されてきたので
あって、現実にその基礎をもっている。現実の諸現象をあるがままに表面的
に取り扱う人が、他方で、「自由」や「平等」、「民主主義」等々を人類の普
遍的価値として押し出すのである。

　社会上、経済上の現実をあらわす諸カテゴリーが社会科学のなかに入れら
れると、すぐに哲学的、神秘的な概念に浄化され、人類の普遍的価値や普遍
的原理へと加工される。現実の諸概念、カテゴリーが純粋思惟によって浄化
され、聖なる言葉で語られた抽象物にかえられるのである。

　このような崇高なカテゴリーに他方で前提されているのはありきたりの経
験的事実である。経済的な諸カテゴリーは日常的な意味で使われているにす
ぎない。概念的に追求されることはない。商品、貨幣、資本という概念は
人々の目に映ずるままである。とくに経済学のもっとも基礎におかれるべき
価値概念については何ももっていない。貨幣の存在が説明を要しない事実と
して前提されているのである。他方にあるのは、経済量のたんなる数量的関
係である。

　経済的なカテゴリーだけでなく、自由、平等、民主主義などの政治的カテ
ゴリーも同じである。それはすべて商品生産を基礎にしているがそうしたこ
とはすべて忘れられている。

　たとえばハイエクは自由主義と個人主義、その社会正義を強調したが、自
由主義と個人主義はそれ自身、商品生産の発展とともに生まれ、出来上がっ
てきた観念である。社会正義、たとえば個人的利益のために他人のものを盗
む不正義については「正義のルール」が存在している。ハイエクは忘れてし
まったかもしれないが、略奪が経済関係の基本形態であった社会もあった。
その社会においては略奪が正義の経済行為である。それと同じように「盗む
不正」は商品生産を基礎としている。この商品生産に合致するものが「正
義」であり、合致しないものが「不正義」である。「正義」とは、その社会
の物質的諸関係に合致した観念である。

　自由で独立した諸個人が市場で相対し、互いに自由・平等な意思行為とし

て経済取引をおこなう。平等な権利を有する商品所有者が相対するのであって、他人の商品を手に入れる手段は自己の商品の譲渡だけであるという商品生産の取得法則にしたがう。人は自己の商品を譲渡すること以外に自分の欲する商品を手に入れることはできない。身分的、政治的な特権にもとづいて他人のものを手に入れることは許されない。

　自由で平等な人格とは商品取引者として互いにもつ権利のことであり、商品生産・交換の法則に合致するかぎりのことである。同じように個人という観念も歴史的に出来上がってきたものであり、商品生産・交換を基礎としている。それまで人は血縁的・地域的・身分的な紐帯のもとにあり、個人としては確立されていない。

　歴史的に生成されてきたものを普遍的原理、普遍的価値として絶対化することは、非常に不合理な考えである。ポパーやハイエクが「開かれた社会」と呼ぶものは、自由と個人主義に立脚しているが、それは商品生産の発展とともに生まれてきた観念である。この自由と個人主義にどれだけ意味を付与しようと、それは商品社会の反映である。この自由と個人主義は政治的特権や身分的従属関係および人々の国家権力による直接の強制からの解放（心身の自由、行動の自由、思想の自由等々）を意味するが、経済的諸関係にもとづく支配・従属関係を否定しない。商品生産の前提であり、また商品生産とともに発展、普及する自由と平等の観念は、純粋に経済的諸機能の相違から生まれる支配・隷属関係、すなわち資本のもとへの人々の従属を否定しないし、それに反するものでもない。

　商品生産から生まれる社会的、政治的形態、その諸観念は直接の強制、経済外的な強制を否定するが、経済的な強制関係を否定しない。われわれの社会がさらに発展し、経済的諸機能にもとづく支配・隷属関係を否定する新しい自由と平等の形態があってもよいのである*¹。

　資本主義的な秩序を生産の歴史的な一時的な発展段階と解さないで、逆に絶対的で究極的な姿態と解することは、「歴史の発展法則」や「発展図式」を唱える歴史主義と同じく不合理である。

　哲学がなしてきたことの多くは、その時々の社会で人々によって社会正義、公正、規範、人倫——それ自体が人々の生産関係、それと結びついた生

活様式として受け入れられ、容認されてきたものである——を「聖なる言葉」でくり返すことであって、ロックやルソー、デカルトにしてもそうである。彼らは、個人、自由、平等などの近代的価値をものの見事に定式化したが、同時にそれを人間にとって本来的なものとして歴史の出発点に据えたのである。それらの近代的価値自体が近代産業と交易の産物であることは忘れられている。かれらがその価値、その概念をいくら思考によって普遍的なものへと鍛え上げようとも、それを現実からとってくるほかはないのである。

*1　われわれが、江戸時代に生きていれば、人身的従属関係、人身的不自由、土地の付属物、土地への束縛等々の臣従関係があたりまえの「正義」とみられる。それにどれほどの不合理や憤り、矛盾を感じようとそれがその社会を成り立たせる社会関係であり、人々はそれを「規範」と思い、その規律と秩序に従う。そこでは国家、あるいは領主が経済外的強制のもとで人々を支配する。

現在の資本主義社会における自由、平等の観念についてもその事情は変わらない。その社会に生きていれば、その社会の支配的な諸観念がすべて当たり前とみえるのである。現在の自由と平等の観念は、資本の支配を否定しないし、経済的な支配・隷属関係を「社会的な不正義」とは非難しない。商品生産と商品交換を基礎とする自由、平等、私有財産の観念に合致するものはすべて「社会正義」である。資本主義生産のもとにおける支配・隷属関係はこれまでの歴史的に規定されたさまざまな支配・隷属の形態とちがって、純粋に経済的であり、政治的特権や身分的従属関係、国家の直接の強制などという経済外的な強制関係にもとづくものではない。それは経済的諸機能の相違から生まれる強制関係であり、たんなる生産諸条件に還元される性格をもつ。資本主義生産のもとでしばしば経済外的な直接の強制を必要とするが、ものごとが普通に進行するあいだは、それを必要としない。商品生産に由来する自由と平等の観念のもとで他人の労働を支配し、その労働を領有できるのである。それが資本主義社会における支配・隷属関係の本質である。われわれが現在もっている自由、平等の観念、そして代議制民主主義の政治形態は決してこの経済的な支配・従属関係を「社会的な不正義」として否定することはない。

（4）「労働価値説」の論証という問題について

　「科学性」の問題に関連して、マルクスの「労働価値説」についてふれておきたい。

　マルクスの「労働価値説」はいかにして論証されたのか。『資本論』冒頭における商品の分析は本当に労働価値説の正しさの証明になっているのか、という疑問や批判が多く提出された。

　その際、われわれはいささか奇妙な問題に出会うことになる。それは労働価値説が「論証」されないことにはマルクスの学説は正しくないという主張である。問題そのものが倒錯されて提出されている。つまり、全体の論理展開に先立ってあらかじめ労働価値説が「論証」されなければならないと考えられているのである。

　マルクスを批判した近代経済学者だけでなく、当のマルクス経済学者もそのように考えている。この考えはもっともらしくみえ、事実この点をめぐって多くの議論がなされた。ベーム・バヴェルク、カウツキー、ヒルファーディングの論争をはじめ最近では宇野や置塩の議論もそれである＊１。しかし、それは問題の本質を見失っている。マルクスは自己の労働価値説についてただ次のように述べているだけである。

　　「価値概念を証明する必要があるなどというおしゃべりは、当面の問題についての、さらにまた、この科学の方法についての完全な無知にもとづくものにほかならない。」（マルクス『クーゲルマンへの手紙』p.87）

　　「『価値』にかんする章がなにもないとしても…現実の諸関係の分析が、現実の価値関係の証明と確認とをふくんでいる」（同上、p.87）

　　「科学の本領は、まさに、この価値法則がどのようにして貫徹されていくかを展開することにある。だからもし一見この法則に矛盾するように見える諸現象をただちに「説明」しようと思うならば、科学以前の科学をもってこなければならないことになる。」（同上、p.88）

　マルクスはただ商品の分析からえられた価値概念から出発して、価値法則がいかに貫徹するかを展開することによって、商品生産および資本主義生産のあらゆる諸側面を統一的に説明した。資本主義生産の本質やその一般的傾

向だけでなく、この生産様式のもとで人々が受け取る意識やその政治的特
徴、政治形態についても説明した。たとえば、自由、平等、民主主義、共和
制国家形態などの現代の社会学や現代思想がとりあげる現代社会の特徴づけ
のほとんどをその基礎にある経済的条件に結びつけて説明した。

　＊1　この論証ということにもっともこだわり、独自の「価値論」をつくりあ
　げたのが宇野弘蔵である。宇野は商品の価値が労働によって規定されている
　ことを「論証する」ことを最大の課題とした。価値の論証は『資本論』のよ
　うに流通過程でおこなうことは不可能であり、生産過程で論証されなければ
　ならないと考えた。

　　宇野も「現実の諸関係の分析が、現実の価値関係の証明と確認をふくんで
　いる」ことを理解せず、「価値概念を証明する」必要があると考えたのであ
　る。

　　このような宇野の考えに前提されているのは、商品、貨幣、資本という経
　済的諸カテゴリーである。それらは価値概念から展開されるものではなく、
　はじめから説明を要しないものとして前提されている。宇野が商品形態を
　「流通形態として純化する」というとき、そこにはすでに貨幣の社会的機能が
　何の説明もなく前提されている。価格のあるものが商品である。あるいは物
　は価格をもつことによって商品としての統一性を受け取るという多分に日常
　的な意味で経済的諸カテゴリーが用いられている。

　　マルクスがリカードを批判して述べたように、「リカードが、価値を論じた
　第一章で、まずもって展開されるべきありとあらゆる範疇をあたえられたも
　のとして前提し、それらの範疇が価値法則に合致することを論証しようとし
　たのはまさに彼の誤謬である。」(マルクス『クーゲルマンへの手紙』p.88)
　古典派経済学は、流通過程を諸形態の単なる変態として叙述し、最後に、生
　産過程において諸商品の価値を労働に還元したのである。

　　宇野の試みも同じである。宇野にとって商品の価値、価格とは、説明を要
　しない概念としてあらかじめ前提されている。それは流通過程を諸形態の単
　なる変態として叙述し、最後に生産過程において諸商品の価値を労働に還元
　する試みにほかならない。宇野の試みは物事を終わりから始めることである。

　概念の追求と内部的な統一性、これは近代経済学がその分析において取り
あげる対象に応じてそれぞれ異なる諸前提をおかねばならないのと区別され
る特徴である。たとえばシュムペーターの「技術革新」という概念は、どの
ような観点からも新古典派の限界原理に結びつかない。むしろそれは価値法
則の正しさを示唆する。レオンチェフの産業連関表という投入産出分析は限
界理論とは何の関係もない。投入産出分析は生産要素のあいだでの代替性、
つまり限界生産力という概念そのものを否定する。

　さらに、新古典派経済学者の思惑とちがって、ワルラスの一般均衡論も限
界理論とは何の関係もない。一般均衡論の均衡解の存在と安定性の分析に限
界理論が適用されることはないからである。需要と供給にもとづく価格決定
論も限界理論と何の関係もない。需要と供給の作用は価値法則の貫徹の仕方
である。価値法則が貫徹することによって、それぞれの商品の生産に振り向
けられる社会の総労働を社会の需要に見合った水準につねに還元するのであ
る。

　「現実の諸関係の分析が現実の価値関係の証明と確認をふくんでいる」。
マルクスはこのように述べた。科学の本領は事実をその固有の内的関連のも
とに展開することにある。「労働価値説」の論証は論理展開そのものによっ
て与えられるのである。現実の諸関係の分析、『資本論』の全体は一本の糸
のように価値法則の貫徹があらゆるところで展開されている。この点こそ、
これまでマルクス経済学者も含めて多くの経済学者に理解されなかったこと
である。

　自然科学の分野でも理論の正しさは、現実の諸現象を統一的に説明すると
いうその論理の展開のなかにある。ところが、マルクスの労働価値説の場合
は逆で、論理の展開に先立ってあらかじめ労働価値説が証明されなければな
らないと要請される。商品の分析や貨幣の本質、資本主義の内的作用の分
析、そのような論理展開から切り離されて労働価値説がそれとして証明され
なければならないと考えられているのである。ここにさまざまな議論が不毛
であった要因がある。

　この要請が何であるか、自然科学を考えてみれば、その滑稽さがわかる。
マルクスは「労働価値説」を証明していないと批判されたが、同様な批判が

許されるならば、ニュートンは万有引力の法則を証明しなかったし、アインシュタインは相対性理論を証明していないことになる。

ニュートンは万有引力の法則をどのように証明したか。物体どうしが互いにその質量に比例し、距離の二乗に反比例して引き合っているということをどのように証明したか。ニュートンは物体の質量とその距離を測定し、その引力の大きさを数値計算して万有引力の法則を証明しようとしたのではない。これはちょうどマルクスの労働価値説を「投下労働説」と誤解したうえで、労働時間を測定し、それがいかに商品の価格に結びついているかを論じようとするものだ。万有引力の法則の正しさは、ニュートン力学の全体と結びついている。ニュートンがもうけた単純な仮定（慣性の法則と、力が質量と加速度の積で規定される法則）からこれまで無関係と思われていた天体運動や地球上での物体の落下運動などの自然現象を結びつけ、それらを統一的な論理のもとに統合したからである。そのことが万有引力の法則の正しさを証明する。ニュートン力学にもとづいた天体運動と物体の落下運動の説明が——その論理展開の一歩一歩が——万有引力の法則の証明と確認をふくんでいるのである。

人々は「労働価値説」の証明という見当ちがいの問を投げかけたのである。「現実の諸関係の分析が価値関係の、そして価値概念の証明と確認をふくんでいる」ことを理解しなかったのである。「労働価値説」が論証されなければならないという要請は、アインシュタインの相対性理論が、あらゆる関連から切り離されてまず光速度不変の原理と座標変換の相対性の正しさが証明されなければならないという要請と同じである。

リカードは商品の価値を論じる際、これから展開され説明されるべき経済的範疇を与えられたものと前提し、その範疇を最後に労働に帰着させた、とマルクスは批判した。多くのマルクス経済学者の議論も基本的にはリカードとかわりがない。これまで多くのマルクス主義者は、『資本論』の全意義を資本主義の基本的矛盾と資本主義崩壊論に見いだしてきた。そこでは商品や資本の概念さえ明確に意識されていない*1。そのようなマルクス主義者が「労働価値説の論証」という点に特別の意義を見いだしたのも当然といえるかもしれない。マルクスが「現実の諸関係が価値関係の、そして価値概念の

証明と確認をふくんでいる」と主張しても、そのことはほとんど理解されなかったのである。

　　*1　正統派のマルクス主義は、資本をただ所有の面からとらえるのみで、生産条件の問題として論じていない。資本家に引き渡した労働力の価値と労働者がつくりだした価値を比較することが主要内容である。それは資本主義生産の結果に焦点をあてたもので、資本の内的作用を分析したものではない。そうした資本主義分析の欠陥が、他方で生産の社会的性格と所有の私的性格という矛盾に、資本主義批判の全意義を見いだすことにつながっている。正統派の「資本主義の基本矛盾論」とはそのような内容を表現したものである。それは資本主義の危機論、崩壊の統一描写を資本主義批判の中心として押し出すやり方に結びついている。

　宇野は「労働価値説」の論証という問題をマルクス経済学の最も重要な課題としたが、宇野の試みも転倒している。宇野が価値の論証を「労働生産過程」でおこなうといって、資本主義の分析を流通形態からはじめるのは、宇野にとって商品の価値、価値形態、価値尺度あるいは貨幣の社会的機能、資本関係は、説明されるべきものではなく、論理展開に先立って与えられた前提なのである。そして最後に商品の価値が労働に帰着され、「価値の実体」が労働であることが「論証」されると考えた。これは議論を終わりからはじめることである。経済的諸カテゴリーが歴史的事実として固定され、それ以上の検討を加えるものではないとあらかじめ前提されているのである*1。

　「俗流経済学者たちは現実の日々の交換関係と価値の大きさが直接に同一ではありえないことに少しも気がつかない」とマルクスは述べたが、多くの人はここにマルクス理論の非現実性と非妥当性をみてきた。こうした批判に合理性があるとすれば、たとえば物体の落下運動についても同じような批判が許されることになる。物体の落下運動は空気抵抗のため物体の質や形状によって大きな影響をうける。羽毛と石を落下させたときそのちがいによってガリレイの理論を反駁するようなものだ。

　これまでニュートン力学が空気抵抗の存在のもとで物体の運動を説明できないという理由で非難されたことはない。ところがマルクスの場合は、商品

の価値が商品の価格と直接に一致しないという理由で同様の批判が堂々とおこなわれるのである。

　自然科学の発展はニュートン力学にもとづいて宇宙船を太陽系の奥まで飛ばすことができる。しかし、ピサの斜塔の上から紙切れを落としたときどこに落ちるかを予測することは自然科学にとって困難である。近代経済学者とは、この紙切れの落下点を予測することに「科学の本質」を見いだそうとする人々のことである。そのために落下の「数学モデル」が多くつくられ、観測データとつきあわされ、その「実証性」が証明されることになるのである。これはポパーの科学性の要件がもっともそなわった例になることであろう。それは近代経済学者とそれをささえる科学方法論を唱える哲学者にとってその「科学性」を立証する最高の例である。

　「実証主義」を売りものにする近代経済学者はマルクスの労働価値説を観念論、プラトン主義と批判したが、これはちょうど虚数 i をもちいるシュレディンガーの波動関数が直接に粒子の運動をあらわさないという理由で量子力学を批判するようなものである。事実ではなく、当事者の観念をもちだしてそれと一致するかによって理論を作り上げようとすることは馬鹿げたことだ。それは諸現象の羅列でしかないし、また日常意識と一致する理論をつくるため、日常意識の数だけ、普通の思考形態を理論の前提に導入しなければならないであろう。

　これまでくり返し述べたように、科学的な態度とは事実を固有の内的関連のもとに展開するところにある。だから、それがいかに日常意識と合致しないからといってそれを理由に否定されるのではない。

　現代の資本主義社会において商品、貨幣、資本、賃労働という経済的カテゴリーは、人々の自然な思考形態として浸透している。これらのカテゴリーは歴史的産物であり、土地、労働、労働手段、労働対象、労働生産物などの富の素材的要素が歴史のある一定の時期にうけとる一つの社会形態であるということはわれわれの意識の彼岸にある。富の素材的要素は生産諸関係の担い手である。だが、富の素材的要素がこの一定の社会関係のもとでうけとる独自の形態、その社会的性格が見失われると、これらの経済的諸カテゴリーは素材的要素の物としての性質にもとづく属性とみえる。そのとき、これら

の経済的諸カテゴリーは自然的なもの、本来的なもの、永遠の普遍性をもったものとしてあらわれるのである*²。

　*1　「マルクス経済学」に新たな視点を導入した置塩信雄の試みも同じである。置塩は標準的生産係数を用いて価値の計測可能性の道を開いたといわれているが、この試みも転倒している。それは展開されるべき経済的カテゴリーをあたえられたものと前提したうえで、商品の価値を労働に帰着させる試みである。それにしても、森嶋通夫など現実の諸関係の分析とは関係なく、商品の価値を労働に帰着させる試みはあとを絶たないが、そもそも商品価値の労働による直接の表現は不可能である。商品生産のもとで労働時間が「労働単位」として直接に度量の単位としてその役割をはたすことはないからである。それはすべて商品を生産する労働の性格を見落とした議論である。

　*2　商品は一つの物、有用物の形態で存在している。そして商品という規定は物のもつ有用性やその素材的規定とは何の関係もないが、商品は有用物、あれこれの使用価値としてあらわれる。貨幣は商品世界のなかで、ある特定の商品が価値表現において特別の役割を獲得したということでしかない——そして、その役割のある機能は一定の条件のもとでたんなる象徴におきかえうる——が、逆にあるものが貨幣であるからという理由によって、そのものは生まれながらに貨幣の機能、つまり価値尺度の機能、直接交換性の機能をもつものとみえる。

　資本の概念も同じである。資本はそれ自身で価値増殖する価値とみえる。生産手段が一定の社会関係のもとで受けとる社会的な形態が見失われているのである。資本はある物が生産手段であるという規定とはなんの関係もないが、資本は新たに物をつくりだす生産手段の姿で存在している。賃労働も一定の社会関係のもとで受けとる労働の一つの社会的形態である。賃労働という規定は人間労働一般とは何の関係もないが、労働そのものとしてあらわれる。資本と賃労働は生産条件に結びついた歴史的に規定された一定の社会関係の表現でしかないが、その社会関係がみえないと資本や賃労働は、生産手段や労働という生産の素材的要素そのものがもつ属性にみえる。

近代経済学の科学性とは「現実妥当性」のことであるが、それは人々の日

常意識や観念に合致するという単純なものである。貨幣や資本が一定の社会関係のもとでうけとる社会的機能をその物のもつ属性として描きだそうとする点にその本質がある。

　近代経済学の特徴は大きく分けて二つある。「現象の観点」と「形而上学」である。「実証性」を全面に押し出して数量的な関係を取り扱う計量経済学、そこでは統計学的処理が中心である。そこには経済理論はない。xとyとの相互関係が回帰分析や最小2乗法という統計学によって分析されればよいのである。他方、新古典派の限界理論や一般均衡論は現実経済を一片たりとも説明しない理論である。それは自らが設定した「最適化基準」に合致する市場経済が至上であると主張したものであり、現実の市場経済とは無縁である。

　新古典派の市場分析は、自らつくりあげた架空の世界を分析対象としたものである。現実を抽象して有意義な概念をつくりだすのではなく、現実とは無縁の世界を想定し、そこに商品の価格と数量の関係をみたものである。

　近代経済学の思考は頭のなかで完全に分裂している。互いに相容れない考えが同居している。一方で現実経済とは何の関係もない新古典派の価格理論があり、他方で、現実経済について数量的データの寄せ集めがある。経済学者は必要に応じてそれを無意識のうちに使い分ける。サミュエルソンが国際経済や国内経済に直面しているとき、彼は新古典派の中心命題を忘れている。逆に彼が「経済学」に向かうとき、現実の経済問題は脳裏から消え失せているのである。

〔補Ⅱ〕　市場メカニズムと価値法則

（1）需要と供給の作用——価値法則の貫徹

　新古典派経済学はマルクスを次のように批判した。マルクスの労働価値説は商品の価格を投下労働によって説明する理論であり、需要とは独立に価格が規定される点に特徴がある。マルクスは商品の価格が需要条件とは独立に生産条件によって決定されると考えている。マルクスの理論は生産と供給の側面をみるだけで、需要の側面を無視している。そのため需給関係から価格変動を説明することはできない。このようにマルクスを批判した。

　新古典派が主張していることは商品の価格は需給関係によって決定されるということである。新古典派はマルクスの労働価値説に対抗して「主観的な効用価値説」を唱えた。財貨や用益にたいする需要を決定するのは個人のもつ欲求の充足程度、限界効用の大きさである。この個人の主観的心理的評価が需給バランスにたいする経済行動に説明を与え、商品の価格を決定すると考えたのである。

　しかし、新古典派の需給関係にもとづく商品の「価格決定理論」は正しくない。それは商品の価格と数量のあいだに一つの必然的な関係をみることによって成立しているが、現実の市場経済のなかにはそのような関係はないからである。

　マルクスが需要と供給の関係を無視しているというのは適切ではない。新古典派のほうが需要関係を正しくとらえていない。新古典派は需要と供給の作用にもとづく市場メカニズムをとり違えているのである。たしかに、マルクスは需給関係についてあまり多く語っていない。マルクスの中心課題は資本主義生産の内的作用の分析である。経済的諸カテゴリーの分析をふまえてその基本的な関係と一般的な傾向を明らかにすることであり、需給関係の分析は副次的な意味しかもっていないからである。

　マルクスは需要と供給の関係が商品経済のなかでどのように働き、またそ

れが何にもとづいているのかを示している。需給関係に対応する市場価格の変動が生産の社会的均衡をどのようにつくりだすか。市場において供給不足あるいは供給過剰の状況があれば、その状況はどのように調整されるか。市場メカニズムは新古典派が想定するような商品の価格と数量のあいだに規定されるような関係にもとづく作用ではない。社会の需要量——それ自体、確定された一つの大きさではなく、生活諸条件の変化とともにつねに変化する流動的なものである——に対する供給量の大きさをあらわすだけである。それが市場価格の変動としてあらわれる。

　社会の需要にたいして供給が少ない場合、市場価格が上昇し、逆に供給が過剰の場合、市場価格が低下する。このように需給関係を反映してより高い、あるいはより低い市場価格が形成される。この市場価格が次の生産に影響を与え、生産量を調整する。市場価格が高ければ、生産が拡大され、市場価格が低ければ、生産が縮小される。市場価格の変動が生産をつねに適正な水準に引き戻そうとする。これが需要と供給の作用である。市場の均衡はこのような生産の諸変動を通じて維持されるのである。

　需要と供給の作用は、市場の均衡、市場の規律性をつくりだすが、商品の価格と数量を規定するのではない。それは市場価格の変動を通じて社会の需要量に適合する供給量をつねにつくりだそうとする作用である。そして均衡は一つの社会過程としてあらわれる。新古典派が想定するように、経済の流れのある一点で、あるいは一つの定常状態としてあらわれるのではない。また、商品の「適正な価格」、いわゆる「自然価格」は、そのような一つの社会過程のなかであらわれてくる。決して「需要と供給が一致するように価格が決まる」のではない*1。市場経済のもとで規律は「盲目的に作用する無規律の平均法則」としてのみ自己を貫徹するのである。

　　＊1　そもそも需要曲線や供給曲線を用いた新古典派理論では、供給不足や供給過剰という状況、さらにその状況に応じた市場価格の形成を考えることはできない。商品の価格と数量のあいだに必然的な関係をみる新古典派の方法からは、「需要と供給が一致するように価格が決まる」という価格決定論しか生まれようがないからである。

　「需要と供給が一致するように価格が決まる」という命題は、商品の価格と

数量のあいだに規定されるような一定の関係がある、という想定から生まれてくる。しかし、需要と供給の作用とは、商品の価格と数量のあいだに一定の関係があることから生まれる作用ではない。需要と供給の作用とは、ただ社会の需要量に対する供給量の水準をあらわすだけである。

　現実の市場において供給不足や供給過剰の状態が存在する。さらに、この状況に応じてより高い、あるいはより低い市場価格が形成される。こうした事実は価格と数量のあいだに必然的な関係をみる新古典派の考えを否定するのである。

　マルクスはこうした市場メカニズムの働きを、価値法則がいかに貫徹するかということから説明したのである。需給関係に対応する市場価格の変動が生産の均衡をつくりだすのは、価値法則が貫徹するからである。すなわち、需給関係にもとづく市場価格の変動を通じて、さまざまな商品に振り向けられる労働の総量をたえずその限度に引き戻そうとするからである。

　商品の売り手の総計が供給であり、商品の買い手の総計が需要である。これらは社会的な集合力として作用する。個々人はこの社会的な力の一部分、集合の一員として振る舞うにすぎない。個々人の意思、予見、もくろみはすべてこの集合力に吸収される。現実の個々の場面をみれば、それは偶然によって支配される競争の場面である。売り手と買い手の競争、売り手どうしの競争、買い手どうしの競争である。生産物の交換者が実際に関心をもつのは、自分の生産物と引き替えにどれだけの生産物が手にはいるのか、つまりどのような割合で交換されるのかという問題である。そして、この割合はたえずくり返される交換を通じて一定の大きさに固定されていく。

　こうして市場に一つの均衡がつくりだされ、諸商品の価格は、それがめぐって運動し、そこに平均化される一つの重心をつくりだす。これが商品の適正な価格、いわゆる「自然価格」である。

　マルクスが『資本論』の冒頭で商品を分析する際、念頭においているのはこのような事実である。マルクスは『資本論』の冒頭で商品の交換価値を分析したが、それは個々の交換行為にあらわれる「商品の交換」ではなく、一連の社会過程のなかであらわれる「商品の交換関係」を取り上げているので

ある。個々の偶然を通じて、あるいは現在受け入れられている言葉でいえば、市場機構のメカニズムにもとづいて、あるいはまたアダム・スミスが「みえざる手」と呼んだ市場の力によってあらわれてくる、商品が交換される割合を問題にしたのである。

マルクスの労働価値説が需要の側面を、あるいは需給関係を無視しているという批判は的はずれである。マルクスが商品を分析する際、いったい何を前提に、何を論ずるのかということをほとんど理解していないといえる。この点では、じつは「マルクス経済学」も新古典派と同じである。「マルクス経済学」も新古典派経済学も市場メカニズムと価値法則が無関係な別のことがらであると理解しているからだ*1。

*1　すぐに思い出すのは宇野弘蔵である。宇野は商品価値を分析するとき、商品所有者の欲望をもちだした方がわかりやすいとマルクスを批判したが、そもそも論点が違う。宇野は商品の価格が一定の値に収斂していく過程に、特別の意義を見いだし、それを「価値形態論」の課題としたが、商品経済のもとで商品の価格が一定の値に収斂していくのは、市場で相対する二者の交換行為やその合意に至る意思行為のなかではない。

そこには市場が存在し、不特定多数の人々が存在し、交換はくり返しおこなわれる。市場の状況が次の生産に反作用し、生産の諸変動を引きおこし、需給関係による市場メカニズムの働きのなかで商品の「適正な価格」があらわれてくるのである。宇野も、交換当事者の合意をそのまま需給の一致と解しているのである。それは新古典派がセリ値の形成過程における売り手と買い手との合意をそのまま「需給の一致」と解したのとおなじ誤りである。商品所有者をもちだして、その交換行為をどれだけ述べても、そこに商品経済の規律性、均衡を見いだすことはできない。

なお、マルクスの価値形態論は、このような一連の社会過程のなかであらわれる商品の交換関係、つまり、「等価である価値関係」と「その価値が表現される様式」を分析したものである。この「価値の表現される様式」が貨幣の秘密、すなわち貨幣の社会的機能を明らかにするのである。宇野の「価値形態論」は、貨幣の社会的機能を説明したものではなく、その社会的機能を前提とした貨幣の振る舞いを叙述したものにすぎない。

　市場における需給関係によって供給量が社会の欲望に見合った適正な水準にたえず還元されるが、それはそれぞれの商品種に振り向けられる社会の総労働の分割、配分が需要と供給の作用を通じて調整されることを意味している。価値法則は市場メカニズム——需要と供給の作用——を通じて貫徹する。逆にいえば、価値法則が貫徹するから需要と供給による市場メカニズムが働くのである。「需要と供給の作用」は、価値法則の貫徹の仕方である。

　このことを明確にするためには次の二点を押さえておかねばならない。

　一つは商品の交換価値を分析する際、重要なことは「個々の交換行為」を取り上げることではなく、「一つの社会過程としてあらわれる交換関係」を取り上げねばならないということである。商品生産のもとで規則性は再生産を含む交換のくり返しのなかから生まれてくるからである。市場メカニズムはこのくり返しのなかで働く。交換の不断の反復が生産の諸変動を引きおこし、交換を一つの規則的な過程にする。この点を見誤ると市場メカニズムについて、ほとんど形而上学的ともいえる内容を展開することになる。

　もう一つは、商品を生産する労働の独自の性格である。商品生産のもとで人々の労働は直接に社会化されたものではなく、独立した私的労働である。この労働が社会的なものとしてあらわれるのは、労働の対象形態、つまり商品という形態である。商品生産のもとで人々は労働生産物を価値物として等置することによって労働の社会的関連をもつのである。

　ここに商品生産のもとでの労働の独自の性格がある。この点がよく理解されないと、商品価値や市場メカニズムの分析は混乱したものになる。商品生産の特徴は、商品を生産する労働の性格に結びつけて論じるところに核心がある。需要と供給の作用、市場メカニズムもこの労働の性格に結びつけて、はじめてその本質がわかるのである。

　そればかりでなく、商品を生産する労働の性格について明瞭にすることは重要である。マルクスにたいする誤解や曲解のほとんどは、この点に関連するからである[*1]。価値の実体にかんする的はずれな議論、「社会的に必要な労働時間」にかんする混乱した議論、貨幣の概念および貨幣の必然性にかんする議論、同種の商品であればその市場価値はすべて同一であるという「価値の社会的性格」、さらに需要供給の作用としてあらわれる価値法則の貫徹

の仕方、これらはすべて商品を生産する労働の社会的性格に結びついているのである。

　マルクスの労働価値説は「投下労働説」や「体化労働説」ではない。商品の価値を規定するのはその商品に費やされた個別の労働時間ではなく、社会的に必要な労働時間である。なぜ、「社会的に必要な労働時間」が問題になるのか、それも商品生産のもとにおける「人々の労働の関連の仕方」、「その労働の社会的性格」に結びついている。

　*1　新古典派だけでなく、正統派の「マルクス経済学」も例外ではない。これまで「マルクス経済学者」による商品の「価値」と「実体」についての議論がほとんどスコラ的であった要因は、この商品を生産する労働の社会的性格が正しく理解されなかった点にある。価値の実体である「抽象的人間労働」の性格をめぐる問題、商品価値の大きさを規定する「社会的必要労働時間」の問題もそうである。

(2) 商品の交換関係

　　商品の交換比率はどのようにあらわれるか。商品の分析に際して何を問題にするべきか。重要なのは、個々の交換行為ではなく一つの社会過程としてあらわれる交換関係である。

　先に述べたように、マルクスが『資本論』冒頭で取り上げた商品価値の分析は、個々の交換行為としてあらわれる商品の交換ではなく、一つの社会過程としてあらわれる商品の交換関係、すなわち価値関係を取り上げたものである。それは『資本論』第三巻の市場価値の分析を念頭においている。商品の価値、交換比率は需要と供給が一致したときあらわれるが、それはくり返しおこなわれる交換のなかで一つの社会過程としてあらわれてくる。新古典派が考えるように、交換者の合意の結果として、あるいは経済の流れのなかのある一時点としてあらわれるのではない。

　たしかに、交換の個々の場面をみれば交換当事者の合意である。「交換比

率」が決められるには、二人の当事者が合意するしかない。二人の当事者が合意しないことには商品の交換は成立しない。しかし、ここに商品の交換関係の本質をみることは正しくない。それは市場の存在、市場メカニズムの働きを見失うことになるからである*1。

*1　たとえば、主観的価値論を展開する新古典派の限界効用理論は賦存量を前提とした二者二財の議論である。それだけではない。商品所有者の欲望を考慮に入れなければならないという宇野の価値形態論も基本的な点は同じである。

$$x \text{ 量の使用価値 } A = y \text{ 量の使用価値 } B$$

x 量の使用価値 A と y 量の使用価値 B が交換される。A と B という物は、ここでは交換のまえに商品ではなく、交換を通じてはじめて商品になる。ある使用対象が交換価値となる最初の様式は、非使用価値としてのその所有者の欲求を越える分量の使用価値である。限界効用理論が主張するように、誰もが余分なものを必要なものと交換するのである。

次に商品交換がはじまる。

「諸物の量的交換比率は、さしあたりはまったく偶然的である。それらの物が交換されうるものであるのは、それらを互いに譲渡し合おうとする所有者たちの意志行為によってである。しかし、そのうちに、他人の使用対象にたいする欲求がしだいに固まってくる。交換の不断の反復は、交換を一つの規則的な社会的過程にする。それゆえ、時の経過とともに、労働生産物の少なくとも一部分は、意図的に交換めあてに生産されざるをえなくなる。この瞬間から、一面では、直接的必要のための諸物の有用性と交換のための諸物の有用性とのあいだの分離が確定する。諸物の使用価値は、諸物の交換価値から分離する。他面では、それらの物が交換され合う量的比率は、それらの物の生産そのものに依存するようになる。」（マルクス『資本論』①p.150）

たとえば、ビーバー皮とシカ皮の交換について考えてみよう。その際、重要なのは個々の交換という行為でなく、一つの社会過程としてあらわれる交換関係を論じなければならないということである。たまたまある人がビーバー皮を所有し、また別のある人がシカ皮を所有し、それを交換することが問

題なのではない。そうした交換は二人の意思行為が重きをなし、二人のおかれた状況に依存するであろう。

　しかし、交換はこの二者で終わるのではなく、無数の人がかかわり合う市場が存在する。ビーバーやシカの捕獲作業、なめし作業とともにビーバー皮やシカ皮は再生産され、取引はくり返される。再生産され、くり返される交換行為、この生産と交換の流れのなかで市場メカニズムが働き、ビーバー皮とシカ皮の一定の交換比率が形成されていく。もし、ビーバー一頭を捕らえるのに6時間の労働を、シカ一頭を捕らえるのに4時間の労働を人々が平均として必要とすれば、ビーバー皮とシカ皮の交換比率は4：6となる。そこでは個々の偶然性は排除され、平均化され、両者の交換比率はそれぞれの捕獲作業に必要とする労働時間に規定されるようになる[*1]。

　ビーバー皮とシカ皮の交換はビーバーを捕獲する労働とシカを捕獲する労働との交換を意味する。もしそうでなければ、それを容易に生産できる労働、すなわち、社会が必要とする労働時間のより少ないとみなされる生産物の労働に人々が動くであろう。

　　[*1]　当然のこととして、なめし作業をはじめとして革製品を作りあげるのに必要なすべての作業が交換比率を決定することになる。もしシカ皮よりビーバー皮のなめし作業により多くの労働を必要とすれば、その交換比率はさらに大きくなる等々。

　　もちろん実際には、社会の欲望に対応してビーバー皮とシカ皮が適量に生産されるとは限らない。生産そのものは独立した私的生産者による生産であり、生産はつねに分権主義的で無政府的である。あらかじめ生産量が調整されるわけではない。（新古典派の市場分析は予定調和である。それは交換に先立って生産量があらかじめ調整される「世界」である。）

　　ときにはシカ皮がより多く生産されるかもしれない。超過分は不要である。その際、シカ皮の総体があたかも社会が必要とする労働量をあらわす限りでシカ皮は売られる。つまりシカ皮の価格は低下する。シカ皮の一つひとつはシカ皮全体の生産に振り向けられた労働の可除部分をなすからである。

　　もし、シカ皮の生産過剰が一時的なものではなく、一般的傾向であれば、それはシカの捕獲作業に社会がより多くの労働が振り向けられていることを

示している。シカ皮生産にふり向けられていた過剰な労働は引き上げられ、他の生産部面に移動することになる。こうして社会の欲望に適した生産数量に引きもど戻され、シカ皮価格がちょうど社会的に必要な労働時間をあらわす価格に落ち着くことになる。

　さらに次の点を指摘することもできる。シカの捕獲技術の向上によって、あるいは皮のなめし作業の技術向上によって生産性が高くなれば、シカ皮価格は低下する。シカの捕獲作業、皮のなめし作業に必要とされる労働時間が短縮されるからである。逆の場合もある。自然環境の悪化によってシカの存在量が減少すれば、シカを捕獲するのに必要とする労働時間が増大する。その場合シカ皮価格は上昇することになる。

　このように商品の価格は、その商品を生産するのに必要な社会的労働時間によって規定されている。生産の自然的条件、あるいは技術的条件によって商品の価値は変動する。そうであるのは生産の自然的条件、技術的条件が商品の価値を規定するのではなく、商品を生産するのに必要な労働時間を左右するからである。

　新古典派は主観的価値判断を「経済の本質」ととらえ、個人の行動を分析する。新古典派の限界効用理論によれば、商品の交換比率は個々人の主観的価値判断によって規定される。しかし、それは個々の「交換行為」を分析したものであっても市場にあらわれる「交換関係」を分析したものではない。それは交換がくり返しおこなわれ、交換の規則性が生産の諸変動をふくむ一つの社会過程としてあらわれることをみていない。

　新古典派の主観的価値論はいったい何を論じたものか、新古典派が引き合いに出す例をみてもよい。それは発展した商品市場ではなく、比較的少人数の閉鎖的な特殊条件——およそ再生産が問題になりもしないような条件——のもとにおける交換行為である。たとえば、ある人が隣人とコーヒーと紅茶、ミカンとリンゴ、バターとマーガリンを交換する。あるいは刑務所で服役者が食事とタバコを交換する。砂漠で孤立した二人が水と食料を交換する等々。

　非常に限られた狭い世界、直接の使用対象を超える部分が問題になる世界、あるいは再生産が問題にならない世界、つまり交換の不断の反復が生産にまったく影響を与えないような経済のもとにおける「交換行為」を想定したものである。「自己の所有物をどのように交換すれば満足度を高めることができるのか」という新古典派の主観的価値論はこのような想定のうえに成立している。非使用価値としての所有者の直接的欲求を超える分量を問題にするにすぎない*1。

　それは発展した商品経済ではなく、直接の使用対象を超える余剰生産物が交換される未発展な経済である。そこでは個人の主観的価値評価や判断が重きをなし、その個人のおかれた条件、境遇、あるいは偶然性が物の交換比率に影響を与えるであろう。

　　*1　第2章でみたように、「限界効用」の概念は「賦存量」という概念を前
　　提に成立している。限界効用理論は、「欲望満足の状態を最大化するために
　　は、現在、所有しているものをどれだけ交換すればよいか」という主観的価
　　値判断によって、商品の交換比率が規定されるとする。

　　　そもそもこの理論の欺瞞は、「現在、所有しているものをどのように交換す
　　れば、最大満足が得られるか」という問を発するところにある。この問は非
　　使用価値としての所有者の直接的欲求を超える分量を問題にすることになる
　　が、この分量自体が個人の所有する財量、すなわち「賦存量」に依存する。
　　そしてこの「賦存量」を――まさにワルラスがそうしたように――個人の
　　所有する財量ではなく、天賦の賦存量として自然的基礎に還元するところに
　　この理論の本質がある。つまり商品の価値は物のもつ「有用性」と「制限さ
　　れた量」という自然的事実によって規定されることになる。しかもその重点
　　は「有用性」にではなく、もっぱら「制限された賦存量」にある。「限界効
　　用」の「限界」という概念は、その賦存量に根拠をもっているからである。

　重要なことは、商品の交換関係の規則性は、個々の商品所有者の合意ではなく、不断にくり返される交換の反復のなかで一つの社会過程としてあらわれるということである。それは生産と交換をふくむ社会過程である。需要と供給の作用はその過程のなかで働き、供給量を社会の欲望に対応した水準に

たえず引き戻そうとする作用である。その過程のなかで、商品の交換比率、その適正な価格、いわゆる「自然価格」は確定され、あらわれてくる。

　交換の規則性は、交換のくり返しのなかから出てくる。不断にくり返される生産の諸変動を通じて維持される。マルクスが指摘したように、商品経済は、規則が盲目的に作用する無規律の平均としてのみ自己を貫徹する生産様式である。マルクスは『資本論』冒頭で二商品の交換関係を分析したが、それは商品所有者が相対する個々の「交換行為」を分析したものではない。マルクスが分析したのは、二商品の「交換関係」であり、商品市場に存在する無数の商品のなかからただ二つの任意の商品をその代表として取りだし、それらが等価である関係を分析したものである*¹。

　新古典派経済学は――そして宇野経済学もそうだ――交換という個々の経済行為を分析する。財をもつ二人の商品所有者が相対し、彼らの欲望や主観的な意思、判断を叙述することに市場経済分析の意義を見いだすものであるが、そうしたやり方がすでに誤っている。それは商品生産の特徴、とくに市場メカニズムを見失っている。

　問題にすべきことは、個々の交換行為ではなく、不断にくり返される交換のなかで形成される「商品の交換関係」である。だから、商品所有者を登場させ、所有する商品をどのように交換するか、その合意にいたる過程をえがきだす試みは、すべて商品生産の特徴、その市場メカニズムを見失っているのである*²。

　世間の常識となっている商品価値、商品価格の分析のほとんどは、「市場価格の形成過程」、「この合意に至る過程、売り手と買い手のやりとり、互いの意思行為」のなかに市場機構の重要な働きである市場メカニズムをみたものである。そこでは売り手と買い手との合意が、そのまま「需要と供給の一致」と解され、「商品価格の決定」と理解されている。

　新古典派が想定するセリ値の形成過程、宇野が「価値形態論」で想定する商品の価格がある一定の値に収斂していく過程がそれである。それはたかだか、一つの市場価格の形成を論じたものにすぎない。市場価格の形成自体が、すでに生産され市場に放出された供給量にもとづくものであることは忘

れられている。市場価格は社会の需給関係を反映して、より高い、あるいは
より低い価格が形成される。売り手と買い手の合意は決して「需要と供給の
一致」をあらわすのではない。そして、その市場価格の高低が次の生産に影
響を与え、生産の拡大、縮小を引き起こし、社会の需要量に適合する供給量
をつねにつくりだそうとするところに需給作用の働きがある。

　だから、次のことがいえる。一回きりの合意や交換のなかに、商品の「適
正な価格」があらわれてくるのではない、と。商品の価格は再生産をふくむ
交換のくり返しのなかからあらわれてくる。なぜなら、生産は独立した私的
生産者による生産であり、その本質は無政府的で分権主義的である。生産に
「統制」が加えられるわけではないし、また新古典派が考えるように「予定
調和」が生まれるわけではない。市場価格の変動を通じて供給量をたえず社
会の需要量に適合させようとする。需要と供給の作用は交換と再生産を含む
くり返しのなかから一つの社会過程として働く。このように商品生産のもと
で規則性は交換のくり返しのなかから生まれるのである。

　新古典派の需要曲線と供給曲線を用いた市場分析は、需要と供給の作用に
よる市場メカニズムとは何の関係もない。それはセリ市場などにおける市場
価格形成に至る買い手と売り手のやりとりを模式化したものであるが、市場
における需要と供給の作用を示すのではない。

　新古典派の「需要と供給の一致するように価格が決まる」という命題は、
簡単な誤りから生まれてくる。セリ値（市場価格）の形成を「需要と供給の
一致」と取り違えたのである。セリ値価格の形成は、売り手と買い手との合
意を示しているが、決して「需要と供給の一致」という事態をあらわしてい
るのではない。新古典派が主張する「需要と供給による価格決定論」とは、
このようなとり違えの上に成立しているのである。

　　*1　この「等価」という内容を十分理解したうえで、はじめて交換価値が価
　　　値の現象形態、価値の表現様式にかかわるものであることがわかる。さまざ
　　　まな商品が一定の価値関係におかれる等価の関係、その関係のなかにふくま
　　　れる共通性が「価値」である。交換価値は「価値の形態」、つまり価値の現象
　　　形態である。それが貨幣の秘密を解き明かすのである。

　　*2　この問題は、われわれが思うより重要なことを含んでいるといえるかも

しれない。一つの社会過程としてあらわれる商品の交換関係を問題にするのではなく、個々の交換行為のなかで「形成される商品価格」を問題にする。それは需給関係を反映した一つの市場価格の形成を述べたものでしかない。このとり違えがマルクスにたいする一知半解の原因であり、また価値論にたずさわった多くのマルクス経済学者の議論が不毛であった原因でもある。（もう一つ原因がある。それは「価値」と「交換価値」の区別であり、上の註で述べたことである。）たとえば、マルクス経済学者のなかで、よく議論された次の問題もそのことを示している。

　①　マルクスの議論は「循環論法」だという批判。古くはベーム・バヴェルク、最近ではサミュエルソンの議論にみることができるが、それに対するマルクス経済学者の反論は貧困である。

　②　いわゆる「廻り道」の問題。宇野弘蔵や久留間鮫蔵をはじめ、多くのマルクス経済学者を巻きこんだ「価値形態論」の議論である。

　マルクスは次のように述べた。商品が価値として等値されるのは、労働の等値によるものであるといいながら、他方で、労働が等値されるのは、労働生産物が価値として等値されるからだ、という。多くの経済学者は、ここに「循環論法」をみて、二者択一をせまるが、それは商品生産の特徴を理解していないことから生まれる見解である。商品を生産する労働の性格を理解していないことに要因がある。商品生産のもとで「労働の同等性」がどのようにあらわれるか、「労働の同等性」があらわれる独自の形態が見失われているのである。

　③　「価値の実体」である「抽象的人間労働」の社会的性格にかんする問題、ルービン-コーン論争に示される問題である。これまで多くのマルクス経済学者は、価値の実体である抽象的人間労働について、おもにそれがどこで還元されるか、どこで抽象化されるかという「抽象される場所」、「還元される場所」の問題として論じてきた。たとえば、商品の価値は生産過程で創造されるが、市場に出されたあとで、「事後的」に確定されるという見解が多い。あるいはまた、「価値はどこで創造されるのか」、「商品価値の起源はどこにあるか」、「抽象的人間労働はどこに基礎をもつか」、等々、という「場所の問題」を論じてきた。価値の実体である抽象的人間労働をめぐって「交換過

程においてか、生産過程においてか」という、奇妙な議論をくり返してきた。
これは商品を生産する労働の独自の社会的性格を見失ったところに生まれる
不毛な問題である。

　マルクスは、人々の労働が抽象的人間労働に還元されるのは「社会的生産
過程の背後で」と述べたが、多くの人にとって、このことが曖昧に見える の
である。それが商品を生産する労働の性格とその形態に結びついているとは、
思いもよらないことである。商品生産のもとで規則性や規律性、したがって
商品の交換比率はどのようにあらわれ、確定されてくるか。それは再生産を
含む交換のくり返しのなかからあらわれ、確定される。交換の不断のくり返
しが交換を一つの規則的な過程にするのである。それが商品生産のもとで
人々が労働を関連させる仕方の表現であり、また価値法則の貫徹の仕方でも
ある。だから抽象的人間労働への還元の問題は、交換過程か生産過程かとい
う場所の問題ではなく、商品を生産する労働の独自の性格とその形態にかか
わる問題なのである。それをマルクスは「社会的生産過程の背後で」と述べ
たのである。

　このように抽象的人間労働の社会的性格は、商品生産のもとで規則性、規
律性がどのようにあらわれるか、あるいは、商品の交換比率はどのようにあ
らわれてくるか、という問題とも結びついているのである。

　商品の交換比率、その適切な「交換関係」は一回だけの交換で確定される
のではない。商品経済の個々をみれば偶然によって支配される競争の場面で
ある。その流れのなかのある一点に商品経済の規則性や統一性を見いだすこ
とは正しくない。個々の偶然が大量に総括されることによって規則性があら
われてくる。それは生産の諸変動とをふくむ交換のくり返しのなかから一つ
の社会過程としてあらわれてくるのである。

　商品の交換比率が規定されるのは生産過程か交換過程か。あるいは新古典
派が主張するように、人と財との関係、財に対する人の主観的評価か。商品
経済の規則性や規律性を論ずるために、生産過程や交換過程の個々の場面を
もちだすのは、正しくない。それは商品生産のもとで規則性、規律性は一つ
の社会過程としてあらわれることを無視した考えである。
「生産者たちは彼らの労働生産物の交換を通してはじめて社会的接触にはい

るから、彼らの私的諸労働の独特な社会的性格もまたこの交換の内部ではじめて現われる。あるいは、私的諸労働は、交換によって労働生産物が、そしてまた労働生産物を媒介として生産者たちが、結ばれる諸関連を通して、事実上はじめて、社会的総労働の諸分肢として自己を発現する。だから、生産者たちにとっては、彼らの私的諸労働の社会的諸関連は…人と人とが彼らの労働そのものにおいて結ぶ直接的に社会的な諸関係としてではなく、むしろ、人と人との物的諸関係および物と物との社会的諸関係として現われるのである。」（マルクス『資本論』①p.124）

　ここにあるのは、商品生産のもとにおける人々の労働の関連の仕方である。たしかに、労働生産物は交換の内部ではじめて商品となる。しかし、それを交換過程の問題として論じることは、商品生産に独自の労働の関連の仕方、その労働の社会形態を見失うものである。

(3)　商品を生産する労働の独自の社会的性格
——商品生産のもとにおける人々の労働の社会的関連の仕方：社会的総労働にたいする私的諸労働の関連

　新古典派経済学が問題にするのは、個々人の欲望と財との関係である。こうした問が提出されるならば、当然、次のような問も生じるであろう。われわれは、人々の欲望に応じてさまざまな財貨をどれだけ生産しなければならないか、と*1。

　どのような財貨をどれだけ生産するか、あるいは、どれだけ生産できるか。また、それらの財貨を生産するために、どれだけの労力、すなわち労働を必要とするか。同じ財貨であっても生産技術、労働の組織編成などが異なれば、それを生産するために必要な労働量は異なる。ある財貨を生産するための生産方法が改良され、労働生産性が向上すれば、以前と同量の財貨を生産するために必要な労働は減少する。その労働の一部分は不要となり、他の生産部門に移ることになる。また、新製品の発明、開発によって新たな生産部門が生まれれば、その部門で多くの労働が必要である。それは国民経済の観点からみれば、新たな雇用の創出でもある。

*1　新古典派によれば、さまざまな財貨の生産量は財貨の価格に対応して規定された一つの大きさとしてあらわれる。新古典派の生産理論によれば、投入量の増大以上には産出量が増大しないという奇妙な「投入・産出の数量関係」が存在するため、与えられたある価格に対応してそれ以上生産すると企業はかえって損をすることになる生産量というものが存在する。それは投入と産出のあいだに素材的、技術的に規定された関係とは別の「投入・産出関係」を想定する新古典派の必然的な帰結である。

　産業の進歩、つまり新発明、技術革新、生産方法の改良によって、生産される財貨と財貨量は変化し、それとともに人々の生活様式も変わり、また欲望も変化する。どのような財貨をどれだけ生産するか、あるいは、どれだけ生産できるか、それは産業の発展とともにつねに変化する。その変化に応じて、それぞれの財貨の生産——直接の消費物資だけでなく、その生産に必要な原材料、生産手段の生産もふくむ——に振り向けられる社会の労働も変化する。どのような財貨をどれだけ生産するか、それはいいかえれば社会の総労働をどのような生産部面にどれだけ分割、配分するかという問題である。その分割、配分の割合は産業の発展とともに変化する。

　そして、それぞれの財貨の生産に必要とされる労働の割合、その労働量がその財貨（商品）の価値を規定する。技術革新、生産方法の改良によって生産性が向上すれば、その財貨の生産に必要とされる労働が短縮され、その商品の価値は低下する。逆に、環境破壊など自然条件の悪化によって生産条件が低下すれば、その財貨の生産に必要とされる労働は増加する。その商品の価値は高くなる。

　新古典派は、「パレート最適」と呼ばれる希少資源の効率的配分という問題を提起したが、もしそのような問題に現実経済の意味があるとすれば、それはただそれぞれの資源を手に入れるため、あるいは加工して新たな有用物をつくりだすために必要とされる労働の問題である。それは社会が必要とするさまざまな財貨（それは固定されたものではなく、つねに変化する）の生産のために社会の総労働をどのような割合で分割・配分するかという問題である。

　「商品生産者たちの一般的社会的生産関係は、彼らの生産物を商品として、したがってまた価値として取り扱い、この物的形態において彼らの私的諸労働を同等な人間的労働として互いに関連させることにある」（マルクス『資本論』①p.134）

　労働生産物を商品として互いに交換することは、それらの生産物を生産する労働を交換する一定の社会的形態である。それは歴史的に規定された社会的労働の一形態であり、労働の社会的関連の仕方である。商品社会のもとで、人々の労働の社会的関連は、私的労働による生産物の交換という形態をとる。人々の労働が社会的労働の形態をとるのは、労働生産物を商品として、価値物として関連するかぎりである。

　社会のさまざまな欲望や欲求にたいして、さまざまな有用物が必要であり、その有用物を生産するために社会の総労働をさまざまな用途に分割、配分しなければならない。商品生産のもとで、この労働の分割、配分、すなわち人々の労働の社会的関連が、労働生産物を商品として、価値物として互いに関連させることによってあらわれる。

　商品生産社会のもとで人々は生きた労働を直接に関連させるのではない。ここでは人々の労働は直接に社会化されていない。生きた労働の発揮がそのまま社会的なもの、社会的総労働の一部分として評価され、通用するのではない。労働支出の結果である労働生産物を「価値物」として関連させることによって、労働の社会的関連を結ぶ。人々の労働は独立した私的労働であり、その労働が社会に通用するのは、その生産物の形態である。これが商品社会において人々の労働が社会的なものとして通用する形態である。

　だから、個々人の労働も生産物をつくりだすのに社会が必要とする労働をあらわすかぎりで、他人の労働と区別されず、「同等なもの」として社会に通用する。

　たとえば、商品Ｘを生産するのに社会が平均的に必要とする労働時間を6時間とし、Ａは生産性の高い工場で働き、Ｂは生産性の低い工場で働いているとする。Ａは商品Ｘを生産するのに4時間の労働を要し、Ｂは8時間の労働を要する。ＡとＢの労働時間に大きなちがいはあるが、商品生産のもとで、人々の労働の社会的関連は、生きた労働の関連としてではなく、労働支

出の結果である労働生産物を価値物として関連させることによってあらわれ
るから、同一の生産物をつくりだすのに必要な労働量をあらわすかぎりで社
会的に同等な労働として通用する。

　商品生産のもとで、「労働の同等性」はこのようにあらわれる。このよう
な「労働の同等性」のあらわれ方に、商品を生産する労働の独自の社会的な
性格が明瞭に示されているのである*1。商品を生産する労働の性格、社会
的労働として通用する独自の形態をおさえておくと、マルクスの「労働価値
説」にたいする大半の誤解は氷解する。

　*1　むしろ、ことは逆であるといえるかもしれない。商品生産が当たり前で
　ある社会にどっぷりつかりこんでいると、人々の労働がこのように関連して
　いるとは思われないからである。また、商品生産が止揚され、労働が直接に
　社会化された社会では、この8時間労働は4時間労働の2倍の大きさのもの
　として社会に通用する。商品生産のもとでは個人の労働は生産物をつくりだ
　すのに社会が必要とする労働をあらわすかぎりで、他人の労働と区別されず、
　「同等なもの」として通用する。しかしここでは個々人の労働は直接に社会化
　されているから、生きた労働の発揮がそのまま社会的なもの、社会的総労働
　の一部分として評価され、通用する。ここでは労働の強度と長さだけが問題
　となり、生産性の相違にかかわらず、あるいは生産される生産物量の相違に
　かかわらず、「同等な労働」として社会に通用する。

　　マルクスが『ゴータ綱領批判』などで述べた「生産手段の共有を土台とす
　る協同組合的社会」における労働とは、このような直接に社会化された労働
　のことである。「個々の労働は、もはや間接にではなく直接、総労働の構成部
　分として存在している」のである。

　　そのような社会的性格をもった労働を主張するのはばかげたことだと思わ
　れるかもしれない。だが、それはちょうど江戸時代に議会制民主主義を考え
　るのと同じように、商品世界に生きているわれわれにはむつかしいことだけ
　である。商品を生産する労働の性格、そしてそれが歴史的に規定された労働
　の社会的関連の一形態にすぎないということを理解すれば、それほど困難な
　ことではない。マルクスが『ゴータ綱領批判』などで労働が直接に社会化さ
　れた社会を論じたとき、そこに前提されているのは、商品生産における労働

の社会的性格である。それはたんなる想像上の絵空事ではなく、商品生産に
おける労働の社会的性格にたいする深い洞察を背景としている。

　マルクスの学説は「投下労働説」ではない。個々人の支出した個別の労働
量を考え、その労働量が労働生産物に投下されて、商品価値が規定されると
考えることは正しくない。それは、多くの経済学者が理解している「投下労
働」「体化労働」の考えである。個々の商品を生産する個別の労働時間が商
品価値を規定するのではない。商品価値の大きさを規定するのは、その商品
を生産するのに「社会的に必要な労働時間」である。

　　「一商品の現実の価値は、その個別的価値ではなく、その社会的価値である。
　　すなわち、一商品の現実の価値は、その商品が個々の場合に生産者に実際に
　　費やさせる労働時間によってはかられるのではなく、その生産に社会的に必
　　要な労働時間によってはかられる。」（マルクス『資本論』③ p.553）

　　「諸商品の価値の本性は、この価値が、一定分量の商品または個々の諸商品
　　を生産するために、個別的に、一定の個々の生産者にとって、必要な労働時
　　間によって規定されるのではなく、社会的に必要な労働時間によって、すな
　　わち、市場に出ている商品諸種類の社会的に必要な総分量を生産するために、
　　与えられた平均的な社会的生産諸条件のもとで必要とされる労働時間によっ
　　て規定されているということにあるが、価値のこの本性が現われるのは、一
　　般に市場価格の姿態においてであり、詳しく言えば規制的な市場価格、また
　　は市場生産価格の姿態においてである。」（マルクス『資本論』⑫ p.1126）

　一般に人々が生産したものが希望する価格で市場に通用するかどうかはわ
からない。いま、A業の生産者がAの生産物に社会的に必要な労働時間を
支出していたとする。ところが彼の背後でAの生産条件が激変した。きょ
うまで一単位のAを生産するために社会が必要とした労働時間がそうでは
なくなった。新たな技術の開発や生産方法の改良によって生産条件が向上す
れば、商品Aを生産するのに必要な労働時間が短縮される。これは日々の
競争が示していることである。技術革新、生産方法の改良による企業の競争
は激烈である。より品質の高い商品をより安く提供すること、より有利な条
件のもとで商品を生産することは企業にとって至上命令である。（それは価

値法則が個々の資本家に競争の外的強制としてあらわれたものである。）

　商品の価値はその中に含まれている労働の分量によって規定されるが、それは社会的に規定された分量である。それゆえ、ある商品の生産に社会的に必要な労働時間が変化すれば、すでに生産されたその種類の商品にも反作用する。一つひとつの商品はその種類の商品の個別的見本として通用するにすぎない。すでに生産されていた商品の価値も社会的に必要な、現存の社会的諸条件の下で必要な労働量によって規定される。市場に出回っているＡの一片はどれも社会的に必要な労働時間が含まれたものとして存在する*1。

　マルクスは次のようにいう。

　　「一商品の価値は、確かにそのなかに含まれている労働の分量によって規定されているのであるが、しかしこの分量そのものは社会的に規定されている。その商品の生産に社会的に必要な労働時間が変化したとすれば、もとの商品への反作用が生じるのであって、その商品はいつでもその類の個別的見本として通用するにすぎないのであり、その価値は、つねに社会的に必要な、したがってまたつねに現存の社会的諸条件のもとで必要な、労働によってはかられる。」（マルクス『資本論』② p.357）

　　「その機械の価値はもう、事実上その機械自身のなかに対象化されている労働時間によって規定されるのではなく、それ自身の再生産またはより優れた機械の再生産に必要な労働時間によって規定される。」（マルクス『資本論』③ p.699）

　　「一商品の価値は、現実にその商品のうちに対象化されている労働の分量によってではなく、その商品の生産に必要な生きた労働の分量によって規定される…。」（マルクス『資本論』④ p.918）

　　「商品の価値の大きさを規定するのは、その商品の生産に必要な労働の分量であって、労働の対象的形態ではない。」（マルクス『資本論』④ p.918）

　マルクスがこのように述べたのをみて、多くの人は混乱してきたが、商品の価値を規定するのが「労働の対象形態ではない」のは、商品価値の大きさは、その商品の生産に投下された労働量で規定されるのではないからである。商品の価値は、その時点で、その商品を生産するのに社会が必要とする労働時間によって規定されている。したがって、ある商品について、その生

産部面の生産性が向上すれば、それにつれて、すでに存在している商品の価値も低下することになる。これが商品生産社会での人々の労働の関連の仕方であり、ここにまた、商品を生産する労働の社会的性格がある。

> 「ある商品が6労働時間を表わすとしよう。もしこの商品を3時間で生産しうる諸発明がなされるならば、すでに生産された商品の価値も半減する。この商品は、いまや、以前の6時間ではなく、3時間の社会的必要労働を表わす。」(マルクス『資本論』④ p.918)

商品生産のもとで、人々の労働の社会的関連は労働生産物を商品として、すなわち価値物として互いに関連させることによってあらわれる。マルクスが商品の価値の大きさは「社会的に必要な労働量」あるいは「社会的に必要な労働時間」によって規定されていると述べたとき、この定式は商品生産のもとにおける人々の労働の独自の社会的性格と結びついているのである。マルクスの労働価値説は、ふつう「等量労働」交換による「投下労働説」と解されているが、厳密には正しくない。それは商品生産のもとで、「等量労働」がどのようにあらわれるか、労働の「同等性があらわれる形態」、つまり商品生産のもとでの労働の社会的性格を理解していない誤った見解である。

商品社会において人々の個別の労働時間が商品の価値を規定するのではない。「社会的に必要な労働時間」が商品価値を規定するのである。商品価値のこのような規定、および商品生産に独自の労働の性格は、同種類の商品についてその商品の市場価格は同一である、という簡単な事実によって示されている。

> 「同じ種類の諸商品にとって市場価格が同一であるということは、資本主義的生産様式の基礎の上で、また一般に個々人のあいだの商品交換を基礎とする生産の基盤の上で、価値の社会的性格が自己を貫徹する様式である。」(マルクス『資本論』⑫ p.1161)

この価値の社会的性格が商品生産社会における人々の労働の社会的関連の仕方、商品を生産する労働の独自の社会的性格をあらわしている。商品社会のもとで労働は直接に社会化された労働ではない。人々の生きた労働が直接に関連をもつのではなく、労働支出の結果である労働生産物を価値物として、つまり商品として関連することによって、労働の社会的関連を結ぶ。商

品社会のもとでは、この特定の価値の形態において労働はただ社会的労働として認められるのである[*1]。

　商品社会のもとで、個々人の労働は生産物をつくりだすのに社会が必要とする労働をあらわすかぎりで、他人の労働と区別されず、「同等なもの」として通用する。さきほどの例でみたように、Aの4時間労働もBの8時間労働も社会にとっては同じ労働量として、どちらも社会が平均的に必要とする6時間の労働量をあらわすものとして社会に通用する。

　だから、商品の価値は、その商品の個別的価値によって規定されているのではなく、その商品がその生産部面の一般的条件のもとでもっている価値によって規定されているのである[*2]。マルクスが『資本論』第1巻で与えた商品の分析は、個々の商品の単純流通という視点からの価値関係の分析であるが、それは市場価値にたいするこうした考察を前提としている。「社会的に必要な労働時間」という商品価値の規定も、この市場価値の性格、すなわち価値の社会的性格を前提としているのである[*3]。

　　「社会的に必要な労働時間とは、現存の社会的、標準的な生産諸条件と労働
　　の熟練および強度の社会的平均度とをもって、なんらかの使用価値を生産す
　　るのに必要な労働時間である。」（マルクス『資本論』① p.66）

　マルクスはこのように述べた。価値の大きさは、その商品を生産するために「社会的に必要な労働時間」によって決定されているのである。それは商品の価値としてあらわれるかぎりで考えることができるものであって、個々の具体的な生産過程における労働から考えられたものではない。たしかに、価値の大きさは労働の量ではかられ、労働の量そのものはその継続時間ではかられる。しかし、それは生きた労働を度量したものでも、単なる時間による度量でもない。労働過程において測定した労働時間で計量されるものではない。多くの人が論じたように、具体的な生産過程における個別の生きた労働の単純化や平均化、あるいは、その時間的平均から導かれたものではない。

　ひとことでいえば、価値は労働時間そのものを表現しないからである。生産過程における生きた労働をその時間的継続によって測り、その大きさで価値を考えるのは、マルクスの見解とは無縁の「投下労働説」の立場であ

る*4。それは商品を生産する労働の社会的性格をみていないことから生まれる考えであり、商品生産の議論とは無縁である。

　マルクス経済学者をふくめて多くの人は、商品生産のもとで人間労働の同等性があらわれる形態、同等な社会的労働として通用する形態をとらえていない。商品生産のもとでの人々の労働の社会的関連、その労働の独自の社会的性格を理解していない。

　商品生産のもとで、人々の労働は直接に社会化されたものではない。生きた労働力の支出がそのまま社会に通用するのではない。労働量が比較されるのは、各人が実現した労働生産物を相互に価値物として等値することによる。この形態が、商品生産のもとで人々の労働が人間労働としての同等性を受けとる形態なのである。またこの形態でのみ、人々の労働は互いに区別されない同一の人間労働力の支出としての意義をもつのである。

　「社会的必要労働時間」という一見まわりくどい言い方は、そのことを示している。それは、商品を生産する労働の独自の社会的性格と形態、商品社会における人々の労働の社会的関連に結びついているのである。

　商品価値（価格と呼んでも同じである）の労働による直接の表現は不可能である。

　労働による商品価値の規定は、その生産に各人が個別に支出した労働量による規定のことではない。商品生産のもとで、生産過程における人間労働力の支出は、商品生産者の私的分量としてある。しかし、商品としての生産物価値は、社会的労働の分量である。労働量は労働時間によって測られるが、各々の生産過程で費やされた個々の労働時間が、そのまま価値の分量として結実するのではない。個別に費やされた労働時間は「社会的に必要な労働時間」に還元されて価値量となる。

　ここで、どのように社会的に必要な労働時間に還元されるのか、あるいはどこで還元されるのかという「還元される場所」の問題を提起するのは、商品生産の本質を見失っている。（抽象的人間労働に還元される問題、さらに価値がどこで創造されるのかという問題も同じ誤りを含んでいる。）多くのマルクス主義者は、還元される場所が生産過程なのか交換過程なのかという

奇妙な議論をくり返してきた。それは商品を生産する労働の独自の性格をとらえていないことから生まれるスコラ論議である。

　商品生産における人々の労働は、ただ、労働力の支出としてのみ、その労働生産物の形態でのみ意味をもつのであり、そのかぎりで、人間労働一般として、同等なものとして、社会に通用する。それが、商品生産のもとで、個々人の私的労働が社会的なものとして通用する形態なのである。

　＊1　「A・スミスは…等量の労働はつねに等しい価値をもつということを証明しようとしている。…彼は、商品価値に表わされる限りでの労働が、ただ、労働力の支出としてのみ通用するということにうすうす感づいているが…。」（マルクス『資本論』①p.80）

　マルクスはこのようにA・スミスを批判した。A・スミスは投下労働による商品価値の規定と「商品の生産に支出された労働の分量による価値の規定」を混同させているのである。マルクスがスミスを批判したこの内容こそ、いまだに多くの人が明瞭に意識せず混同させていることである。

　「たとえば一枚の紙券がx労働時間を表示するというように、なぜ貨幣は労働時間そのものを直接に表現しないのかという問題は、きわめて単純に、なぜ商品生産の基礎上では労働生産物は自己を商品として表わさなければならないのかという問題に帰着する。というのは…あるいは、なぜ私的労働は、直接に社会的な労働として、私的労働の反対物として、取り扱われえないのかという問題に帰着する。」（マルクス『資本論』①p.160）

　労働こそが価値の自然的標準であるとするオウエンは、たとえば「10時間」というように印刷された「労働紙幣」を採用した。オウエンは貨幣が労働時間そのものを直接に表現するのではないことを理解しなかった。つまり、オウエンは商品生産のもとで、人々の労働がどのように社会的なものとして通用するか、その独自の形態を理解できなかったのである。

　商品生産のもとで「労働時間」や「労働単位」が直接に度量の単位として社会に通用するのではない。労働時間や「労働単位」が直接に度量の単位として、その役割をはたすのは「直接に社会化された労働の社会」のもとである。オウエンが論じているのは、直接に社会化された労働、すなわち商品生

産と真っ向から対立する生産形態の労働である。

*2　「異なる生産諸部面の諸商品がその価値どおりに売られるという仮定が意味しているのは、もちろんただ、諸商品の価値が重心であり、諸商品の価格はこの重心をめぐって運動し、価格の不断の騰落はこの重心に均等化される、ということである。…市場価値は、一面では、一つの部面で生産された諸商品の平均価値とみなされるべきであり、他面では、その部面の平均的諸条件のもとで生産されてその部面の生産物の大部分をなす諸商品の個別的価値とみなされるべきであろう。ただ異常な組み合わせのもとでのみ、最悪の諸条件または最良の諸条件のもとで生産された諸商品が市場価値を規制するのであり、市場価値自体は市場価格の変動の中心をなす―――といっても、市場価格は同じ種類の商品については同じである。…需要が非常に大きく、最悪の諸条件のもとで生産された諸商品の価値によって価格が規制されても需要が収縮しないならば、これらの商品が市場価値を規定する。このことが可能なのは、需要が普通の需要を超える場合か、または供給が普通の供給よりも減る場合だけである。最後に、生産された諸商品の総量が、中位の市場価値で売れる分量よりも大きい場合には、最良の諸条件のもとで生産された諸商品が市場価値を規制する。」(マルクス『資本論』⑨ p.306)

*3　「現存の社会的、標準的な生産諸条件と労働の熟練、および強度の社会的平均をもってなんらかの使用価値を生産する必要な労働時間」という規定は、このような商品生産の特質を反映させたものである。それは「同種の商品について市場価格が同一である」という価値の社会的性格のあらわれであり、商品を生産する労働の独自の性格のあらわれでもある。

*4　宇野弘蔵だけでなく、正統派マルクス経済学もこの点ではあまりかわりがない。なお、この見解をもっとも大胆にすすめたのが、置塩信雄である。置塩は標準的生産係数を用いて価値の計測可能性の道を開いたといわれている。置塩はある係数を用いて商品の価値を労働に帰着させる。しかし、商品の価値は労働によって直接に表現されるのではない。労働時間が「労働単位」として直接に量度の単位としてその役割をはたすのは「直接に社会化された労働」の場合である。置塩は商品生産とは無縁の考察をおこなっているのである。

　現在のマルクス論争の一つになった新リカード学派の「労働価値論」をめぐる論争も同じ誤りに陥っている。森嶋通夫やサミュエルソン、スティードマンの議論にあらわれるスラッファ流の「投入・産出」分析は価格タームで商品の再生産を論じたものである。財のデータが与えられれば、生産価格体系と利潤率は決定できることを主張したものであるが、そもそもこのモデルのなかに「労働単位」とか「労働ターム」をもちこむことは理論的に成立しない。商品価格（価値）の労働による直接の表現は不可能だからである。近年登場してきたアナリティカル・マルキシズムの試みも同じである。

　使用価値は商品の条件である。制限は使用価値である。

　たとえば、食糧生産者の労働は、個々の労働者にとっては必要労働と剰余労働とに分かれるが、社会にとっては食糧の生産のために要求される必要労働である。同じことが社会のすべての労働にあてはまる。それはある特定の有用物の生産に、その欲望の充足に必要な労働である。社会の総労働は社会の欲望に対応して必要とされるさまざまな有用物の生産に分割され振り向けられる。この労働の分割が均衡を得たものであれば、さまざまな生産部面で生産される商品は価値どおりに売られる。つまり、それぞれの商品はその生産のために社会的に必要な労働時間が使用されたものとして売られる。

　使用価値が商品の条件であり、前提であることにはかわりがない。必要とされる品質、性能、機能をもっていないもの、つまり欠陥品、不良品は商品の条件をそなえていない。使用価値は個々の商品にとって、その商品がそれ自体として一つの欲望を満たすことにかかっている*1。しかし、社会全体としてみたとき、それぞれの種類の大量の生産物がその物にたいする社会的欲望に適合しているかどうかにかかっている。それは社会的欲望に比例して社会の総労働がさまざまな生産部面にバランスよく配分されているかどうかという問題である。（資本主義生産のもとでは、さまざまな生産部面への社会の総労働の分割、配分が資本の配分という形でおこなわれるが、資本それ自身が過去の堆積した人々の労働である。資本が誰の所有物となってあらわれようともそれが過去の人々の労働の成果であることには変わりがない。）

　たとえば、ある商品Ｘが過剰に生産されたとすれば、それは社会の労働

がその生産部面で過剰に支出されたことを示している。生産物の一部は不用である。この場合、全体があたかも必要とされる割合で生産されたかのように売られるほかはない。つまり商品は標準価格以下で売られる。これは供給過剰であればその商品の市場価格が低下することを示している。これこそ人々がよく知っている需要と供給の作用のあらわれである。需要と供給の作用、すなわち市場メカニズムの働きとは、商品の価値が社会的に必要な労働時間に規定されているという価値法則の貫徹の仕方をあらわしているのである。

　＊1　「使用価値」が商品の条件であること、新古典派はもののみごとにこの条件を忘れている。新古典派の中心概念である「限界生産力」は生産物が素材的に規定された具体的な有用物であることを否定したうえに成立している。さまざまな生産要素の投入比率をその素材的規定とは無関係に変更できるという投入・産出の「数量的関係」（生産関数）が限界理論の基礎にある考えである。それは商品の価値を物の使用価値、その素材的要素に結びつけるために考案されたものである。

　「商品による商品の生産」を展開したスラッファの議論、さらにその後の新リカード学派による「投入・産出」分析も同じである。使用価値が商品の条件であることをを忘れている。スラッファ流の「投入・産出」分析も財のデータにもとづく物量相互の関係を論じたものであるが、まさに生産の技術的条件を論じるところで、生産物が具体的有用物であり、その生産に必要とされる原材料、生産設備は素材的、技術的に規定されていることを見落としている。実際、再生産の条件をみたす連立方程式体系が解をもつためには、各連立方程式が同値であってはならない。それぞれ異なる物量関係にもとづく連立方程式を必要とする。つまり、素材的、技術的条件を無視した物量関係を想定しなければ、解をもちえないことになり、「投入・産出」分析は無意味になる。

　　新リカード学派による「投入・産出」分析は、財が素材的に規定された具体的な有用物であることを否定している。新古典派が生産理論で論じた財が、「物なる」抽象物であったと同じように、新リカード学派も「物なる」抽象物を扱っているのである。マルクスの価値概念を否定したい人々は、どうして

も商品の価値を物の使用価値、その素材的要素、その物量関係に結びつけなければならない。だが、それは、商品が素材的に規定された具体的な有用物であることを否定し、形而上学的な「物」自体を構想する道である。なぜなら、商品の価値はその使用価値とは何の関係もないからである。それを無理矢理に結びつけようとする試みは、すべて商品の使用価値にある特別の形而上学的な性格をもたせることになる。

　たしかに生産の技術的条件（物量的関係）は商品価値の大きさに影響を与える。だが、そうであるのは、生産の技術的条件がその商品を生産するのに必要な労働時間を規定するからである。新たな技術の採用によって生産の技術的条件が向上すれば、商品を生産するのに必要な労働時間が短縮される。この労働時間の短縮の程度に応じてその商品の価値は低下する。

　商品の使用価値は交換価値の前提である。

　商品が使用価値をもち、一つの社会的欲望を満たさなければならないということは、売りの一つの前提である。使用価値をもたないもの、欠陥品や不良品は商品になりえない。もう一つの前提は、商品に含まれている労働量が社会的に必要な労働量であるということである。

　各生産部面において、一定量の商品を生産するためには一定量の社会的労働時間を必要とする。この比率は生産部面が異なれば異なる。それは資本の有機的構成や労働の生産性に関係するが、商品の有用性、その使用価値の特殊の性質とは何の関係もない。有用性の高い商品であっても、新たな生産技術の開発改良によってその商品の生産条件が向上すれば、その物の交換価値は低下する。その商品を生産するために必要な労働量が減少するからである。

　社会が諸欲望を満たそうとするとき、そのためにある商品を生産しようとするならば、社会はこれに支払わなければならない。社会はその処理しうる労働時間の一部分をこの商品の生産に費やすことによって手に入れる。分業によって、この特定の商品の生産に労働を費やす社会的部分は、その欲望を満たす諸商品に表示された社会的労働によって、一つの等価を受け取らねばならない。

　「種々の欲望の量に応じる諸生産物の量は、社会的総労働の種々のそして特
　定の分量を必要とするということもどんな子供でも知っていることである。
　このように社会的労働を一定の割合で配分する必要は、社会的生産の一定の
　形態によってなくされるものではなくて、ただそのあらわれかたがかわるに
　すぎないことは自明である。」（マルクス『クーゲルマン宛の手紙』p.87）

　マルクスはクーゲルマン宛の手紙で社会の総労働にたいするさまざまな労
働の関連をこのように述べた。忘れてならないのは、その労働の社会的形態
である。それは歴史的時代によって規定されている。古代、中世、近世、そ
して現代の商品社会。

　商品社会では、社会の総労働は商品世界の価値で表示される。人々の労働
は個々人の私的労働として前提されている。その労働の社会的関連は個々人
の労働生産物の私的交換、つまり労働生産物を商品として、価値物として関
連させることによってあらわれる。それが商品社会における労働の社会形態
である。

　社会のさまざまな欲望に対応して、さまざまな有用物、消費物資が必要で
ある。その生産のために社会の総労働をさまざまな生産部面に振り向けなけ
ればならない。総労働を一定の割合で分割、配分し、その生産部面に振り向
けるが、商品社会ではそれが商品世界の価値としてあらわれのである。

　「資源の配分」も同じである。資源の配分とは、天然資源の発見、採掘、
精錬あるいは新素材の開発、生産、さらにそれらの資源をどのような用途に
振り向けるかという問題であるが、それはそのために必要とされる労働の問
題である。かつては石炭や鉱物の採掘のために過酷な労働条件のもとに多く
の労働力が無慈悲に投入された。その投入された労働の程度がさまざまな資
源の価値を規定する。採掘、精錬の生産技術が向上すれば、その資源の価格
（価値）は低下する[*1]。

　　*1　アルミニウムはクラーク数では第3位、金属では地球上の存在量が第1
　　位の物質である。これだけ豊富にあるのにアルミニウムが広く一般的に使わ
　　れるようになったのは、電解法が登場してからである。アルミニウムはイオ
　　ン化傾向が大きく、地球上では単体で存在しない。化合物の姿で存在する。
　　その化合物からアルミニウム単体を分離するのは難しい。1854 年にアルミニ

ウムの工業的な生産が可能となったが、生産能力は低く、そのため金銀以上に高価な金属であった。1886 年に電解法の登場によって安価に生産できるようになった。電解法は電気エネルギーを利用して結合の強い化合物を分解する方法である。

　原鉱石であるボーキサイトからアルミニウムを精錬する技術がその価格を低下させたのである。つまりアルミニウムを精錬するのに社会が必要とする労働量を短縮させたのである。

　「アルミニウムを 1t 作るには、原料のアルミナが 2t（その原材料のボーキサイトは 4t）必要となる。そのほかにも、水酸化ナトリウム、電解時の溶液となる氷晶石などのフッ化物、電極に使う炭素なども必要とするうえ、電解時に大量の電力を消費するため、アルミニウム精錬は非常にコストがかかるのである。」（増本健監修『金属なんでも小事典』p.102）

　電気代は電力を作り出すために必要な生産プラント、原材料、さらにそれにふり向けられる労働量によって規定されている。

　ヒト、モノ、カネを何の生産に振り向けられるか、この問題は、結局、社会の総労働の分割、配分の問題に帰着する。たとえば、自動車産業が発展すれば、そこに振り向けられる労働は増加する。自動車産業を支えるさまざまな生産部面、部品や機械を製造する部門にも労働が振り向けられる。車体である鋼板や、その素材である鉄の生産に、さらに鉄鉱石の採掘に社会はより多くの労働を配分することになる。また自動車工場の生産プラントをつくりだすためにも労働を振り向けなければならない。

　そして、この労働の分割、配分の割合が商品全体の総価値の可除部分として、それぞれの商品の価値を規定する。

　もし、ある商品 X の生産量が社会が必要とする量より多ければ、供給過剰の状態であり、その商品の価格は低下する。逆に、供給不足の状態であれば、その商品 X の価格は上昇する。供給過剰の場合は、社会の総労働のうちより大きな部分が商品 X を生産する産業分門に振り向けられていることをあらわし、供給不足の場合は、商品 X を生産する産業部門に振り向けられている労働が少なすぎることをあらわしている。いずれにせよ、市場に存

在する商品のすべては一つの取引品としてしか通用せず、その各片は、その可除部分としてしか通用しない。商品Ｘの一つひとつは、どれもその価値は同等な人間労働の社会的に規定された同じ分量の労働の物質化として通用する*1。

> *1 労働の社会的関連が個人労働の私的交換としてあらわれる社会〔商品社会〕のもとで、社会の労働を一定の割合で配分する形態が交換価値である。交換価値は人間相互の生産活動の関係以外のなにものでもない。交換価値は物に支出された労働を表現する一定の社会形態なのである。

　産業の発展とともに労働生産物も変化し、社会の欲望も変化する。それとともに、社会が必要とする生産物の量も変化する。それに応じて、それぞれの生産部面に振り向けられる社会の総労働の分割、配分の割合も変化する。第１次産業とよばれる農業、林業、漁業が中心産業である場合、社会の労働のほとんどはその部面に振り向けられた。産業の発展とともに、石炭、繊維の軽工業部門に労働は移動し、やがて石油、電気、機械、化学、自動車の産業部門に多くの労働者が配分されることになった。このように、社会に存在する総労働はさまざまな労働種類に分割され、また分割・配分の割合も産業の発展とともに変化する。

　「商品生産の社会では社会的労働の配分が価値法則として貫かれる」。

　商品生産のもとで、個々人の労働は、互いに自然発生的な諸分肢として依存しあっている私的労働である。この私的諸労働が社会的に均整のとれた水準にたえず還元されるのは──社会的総労働の分割、配分が均整のとれたものとしてあらわれるのは──諸商品の偶然でつねに動揺している交換比率を通じて価値法則が貫徹するからである。

　もし、ある商品にたいする社会の需要が減少すれば、その商品は供給過剰となり、商品の価格は低下する。その場合、その部門から資本が引き上げられ、そこに振り向けられていた労働は別の部門へ移っていくことになる。

　たとえば、かつての中心産業であった石炭や繊維、造船産業にたいする需要の減少、こうしたことは産業構造の変化や新たな商品の開発、実用化とともに、これまで普及していた物が排除され、別の新しい物にとって代えられ

る。人々の生活様式、水準の発展とともに人々の欲求する物も変わる。レコードはCDにとって代えられたし、食生活や洋風化した衣服はよりファショナブルになった。

　ある生産物にたいする需要が減少すれば、それに応じてその生産物に割り当てられていた社会的労働はその生産部面から引き上げられる。それは市場における価格低下を通じてつねに社会の需要に見合った供給量をつくり出そうとする作用が働くからである。

　商品生産のもとで、生産者は独立した私的生産者である。生産は無政府的で、分権的である。そこには何らかの意識的な計画性や規則性があるわけではない。あるいは、新古典派が考えるように商品の価格と数量のあいだに一定の関係があって、需要量と供給量が生産に先きだってあらかじめ調整される「予定調和」が存在するわけではない。（新古典派の考える需要と供給の作用とは、現実の市場メカニズムとは何の関係もない虚構である。それは経済の流れをある一時点で切り取った架空の世界で、商品の価格と数量の関係を想定したものであり、純粋な概念操作である。それは生産に先きだって需要量と供給量があらかじめ調整されてしまう、という形而上学的世界の出来事である。）

　ある商品の生産量が社会の欲望を超えていれば、その商品は価値以下で売られる。逆に生産量が少なければ価値以上で売られる。市場におけるこの価格変動によって、その商品にたいする社会の欲望の必要数量に適合するようにたえず生産量が調整される。

　また、ある商品の生産技術が改良され生産性が向上すれば、その商品の価値そのものが低下する。その商品を生産するのに社会が必要とする労働時間が短縮されるからである。その商品の価値の低下とともに、その商品にたいする社会の欲望が大幅に拡大される。これまで欲しくても高価であったため手に入れることできなかった欲望が現実の支払い能力のある欲望になる。この商品の需要拡大に応じて、その商品の生産部面により多くの労働が振り向けられ、生産は拡大されることになる。

　もっとも社会の飽和状態にあるような商品の場合、その生産部面で生産性が向上してもそれほどの需要拡大が見込まれないときもある。そのとき、そ

の商品の価値は低下するが、生産過剰になる。その部面に振り向けられていた労働の一部は引き上げられることになる。

　　「一商品がその市場価格どおりに、すなわち、その商品に含まれている社会的必要労働に比例して売られるためには、この商品種類の総量に費やされる社会的労働の総分量が、この商品にたいする社会的欲求すなわち支払い能力ある社会的欲求の分量に照応していなければならない。競争は、すなわち、需要と供給との割合の諸変動に照応する市場価格の諸変動は、それぞれの商品種類に費やされる労働の総分量をつねに右の限度に帰着させようとする。」
　　（マルクス『資本論』⑨ p.330）

　需要と供給の関係が価格調整メカニズムとして働き、市場均衡をつくりだすのは「それぞれの商品種類にふり向けられる労働の総量を絶えず、この限度に引きもどそうとする」からである。それは、「生産のために必要な労働時間が規則的な自然法則として自己を貫徹する」ことのあらわれである。

　需要と供給の作用は、価格の変動、つまりある一定の価格からの上下の価格変動以外の何も説明しない。需要と供給の作用は市場に均衡をつくりだすが、この均衡の上にあらわれる「均衡価格」をつくりだしはしない。需要と供給が一致するとき、つまり供給量が市場の社会的欲望に対応しているとき、その商品は価値どおりに売られる。その商品の生産に社会が必要とする労働時間が含まれたものとして売られる。需要と供給の作用の要点は、「価格を調整する」点にあるのではなく、価格変動を通じて「生産量を調整する」点にある。

　新古典派経済学の価格決定論は、需要と供給の関係が商品の価格そのものを決定すると主張する。それは商品の価格と数量のあいだに一定な関係を想定することから導かれる考えである。しかし、そもそも商品の価格と数量のあいだには規定されるような関係はない。新古典派は商品の価格と数量のあいだに一定な関係を想定することによって、現実の市場メカニズムとは無縁の考察をおこなっているのである。

　一般にある商品の価値が低下すれば社会の需要は拡大される。これまで手の届かなかった商品が安くなれば、購入する人が増加するからである。つま

り支払い能力ある社会的欲望が拡大される。たとえば、ビデオカメラやパソコンがよい例である。新技術の開発や生産方法の改良によって商品価値が低下すれば、一挙に社会の需要が拡大される。

　しかし、この事実は新古典派が想定するような商品の価格と数量のあいだに規定されるような必然的な関係が存在することを意味するのではない。ここで商品の価値が低下したのは、労働生産性の向上の結果であり、需要と供給の作用にもとづくものではない。すでにみたように、新古典派が市場分析のためにもちだす需要曲線、供給曲線は価格変動の要因を混同させているのである。

　生産条件の変化によって商品価格が上昇あるいは下落すればそれに応じて支払い能力ある社会の需要量も変化する。もちろん価格変動は市場を通じてあらわれるが、この場合の価格変動は需給関係によるものではなく、生産条件の変化によるものである。それは生産条件の変化によって、その商品を生産するのに必要な労働時間の変化を示しているからである。

　資本主義生産のもとで企業間の競争は、商品の品質と価格をめぐるものである。それは新古典派が想定するような「完全競争」のもとで、企業が価格に対応して生産数量を決定する行動ではない。商品の品質の向上、あるいは欲望を拡大するための新製品の開発、価格の低廉化等々である。より良い商品をより安く提供することである。技術革新、生産方法の改良、大量生産、あるいは新古典派が好んで主張する「規模の生産性」と呼んでもことの本質は変わらない。生産の技術的条件が向上し、それによって生産コストが引き下げられ、商品価格は低下する。これは見方をかえれば、労働生産性向上の別の表現であり、商品を生産するのに必要な社会的労働の減少を意味している*1。資本家が競争に追い立てられるのは偶然ではない。それはかれらの企業家精神でも、経営哲学の問題でもない。それは労働時間による価値規定の法則が、競争の外的強制としてつねに技術革新や生産方法の改良を資本家に押しつけるからである。旧来の生産様式は保守的であるが、資本主義生産は革命的である。資本主義生産はつねに生産方法の改良を要求する。

　「資本主義的生産者たちはただ商品所有者としてのみ相対し、また各人はその商品をできるだけ高く売ろうとつとめるのであるから、内的法則は、ただ

　　彼らの競争、彼らが互いに加え合う圧力を媒介としてのみ貫徹されるのであ
　　り、この競争や圧力によってもろもろの背離が互いに相殺されるのである。
　　価値の法則は、ここでは、ただ内的法則としてのみ、個々の当事者たちにた
　　いしては盲目的な自然法則としてのみ作用し、生産の偶然的な諸変動のただ
　　なかでその社会的均衡を貫徹する。」（マルクス『資本論』⑬ p.1540）

　市場において競争や偶然を通じて貫徹され、かつこの偶然を調整する内的
法則が価値法則である。商品生産者社会のもとで人々の労働の社会的関連
は、労働生産物を商品として、すなわち価値物として互いに関連させあうこ
とによってあらわれる。社会的欲望と生産条件との調整を市場における価格
機構を介しておしすすめるが、それは「生産のために必要な労働時間が規則
的な自然法則として自己を貫徹する」からである。さまざまな商品の価値が
それを生産するのに社会的労働時間がちょうど含まれるように、社会の総労
働を分割、配分する。そうすることによって社会の欲望量に対応する供給量
をつくりだそうとするのである。

　価値法則は市場メカニズムを通じて自己を貫徹する。また、価値法則が貫
徹するから市場メカニズムが働く。需要と供給の作用、市場の価格調整メカ
ニズムとは、社会の欲望量に対応する供給量をつくりだそうとする運動であ
り、それ自身価値法則の貫徹のあらわれである。需要と供給の作用は、市場
価格の変動を通じてたえず均整のとれた水準に供給量を調整する。そうする
ことによって、さまざまな生産部面にふり向けられる社会の総労働の分割、
配分を均整な水準に還元する。生産の社会的な均衡は「生産の偶然的な諸変
動のただなかを通じて維持」されるのである。

　「需要と供給の作用」と「価値法則」はこのように結びついている。需要
と供給の作用とは、新古典派が想定するような、「商品の価格と数量のあい
だに規定されるような関係」にもとづく作用ではない。そもそも商品の価格
と数量のあいだには規定されるような関係は存在しない。

　市場において需要と供給の作用が価格調整メカニズムとして働くのは、価
値法則が貫徹するからである。それは価値法則の貫徹の仕方である。

　　＊1　『経済財政白書』や多くの企業経営者や実践派エコノミストの言動をみ
　　　　ればよい。技術革新、新技術の開発、新技術の生産への応用がいかに重要で

あるか。生産の技術的条件の向上、つまり労働生産性の向上が企業の競争力を高める。それがグローバル化された熾烈な競争で勝ち残るための手段である。しかし、形而上学の世界に安住する新古典派経済学にとって、競争とは、時間の流れをもたない架空の静的世界のなかで、「需要・供給という経済量」を「価格」に対応させる作業のことである。「価格」に独立変数の性格をもたせ、「需要・供給という経済量」に価格に応じて自在に変化する性格をもたせること、それをこの経済学は「完全競争」と呼ぶ。

誤った「マルクスの基本定理」：数理経済学の誤謬
——あとがきにかえて——

　70年代以降、マルクスの価値論をめぐって問題にされたのは、置塩信雄や森嶋通夫などによって展開されたいわゆる「マルクスの基本定理」にかんする議論である。サミュエルソンやスティードマンなどの新古典派経済学者もこの議論に参加し、マルクスの価値論を論じた。置塩が提出した投入係数を用いた投入と産出の価値方程式は、これこそがマルクスの労働価値説だとされたのである。

　商品の価値と使用価値のあいだには何の関係もない。商品の価値は純粋に社会的であり、人々の労働の社会的関連以外の何も含まれていない。そこに素材的要因を入りこませようとする試みは、逆に商品が具体的な有用物であることを否定する。価値との関係のない使用価値や物量関係という素材的要因を価値に結びつけようとする試みは、すべて投入と産出の関係に形而上学的性格をもち込むことにつながる。

　本来関係のない価値に素材的要因を結びつけようとするから、どうしても生産物という具体的な有用物が抽象的な「ある物」に転化してしまうのである。素材的にみれば、投入と産出は素材的、技術的に規定されたたんなる物量的な関係である。生産の技術的条件が向上すれば、その商品を生産するのに必要な労働時間が短縮される。そして、投入量と産出量は素材的、技術的に規定された条件にしたがってただ物量的に比例するだけである。そうしたことについては、第4章「限界理論の批判」で触れた。特に投入と産出の関係にかんする形而上学的性格については、第3節、第4節で述べた。

　ふたたび投入・産出の形而上学がはじまった。近年はやりの新リカード学派、アナリティカル・マルキシズムである。投入と産出は素材的、技術的に規定されたたんなる物量的な関係であるが、その物量関係を離れて投入・産出の関係を論じる経済学である。物量相互の関係を扱っているようで、じつは生産の素材的要因をまったく無視している。

　経済についての物的データと賃金率がわかれば、「労働価値」が計算できるという。「労働価値」、「鉄価値」、「バナナ価値」なんでもよい。そこで問題にされるのは、じつは「価値」ではなく、投入された物の一定量、すなわち生産に必要とされる「使用価値」の量である。そして、その使用価値の相互の関係が商品の価値を規定すると考えるのである。

　新古典派は投入・産出のあいだに素材的、技術的に規定された物量関係以上の関係を想定する生産関数を考案することによって、「限界生産力」という概念をつくりあげ、商品の価値に素材的要因を混入させようとした。それと同じように、新リカード学派は、商品の投入係数行列を用いた投入・産出分析によって使用価値と価値を混同させる新たな方法をつくりだしたのである。マルクスの労働価値説に新たな数理学的分析方法をもち込んだといわれる置塩信雄や森嶋通夫の試みもその本質は同じである。

　「マルクスの基本定理」をめぐる数理経済学の議論は、剰余についての形而上学的概念、投入・産出の数量関係の誤った定式によって成立している。置塩や森嶋をはじめ多くの経済学者が論じた価値方程式は、そもそもはじめから成立しない。技術的に規定された投入係数行列を用いて、投入と産出の物量的な数量関係を扱っているようにみえるが、そこには投入に対する産出の増大という素材的には決して成立しえない投入・産出の数量関係が想定されているからである。

　置塩・森嶋などの投入・産出体系に前提されているのは、再生産が可能であるような経済の純生産可能条件である。「体系が生産的であるという条件を満足しなければならない。」つまり、経済に剰余生産物がなければならないという条件である。この純生産可能条件と呼ばれる剰余の概念が、「投入にたいする産出の増大という投入・産出の数量関係」として扱われるのである。ここにすべての誤りがある。

　剰余とは、年々生産される生産物のうちで人々によって直接消費されない部分をいう。この剰余が、再生産が可能であるような投入・産出の数量関係として扱われると、別の剰余概念に転化する。剰余は投入にたいする産出の増大として、たとえば、0.8トンの鉄しか投入していないのに、1トンの鉄

が産出されるような、生産の素材的条件を無視した投入・産出にかんする架空の数量関係に転化する。

　数理経済学者にとって剰余条件とは、「産出より投入が多くなってはならない」、つまり、投入にたいしてより多くの生産物が得られるという、およそ素材的、物量的には成立しない投入・産出の数量関係のことを意味する。生産財を1単位生産するために必要な生産財が1より大であれば、純生産はマイナスであり、人間社会は貧しくなっていく。それゆえ、この剰余条件は、人間が純生産をおこなうために必要な条件であり、純生産可能条件だ、と数理経済学はいう。

　だが、投入と産出は、素材的、技術的条件にしたがって、ただ物量的に比例するだけである。投入されたものより、多くのものが産出されることことはありえない。たしかに、投入された物は、生産・加工され別の有用物に変形されてその価値は増大するが、その素材的側面、物質的側面でその物的数量が増大することはない。投入・産出体系の中にあらわれる各財の物量をあらわすベクトルが増大することは、素材的に成立しないのである。

　このように数理経済学がいう剰余の概念、資本主義生産が可能であるような生産の条件、「体系が生産的である」こと、つまり再生産が可能であるような純生産可能条件と呼ばれるものは、生産の素材的要因を無視した投入と産出の形而上学的な数量関係のことを意味している。置塩・森嶋の価値方程式は、この誤った剰余の概念のうえに成立しているのである。

　マルクスの労働価値説は連立方程式であらわされた投入・産出の価値方程式体系に翻訳され、森嶋が「マルクスの基本定理」と命名した「利潤が存在する必要十分条件は労働の搾取が存在することである」ということがマルクスの主張だされてきた。マルクスの労働価値説は投入・産出の価値方程式のなかで意味する一つの形而上学に改作されたのである。その上でマルクスの学説を検討し、どこが問題であるかを論じる。異質労働を同質労働に還元する問題、熟練労働と非熟練労働の問題、あるいは、結合生産と技術選択を取り扱う場合には深刻な困難につきあたる等々。1970年以来、置塩・森嶋の「マルクスの基本定理」について世界の大経済学者が大まじめに取り組んで

　挙げ句の果ては、ボウルズ＝ギンタスによる「一般化された商品搾取定理」である。この定理によれば、「マルクスの基本定理」が労働力以外の任意の商品について成り立つとされる。たとえば、労働の代わりに鉄を価値の尺度として、すべての商品の鉄価値を計算する。鉄1トンの生産に直接・間接に必要とされる鉄（鉄の鉄価値）が1トンよりも少ないとき（これをこの数理経済学は、鉄が「搾取されている」と呼ぶ）、必ず利潤が存在することを証明できる、という。

　ここからアナリティカル・マルキシズムは次のように主張する。利潤が存在するのは、労働の搾取が存在するからだというマルクスの主張は成立しない。「利潤の源泉としての労働の搾取」という考えは成り立たない。アナリティカル・マルキシズムによれば、「マルクス主義の経済分析に労働価値はいらない」、「労働の搾取が利潤を説明するというのは間違っている」ということになる。

　　「『一般化された商品搾取定理』において言及される『鉄の搾取』とは、単に鉄の1単位生産の為に直接・間接に投入される鉄の総量が1よりも小さいと言う事を搾取と呼んでいるだけで、そこに『搾取』という用語に特有の意味はない。したがって『マルクスの基本定理』、すなわち正の労働搾取率と正の均等利潤率の同値性が言えるとき、同時に正の鉄の搾取率と正の均等利潤率の同値性も成立すると言う、『一般化された商品搾取定理』からもたらされる含意は、利潤の唯一の源泉は労働ではなく鉄の搾取であると言う事ではない。」（吉原直毅『榎原均「アナリティカル・マルキシズムへの疑問」へのコメント』インターネット「吉原直毅のホームページ」より）

　　「『一般化された商品搾取定理』は、任意の商品kの1単位生産に直接・間接に投入される商品kの総量が1よりも小さい事と正の利潤の存在が同値である事を主張するが、この事は換言すれば正の剰余生産物の生産可能性が正の利潤の必要十分条件であるという極めて自明な結論を意味する。つまり、正の搾取の存在に関する議論は結局のところ、正の剰余生産物をいかなるニュメレール財で量るかという議論と論理的に同値になってしまうのである。したがって、『マルクスの基本定理』も『一般化された商品搾取定理』もいずれ

も正の利潤の源泉として何らかの生産要素の不公正な取り扱いの存在を論証するような議論とは全く無関係であると言うべきである。その意味で、置塩・森嶋流の『マルクスの基本定理』の試みは失敗であったと総括すべきである。」（吉原直毅、同上）

アナリティカル・マルキシズムが主張するように、たしかに「一般化された商品搾取定理」は置塩・森嶋の「マルクスの基本定理」が無意味であることを示した。「一般化された商品搾取定理」が明らかにしたように、置塩流の投入・産出の数量関係を前提とする限り、利潤の源泉をある特定の一生産要素の「搾取」によって説明する論理そのものが妥当性をもたないことは、当然といえる。

だが、それはマルクスの労働価値説の無意味さを示しているのではなく、逆に、置塩・森嶋流の数理経済学に含まれている剰余概念の性格、投入・産出の数量関係の性格を明確に示している。置塩・森嶋流の数理経済学に前提されている純生産可能条件と呼ばれる剰余概念が誤っていること、「生産よりも投入が多くなってはならない」という投入・産出の数量関係が素材的には成立しないことを示している。つまり、「一般化された商品搾取定理」は、投入・産出の数量関係から商品の価値を論じようとする自らの数理経済学そのものが成立しないことを示しているのであって、マルクスの労働価値説が成立しないことを示しているのではない。

　置塩・森嶋流の「マルクスの基本定理」の試み、あるいは、ボウルズ＝ギンタスの「一般化された商品搾取定理」の何が誤っているか。実に単純な取り違え、錯覚である。商品の素材的側面をみれば、投入と産出の関係は素材的・技術的に規定された条件のもとで、たんに物量的に比例するだけである。投入された以上のものが産出されるわけではない。鉄を1トン産出しようとすれば、それに見合っただけの鉄鉱石とコークスを投入しなければならない。自動車を1万台生産しようとすれば、それに見合った部品を投入しなければならない。投入と産出の数理経済学はこの単純な事実を忘れてしまう。新古典派がそうであったように、その抽象化された架空の世界に一歩入ってしまうと、その世界で自己完結してしまい、事実を事実としてみること

ができないのである。

　素材的にみて投入された以上のものが産出されるわけではない。「鉄0.8トンの投入から1トンの鉄が産出される」ことは、現実にはありえない。その素材的要因、物量的な関係を無視してどのような有用物も生産されることはない。ある有用物をつくりだすためには、生産の素材的、技術的に規定された条件に応じて、それに必要な素材的要素をその適度の割合で投入しなければならない。置塩や森嶋、あるいはボウルズ＝ギンタスなどの数理経済学が想定するように、投入よりも、より多くの財が産出されるという投入・産出の数量関係は素材的に成立しないのである。1トンの鉄を産出しようとすれば、その物質量として1トン分の鉄原子を含んだ化合物を生産過程に投じなければならないのである。無から有が生まれることはないのである。

　　『一般化された商品搾取定理』は、任意の商品kの1単位生産に直接・間接に投入される商品kの総量が1よりも小さい事と正の利潤の存在が同値である事を主張するが、この事は換言すれば正の剰余生産物の生産可能性が正の利潤の必要十分条件であるという極めて自明な結論を意味する。」（吉原直毅、同上）

　ここに置塩をはじめとする投入・産出の数理経済学的方法の本質が明瞭に示されている。数理経済学にとって、剰余生産物の概念は、直接・間接に投入される総量よりも大きな生産物が生み出されることを意味する。つまり、鉄1トンの生産に直接・間接に必要とされる鉄の量が1トンよりも少ないとき、正の余剰生産物が生まれるのである。これは生産の素材的要因を無視した考えである。数理経済学にとって、投入と産出の関係はあくまでも、素材的に規定されない抽象物の数量関係のことを意味する。純生産可能条件と呼ばれるこの剰余の概念、投入よりも産出のほうが多いという架空の投入・産出の数量関係、これが70年代以降「マルクスの基本定理」をめぐって議論され、そして「一般化された商品搾取定理」に結末を迎える議論——物量相互の関係から商品の価値を規定する議論——のすべての拠り所である。

　置塩信雄は、商品の生産に投下された「労働価値」を論じるために、投入係数を用いた連立方程式を考え、商品の価値はその連立方程式の解として決

定されるとした。

　1単位の商品 i を生産するのに投入しなければならない第 j 財の量を a_{ji}（$i = 1,2,\cdots\cdots n$）、直接に必要な労働を τ_i とする。a_{ji} はそれぞれの財の投入量をあらわす素材的に規定された技術係数である。

　1単位の商品 i に直接・間接に投下されている労働量を t_i とすると、それは1単位の商品 i を生産するために直接用いられる労働量と他の生産要素に投下されている労働量の合計に等しい。そこで次の方程式が成立する。

$$t_i = a_{1i} t_1 + a_{2i} t_2 + a_{3i} t_3 + \cdots\cdots + a_{ni} t_n + \tau_i \quad (i = 1,2,\cdots\cdots n) \quad (1)$$

　置塩は、この連立方程式を解くことによって、1単位の商品 i に投下されている労働量 t_i、つまり各商品の価値、その財の生産に間接・直接に必要な労働量が決定されるとした。（置塩は、生産財生産部門と消費財生産部門に分けて論じているが、投入係数を利用した物的な投入・産出の数量関係から商品の価値を規定しようとする数理経済学的方法の本質は変わらない。）

　（1）を行列であらわすと次のようになる。

$$t = tA + \tau \tag{2}$$

さらに（2）は次のように変形できる。

$$t(I - A) = \tau \tag{2}'$$

ただし、投入係数 a_{ji} を成分とする行列を A、各財を生産するために、直接・間接に必要な労働量を要素とする横ベクトルを t、直接に投入される労働量をあらわす横ベクトルを τ とする。$t = (t_1, t_2, \cdots\cdots t_n)$、$\tau = (\tau_1, \tau_2, \cdots\cdots \tau_n)$ であり、I は単位行列である。

　tA は投入する財の「投下労働価値」、すなわち「死んだ労働」をあらわし、τ は「直接投入労働」、すなわち「生きた労働」をあらわす。この両者を加えたものが生産物の「労働価値」ということになる。

　価値方程式に前提されているのは、投入・産出の数量関係であり、この数量関係がどのようなものであるかは、物量相互の関係から規定され、純粋に技術的な投入係数である行列 A のもつ性質が示している。それは純生産可能条件条件を満たすことであり、数学的には、$I - A$ がホーキンス・サイモン条件を満たすことだとされている[*1]。

　純生産可能条件とは、剰余生産物の存在、つまり「生産よりも投入が多く

なってはならない」という条件で、この条件が満たされなければ、経済は縮小を続け、世の中が成り立たない。また、資本主義生産の存在が可能である利潤もなくなってしまうとみなされている。それは経済体系が「生産的である」こと、再生産が可能であるように剰余が生まれるという条件である。このように純生産可能条件は、数理経済学にとって、なくてはならない重要な論理的な前提である。

　　*1　(2)′において$t > 0$であるための条件が、$I - A$がホーキンス・サイモン条件を満たすことであることは数学によって簡単に示される。それは$I - A$からつくられる首座小行列式が正であることであり、このとき、(2)′は$\tau > 0$のもとで$t > 0$が成り立つ。なお、これはレオンチェフの投入・産出分析における非負価格の条件をマルクスの価値体系に適用したものであり、それを最初に適応したのが置塩信雄であると、森嶋通夫は指摘している。

　純生産可能条件、すなわち剰余をともなって再生産が可能であるという条件は、数学的には次のようにあらわされる。

$$x = Ax + y \tag{3}$$

この式は再生産可能な投入と産出との物量関係をあらわしている。xは各財の総生産量をあらわす縦ベクトル、yは各財の純生産量をあらわす縦ベクトル、Aは先ほどみた各財の投入量をあらわす投入係数行列であり、純粋に技術的である。

　(3)は、次のように変形される。

$$(I - A)x = y \tag{3'}$$

純生産可能条件は、財の投入・産出関係をあらわすAが満たさなければならない条件である。「生産よりも投入が多くなってしまうことはない」ということ、つまり「各財の生産に直接・間接に必要な各財の投入が産出よりも多くなってはならない」という条件である。数学的には、x、yの各要素がゼロ以上で、少なくとも一つの要素が正であるように、つまり$y > 0$に対して$x > 0$が成り立つような投入係数行列Aが満たす条件である。それが先ほどみたホーキンス・サイモン条件である。行列$I - A$がホーキンス・サイモン条件を満たすとき、$x > 0$、$y > 0$が成り立つことは数学的に確認

される。

　問題は次の点にある。(3) であらわされる純生産可能条件が、実際は何を意味しているかということである。それは、(3) を次のように変形してみれば、よくわかる。

　純生産可能であれば、$y > 0$ であるので次式が成立する。

$$x > Ax \qquad （ただし \quad x > 0） \qquad\qquad (4)$$

　われわれはこの不等式を先入観なしに、よくみなければならない。(4) の不等式は何をあらわしているか。とくに素材的にみて何をあらしているか。x は各財の価値ではなく、物量をあらわすベクトルである。その x に投入係数行列を乗じた Ax は各財の物的な投入量をあらわすベクトルである。(4) は、x が、Ax よりつねに大きいことを示している。各財の物的な投入量 Ax から、よりいっそう多くの各財の物量 x が産出されることを意味する。

　問題は「剰余の存在」を、投入にたいする産出の増大、投入・産出の数量関係と捉えている点にある。つまり 8000 台分の部品しか投入していないのに、10000 台も自動車が産出されるような投入と産出の数量関係、8000 トンの鉄の生産に見合った鉄鉱石しか投入していないのに 10000 トンの鉄が生産されるような投入・産出の数量関係を想定していることである。簡単にいえば、「バナナ 1 単位生産するための直接・間接に投下されるバナナ量が 1 より小さいこと」「鉄 1 トンの生産に直接・間接に必要とされる鉄（鉄の鉄価値）が 1 トンよりも少ないこと」を意味している。

　われわれは第 4 章でサミュエルソンが生産性の向上について、鉄鉱石を 100％しか増加させていないのに、鉄が 120％も増加するような架空の経済を論じていることをみた。新古典派にとっての生産性の向上とは、投入にたいする産出量の増大をあらわす概念である。それと同じように、ここでも投入・産出のあいだに素材的に規定された物量的な数量関係とは無縁の架空の経済が構想されている。数理経済学の投入・産出分析によれば、鉄を物質量として 0.8 トン分しか投入していないのに、1 トンの鉄が産出される。

　剰余生産物というのは、年々生産される生産物のうちで、人々の直接の消費に入らない部分をいう。生産された物がすべて消費されてしまえば、何も残らないことになる。消費されずに残った部分の多くは、次の生産の生産手

段として機能する。この生産手段の蓄積は、資本主義社会のもとでは資本を
あらわし、よりいっそう大きい生産力の物質的基礎である。

　年々生産される生産物のうちである一定部分が労働力の再生産のために消
費される。逆にいえば、年々生産される生産物のうちで、人々によって直接
消費されない部分が剰余としてあらわれる。これは生産された財の一部分で
ある。この剰余を再生産が可能であるような純生産可能条件として、つまり
投入と産出の数量関係として、左辺と右辺を等値する連立方程式体系として
あらわすと、剰余は別の概念に転化する。素材的には決して成立しない投
入・産出の数量関係──投入されたよりも大きな産出が得られるという数量
関係──が生まれる。なぜなら、この等式の両辺にあらわれる素材的要素
は、ある投入係数を掛けることによって、必ず左辺のほうが大きくなるから
である。つまり、より少ない投入からより多くのものが産出されるという架
空の「投入・産出の数量関係」が生まれる。

　剰余とは年々生産された生産物の一部分であり、数理経済学者がいうよう
に投入に対する産出の大きさをあらわす概念ではない。だが、この剰余が、
投入にたいする産出量の増大という投入・産出の数量関係として扱われる。
置塩、森嶋、あるいはボウルズ＝ギンタスなどの数理経済学者が考える剰余
とは、「投入にたいしてより多くの産出が得られる投入・産出の数量関係」
のことを意味する。この剰余概念が投入と産出の物量関係から商品価値を、
あるいは商品の価格を決定しようとするすべての数理学的方法の秘密であ
る。

　この形而上学的ともいえる剰余の概念──生産よりも投入が多くなっては
ならない、各財の生産に直接・間接に必要な各財の投入が産出よりも多くな
ってはならない、つまり、投入よりも産出のほうが大きいという剰余概念
──は純生産可能条件と呼ばれるものであり、このとき経済体系は「生産的
である」といわれる。これを数学的にあらわしたものがホーキンス・サイモ
ンの条件である[1]。

　行列 $I-A$ がホーキンス・サイモン条件を満たすとき、

$$x > Ax \qquad （ただし \quad x > 0） \qquad (4)$$

という、素材的には決して成立しない投入・産出の形而上学的な数量関係が

成立する。投入係数行列 A は、投入される生産要素と産出される生産物の素材的、技術的に規定された純粋に物量的な関係をあらわしているとされているが、実際には物量相互の関係として素材的・技術的には決して成立しない数量関係、すなわち、より少ない投入からより多くのものが産出されるという形而上学的な「数量関係」をあらわしている。置塩、森嶋、ボウルズ＝ギンタスなどの数理経済学が扱う投入・産出体系は、このような架空の投入・産出の数量関係を論じたものにほかならない。

　＊1　この純生産可能条件、すなわち数学的には行列 $I - A$ が満たすホーキンス・サイモン条件は、価値体系と価格体系を結びつける重要な役割を果たし、「正の利潤の存在条件と正の剰余労働の存在条件が同値である」ことが数学的に示される。これが「マルクスの基本定理」である。置塩、森嶋の数理経済学の価値体系、価格体系の基礎におかれているのはこの純生産可能条件であり、「マルクスの基本定理」はこの純生産可能条件、すなわち「生産よりも投入が多くなってはならない」という投入・産出の形而上学的な数量関係のもとで意味する命題である。

　　ホーキンス・サイモン条件は、数学的には意味があることであっても、経済的には何の意味をもたない。それは投入・産出の形而上学的な数量関係をあらわす数学的表現である。

　労働1単位を提供した見返りに手にできる財に直接・間接投入されている労働との比較によって、提供した労働よりも受け取った労働の方が少ないことを示すことができる。これは労働の搾取を意味する。数理経済学はつねにこのように述べる。

　労働力を再生産するために必要な労働量（生活手段などの財を生産するために必要な労働量）は、その労働力が生み出す労働の量を下回る。この差が「剰余労働」であり、「剰余価値」としてあらわれる。この剰余が、再生産可能であるような投入・産出の数量関係として数式としてあらわされると、剰余の概念は別のものに転化する。つまり、より少ない投入からより多くのものが産出されるという投入・産出の形而上学に転化する。ある財を生産するために直接・間接に必要とされるその財の量が、生産される財量を下回ると

き、「剰余」が生まれるという考えが必然的に出てくるのである。この剰余の概念が、再生産が可能であるような純生産可能条件として、また、経済が成り立つための基本的な条件として、あらゆる財について適用され、置塩、森嶋などの数理経済学による投入・産出体系の前提に据えられる。

こうした置塩理論の性格については、すでに1966年に村上泰亮が述べている。この村上の指摘のなかに、置塩、森嶋による「マルクスの基本定理」に前提されている数理学的方法の本質がうまく表現されている。

「置塩氏の定式化をみればわかるように、労働と他の通常の財とは形式的にはまったく同資格である。したがって、労働以外のある特定の財をとり、他の財の価値をその生産に直接・間接必要なかの特定財の量として定義すると、労働以外の財を規準とした投入価値説が得られる。このとき資本制生産の必要条件として、この特定財について剰余部分が生み出されることが要求される。」（村上泰亮『季刊　理論経済』第16巻第3号　インターネット「松尾匡のホームページ」の『用語解説：マルクスの基本定理』より）

つまり、「資本制生産のための条件は、労働を含むすべての財について剰余部分がつくりだされることである」ということになる。

そこで「剰余」が生まれるのは労働だけではない。成長する経済、再生産が可能であるような経済においては労働だけではなく、すべての財について「剰余」がなければならないことになる。このように「剰余の概念」を考えると、「搾取」されているのは労働だけではない。またこの意味での「搾取」のない経済などというのは存在しないという考えが当然のものとして生まれてくる。これが「一般化された商品搾取定理」である。

「搾取」は文字どおり「剰余生産物」の意味に解され、ついでこの剰余は「投入に対する産出の増大」という意味に解される。「1トンの鉄を生産するために必要な鉄の量が1トンを上回るようでは、経済が成立しない。もしそうであれば経済は縮小を続け、やがて消滅することになる」という。このような素材的には決してありえない投入・産出の数量関係が、資本が利潤を獲得する条件として、また、この世が成立するための条件として、まことしやかに主張されるのである。より少ない投入からより多くのものが産出されるという投入・産出の形而上学、素材的には決してありえない投入・産出の数

量関係が、70 年代以降「マルクスの基本定理」をめぐって議論された数理
経済学の本質である。

　1970 年以来、置塩・森嶋を中心に議論された「マルクスの基本定理」、80
年代にボウルズ＝ギンタスによって提示された「一般化された商品搾取定
理」、あるいはそれ以降のアナリティカル・マルキシズムの議論、すなわち
投入・産出にかんする物量相互の関係から商品の価値を規定する価値方程
式、あるいは物的データと賃金率が与えられれば生産価格と利潤率が決定さ
れるという議論、これらのすべての議論の前提に置かれているのは、経済の
純生産可能条件である。すなわち、再生産が可能であるような剰余生産物の
存在である。そして、この剰余生産物は「投入より大きい産出」という投
入・産出の数量関係として捉えられている。
　「マルクスの基本定理」によれば、利潤が存在するための条件が剰余労働
の搾取にあることが、投入・産出の数量関係から数学的に論証される。置塩
は正の利潤率の存在は労働の搾取にあること、正の利潤率の存在と正の剰余
価値率の存在が数学的にみて必要十分条件であることを、投入係数を用いた
投入・産出体系から示そうとした。だが、このような投入・産出の数理学的
方法は、すべて誤った剰余概念、すなわち投入・産出の形而上学的な数量関
係のもとに成立している。
　だから、この誤った剰余の概念、投入より産出が大きいという数量関係を
前提とするかぎり、そこからは「一般化された商品搾取定理」が主張するよ
うに、必然的に次のような結論が導かれる。労働だけでなく、あらゆる財に
ついて「マルクスの基本定理」が成立する。つまり、どのような商品であっ
ても、その商品 1 単位の生産に直接・間接に投入されるその商品の総量が 1
よりも小さいとき正の利潤が確認される。正の剰余生産物の生産可能性と正
の利潤は必要十分であることが数学的に示される。鉄の価値、バナナの価
値、何でもよい。それは各財の価値を表現するためのニュメレール財とし
てどの財を選ぶかという問題にすぎないということになる。

　これまでみてきたように、どのような生産物であっても、投入と産出の関

係をみるかぎり、それは素材的、技術的条件に規定されたたんなる物量的な比例関係である。生産物は具体的なあれこれの有用物、使用価値である。

鉄をxトン生産するためにはその見込まれた生産量に応じて投入される鉄鉱石、コークスなどの投入量は素材的、技術的に決まっている。また溶鉱炉の規模もそれに適した大きさでなければならない。くず鉄などを再利用する場合も投入と産出のあいだの物量的な数量関係は同じである。投入と産出は素材的につねに比例する。投入より多くの産出という数理経済学が想定するような投入・産出の数量関係は存在しない。

小麦や野菜などの農産物も同じである。小麦の種子からより多くの種子が生まれるから（たしかにその意味で剰余ということが許される場合もあるだろう）、少ない投入からより多くのものが産出されると考えることが、妥当にみえる。だが、この場合も投入されるのは、種子だけではない。小麦の生産には、土地、種子、肥料、水、太陽光、二酸化炭素などの生産要素が必要であり、植物に特有な生命化学反応により、同一の種子が増加する。肥料、水、太陽光、二酸化炭素などは光合成により、別の有用物である種子に変化するが、素材的にみれば、ここでも投入量と産出量はただ物量的に比例するだけである。生産要素として水、太陽光、二酸化炭素などが自然の恵みとして投入されていることは意識されないが、その素材的な構成要因をみるかぎり、物質的要素として、投入より多くのものが産出されることは物理的、化学的にありえないのである。

鉄であっても、小麦、バナナ、自動車、ICチップであっても、すべての生産物はあれこれの具体的な有用物である。それをつくりだすには、それに応じた生産要素を投入しなければならない。どのようなものであっても、素材的にみた場合、投入産出の数量関係はたんなる物量的な比例関係である。生産物として左辺にあらわれるものは、必ず素材的な生産要素として右辺に含まれている。もちろん有用物は生産過程で、別の種類の有用物に加工・変形され、その価値は増大するが、素材的・物質的に有用物がそれ自身で増大することはない。置塩や森嶋、ボウルズ＝ギンタスなどの数理経済学者が考えるように、それぞれの財が剰余をつくりだす、つまり、投入より多くの産出が得られることはありえないのである。

　自動車 10000 台生産しようとすれば、10000 台分の部品、材料を投入しなければならない。IC チップを 100 万個生産しようとすれば、それに必要なシリコンウエハーやガリウム、ヒ素などの不純物を投入しなければならないのである。

　「剰余の条件」と呼ばれる純生産可能条件は、まさに少ない投入からより多くの物が産出されることを意味している。決して素材的に成立しえない投入・産出の数量関係が数理経済学にとって、経済の本質的な条件とされるものである。総生産よりも投入が多くなってはならない。これが成り立たなければ、世の中が成り立たないことになるというほど、この経済学にとっては重要視される条件である。投入係数行列 A は、それぞれの財が剰余をもたらすこと、左辺にあらわれる産出された財は、右辺にあらわれる投入財よりも大きいという条件を満たさなければならないのである。投入係数行列 A のもつこの性質を数学的にあらわしたのが、ホーキンス・サイモン条件であり、しかも、この投入係数行列 A は、純粋に素材的、物理的に規定された技術係数だとされているのである。素材的、技術的条件を問題にしながら、まさに素材的、技術的には決して成立しない投入・産出の数量関係によって理論を構成しているのである。

　各財を生産するために直接・間接に必要な労働量（あるいは各財の量）を未知数とし、投入・産出の連立方程式を解く数理学的方法、投入係数を用いて左辺と右辺を結びつけ、投入と産出の物量相互の関係から価値を規定しようとする方法、物量相互の関係を連立方程式として論じる方法は、そもそもはじめから等式として成立しない。置塩、森嶋などの数理経済学が論じる方程式体系そのものがうちに矛盾を含んでいる。なぜなら、素材的にみれば投入と産出の双方にあらわれる物質的な要素はつねに同一であるからだ。生産要素として投入される有用物は生産・加工され別の有用物に変わるが、物質的な要素としては変化しない。つまり、物質的に投入された以上のものが産出されることはない。

　だが、価値としてみれば左辺にあらわれる有用物の方が大きい。生きた労働が付け加えられるからである。価値は商品の素材的要因、つまり、投入と産出の物量的な数量関係とは何の関係もない。それを投入と産出の物量的関

係として左辺と右辺を結びつけ、再生産が可能であるような連立方程式を考えるから、そこに誤った投入・産出の数量関係が必然的に生まれるのである。投入より産出のほうが多いという素材的には決して成立しない数量関係、この投入・産出の数量関係が剰余条件として、資本主義生産が可能な条件、純生産可能条件として、数理経済学者の出発点におかれることになるのである。

　置塩、森嶋の方程式が、またボウルズ＝ギンタスの「一般化された商品搾取定理」がそうであるように、再生産が可能であるような投入と産出の物量相互の関係から価値を論じようとする試みは、数式として成立しない。それはただ投入より産出のほうが大きいという投入・産出の数量関係の形而上学でしかない[*1]。

> ＊1　投入量と産出量のあいだに素材的、技術的に規定される物量関係以上の「数量的関係」を想定する。その点ではレオンチェフ型の正方行列をもちいた投入・産出体系だけでなく、フォン・ノイマン型の矩形行列を用いた投入・産出体系も同様である。そこには投入と産出のあいだに、素材的には決して成立しない数量関係が想定されているからである。

　置塩、森嶋の価値方程式だけでなく、スラッファの「商品による商品の生産」もその素材的要因を無視した投入・産出にかんする形而上学的な数量関係のもとに成立している。また、スティードマンなどによる物量体系と賃金率から商品の価格を決定するという議論も同じである。再生産が可能であるような条件のもとに連立方程式をつくり、その方程式を満たす解として商品の価値、あるいは価格を決定しようとする議論は、すべて投入された有用物より、いっそう大きな有用物が産出されるというありもしない物量相互の関係、つまり剰余の概念のもとに理論が組み立てられているからである。

　素材的にみて左辺にあらわれるものは必ず右辺にあらわれる。そして価値としても左辺と右辺は等式として等値されているから、左辺にある価値も右辺にある価値も等しい。そして再生産が可能なような等式として、剰余を含んだものとして方程式が立式される。つまり、一定の価値額は生産過程に投入されると剰余を伴って、価値増殖するものとしてあらわれるという資本概

念が当然のこととして前提されている。その価値増殖を物量相互の関係という素材的要因に結びつけようとすれば、そこには必ず、形而上学的ともいえる投入と産出の数量関係が想定されることになる。

　経済全体の生産技術がわかれば、労働投入係数ベクトルと商品の投入係数行列から商品の「労働価値」を計算できる。スティードマンは、生産と賃金についての物的データから商品の「労働価値」を計算できるし、同時に価格や利潤率も計算できる、重要なのは生産と賃金についての物的データである、と述べた。どのような生産技術を選択するかは、価格、利潤によって決定される。物的データと賃金率（物量体系と賃金バスケット）から商品の価格と利潤は説明できるのであって、労働価値論をもちだす必要はない。このようにスティードマンが価格とは別に価値概念をもちだすことは「無用の回り道」だといって労働価値論を否定するとき、そこに前提されているのは、この投入係数行列、つまり投入より産出が多いという投入・産出の架空の数量関係である。

　さらに指摘しておけば、じつはレオンチェフの投入・産出分析も同じである。レオンチェフの投入・産出分析は、連立１次方程式体系によって最終需要と産出量の関係を分析したもので、この分析方法は現実経済のさまざまな場面で実際に利用され、その有効性があるようにみえる。しかし、この分析もやはり投入より産出が多いという投入・産出の数量関係を前提としている。

　投入・産出分析の基本方程式は

$$x = Ax + y$$

である。変形すれば次のようになる。

$$(I - A)x = y$$
$$x = (I - A)^{-1}y$$

　これが最終需要 y を実現する産出量 x を与える方程式である。A は投入と産出の物量関係をあらわす投入係数行列で、純粋に技術的に規定されたものであり、行列 $(I - A)^{-1}$ はレオンチェフ逆行列と呼ばれている[*1]。

　レオンチェフの投入・産出分析は、投入と産出のあいだの技術的条件にもとづく、投入と産出の物量的な数量関係をあらわしたものとされているが、

それは投入と産出の物量関係としては素材的には成立しない。これまでくり返しみてきたように物の有用物としての側面、その素材的な側面から投入と産出の数量関係をみれば、投入された以上の有用物が増大されて産出されることはないからだ。

だから、レオンチェフの投入産出分析が現実経済に適用されるとき、投入係数は「技術的係数」から「価値投入係数」に取り替えられる。「投入係数は価値投入係数、すなわち投入量と産出量の物量比ではなく投入金額と産出金額の価値比」(『体系経済学辞典』第6版、p.483)なのである。この取り替えはデータ処理上の技術的問題ではなく、レオンチェフの投入産出分析がもつ理論的性格の必然的帰結である。投入量と産出量の物量比をあらわす技術的係数は、はじめから素材的には成立しないからである。

> *1　レオンチェフの基本方程式が経済的に意味をもつ条件は、非負の最終需要 y に対して非負の解 x を得ることである。すなわち $y > 0$ にたいして $x > 0$ となる条件で、ホーキンス・サイモンの条件である。置塩の価値方程式の原型がここにある。置塩の議論は、このレオンチェフの非負価格の条件を適応したものであるが、この条件そのものが、そもそも素材的には成立しない投入と産出の物量関係、すなわちレオンチェフの基本方程式のなかで考えられたものである。

新古典派の成長理論も同様である。新古典派にとって経済成長とは、財の投入より、より大きい産出が得られるという投入・産出の数量関係を意味している。ノイマンの均斉成長をあらわしたノイマン・モデルも例外ではない。均斉成長のもとでの成長率 g は、各財の産出量の増大比率に結びついた概念であり、各財の産出量の増大は、文字どおり各財が投入にたいして物量的に増大するという、決して素材的にはありえない数量関係のことを意味している。

フォン・ノイマンほどの自然科学に通じた数学者であっても、ひとたび経済学の世界に入れば自然科学の初歩的な事実でさえ忘れてしまう。投入された物より、より多くの物が産出される、つまり、物質は生産過程に投じられるとそれ自身で自己増殖するという、およそ自然科学の世界では容認されな

い投入と産出の物質代謝が想定されるのである。

　経済学者の根底にある考えは、資本はそれ自身で価値増殖するという観念である。ある生産要素が生産に投じられる。それは有用物として別のものに形を変えて、しかもよりいっそう大きな価値をもった生産物としてあらわれる。それを労働にかかわらない生産過程の性質として、つまり資本の価値増殖を生産要素の素材的要因に関連させて示す。あるいは生産要素が、生産過程で果たす機能として示す。そのため、投入よりも、より多くの産出が物量的に得られるという投入・産出の数量関係が構想されるのである。
　商品が価値と使用価値との統一であるように、投入・産出の数量関係も二面性をもっている。価値の側面と、素材的な側面である。価値としての側面から投入・産出の関係をみれば、投入にたいして産出は増加する。だが、素材的な側面からみれば、投入にたいして産出が物量的に増加することはない。経済学者は意図的に、あるいは無意識のうちにこの両者を混同させるのである。

　70年代以降の数理経済学、投入係数をもちいた投入・産出体系を支えるのは、剰余にたいする誤った考えである。剰余とは年々生産された生産物の一部分のことであって、投入にたいする産出の増大をあらわす概念ではない。だが、この剰余の概念を再生産が可能であるような投入・産出の数量関係のなかに入れると、「投入されたものより、より多くのものが産出される」という素材的には成立しない物量関係、すなわち、投入と産出の形而上学が生まれる。
　置塩、森嶋、サミュエルソン、スティードマンなどは、このような形而上学的な投入・産出関係を前提として議論を進めてきたのである。マルクスの労働価値説は、この投入・産出体系のなかで意味する学説に改作されてきたのである。そのうえで、マルクスは正しいとか正しくないとか、議論されてきた。そして最後にはアナリティカル・マルキシズムがいうように、「利潤が存在するのは、労働の搾取が存在するからだ」というマルクスの主張は成立しない、「利潤の源泉としての労働の搾取」という考えは成り立たないと

いうことになるのである。

　新古典派の生産関数がそうであったように、投入と産出の数量関係を商品の価値に結びつける試みは、すべて商品が具体的な有用物であることを否定する。なぜなら、商品の価値は純粋に社会的であり、人々の労働の社会的関連以外の何もあらわさないからである。そこに商品の素材的要因をもち込む議論は、すべて投入・産出の数量関係に素材的、技術的に規定された物量関係とは別の架空の数量関係を想定することになる。

　技術的に規定された投入係数をもちいて商品の価値を論じようとするどのような議論も経済的に成立しない。それは物量相互の関係を取り扱っているようにみえるが、実際には物量相互の関係、投入される生産要素と産出される生産物との素材的要因を無視しているからである。数理経済学による投入・産出分析は、技術的な物量的体系を問題にするところで、まさに商品が素材的、技術的に規定された具体的有用物であることを否定している。

　新古典派は生産関数をもちいて、投入・産出のあいだに形而上学的な数量関係を想定し、商品の価値に素材的要因を混入させようとしたが、それと同じように置塩、森嶋をはじめとする70年代以降の数理経済学は、投入係数をもちいた投入・産出体系において、再生産が可能であるような投入・産出の形而上学的な数量関係を想定することによって、価値と使用価値を混同させる方法をつくりだしたのである。置塩は、投入と産出のあいだの物量的な数量関係のなかに、商品価値を規定しようとして、素材的要因と価値を混同させる数理学的方法をあみだしたのである。

384

［引用・参考文献］

カール・マルクス、社会科学研究所監修・資本論翻訳委員会訳『資本論』
新日本出版社　1982 年

カール・マルクス、高木幸二郎監訳『経済学批判要綱』大月書店　1958
年

カール・マルクス、マルクス・エンゲルス全集刊行委員会訳『剰余価値学
説史』大月書店　1974 年

カール・マルクス、武田隆夫・遠藤湘吉・大内力・加藤俊彦訳『経済学批
判』岩波文庫　1956 年

カール・マルクス、岡崎次郎訳『直接的生産過程の諸結果』国民文庫、大
月書店　1970 年

カール・マルクス、中内通明訳『クーゲルマンへの手紙』国民文庫、大月
書店　1954 年

マルクス・エンゲルス、選集刊行委員会訳『ゴータ綱領批判　エルフルト
綱領批判』国民文庫　大月書店　1954 年

杉本栄一『近代経済学の解明』岩波文庫　1981 年

杉本栄一『近代経済学史』岩波全書セレクション　2005 年

伊東光晴『ケインズ』講談社学術文庫　1993 年

伊東光晴『伊東光晴経済学を問う 1　現代経済の理論』岩波書店　1998 年

宇沢弘文『近代経済学の再検討』岩波新書　1977 年

宇沢弘文『近代経済学の転換』岩波書店　1986 年

宇沢弘文『経済学の考え方』岩波新書　1989 年

佐和隆光『これからの経済学』岩波新書　1991 年

佐和隆光『経済学とは何だろうか』岩波新書　1982 年

Ａ・Ｓ・アイクナー、百々和監訳『なぜ経済学は科学ではないのか』日本
経済評論社　1986 年

カール・メンガー、安井琢磨・八木紀一郎訳『国民経済学原理』（近代経
済学古典選集）日本経済評論社　1999 年

レオン・ワルラス、久武雅夫訳『純粋経済学要論』岩波書店　1983 年

ライオネル・ロビンズ、辻六兵衛訳『経済学の本質と意義』東洋経済新報社 1981年

J・R・ヒックス、安井琢磨・熊谷尚夫訳『価値と資本』岩波文庫 1995年

J・A・シュムペーター、中山伊知郎・東畑精一訳『資本主義・社会主義・民主主義』東洋経済新報社 1962年

J・A・シュムペーター、塩野谷祐一・中山伊知郎・東畑精一訳『経済発展の理論』岩波文庫 1977年

J・A・シュムペーター、中山伊知郎・東畑精一訳『経済学史』岩波文庫 1980年

ベーム・バヴェルク、長守善訳『経済的財価値の基礎理論』岩波文庫 1932年

ベーム・バヴェルク、木本幸造訳『マルクス体系の終結』未来社 1992年

F・A・ハイエク、田中真晴・田中秀夫編訳『市場・知識・自由』ミネルヴァ書房 1986年

ピエロ・スラッファ、菱山泉・山下博訳『商品による商品の生産』有斐閣 1978年

R・F・ハロッド、宮崎義一訳『経済動学』丸善 1976年

カール・R・ポパー、久野収・市井三郎訳『歴史主義の貧困』中央公論社 1961

アドルノ・ポパー、城塚登・浜井修訳『社会科学の論理』河出書房新社 1979年

荒憲治郎・稲毛満春・小西唯雄・伊達邦春・根岸隆・福岡正夫編『経済学1 価格の理論』有斐閣双書 1976年

伊東正則・武野秀樹・土屋圭造『ミクロ経済学要論』有斐閣双書 1977年

奥口孝二・酒井泰弘・市岡修・永谷裕昭『ミクロ経済学』有斐閣 1989年

西村和雄『ミクロ経済学』東洋経済新報社 1990年

高橋泰蔵・増田四郎編集『体系経済学辞典』第 6 版、東洋経済新報社 1984 年

P・サミュエルソン、都留重人訳『経済学』13 版、岩波書店　1992 年

ジョセフ・E・スティグリッツ、藪下史郎・秋山太郎・金子能宏・木立力・清野一治訳『ミクロ経済学』東洋経済新報社　1995 年

佐藤金三郎・岡崎栄松・降旗節雄・山口重克編『資本論を学ぶ』有斐閣選書　1977 年

見田石介『見田石介著作集第 3・4 巻　資本論の方法』大月書店　1976 年

岡本博之・宇佐美誠次郎・横山正彦・木原正雄・林直道監修『マルクス「資本論」の研究』新日本出版社　1980 年

宇野弘蔵『経済学方法論』東京大学出版会　1962 年

宇野弘蔵『経済原論』岩波全書　1964 年

清水正徳・降旗節雄編『宇野弘蔵の世界』有斐閣　1983 年

伊藤誠・櫻井毅・山口重克編訳『論争・転形問題』東京大学出版会　1978 年

佐伯尚美・侘美光彦・石川経夫編『マルクス経済学の現代的課題』東京大学出版会　1981 年

高須賀義博『マルクス経済学の解体と再生』御茶の水書房　1985 年

屋嘉宗彦『マルクス経済学と近代経済学』青木教養選書　1987 年

ア・ユ・チェプレンコ、竹永進・染谷武彦・原伸子訳『現代「資本論」論争』大月書店　1989 年

置塩信雄・伊東誠『経済理論と現代資本主義』岩波書店　1987 年

置塩信雄・鶴田満彦・米田康彦『経済学』大月書店　1988 年

内田義彦・大野英二・住谷一彦・伊東光晴・平田清明『経済学全集 3　経済学史』筑摩書房　1970 年

都留重人『近代経済学の群像』現代教養文庫、社会思想社　1993 年

伊藤誠編『経済学史』有斐閣　1996 年

塩沢由典『複雑系経済学入門』生産性出版　1997 年

塩沢由典『市場の秩序学』ちくま学芸文庫　1998 年

富永健一『現代の社会科学者』講談社学術文庫　1993 年

朝永振一郎『朝永振一郎著作集 8　量子力学的世界像』みすず書房　1982年

アインシュタイン、中村誠太郎・井上健訳『アインシュタイン選集』共立出版　1972 年

増本健監修『金属なんでも小事典』講談社ブルーバックス　1997 年

新日本製鉄ホームページ『モノづくりの原点』

置塩信雄『マルクス経済学―価値と価格の理論』筑摩書房　1977 年

森嶋通夫、高須賀義博訳『森嶋通夫著作集 7　マルクスの経済学』岩波書店　2004 年

カテフォレス・森嶋通夫、高須賀義博・池尾和人訳『価値・搾取・成長』創文社　1980 年

中谷武『価値、価格と利潤の経済学』勁草書房　1994 年

高増明・松井暁編『アナリティカル・マキシズム』ナカニシヤ出版　1999年

「吉原直毅のホームページ」より

『マルクス派搾取理論再検証～70 年代転化論争の帰結～』　2001 年

『榎原均「アナリティカル・マルキシズムへの疑問」へのコメント』2002 年

『再論：70 年代マルクス派搾取理論再検証』　2004 年

「松尾匡のホームページ」より『用語解説：マルクスの基本定理』　2001年

388

人名索引

事項索引

●著者略歴

小澤 勝徳（オザワ カツノリ）

1954年　岐阜県生まれ
1977年　京都大学理学部卒業
現　在　教員

現在の形而上学　新古典派経済学の批判

2020年4月24日　新装版第1刷発行（オンデマンド）

著　者　小澤　勝徳

発行所　株式会社 本の泉社
　　　　〒113-0033 東京都文京区本郷 2-25-6
　　　　電話：03-5800-8494　Fax：03-5800-5353
　　　　mail@honnoizumi.co.jp ／ http://www.honnoizumi.co.jp

発行者　新舩海三郎
ＤＴＰ　田近　裕之
印　刷　大村紙業株式会社
製　本　大村紙業株式会社